2024

고졸

검정고시 3개년 기출문제

타임검정고시연구회

2024
고졸 검정고시 3개년 기출문제

인쇄일 2024년 2월 5일 9판 1쇄 인쇄   **발행처** 시스컴 출판사
발행일 2024년 2월 10일 9판 1쇄 발행   **발행인** 송인식
등 록 제17-269호   **지은이** 타임검정고시연구회
판 권 시스컴2024

ISBN 979-11-6941-225-4 13370
정 가 21,000원

주소 서울시 금천구 가산디지털1로 225, 514호(가산포휴) | **시스컴** www.siscom.co.kr / **나두공** www.nadoogong.com
E-mail stscombooks@naver.com | **전화** 02)866-9311 | **Fax** 02)866-9312

"교육과정이 변해도 핵심 내용은 유사하다"

검정고시는 정규 학교에 진학하지 않은 이들에게 계속 교육받을 기회를 제공하고 교육의 평등 이념을 구현하고자 국가에서 시행하는 제도입니다. 현재 시험은 일 년에 두 번 시행되며 배움의 때를 놓친 분들에게 기회의 손길을 내밀고 있습니다.

한국교육과정평가원에서 공개한 출제 계획을 보면, 가급적 최소 3종 이상의 교과서에서 공통으로 다루고 있는 내용을 바탕으로 최근 5년간의 평균 합격률을 고려하여 적정 수준에서 출제할 것임을 알 수 있습니다. 즉 시험에 출제되는 핵심 내용은 크게 바뀌지 않았다는 것입니다. 따라서 시험에 반복 출제되는 부분들을 완벽히 이해하고, 새롭게 추가된 교과 내용을 공고히 익힌다면 평균 60점 이상을 획득하는 데에 큰 어려움이 없을 것입니다.

시스컴에서 선보이는 『고졸 검정고시 3개년 총정리 기출문제』는 최근 3년간 출제된 기출문제를 분석하여 시험의 유형 파악과 풀이를 돕는 문제집입니다. 또한 문제와 관련된 TIP을 상세한 해설과 함께 수록하여 '기출문제+정답 및 오답해설+TIP'의 탄탄한 짜임을 자랑합니다. 따라서 기초를 다지려는 수험생도, 합격을 굳히려는 수험생도 모두 만족시킬 수 있으리라 생각합니다.

"배움에 있어서 늦음이란 없다"

청춘이란 인생의 어느 기간을 말하는 것이 아니라 마음의 상태를 말하는 것이라는 어느 시인의 말처럼 배움의 열정을 놓지 않은 여러분의 지금 이 순간이 청춘입니다. 이 책이 여러분의 꿈을 이루는 데 도움이 되기를 바라며, 수험생 여러분 모두의 건투를 빕니다.

검정고시 안내

검정고시란?

검정고시는 정규 학교에 진학하지 않은 사람들에게 계속 교육받을 기회를 제공하고 국가의 교육수준 향상을 위하며 교육의 평등 이념 구현에 기여하고자 국가에서 시행하는 제도를 말한다.

시험관리기관

- 시·도 교육청 : 시행공고, 원서교부 · 접수, 시험실시, 채점, 합격자발표
- 한국교육과정평가원 : 출제 및 인쇄 · 배포

시험 분야

- 초등학교 졸업학력(초등학교 과정)
- 중학교 졸업학력(중학교 과정)
- 고등학교 졸업학력(고등학교 과정)

검정고시 시험 안내

▌시행횟수 : 연2회

분 류	공고일	접수일	시 험	합격자 발표	공고 방법
제1회	2월 초순	2월 중순	4월 초 · 중순	5월 초 · 중순	각 시 · 도 교육청 홈페이지
제2회	6월 초순	6월 중순	8월 초 · 중순	8월 하순	

▌고시과목

고졸학력	필수	국어, 수학, 영어, 사회, 과학, 한국사 (6과목)	총 7과목
	선택	도덕, 기술 · 가정, 체육, 음악, 미술 중 1과목 선택	

▌시험시간표

교 시	과 목	시 간		문항수	비 고
1	국 어	09:00~09:40	40분	25	
2	수 학	10:00~10:40	40분	20	
3	영 어	11:00~11:40	40분	25	
4	사 회	12:00~12:30	30분	25	각 과목별 100점 만점
중식(12:30~13:30)					
5	과 학	13:40~14:10	30분	25	
6	한국사	14:30~15:00	30분	25	
7	선 택	15:20~15:50	30분	25	

※ 위의 내용은 한국교육과정평가원에서 발표한 내용을 바탕으로 하였습니다.

▌문제출제수준

고등학교 졸업 정도의 지식과 그 응용 능력을 측정할 수 있는 수준으로 적정량의 학습을 해온 학생이면 누구나 답할 수 있는 평이한 문제로 출제

응시자격 및 응시제한

응시자격

1. 중학교 졸업자
2. 3년제 고등기술학교 및 고등학교에 준하는 각종학교 졸업자 또는 졸업예정자와 중학교 또는 동등이상의 학력이 있는 자를 대상으로 하는 3년제 직업훈련과정의 수료자
3. 「초 · 중등교육법 시행령」 제97조, 제101조, 제102조에 해당하는 자
4. 「보호소년 등의 처우에 관한 법률 시행령」 제69조 제3호에 해당하는 자

응시자격 제한

1. 「고등학교 또는 초 · 중등교육법 시행령」 제98조 제1항 제2호의 학교를 졸업한 자 또는 재학 중인 자(휴학 중인 자 포함)
2. 공고일 이후 중학교 또는 「초 · 중등교육법 시행령」 제97조 제1항 제2호의 학교를 졸업한 자
3. 고시에 관하여 부정행위를 한 자로서 2년이 경과되지 아니한 자
4. 고등학교 또는 초 · 중등교육법 시행령 제98조 제1항 제2호의 학교에서 퇴학된 사람으로서 퇴학일부터 공고일까지의 기간이 6개월이 되지 않은 사람(다만, 장애인복지법 제32조에 따라 등록한 장애인으로서 신체적 · 정신적 장애로 학업을 계속하는 것이 불가능하여 퇴학된 사람은 제외)
5. 공고일 전(前) 당해연도 졸업자는 졸업식 일자와 관계없이 2월말까지 재학생의 신분을 가지므로 당해연도 제1회 검정고시 응시를 제한함

공통제출서류

- 응시원서(소정서식) 1부
- 동일원판 탈모 상반신 컬러 사진(3.5cm×4.5cm, 3개월 이내 촬영) 2매
- 본인의 해당 최종학력증명서 1부
- 응시수수료 : 무료
- 신분증 필히 지참(주민등록증, 운전면허증, 대한민국 여권, 청소년증 중 택 1)

학력인정 서류

〈현장 · 온라인 접수 추가 제출 서류〉

과목면제 대상자	
해당자	제출 서류
기능사 이상의 자격 취득자(이용사, 미용사 자격증 포함)	– 자격증 사본(원본 지참)
3년제 고등공민학교, 기술학교, 고등기술학교 및 중 · 고등학교에 준하는 각종학교 졸업(예정)자와 직업훈련원의 졸업(수료, 예정)자	– 졸업(수료, 예정)증명서
평생학습계좌제가 평가 인정한 학습과정 중 시험과목에 관련된 과정을 90시간 이상 이수한 자	– 평생학습이력증명서 * 발급안내 : 국가평생교육진흥원 평생학습계좌제 (http://www.all.go.kr), 02–3780–9986

장애인 편의 제공 대상자		
대상자	대상자 편의 제공 내용	제출 서류
시각 장애, 뇌병변 장애	대독, 대필, 확대문제지	– 복지카드 또는 장애인등록증 사본(원본 지참) – 장애인 편의 제공 신청서(소정 서식) – 상이등급 표시된 국가유공자증(국가유공자 확인원)
상지지체 장애	대필	
청각 장애	시험 진행 안내 (시험시작 · 종료안내)	

※ 장애인 편의 제공은 원서접수 기간 내 편의 제공 신청자에 한하여 제공함

합격기준

전체 과목 합격

각 과목을 100점 만점으로 하여 평균 60점(소수점 셋째 자리에서 절사) 이상 취득한 자를 전체 과목 합격자로 결정함 단, 평균이 60점 이상이라 하더라도 결시 과목이 있을 경우에는 불합격 처리함

일부 과목 합격

● 검정고시 불합격자(일부 과목 합격자) 중 고시성적 60점 이상인 과목에 대하여는 합격을 인정하고, 본인이 원할 경우 다음 차수의 시험부터 해당과목의 고시를 면제하며 그 면제되는 과목의 성적은 최종 고시 성적에 합산함

● 기존 과목 합격자가 해당과목을 재응시할 경우 기존 과목합격 성적과 상관없이 재응시한 과목 성적으로 합격 여부를 결정함

고졸 검정고시 시험 안내

합격취소

- 자격에 결격이 있는 자
- 제출 서류를 위조 또는 변조한 자
- 부정행위자
- 학력조회 결과 허위사실이 발견된 자

※ 전 과목 합격자의 학력을 합격자 발표일부터 80일 이내에 조회 확인하고, 학력조회의 결과 학력과 관련하여 허위의 사실이 발견된 때에는 지체 없이 합격을 취소함

응시자 시험 당일 준비사항

준비물

수험표, 신분증, 컴퓨터용 수성사인펜, 아날로그 손목시계(선택), 점심도시락

수험표, 주민등록증 분실자 준비 사항

- 수험표 분실자 : 응시원서에 부착한 동일원판 사진 1매를 지참하고 시험 당일 08시 20분까지 해당 시험장 시험본부에서 수험표를 재교부 받기 바람
- 주민등록증 분실자 : 주민등록증 발급확인서(주민자치센터에서 발급) 지참하기 바람

기타

- 주민등록증 미발급 청소년 : 청소년증 또는 대한민국여권 지참(청소년증은 주소지 관할 주민자치센터에 신청, 15~20일 소요).
- 시험당일 시험장 운동장이 협소하므로 가급적 대중교통을 이용하기 바람

응시자 유의사항

구비 서류 미비

- 본인 신분 확인이 불가능할 경우에는 접수하지 않으며, 접수된 서류는 일체 반환하지 않음
- 사실과 다르게 기재한 서류, 응시원서의 기재사항 착오 등으로 발생된 모든 책임은 전적으로 응시자에게 있음

시험 중 퇴실 금지

● 수험자는 시험 중 시험시간이 끝날 때까지 퇴실할 수 없음

다만, 긴급한 사유 등으로 불가피한 경우에는 퇴실할 수 있으나, 퇴실 후 재 입실이 불가능하며 소지 물품 (문제지 포함) 없이 별도의 장소에서 대기하여야 함

● 퇴실 시에는 휴대전화 등 무선통신기기나 물품 등을 소지할 수 없으며 지정된 별도의 장소에서 시험 종료 시까지 대기하여야 함

● 퇴실 시 감독관의 조치 및 지시에 불응하거나 휴대전화, 전자 담배 등 무선통신 기기 등을 소지한 경우 부정행위로 간주함

● 시험장 내에는 수험생 이외 가족, 친지, 친구, 학원 관계자 등은 출입할 수 없음

부정행위

시험장에서 다음과 같은 행위는 부정행위로 간주하고, 부정행위를 한 자는 「초·중등교육법」 시행규칙 제40조에 의거 고시를 정지하고 처분일로부터 응시자격 제한기간 동안 응시를 제한할 수 있으며, 교육부 및 전국 시·도교육청에 그 명단을 통보함

● 다른 수험생의 답안지를 보거나 보여주는 행위

● 다른 수험생과 손동작, 소리 등으로 서로 신호를 하는 행위

● 대리로 시험을 보는 행위

● 시험시간 중 휴대전화 등 무선통신기기를 소지하거나 사용하는 행위

● 다른 수험생에게 답을 보여주기를 강요하거나 폭력으로 위협하는 행위

● 시험 감독관의 지시에 불응하는 행위

● 기타 시험 감독관이 부정행위로 판단하는 행위

기타

● 공고문에 명시되지 않거나 내용의 해석에 관한 사항, 연락불능 등으로 인하여 발생된 불이익은 수험생의 귀책사유이며 그에 따른 결과 처리는 교육청별 검정고시위원회의 결정에 따라야 함

● 과목합격자는 별도 대기실에서 대기함

● 검정고시 응시자가 퇴학자일 경우 퇴학자는 응시일로부터 대략 8개월 이전에 학교를 그만둔 상태여야 함

● 교육기관 입학상담 시 최종학력증명서 확인 후 교육 실시

● 학적 정정 신청 : 출신 학교에서 증명, 통·폐합된 경우는 교육지원청에서 문의·발급

※ 상기 자료는 서울특별시 교육청의 안내 자료와 한국교육과정평가원(www.kice.re.kr)과 국가평생교육진흥원의 공고를 기준으로 하고 있습니다.

※ 시험일정 및 기타 사항은 변경될 수 있으므로 시험 전 반드시 각 시·도 교육청의 홈페이지 공고를 참조하여 접수하시기 바랍니다.

Q1 고졸 검정고시의 출제 범위는 어떻게 되나요?

2021년도 제1회 검정고시부터 2015 개정 교육과정에서 출제됩니다.

〈고졸 검정고시 출제 범위 비교〉

구분		이전 고졸 검정고시 출제 범위	현재 고졸 검정고시 출제 범위
필수	국어	국어Ⅰ, 국어Ⅱ	국어
	수학	수학Ⅰ, 수학Ⅱ	수학
	영어	실용영어Ⅰ	영어
	사회	사회	통합사회
	과학	과학	통합과학
	한국사	한국사(2009 개정 교육과정)	한국사
선택	도덕	생활과 윤리	생활과 윤리

※ '한국사' 과목은 2021년도에도 2009 개정 교육과정에서 출제되었음

Q2 출제 기준은 무엇인가요?

- 각 교과의 검정(또는 인정)교과서를 활용하는 출제 방식입니다.
- 가급적 최소 3종 이상의 교과서에서 공통으로 다루고 있는 내용으로 출제합니다. (단, 국어와 영어 지문의 경우 공통으로 다루고 있는 교과서 종수와 관계없으며, 교과서 외 지문도 활용 가능)

Q3 과목별로 공부방법을 어떻게 해야 하나요?

● 국어와 영어는 교과서 외의 지문과 작품이 활용 가능하므로, 폭넓게 공부해야 합니다.
● 수학은 2009 개정 교육과정에서 2015 개정 교육과정으로 바뀌면서 '수열', '지수와 로그' 단원이 사라지고 '경우의 수' 단원이 들어오므로, 사라지거나 변경된 개념 및 내용은 한 번 더 꼼꼼히 봐야 합니다.
● 사회 출제 범위 교과서는 2015 개정 교육과정에서 '통합사회'에서 출제되므로, 새로운 개념 및 내용을 숙지해야 합니다.
● 과학은 '통합과학'에서 전 영역이 출제되는데, 대체로 기본 지식 내용을 묻는 문제가 출제되므로, 기본 내용을 충실히 다져놓는 것이 좋습니다.
● 한국사 출제 범위 교과서는 2009 개정 교육과정 고시 이후 개발된 '한국사' 교과서입니다.
● 도덕은 '생활과 윤리' 문제가 출제되므로 새로운 개념 및 내용을 숙지해야 합니다.

검정고시 시험 출제 범위 교과서

국 어
출제 교과서 : 국어(교육부 검정(2017. 09. 08))

수 학
출제 교과서 : 수학(교육부 검정(2017. 09. 08))

영 어
출제 교과서 : 영어(교육부 검정(2017. 09. 08))

사 회
출제 교과서 : 통합사회(교육부 검정(2017. 09. 08))

과 학
출제 교과서 : 통합과학(교육부 검정(2017. 09. 08))

한국사
출제 교과서 : 한국사(교육부 검정(2013. 08. 30))
※ 2009 개정 교육과정에 근거한 교과서

도 덕
출제 교과서 : 생활과 윤리(교육부 검정(2017. 09. 08))

※ 검정고시 출제 범위 및 출제 범위 교과서는 시험 전 반드시 한국교육과정평가원 또는 각 시·도 교육청의 홈페이지 공고를 참조하여 주시기 바랍니다.

구성 및 특징

검정고시 시험 안내

검정고시 시험 안내

기출문제

검정고시를 준비하는 수험생들이 시험에 대하여 한눈에 알 수 있도록 일정, 자격, 내용 등을 상세히 정리하였습니다.

2021년도 제1회부터 2023년도 제2회까지 최근 3년간 기출문제를 빠짐없이 수록하였습니다.

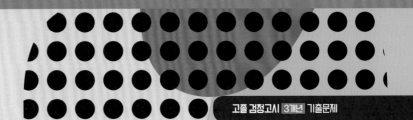

정답 및 해설

2023년도 제1회 국어

| 제1교시 | 국 어 | 정답 및 해설 |

■ 정답

■ 해설

01 부수를 지역(地域)마다 각각 '분추, 술, 솔, 붐구지'라고 부르는 것은 지역에 따라 같은 대상을 다르게 표현한 것이다.

02 제시문의 속담들은 모두 말을 신중하게 해야 한다는 우리말의 담화 관습을 나타낸 것이다.

- 발 없는 말이 천 리 간다.
- 화살은 보고 주워도, 말은 하고 못 줍는다.
- 가루는 칠수록 고와지고, 말은 할수록 거칠어진다.

TIP

고졸 검정고시 기출문제 정답 및 해설

기본서를 따로 참고하지 않아도 명쾌하게 이해할 수 있도록 상세하게 설명하였습니다. 정답해설뿐만 아니라 오답해설도 충분히 실어 꼼꼼한 학습이 가능하도록 하였습니다.

문제와 관련된 중요 교과 내용이나 보충사항을 TIP으로 정리함으로써 효율적이면서도 충실한 수험공부가 가능하도록 하였습니다.

목차

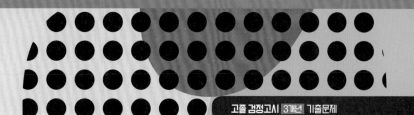

정답 및 해설

	제1회	제2회
국 어	256p	280p
수 학	260p	284p
영 어	262p	286p
사 회	267p	291p
과 학	270p	295p
한국사	273p	298p
도 덕	276p	302p

2023년

	제1회	제2회
국 어	308p	332p
수 학	311p	336p
영 어	313p	338p
사 회	318p	343p
과 학	321p	346p
한국사	324p	349p
도 덕	328p	352p

2022년

	제1회	제2회
국 어	356p	382p
수 학	360p	386p
영 어	363p	389p
사 회	368p	394p
과 학	372p	398p
한국사	375p	401p
도 덕	378p	405p

2021년

체크리스트

효율적인 학습을 위한 CHECK LIST

연 도	과 목	학습 기간	정답 수	오답 수
2023년	국 어	~		
	수 학	~		
	영 어	~		
	사 회	~		
	과 학	~		
	한국사	~		
	도 덕	~		
2022년	국 어	~		
	수 학	~		
	영 어	~		
	사 회	~		
	과 학	~		
	한국사	~		
	도 덕	~		
2021년	국 어	~		
	수 학	~		
	영 어	~		
	사 회	~		
	과 학	~		
	한국사	~		
	도 덕	~		

2023년도

제1회

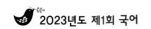

제1교시

국 어

정답 및 해설 256p

01 다음에 대한 설명으로 가장 적절한 것은?

> '부추'를 강원, 경북, 충북에서는 '분추'라고 부르고 일부 경상, 전남에서는 '솔'이라고 한다. 일부 충청에서는 '졸'이라고 부르며 경상, 전북, 충청에서는 '정구지'라고 부르기도 한다.

① 세대에 따라 사용하는 어휘가 다르다.
② 성별에 따라 사용하는 어휘가 다르다.
③ 지역에 따라 같은 대상을 다르게 표현한다.
④ 직업에 따라 같은 대상을 다르게 표현한다.

02 다음 속담에서 강조하는 우리말의 담화 관습으로 가장 적절한 것은?

> • 발 없는 말이 천 리 간다.
> • 화살은 쏘고 주워도, 말은 하고 못 줍는다.
> • 가루는 칠수록 고와지고, 말은 할수록 거칠어진다.

① 말은 신중하게 해야 한다.
② 하고 싶은 말은 참지 않아야 한다.
③ 상대방의 말은 귀 기울여 들어야 한다.
④ 질문에 답할 때에는 신속하게 해야 한다.

03 피동 표현이 사용되지 <u>않은</u> 것은?

① 동생이 엄마에게 업혔다.
② 아이가 모기에게 물렸다.
③ 토끼가 사냥꾼에게 잡혔다.
④ 그가 친구에게 사실을 밝혔다.

04 다음 규정에 맞게 발음하지 <u>않은</u> 것은?

> ■ 표준 발음법 ■
> 【제14항】 겹받침이 모음으로 시작된 조사나 어미, 접미사와 결합되는 경우에는, 뒤엣것만을 뒤 음절 첫소리로 옮겨 발음한다.(이 경우, 'ㅅ'은 된소리로 발음함.)

① <u>값을</u> 깎지 마세요. → [갑쓸]
② <u>넋이</u> 나간 표정이다. → [넉씨]
③ <u>닭을</u> 키운 적이 있다. → [다글]
④ <u>앉아</u> 있기가 힘들다. → [안자]

05 다음 높임법이 나타난 문장이 <u>아닌</u> 것은?

> 객체 높임법은 목적어나 부사어가 지시하는 대상 즉, 서술의 객체를 높이는 방법이다.

① 나는 어머니를 모시고 집에 갔다.
② 선생님께서는 우리를 사랑하신다.

③ 자세한 내용은 아버지께 여쭤 보세요.

④ 주말에는 할아버지를 찾아뵙고 싶습니다.

다시 한번 '교내 식품 안전 지킴이' 제도를 도입해 주시기를 당부 드립니다. 감사합니다.

1학년 김△△ 올림

[06~07] (나)는 (가)를 토대로 작성한 글이다. 물음에 답하시오.

(가) **작문 상황**
- 작문 과제 : ○○고등학교의 문제점을 찾아 해결 방안을 제안하는 건의문 쓰기
- 예상 독자 : ○○고등학교 교장 선생님

(나) **글의 초고**

교장 선생님께

안녕하세요? 저는 1학년 김△△입니다.

우리 학교는 주변 상권과 거리가 먼 곳에 위치하고 있어 학생들의 학교 매점 이용률이 매우 높습니다. 그런데 최근 저를 비롯해 매점에서 식품을 사 ㉠ 먹을 학생들이 배탈 난 일이 있었습니다. ㉡ 저희 아버지께서도 위장염으로 오랫동안 고생을 하고 계십니다. 이러다 보니 매점에서 판매하는 식품의 안전이 염려되어 한 가지 건의를 ㉢ 들이려고 합니다.

학교 매점에서 유해·불량 식품을 판매하지 않도록 '교내 식품 안전 지킴이' 제도를 도입해 주세요. 어린이 식생활 안전 관리 특별법에 의하면 초·중·고교 매점은 학생들에게 안전하고 영양가 있는 식품을 공급하도록 노력해야 합니다. ㉣ 하지만 우리 학교 매점에서는 그러한 노력을 소홀히 하고 있습니다.

학부모와 학생으로 구성된 '교내 식품 안전 지킴이' 제도를 도입하여 학생들에게 식품 안전 기초 교육을 실시하고 매점에서 유해·불량 식품을 판매하지 않도록 감독한다면, 학생들이 안전한 먹거리를 섭취하고 바람직한 식습관을 형성할 수 있을 것입니다.

06 다음 중 (나)에 반영된 내용이 <u>아닌</u> 것은?

① 자신의 경험과 관련지어 문제 상황을 드러낸다.

② 예상 독자가 수행할 수 있는 해결 방안을 제시한다.

③ 건의 내용이 받아들여졌을 때 예상되는 효과를 제시한다.

④ 주장을 뒷받침하기 위해 구체적인 설문 조사 결과를 제시한다.

07 ㉠~㉣을 고쳐 쓰기 위한 방안으로 적절하지 <u>않은</u> 것은?

① ㉠ : 시간 표현이 잘못되었으므로 '먹은'으로 고친다.

② ㉡ : 글의 통일성을 해치는 문장이므로 삭제한다.

③ ㉢ : 맞춤법에 어긋나므로 '드리려고'로 수정한다.

④ ㉣ : 잘못된 접속어를 사용했으므로 '그래서'로 바꾼다.

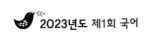

08 ⊙~㉑에 나타난 중세 국어의 특징으로 적절하지 <u>않은</u> 것은?

> ⊙ 孔·공子·ᄌ ·솔ᄅ·즁子·ᄌᄃ·려닐·러ᄀ로·샤·ᄃ·ᄀ·몸·이며 얼굴·이며머·리털·이·며·솔·흔 ⓒ 父·부母:모·ᄋ·ᄒᄇ받ᄌᄋ·온·거·시·라敢:감·히헐·워샹히·오·디아·니:홈·이:효·도·ᄋ·이비·르·소미·오·몸·을셰·워道:도·ᄅᆞᆯ行ᄒᆡᆼ·ᄒ·야·일·홈·을 後:후世:셰·예:베퍼·뻐 ㉒ 父·부母:모ᄅ·현·더케:홈·이:효·도·ᄋ·이ᄆ·ᄎᆞᆷ·이·니·라
>
> —「소학언해」(1587) —

① ⊙ : 모음 뒤에서 주격 조사 'ㅣ'가 사용되었다.

② ⓒ : 어두 자음군이 사용되었다.

③ ⓒ : 이어 적기로 표기되었다.

④ ㉒ : 조사가 모음 조화에 따라 표기되었다.

09 ⊙~㉑ 중 시적 의미가 가장 이질적인 것은?

① ⊙   ② ⓒ

③ ⓒ   ④ ㉒

10 윗글의 표현상 특징으로 적절한 것은?

① 동일한 구절을 반복하여 주제를 강조하고 있다.

② 상징적 표현을 사용하여 화자의 상황을 부각하고 있다.

③ 의인법을 활용하여 시적 대상과의 친밀감을 드러내고 있다.

④ 수미 상관을 활용하여 화자의 암울한 처지를 강조하고 있다.

[09~11] 다음을 읽고 물음에 답하시오.

> ⊙ 매운 계절(季節)의 채찍에 갈겨
> 마침내 ⓒ 북방(北方)으로 휩쓸려 오다.
>
> 하늘도 그만 지쳐 끝난 ⓒ 고원(高原)
> 서릿발 칼날진 그 위에 서다.
>
> 어데다 무릎을 꿇어야 하나?
> 한 발 재겨 디딜 곳조차 없다.
>
> 이러매 눈 감아 생각해 볼밖에
> 겨울은 강철로 된 ㉒ 무지개인가 보다.
>
> — 이육사, 「절정」 —

11 다음을 참고할 때, 시인이 윗글을 통해 드러내려고 한 가치로 가장 적절한 것은?

> 이육사는 조선은행 대구 지점 폭발물 사건에 연루되어 수감 생활을 하는 등 열일곱 차례 옥고를 치른 항일 운동가였다.

① 편리성과 효율성을 중요시하는 자세

② 자연과 인간이 공존해야 한다는 신념

③ 운명에 순응하며 현실에 만족하는 태도

④ 극한의 상황에서도 꺾이지 않는 항일 의지

[12~14] 다음 글을 읽고 물음에 답하시오.

[앞부분의 줄거리] 1930년대의 어느 농촌, 스물여섯 살 '나'는 성례를 시켜 주겠다는 장인의 말에 데릴사위로 들어와 새경 한 푼 받지 못한 채 일을 한다. 하지만 장인은 성례를 계속 미루며, '나'를 머슴처럼 부려 먹기만 한다. 억울한 '나'는 장인과 함께 구장에게 가서 의견을 묻기로 한다.

구장님도 내 이야기를 자세히 듣더니 퍽 딱한 모양이었다. 하기야 구장님뿐만 아니라 누구든지 다 그럴 게다. ㉠ 길게 길러 둔 새끼손톱으로 코를 후벼서 저리 탁 튀기며

"그럼 봉필 씨! 얼른 성례 시켜 주구려, 그렇게까지 제가 하구 싶다는 걸……."

하고 내 짐작대로 말했다. 그러나 이 말에 장인님이 삿대질로 눈을 부라리고

"아, 성례구 뭐구 기집애년이 미처 자라야 할 게 아닌가?"

하니까 고만 멀쑤룩해서 입맛만 쩍쩍 다실 뿐이 아닌가…….

"㉡ 그것두 그래!"

"그래, 거진 사 년 동안에도 안 자랐다니 그 킨 은제 자라지유? 다 그만두구 사경[1] 내슈……."

"글쎄, 이 자식아! 내가 크질 말라구 그랬니, 왜 날 보구 떼냐?"

"㉢ 빙모님은 참새만 한 것이 그럼 어떻게 앨 낳지유?

(사실 장모님은 점순이보다도 귓배기 하나가 적다.)"

그러나 이 말에는 별반 신통한 귀정[2]을 얻지 못하고 도루 논으로 돌아와서 모를 부었다. 왜냐면, 장인님이 뭐라구 귓속말로 수군수군하고 간 뒤다. 구장님이 날 위해서 조용히 데리구 아래와 같이 일러 주었기 때문이다. (㉣ 뭉태의 말은 구장님이 장인님에게 땅 두 마지기 얻어 부치니까 그래 꾀였다고 하지만 난 그렇게 생각 않는다.)

"자네 말두 하기야 옳지. 암, 나이 찼으니까 아들이 급하다는 게 잘못된 말은 아니야. 하지만 농사가 한창 바쁠 때 일을 안 한다든가 집으로 달아난다든가 하면 손해죄루 그것두 징역을 가거든! (여기에 그만 정신이 번쩍 났다.) 왜 요전에 삼포 말서 산에 불 좀 놓았다구 징역 간 거 못 봤나. 제 산에 불을 놓아두 징역을 가는 이땐데 남의 농사를 버려주니 죄가 얼마나 더 중한가. 그리고 자녠 정장[3]을(사경 받으러 정장 가겠다 했다.) 간대지만, 그러면 괜스레 죌 들쓰고 들어가는 걸세. 또, 결혼두 그렇지. 법률에 성년이란 게 있는데 스물하나가 돼야지 비로소 결혼을 할 수가 있는 걸세. 자녠 물론 아들이 늦을 걸 염려하지만, 점순이로 말하면 인제 겨우 열여섯이 아닌가. 그렇지만 아까 빙장님의 말씀이 올 갈에는 열 일을 제치고라두 성례를 시켜 주겠다 하시니 좀 고마울 겐가. 빨리 가서 모 붓는 거나 마저 붓게. 군소리 말구 어서 가."

(가)

– 김유정, 「봄·봄」 –

1) 사경 : 새경. 머슴이 주인에게서 일한 대가로 받는 돈이나 물건.
2) 귀정 : 그릇되었던 일이 바른길로 돌아옴.
3) 정장 : 소송을 제기하기 위해 소장(訴狀)을 관청에 냄.

12 윗글의 특징으로 적절하지 **않은** 것은?

① 주로 인물의 대화를 통해 사건이 전개되고 있다.

② 작품 밖의 서술자가 인물의 심리를 묘사하고 있다.

③ 어리숙한 인물의 언행을 통해 해학성을 드러내고 있다.

④ 농촌을 배경으로 설정해 당시의 생활상을 그리고 있다.

13 (가)에 나타난 구장의 설득 방법으로 적절하지 **않은** 것은?

① '나'의 잘못을 언급하며 대화를 시작하고 있다.

② 징역 간다는 말로 '나'에게 겁을 주고 있다.

③ 결혼에 대한 법률적 근거를 제시하고 있다.

④ 성례의 가능성을 제시하며 '나'를 회유하고 있다.

14 ㉠~㉣에 대한 설명으로 적절하지 **않은** 것은?

① ㉠ : 무관심한 '구장'의 모습을 희화화하고 있다.

② ㉡ : '구장'의 우유부단한 성격을 드러내고 있다.

③ ㉢ : '나'는 장인의 말에 근거를 들어 대응하고 있다.

④ ㉣ : '나'는 '뭉태'의 말에 전적으로 동의하고 있다.

[15~16] 다음 글을 읽고 물음에 답하시오.

> 속세에 묻힌 분들, 이내 생애 어떠한가.
> 옛사람 풍류에 미칠까 못 미칠까.
> 이 세상 남자 몸이 나만 한 이 많건마는
> 자연에 묻혀 산다고 즐거움을 모르겠는가.
> 초가집 몇 칸을 푸른 시내 앞에 두고
> 송죽 울창한 곳에 풍월주인 되었구나.
> 엊그제 겨울 지나 새 봄이 돌아오니
> 복숭아꽃, 살구꽃은 석양에 피어 있고

> 푸른 버들, 향긋한 풀은 가랑비에 푸르도다.
> 칼로 재단했는가, 붓으로 그려 냈는가.
> 조물주의 솜씨가 사물마다 신비롭구나.
> 수풀에 우는 새는 봄 흥취에 겨워 소리마다 교태로다.
> 물아일체이니 흥이야 다를쏘냐.
>
> – 정극인, 「상춘곡」 –

15 윗글에서 확인할 수 있는 가사의 특징으로 알맞은 것은?

① 4음보의 율격이 주로 나타난다.

② 후렴구를 사용하여 연을 나눈다.

③ 4구체, 8구체, 10구체의 형식이 있다.

④ 초장, 중장, 종장의 3장으로 구성된다.

16 윗글의 화자에 대한 설명으로 적절하지 **않은** 것은?

① 세속적 공간을 떠나 자연에 묻혀 살고 있다.

② 옛사람의 풍류와 비교하며 자부심을 드러내고 있다.

③ 큰 고을의 주인이 되어 임금의 은혜에 감사하고 있다.

④ 아름다운 봄의 풍경을 감상하며 흥취를 느끼고 있다.

[17~19] 다음 글을 읽고 물음에 답하시오.

(가)
> "좌수(座首) 별감(別監) 넋을 잃고 이방, 호방 혼을 잃고 나졸들이 분주하네. 모든 수령 도망갈 제 거동 보소. 인궤[1] 잃고 강정 들고, 병부(兵符)[2] 잃고 송편 들고, 탕건[3] 잃고 용수[4] 쓰고, 갓 잃고 소반 쓰고. 칼집 쥐고 오줌 누기. 부서지는 것은 거문고요 깨지는 것은 북과 장고라. 본관 사또가 똥을 싸고 멍석 구멍 생쥐 눈 뜨듯 하고, 안으로 들어가서,
> "어, 추워라. 문 들어온다 바람 닫아라. 물 마르다 목 들여라."

〈중략〉

어사또 분부하되,
"너 같은 년이 수절한다고 관장(官長)[5]에게 포악하였으니 살기를 바랄쏘냐. 죽어 마땅하되 내 수청도 거역할까?"

춘향이 기가 막혀,
"내려오는 관장마다 모두 명관(名官)이로구나. 어사또 들으시오. 층암절벽(層巖絶壁) 높은 바위가 바람 분들 무너지며, 청송녹죽(靑松綠竹) 푸른 나무가 눈이 온들 변하리까. 그런 분부 마옵시고 어서 바삐 죽여 주오." 하며, "향단아, 서방님 어디 계신가 보아라. 어젯밤에 옥 문간에 와 계실 제 천만 당부 하였더니 어디를 가셨는지 나 죽는 줄 모르는가."

어사또 분부하되, "얼굴 들어 나를 보라."

하시니 춘향이 고개 들어 위를 살펴보니, 걸인으로 왔던 낭군이 분명히 어사또가 되어 앉았구나. 반웃음 반울음에, "얼씨구나, 좋을시고 어사 낭군 좋을시고. 남원 읍내 가을이 들어 떨어지게 되었더니, 객사에 봄이 들어 이화춘풍(李花春風) 날 살린다. 꿈이냐 생시냐? 꿈을 깰까 염려로다."

— 작자 미상, 「춘향전」 —

---

1) 인궤 : 관아에서 쓰는 각종 도장을 넣어 두던 상자
2) 병부(兵符) : 군대를 동원하는 표지로 쓰던 둥글납작한 나무패
3) 탕건 : 벼슬아치가 갓 아래 받쳐 쓰던 관(冠)의 하나
4) 용수 : 죄수의 얼굴을 보지 못하도록 머리에 씌우는 둥근 통 같은 기구
5) 관장(官長) : 관가의 장(長). 고을의 원을 높여 이르던 말

---

17 윗글에 대한 설명으로 알맞은 것은?

① 판소리로 공연되기도 하였다.

② 궁중에서 발생하여 민간으로 유입되었다.

③ 조선 시대 양반 계층에 한하여 향유되었다.

④ 우리 문자가 없던 시기라 한자로 기록되었다.

18 (가)에 대한 설명으로 적절하지 않은 것은?

① 유사한 문장 구조를 반복하여 운율감을 드러내고 있다.

② 음성 상징어를 활용하여 긴박한 상황을 나타내고 있다.

③ 비유적 표현을 사용하여 인물의 행동을 보여 주고 있다.

④ 단어의 위치를 의도적으로 뒤바꾸어 웃음을 유발하고 있다.

19 윗글에서 확인할 수 있는 내용으로 알맞은 것은?

① '춘향'은 '어사또'의 수청 제안을 거절했다.

② '어사또'는 지난밤에 옥 문간에서 '걸인'을 만났다.

③ '춘향'은 내려오는 관장을 모두 긍정적으로 평가했다.

④ '향단'은 '어사또'의 정체를 알고 기쁨의 눈물을 흘렸다.

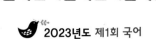

[20~22] 다음 글을 읽고 물음에 답하시오.

(가) 현대인의 삶의 질이 점차 향상됨에 따라 도시 공원에 대한 관심도 함께 높아지고 있다. 도시공원은 자연 경관을 보호하고, 사람들의 건강과 휴양, 정서 생활을 위하여 도시나 근교에 만든 공원을 말한다. 또한 도시공원은 휴식을 취할 수 있는 공간인 동시에 여러 사람과 만날 수 있는 소통의 장이기도 하다.

(나) 도시공원은 사람들이 선호하는 도시 시설 가운데 하나이지만 노인, 어린이, 장애인, 임산부 등 사회적 약자에게는 '그림의 떡'인 경우가 많다. 사회적 약자들은 그들의 신체적 제약으로 인해 도시공원에 접근하거나 이를 이용하기에 열악한 상황에 놓여 있기 때문이다.

(다) 우선, 도시공원이 대중교통을 이용해서 가기 어려운 위치에 있는 경우가 많다. 또한 공원에 간다 하더라도 사회적 약자를 미처 배려하지 못한 시설물이 대부분이다. 동선이 복잡하거나 안내 표시가 없어서 불편을 겪는 경우도 있다. 이런 물리적 · 사회적 문제점들로 인해 실제 공원을 ㉠ 찾는 사회적 약자는 처음 공원 설치 시 기대했던 인원보다 매우 적은 편이다.

(라) 도시공원은 일반인뿐 아니라 사회적 약자들도 동등하게 이용할 수 있는 공간이어야 한다. 이를 위해서는 ㉮ 사회적 약자를 배려한 도시공원 계획이 우선적으로 마련되어야 한다. 사회적 약자에게 필요한 것은 아무리 작은 쌈지 공원[1]이라도 편안하게 접근하여 여러 사람과 소통하거나 쉴 수 있도록 조성된 공간이다.

─ 이훈길, 「도시를 걷다」 ─

──────────
1) 쌈지 공원 : 빌딩 사이의 자투리땅에 조성한 공원

20 (가)~(라)의 중심 내용으로 적절하지 <u>않은</u> 것은?

① (가) : 도시공원의 정의와 기능
② (나) : 사회적 약자가 선호하는 도시 시설
③ (다) : 사회적 약자의 도시공원 이용이 어려운 이유
④ (라) : 바람직한 도시공원의 요건

21 밑줄 친 부분이 ㉠과 가장 유사한 의미로 쓰인 것은?

① 국산품을 <u>찾는</u> 손님이 많다.
② 산을 <u>찾는</u> 사람들이 늘고 있다.
③ 떨어진 바늘을 <u>찾는</u> 일은 어렵다.
④ 마음의 안정을 <u>찾는</u> 것이 좋겠다.

22 윗글을 고려하여 떠올린 ㉮의 구체적인 방안으로 적절하지 <u>않은</u> 것은?

① 공원 내에서 이동하기 쉽도록 동선을 설계한다.
② 공원 내에 바닥 조명을 설치하여 방향 유도 체계를 만든다.
③ 공원 내에 사회적 약자와 일반인의 공간을 분리하여 설계한다.
④ 대중교통을 이용해서 접근하기 쉬운 곳에 공원을 배치한다.

[23~25] 다음 글을 읽고 물음에 답하시오.

니체는 '망각은 새로운 것을 ㉠ 수용하게 하는 적극적이고 능동적인 힘'이라고 말했다. 잊어버린다는 사실은 과거에 ㉡ 구속되지 않고 현재를 살아가게 하는 원동력이 된다는 것이다. 그런데 자연스레 잊혀야 할 일들이 도무지 잊히지 않아 괴로워하는 사람들이 있다. 그들은 인터넷에 남아 있는 잊고 싶은 과거의 흔적이나 뜻하지 않게 퍼진 사진 때문에 고통받고 있다.

이러한 현실을 고려하여 '잊힐 권리'의 법적 보장 문제가 논의될 필요가 있다. '잊힐 권리'란 인터넷에 공개된 이용자 정보에 대해 당사자가 검색되는 것을 원하지 않을 경우, 해당 포털 사이트에 검색 결과의 삭제를 요구할 수 있는 권리를 말한다. ㉢ 노출되길 원하지 않았던 정보가 인터넷에 유출되어 정신적 피해를 입고 있는 사람들에게는 자신의 정보가 올라간 사이트를 찾아다니며 일일이 삭제 요청을 하는 것 외에는 대응 수단이 없다. 그러나 이런 방식에는 분명 한계가 있으므로 법적으로 ㉣ 확실하게 잊힐 권리를 보장해야 한다. 해당 정보가 단순한 개인 정보라면 사생활을 보호하기 위해서라도 그 정보의 삭제를 요청할 수 있는 권리를 지켜 주어야 한다.

㉮ 잊힐 권리의 보장으로 '알 권리'라고 하는 또 다른 권리가 침해된다고 주장하는 사람들도 있다. 잊힐 권리를 보장하게 되면 법적인 권력이나 자본을 소유한 사람들에게 악용될 소지가 크다는 것이다. 그러나 더욱 바람직하고 건강한 사회를 만들기 위해 잊힐 권리의 법적 보장에 대해 꼭 한번 고민해 볼 필요가 있다.

– 윤용아, 「잊힐 권리와 알 권리」 –

23 윗글을 읽은 후, 타인과 소통하며 이해를 확장하기 위해 한 활동으로 적절하지 <u>않은</u> 것은?

① 이 글에 나타난 '잊힐 권리'에 대한 핵심 내용을 요약한다.
② 친구들과 함께 '잊힐 권리'의 필요성을 주제로 토의를 진행한다.
③ 전문가를 대상으로 '잊힐 권리'의 법적 보장에 대한 인터뷰를 실시한다.
④ 인터넷 게시판에서 '잊힐 권리'의 법적 보장을 논제로 한 토론에 참여한다.

24 ㉮가 제시할 근거로 가장 적절한 것은?

① '알 권리'를 인정하면 사생활을 보호할 수 있기 때문이다.
② '알 권리'를 인정하면 망각이 쉽게 일어날 수 있기 때문이다.
③ '잊힐 권리'를 인정하면 정보 비공개로 인해 공익이 저해될 수 있기 때문이다.
④ '잊힐 권리'를 인정하면 정보 유출로 인한 고통이 늘어날 수 있기 때문이다.

25 ㉠~㉣을 고유어로 바꾸고자 할 때, 적절하지 <u>않은</u> 것은?

① ㉠ : 받아들이게   ② ㉡ : 얽매이지
③ ㉢ : 드러나길   ④ ㉣ : 올바르게

제2교시

수 학

정답 및 해설 260p

01 두 다항식 $A = x^2 + 2x$, $B = 2x^2 - x$에 대하여 $A + B$는?

① $x^2 - x$ 　　　 ② $x^2 + x$

③ $3x^2 - x$ 　　 ④ $3x^2 + x$

02 등식 $x^2 + ax + 3 = x^2 + 5x + b$가 x에 대한 항등식일 때, 두 상수 a, b에 대하여 $a - b$의 값은?

① 2 　　　 ② 4

③ 6 　　　 ④ 8

03 다항식 $2x^3 + 3x^2 - 1$을 $x - 1$로 나누었을 때, 나머지는?

① 2 　　　 ② 3

③ 4 　　　 ④ 5

04 다항식 $x^3 - 6x^2 + 12x - 8$을 인수분해한 식이 $(x - a)^3$일 때, 상수 a의 값은?

① 1 　　　 ② 2

③ 3 　　　 ④ 4

05 복소수 $5 + 4i$의 켤레복소수가 $a + bi$일 때, 두 실수 a, b에 대하여 $a + b$의 값은? (단, $i = \sqrt{-1}$)

① 1 　　　 ② 3

③ 5 　　　 ④ 7

06 두 수 3, 4를 근으로 하고 x^2의 계수가 1인 이차방정식이 $x^2 - 7x + a = 0$일 때, 상수 a의 값은?

① 3 　　　 ② 6

③ 9 　　　 ④ 12

07 $-3 \leq x \leq 0$일 때, 이차함수 $y = x^2 + 2x - 1$의 최솟값은?

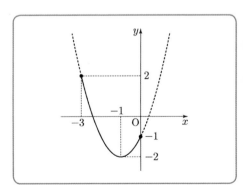

① -2 　　　 ② -1

③ 1 　　　 ④ 2

08 사차방정식 $x^4+2x^2+a=0$의 한 근이 1일 때, 상수 a의 값은?

① -3 ② -1

③ 1 ④ 3

09 연립방정식 $\begin{cases} x+y=6 \\ xy=a \end{cases}$의 해가 $x=4$, $y=b$ 일 때, 두 상수 a, b에 대하여 $a+b$의 값은?

① 9 ② 10

③ 11 ④ 12

10 이차부등식 $(x+3)(x-2)\geq 0$의 해는?

① $x\geq -3$ ② $-3\leq x\leq 2$

③ $x\geq 2$ ④ $x\leq -3$ 또는 $x\geq 2$

11 수직선 위의 두 점 $A(1)$, $B(5)$에 대하여 선분 AB를 $3:1$로 내분하는 점 P의 좌표는?

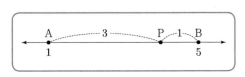

① 3 ② $\dfrac{7}{2}$

③ 4 ④ $\dfrac{9}{2}$

12 점 $(-2, 1)$을 지나고 기울기가 3인 직선의 방정식은?

① $y=-3x+1$ ② $y=-3x+7$

③ $y=3x+1$ ④ $y=3x+7$

13 중심의 좌표가 $(2, 1)$이고, y축에 접하는 원의 방정식은?

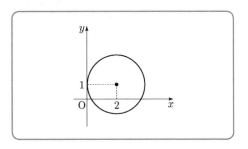

① $(x-2)^2+(y-1)^2=1$

② $(x-2)^2+(y-1)^2=4$

③ $(x-1)^2+(y-2)^2=1$

④ $(x-1)^2+(y-2)^2=4$

14 좌표평면 위의 점 $(2, 4)$를 y축에 대하여 대칭이동한 점의 좌표는?

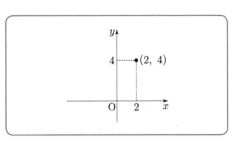

① $(-2, -4)$ ② $(-2, 4)$

③ $(4, -2)$ ④ $(4, 2)$

15 두 집합 $A = \{1, a-1, 5\}$, $B = \{1, 3, a+1\}$에 대하여 $A = B$일 때, 상수 a의 값은?

① 3 　　　　　② 4
③ 5 　　　　　④ 6

16 명제 '평행사변형이면 사다리꼴이다.'의 대우는?

① 사다리꼴이면 평행사변형이다.
② 평행사변형이면 사다리꼴이 아니다.
③ 사다리꼴이 아니면 평행사변형이 아니다.
④ 평행사변형이 아니면 사다리꼴이 아니다.

17 두 함수 $f : X \to Y$, $g : Y \to Z$가 그림과 같을 때, $(g \circ f)(3)$의 값은?

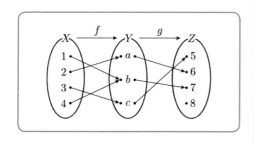

① 5 　　　　　② 6
③ 7 　　　　　④ 8

18 유리함수 $y = \dfrac{1}{x-2} - 1$의 그래프는 유리함수 $y = \dfrac{1}{x}$의 그래프를 x축의 방향으로 a만큼, y축의 방향으로 b만큼 평행이동한 것이다. 두 상수 a, b에 대하여 $a+b$의 값은?

① -1 　　　　② 1
③ 3 　　　　　④ 5

19 그림과 같이 3명의 수학자 사진이 있다. 이 중에서 서로 다른 2명의 사진을 택하여 수학 신문의 1면과 2면에 각각 싣는 경우의 수는?

① 4 　　　　　② 5
③ 6 　　　　　④ 7

20 그림과 같이 수학 진로 선택 과목이 있다. 이 중에서 서로 다른 2과목을 선택하는 경우의 수는?

① 3 　　　　　② 4
③ 5 　　　　　④ 6

제3교시

영 어

정답 및 해설 262p |

[01~03] 다음 밑줄 친 부분의 뜻으로 가장 적절한 것을 고르시오.

01

It is my <u>duty</u> to take out the trash at home on Sundays.

① 갈등   ② 노력
③ 의무   ④ 자유

02

People need to <u>depend on</u> each other when working as a team.

① 찾다   ② 내리다
③ 의존하다   ④ 비난하다

03

I have met a lot of nice people, <u>thanks to</u> you.

① 덕분에   ② 대신에
③ 불구하고   ④ 제외하고

04 다음 밑줄 친 두 단어의 의미 관계와 **다른** 것은?

A <u>polite</u> gesture in one country may be a <u>rude</u> one in another.

① smart − wise
② right − wrong
③ safe − dangerous
④ same − different

05 다음 행사 광고문에서 언급되지 **않은** 것은?

K-POP CONCERT 2023
  Eight World-famous K-Pop Groups Are Performing!
Date : June 8th (Thursday), 2023
Location : World Cup Stadium
Time : 7:30 p.m. - 9:30 p.m.

① 날짜   ② 장소
③ 시간   ④ 입장료

[06~08] 다음 빈칸에 공통으로 들어갈 말로 가장 적절한 것을 고르시오.

06

• We had to _____ up in order to get a better view.
• I can't _____ people who don't follow rules in public.

① fail   ② begin
③ stand   ④ remind

07

- Jinsu, _____ museum will you visit tomorrow?
- A dictionary is a book _____ has explanations of words.

① how   ② which
③ when   ④ where

08

- My tastes are different _____ yours.
- English words come _____ a wide variety of sources.

① for   ② off
③ from   ④ about

09 다음 대화에서 밑줄 친 표현의 의미로 가장 적절한 것은?

A : Look, Junho. I finally got an A on my math exam!
B : You really did well on your exam. What's your secret?
A : I've been studying math everyday, staying up late even on weekends.
B : You are a good example of 'no pain, no gain.'

① 철이 뜨거울 때 내려쳐라.
② 수고 없이 얻는 것은 없다.
③ 시간은 화살처럼 빨리 지나간다.
④ 필요할 때 친구가 진정한 친구이다.

10 다음 대화에서 알 수 있는 B의 심정으로 가장 적절한 것은?

A : It's raining cats and dogs.
B : Raining cats and dogs? Can you tell me what it means?
A : It means it's raining very heavily.
B : Really? I'm interested in the origin of the expression.

① 불안   ② 슬픔
③ 흥미   ④ 실망

11 다음 대화가 이루어지는 장소로 가장 적절한 것은?

A : Good morning, how may I help you?
B : Wow, it smells really good in here.
A : Yes, the bread just came out of the oven.
B : I'll take this freshly baked one.

① 제과점   ② 세탁소
③ 수영장   ④ 미용실

12 다음 글에서 밑줄 친 It이 가리키는 것으로 가장 적절한 것은?

> Smiling reduces stress and lowers blood pressure, contributing to our physical well-being. It also increases the amount of feel-good hormones in the same way that good exercise does. And most of all, a smile influences how other people relate to us.

① friend　　　　② smiling

③ country　　　　④ exercising

[13~14] 다음 대화의 빈칸에 들어갈 말로 가장 적절한 것을 고르시오.

13

> A : Matt, _____?
> B : How about the N Seoul Tower? We can see the whole city from the tower.
> A : After that, let's walk along the Seoul City Wall.
> B : Perfect! Now, let's go explore Seoul.

① where shall we go first

② what do you do for a living

③ how often do you come here

④ why do you want to be an actor

14

> A : What should I do to make more friends?
> B : It's important to _____.

① get angry easily

② cancel your order now

③ check your reservation

④ be nice to people around you

15 다음 대화의 주제로 가장 적절한 것은?

> A : Can you share any shopping tips?
> B : Sure. First of all, always keep your budget in mind.
> A : That's a good point. What else?
> B : Also, don't buy things just because they're on sale.
> A : Thanks! Those are great tips.

① 현명하게 쇼핑하는 방법

② 일기를 써야 하는 이유

③ 건축 시 기둥의 중요성

④ 계단을 이용할 때의 장점

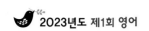

16 다음 글을 쓴 목적으로 가장 적절한 것은?

> Many people have difficulty finding someone for advice. You may have some personal problems and don't want to talk to your parents or friends about them. Why don't you join our online support group? We are here to help you.

① 거절하려고　　② 권유하려고

③ 비판하려고　　④ 사과하려고

17 다음 기타 판매 광고문의 내용과 일치하지 <u>않</u>는 것은?

> **For Sale**
> Features : It's a guitar with six strings.
> Condition : It's used but in good condition.
> Price : $150 (original price : $350)
> Contact : If you have any questions, call me at 014-4365-8704.

① 줄이 여섯 개 있는 기타이다.

② 새것이라 완벽한 상태이다.

③ 150달러에 판매된다.

④ 전화로 문의 가능하다.

18 다음 Earth Hour campaign에 대한 설명과 일치하지 <u>않</u>는 것은?

> Why don't we join the Earth Hour campaign? It started in Sydney, Australia, in 2007. These days, more than 7,000 cities around the world are participating. Earth Hour takes place on the last Saturday of March. On that day people turn off the lights from 8:30 p.m. to 9:30 p.m.

① 호주 시드니에서 시작했다.

② 칠천 개 이상의 도시가 참여한다.

③ 3월 마지막 주 토요일에 열린다.

④ 사람들은 그날 하루 종일 전등을 끈다.

19 다음 글의 주제로 가장 적절한 것은?

> Recent research shows how successful people spend time in the morning. They wake up early and enjoy some quiet time. They exercise regularly. In addition, they make a list of things they should do that day. Little habits can make a big difference towards being successful.

① 인간의 기본적인 욕구와 특성

② 운동 전 스트레칭이 중요한 이유

③ 합창에서 반드시 지켜야 할 규칙

④ 성공한 사람들의 아침 시간 활용 방법

[20~21] 다음 글의 빈칸에 들어갈 말로 가장 적절한 것을 고르시오.

20

People who improve themselves try to understand what they did wrong, so they can do better the next time. The process of learning from mistakes makes them smarter. For them, every _____ is a step towards getting better.

① love   ② nation

③ village   ④ mistake

21

I'd like to have a parrot as a _____. Let me tell you why. First, a parrot can repeat my words. If I say "Hello" to it, it will say "Hello" to me. Next, it has gorgeous, colorful feathers, so just looking at it will make me happy. Last, parrots live longer than most other animals kept at home.

① pet   ② word

③ color   ④ plant

22 글의 흐름으로 보아 다음 문장이 들어가기에 가장 적절한 곳은?

However, despite its usefulness, plastic pollutes the environment severely.

Plastic is a very useful material. (①) Its usefulness comes from the fact that plastic is cheap, lightweight, and strong. (②) For example, plastic remains in landfills for hundreds or even thousands of years, resulting in soil pollution. (③) The best solution to this problem is to create eco-friendly alternatives to plastic. (④)

23 다음 글의 바로 뒤에 이어질 내용으로 가장 적절한 것은?

Beans have been with us for thousands of years. They are easy to grow everywhere. More importantly, they are high in protein and low in fat. These factors make beans one of the world's greatest superfoods. Now, let's learn how beans are cooked in a variety of ways around the world.

① 콩 재배의 역사   ② 콩의 수확 시기

③ 콩 섭취의 부작용   ④ 콩의 다양한 요리법

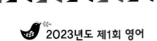

[24～25] 다음 글을 읽고 물음에 답하시오.

> Volunteering gives you a healthy mind. According to one survey, 96 % of volunteers report feeling happier after doing it. If you help others in the community, you will feel better about yourself. It can also motivate you to live with more energy that can help you in your ordinary daily life. Therefore, you will have a more _____ view of life.

24 윗글의 빈칸에 들어갈 말로 가장 적절한 것은?

① shy　　　　② useless

③ unhappy　　④ positive

25 윗글의 주제로 가장 적절한 것은?

① 외로움의 유용함

② 달 연구의 어려움

③ 자원봉사가 주는 이점

④ 온라인 수업 도구의 다양성

제4교시

사 회

정답 및 해설 267p

01 ㉠에 들어갈 내용으로 옳은 것은?

> 우리나라 법 체계에서 (㉠)은/는 국가의 통치 조직과 운영 원리 및 국민의 기본적 인권을 규정한 최고의 법이다.

① 명령
② 법률
③ 조례
④ 헌법

02 다음 설명에 해당하는 기본권은?

> 다른 기본권이 침해되었을 때, 이를 구제하도록 요구할 수 있는 권리이다. 청원권 등이 이에 해당한다.

① 자유권
② 참정권
③ 청구권
④ 평등권

03 ㉠에 들어갈 용어로 옳은 것은?

> (㉠)은/는 인간이라면 누구나 누릴 수 있는 기본적인 권리이다. 모든 사람이 차별 없이 누리는 보편성, 사람이라면 누구나 태어나면서부터 가지는 천부성, 박탈당하지 않고 영구히 보장되는 항구성, 누구도 침범할 수 없는 불가침성을 특성으로 한다.

① 능력
② 의무
③ 인권
④ 정의

04 다음 설명에 해당하는 것은?

> • 선택을 통해 얻게 되는 이익이다.
> • 물질적이고 금전적인 이익뿐 아니라 즐거움이나 성취감 같은 비금전적인 것도 포함한다.

① 편익
② 희소성
③ 금융 자산
④ 암묵적 비용

05 다음 설명에 해당하지 않는 것은?

> • 정부를 구성 단위로 하는 국제 사회의 행위 주체이다.
> • 국가들 사이의 이해관계를 조정하거나 국가 간 분쟁을 중재한다.

① 유럽 연합(EU)
② 다문화 사회
③ 세계 무역 기구(WTO)
④ 경제 협력 개발 기구(OECD)

06 ㉠에 들어갈 용어로 가장 적절한 것은?

탐구 활동 보고서

주제: ㉠
- 정의 : 시장에서 자원의 배분이 효율적으로 이루어지지 못하는 상태
- 사례 : 독과점 문제 발생, 외부 효과의 발생, 공공재의 공급 부족

① 남초 현상　　② 시장 실패
③ 규모의 경제　　④ 소비자 주권

07 다음 헌법 조항에 나타난 제도로 가장 적절한 것은?

제40조 입법권은 국회에 속한다.
제66조 ④ 행정권은 대통령을 수반으로 하는 정부에 속한다.
제101조 ① 사법권은 법관으로 구성된 법원에 속한다.

① 권력 분립 제도　　② 사회 보장 제도
③ 위헌 법률 심판　　④ 헌법 소원 심판

08 다음에서 설명하는 것은?

- 의미 : 국가가 생활 유지 능력이 없거나 생활이 어려운 국민의 최저 생활을 보장하고 자립을 지원하는 제도
- 종류 : 국민 기초 생활 보장 제도 등

① 공공 부조　　② 재무 설계
③ 정주 환경　　④ 지리적 표시제

09 다음에서 설명하는 자산 관리의 원칙은?

- 원금에 비해 얻을 수 있는 이익의 정도
- 금융 상품의 가격 상승이나 이자 수익을 기대할 수 있는 정도

① 다양성　　② 수익성
③ 유동성　　④ 편재성

10 문화를 우열 관계로 인식하는 태도로 옳은 것을 〈보기〉에서 고른 것은?

〈보기〉
ㄱ. 문화 상대주의　　ㄴ. 자유 방임주의
ㄷ. 문화 사대주의　　ㄹ. 자문화 중심주의

① ㄱ, ㄴ　　② ㄱ, ㄹ
③ ㄴ, ㄷ　　④ ㄷ, ㄹ

11 ㉠에 들어갈 내용으로 가장 적절한 것은?

학습 주제 : (㉠)의 사례 조사하기
- 사례1 : 이산화탄소 배출을 줄이기 위해 지역 농산물을 구매한다.
- 사례2 : 생산자들에게 정당한 몫을 주는 공정 무역 커피를 구매한다.

① 뉴딜 정책　　② 유리 천장
③ 윤리적 소비　　④ 샐러드 볼 이론

12 다음에서 설명하는 것은?

> 두 차례의 세계 대전을 겪은 뒤, 국제 연합(UN) 총회에서 인류가 당연히 누려야 할 권리를 규정하고 인권 보장의 국제적 기준을 제시한 선언이다.

① 권리 장전
② 바이마르 헌법
③ 세계 인권 선언
④ 미국 독립 선언

13 다음에 해당하는 문화 변동 양상은?

> 한 문화가 다른 문화에 흡수되어 소멸하는 현상

① 문화 갈등
② 문화 성찰
③ 문화 병존
④ 문화 동화

14 한대 기후의 특성에 따른 생활 모습으로 옳은 것을 〈보기〉에서 고른 것은?

> ───〈보기〉───
> ㄱ. 순록 유목
> ㄴ. 이동식 화전 농업
> ㄷ. 가축의 털로 만든 옷
> ㄹ. 통풍을 위한 큰 창문

① ㄱ, ㄴ
② ㄱ, ㄷ
③ ㄴ, ㄹ
④ ㄷ, ㄹ

15 다음에서 설명하는 자연재해는?

> • 분류 : 지형적 요인에 의한 자연재해
> • 원인 : 급격한 지각 변동
> • 현상 : 높은 파도가 빠른 속도로 해안으로 밀려옴.

① 가뭄
② 폭설
③ 지진 해일
④ 열대 저기압

16 ㉠, ㉡에 해당하는 화석 연료로 옳은 것은?

> • (㉠) : 18세기 산업 혁명기에 증기기관의 연료로 사용
> • (㉡) : 현재 세계에서 가장 소비량이 많은 에너지 자원

	㉠	㉡		㉠	㉡
①	석유	천연가스	②	석유	석탄
③	석탄	천연가스	④	석탄	석유

17 ㉠에 들어갈 내용으로 가장 적절한 것은?

> **이슬람교 문화의 특징**
> • (금기 음식 : 돼지고기, 술
> • (전통 의상 : ㉠

① 게르
② 판초
③ 부르카
④ 마타도르

18 다음에서 설명하는 것은?

> • 대도시의 기능과 영향력이 주변 지역으로 확대되면서 형성되는 생활권이다.
> • 집과 직장의 거리가 멀어지는 사람들이 많아진다.

① 대도시권
② 누리 소통망(SNS)
③ 커뮤니티 매핑
④ 지리 정보 시스템(GIS)

19 ㉠에 들어갈 내용으로 옳은 것은?

> **(㉠)의 원인**
> • 도시의 아스팔트 도로와 콘크리트 구조물의 증가
> • 도시 내부의 인공 열 발생

① 슬럼
② 열섬 현상
③ 빨대 효과
④ 제노포비아

20 인구 분포에 영향을 미치는 사회적 요인으로 옳은 것은?

① 사막
② 온화한 기후
③ 험준한 산지
④ 풍부한 일자리

21 다음에 해당하는 분쟁 지역을 지도의 A~D에서 고른 것은?

> 카슈미르 지역에서 발생한 인도와 파키스탄의 분쟁

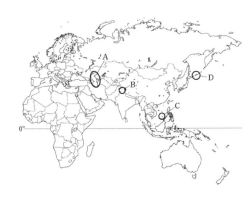

① A
② B
③ C
④ D

22 정보화로 인한 생활 양식의 변화로 적절하지 않은 것은?

① 시공간의 제약이 완전히 사라졌다.
② 원격 진료나 원격 교육이 가능해졌다.
③ 전자 상거래를 통해 물건을 구매할 수 있게 되었다.
④ 가상공간을 통해 개인의 정치적 의견을 토론할 수 있게 되었다.

23 산업화가 가져온 변화로 옳은 것을 〈보기〉에서 고른 것은?

――――――〈보기〉――――――
ㄱ. 녹지 면적 증가
ㄴ. 농업 중심 사회 형성
ㄷ. 직업의 다양성 증가
ㄹ. 도시화의 촉진

① ㄱ, ㄴ
② ㄱ, ㄷ
③ ㄴ, ㄹ
④ ㄷ, ㄹ

24 다음에서 설명하는 것은?

각종 개발 사업이 시행되기 전에 환경에 미치게 될 영향을 예측하고 평가하여 환경오염을 줄이려는 방안을 마련하는 제도이다.

① 용광로 정책
② 공적 개발 원조
③ 환경 영향 평가
④ 핵 확산 금지 조약

25 ㉠에 들어갈 내용으로 옳은 것은?

〈환경 문제 해결을 위한 노력〉
1. 환경 보호를 위한 국제 비정부 기구의 노력
• 주요 활동 : 환경 오염 유발 행위 감시활동
• 단체 : ㉠

① 그린피스(Greenpeace)
② 브렉시트(Brexit)
③ 국제통화기금(IMF)
④ 세계 보건 기구(WHO)

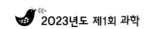

제5교시

과 학

정답 및 해설 270p |

01 그림은 핵분열 반응을 나타낸 것이다. 다음 중 이 반응을 이용하는 핵발전의 연료에 해당하는 것은?

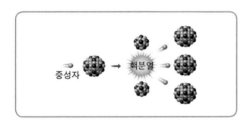

① 바람　　　　② 석탄
③ 수소　　　　④ 우라늄

02 열효율이 20%인 열기관에 공급된 열에너지가 100J일 때 이 열기관이 한 일은?

① 10J　　　　② 20J
③ 30J　　　　④ 40J

03 그림은 자유 낙하하는 물체를 같은 시간 간격으로 나타낸 것이다. 구간 A∼C에서 물체의 운동에 대한 설명으로 옳은 것은? (단, 공기 저항은 무시한다.)

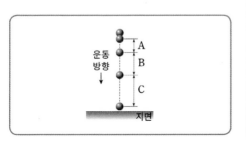

① A에서 가속도는 0이다.
② B에서 속도는 일정하다.
③ C에서 물체에 작용하는 힘은 0이다.
④ A와 B에서 물체에 작용하는 힘의 방향은 같다.

04 그림은 질량이 다른 두 물체 A, B가 수평면에서 각각 일정한 속도로 운동하고 있는 모습을 나타낸 것이다. 두 물체의 운동량의 크기가 같을 때 B의 속도 v는?

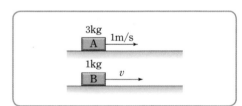

① 3m/s　　　　② 5m/s
③ 7m/s　　　　④ 9m/s

05 다음 설명에 해당하는 신소재는?

- 그래핀이 튜브 형태로 결합된 구조이다.
- 구리보다 열전도율이 뛰어나다.

① 고무　　　　② 유리
③ 나무　　　　④ 탄소 나노 튜브

06 설탕과 염화 나트륨(NaCl)에 대한 설명으로 옳은 것만을 〈보기〉에서 모두 고른 것은?

---〈보기〉---

ㄱ. 설탕은 이온 결합 물질이다.
ㄴ. 설탕을 물에 녹이면 대부분 이온이 된다.
ㄷ. NaCl은 수용액 상태에서 전기가 통한다.

① ㄱ　　　　　　② ㄷ

③ ㄱ, ㄴ　　　　④ ㄴ, ㄷ

07 그림은 전기 에너지의 생산과 수송 과정을 나타낸 것이다. 이에 대한 설명으로 옳지 <u>않은</u> 것은?

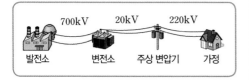

① 발전소는 전기 에너지를 생산하는 곳이다.

② 변전소는 전압을 바꾸는 역할을 한다.

③ 전력 수송 과정에서 전력 손실은 발생하지 않는다.

④ 주상 변압기는 전압을 220 V로 낮춰 가정으로 전기 에너지를 공급한다.

08 그림은 산소와 네온 원자의 전자 배치를 나타낸 것이다. 산소 원자가 안정한 원소인 네온과 같은 전자 배치를 하기 위해 얻어야 하는 전자의 개수는?

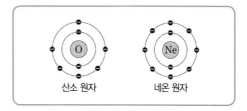

① 1개　　　　　② 2개

③ 3개　　　　　④ 4개

09 다음 설명의 ㉠에 해당하는 것은?

질산 은($AgNO_3$) 수용액에 구리(Cu) 선을 넣어 두면 구리는 전자를 잃어 구리 이온(Cu^{2+})으로 산화되고, 은 이온(Ag^+)은 전자를 얻어 은(Ag)으로 　㉠　 된다.

① 산화　　　　　② 연소

③ 중화　　　　　④ 환원

10 수산화 나트륨(NaOH) 수용액은 붉은색 리트머스 종이를 푸른색으로 변하게 하는 성질이 있다. 다음 물질의 수용액 중 이와 같은 성질을 나타내는 것은?

① HCl　　　　　② KOH

③ HNO_3　　　　④ H_2SO_4

11 다음 화학 반응식에서 수소 이온(H^+)과 수산화 이온(OH^-)이 반응하는 개수비는?

$$H^+ + OH^- \rightarrow H_2O$$

	H^+	OH^-			H^+	OH^-
①	1 : 1			②	1 : 2	
③	2 : 1			④	3 : 2	

12 그림은 단백질의 형성 과정을 나타낸 것이다. 단백질을 구성하는 단위체 A는?

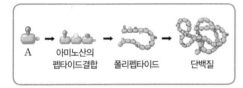

① 녹말
② 핵산
③ 포도당
④ 아미노산

13 다음 설명의 ㉠에 해당하는 것은?

한 생물종 내에서도 개체마다 유전자가 달라 다양한 형질이 나타난다. 하나의 종에서 나타나는 유전자의 다양한 정도를 ㉠ 이라고 한다.

① 군집
② 개체군
③ 유전적 다양성
④ 생태계 다양성

14 다음 중 생물이 생명 유지를 위해 생명체 내에서 물질을 분해하거나 합성하는 모든 화학 반응을 무엇이라고 하는가?

① 삼투
② 연소
③ 확산
④ 물질대사

15 그림과 같이 광합성이 일어나는 식물의 세포 소기관은?

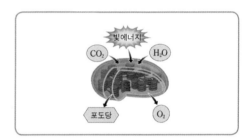

① 핵
② 엽록체
③ 세포막
④ 미토콘드리아

16 그림은 세포 내 유전 정보의 흐름을 나타낸 것이다. ㉠과 ㉡에 해당하는 물질은?

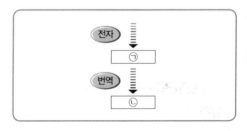

	㉠	㉡			㉠	㉡
①	단백질	단백질		②	단백질	RNA
③	RNA	단백질		④	RNA	RNA

17 다음 설명에 해당하는 것은?

- 이중 나선 구조이다.
- A, G, C, T의 염기 서열로 유전 정보를 저장한다.

① 지방   ② 효소
③ 단백질   ④ DNA

18 그림은 생태계의 구성 요소 중 생물적 요인을 나타낸 것이다. A에 해당하는 생물은?

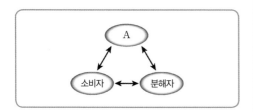

① 벼   ② 토끼
③ 독수리   ④ 곰팡이

19 그림은 어느 지질 시대의 표준 화석을 나타낸 것이다. 이 생물이 번성하였던 지질 시대는?

공룡

① 신생대   ② 중생대
③ 고생대   ④ 선캄브리아 시대

20 그림은 지구 내부의 층상 구조를 나타낸 것이다. A~D는 각각 지각, 맨틀, 외핵, 내핵 중 하나이다. 액체 상태인 층은?

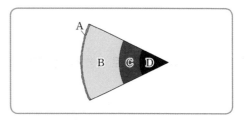

① A   ② B
③ C   ④ D

21 다음 판의 경계에 발달하는 지형은?

- 발산형 경계이다.
- 맨틀 대류 상승부이다.
- 판이 생성되는 곳이다.

① 해령   ② 해구
③ 호상 열도   ④ 변환 단층

22 그림은 지구 시스템을 이루는 각 권의 상호 작용을 나타낸 것이다. A~D 중 화산 활동에 의한 화산 가스가 대기 중에 방출되는 것에 해당하는 상호 작용은?

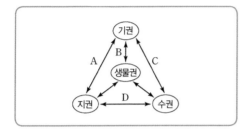

① A   ② B
③ C   ④ D

23 다음 설명의 ㉠에 해당하는 것은?

> 태평양의 적도 부근에서 부는 무역풍이 몇 년에 한 번씩 약해지면서 남적도 해류의 흐름이 느려져서, 동태평양 적도 해역의 표층 수온이 평상시보다 높아진다. 이러한 현상을 ㉠ 라고 한다.

① 사막화   ② 산사태
③ 엘니뇨   ④ 한파

24 그림은 수소 기체 방전관에서 나온 빛의 방출 스펙트럼을 분광기를 이용하여 맨눈으로 관찰한 것을 나타낸 것이다. 이에 대한 설명으로 옳은 것만을 〈보기〉에서 모두 고른 것은?

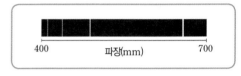

―――――〈보기〉―――――
ㄱ. 선 스펙트럼이다.
ㄴ. 가시광선 영역에 속한다.
ㄷ. 헬륨의 스펙트럼도 같은 위치에 선이 나타난다.

① ㄱ   ② ㄷ
③ ㄱ, ㄴ   ④ ㄴ, ㄷ

25 그림은 질량이 태양 정도인 별의 중심부에서 핵융합 반응이 모두 끝났을 때의 내부 구조를 나타낸 것이다. ㉠에 해당하는 원소는?

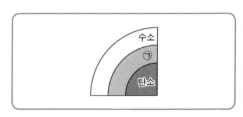

① 헬륨   ② 산소
③ 철   ④ 우라늄

제6교시

한국사

정답 및 해설 273p

01 ㉠에 들어갈 유물로 옳은 것은?

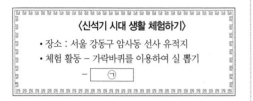

〈신석기 시대 생활 체험하기〉
• 장소 : 서울 강동구 암사동 선사 유적지
• 체험 활동 – 가락바퀴를 이용하여 실 뽑기

－ ㉠

① 상평통보　　　② 비파형 동검
③ 빗살무늬 토기　④ 불국사 3층 석탑

02 ㉠에 들어갈 내용으로 옳은 것은?

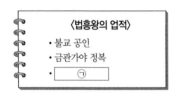

〈법흥왕의 업적〉
• 불교 공인
• 금관가야 정복
• ㉠

① 율령 반포　　　② 훈민정음 창제
③ 사심관 제도 실시　④ 전민변정도감 설치

03 다음 설명에 해당하는 문서는?

일본 도다이사 쇼소인에서 발견된 문서이다. 이 문서에는 서원경(충북 청주)에 속한 촌락을 비롯한 4개 촌락의 인구 수, 토지의 종류와 크기, 소와 말의 수 등이 기록되어 있어 당시의 경제 상황을 알 수 있다.

① 공명첩　　　② 시무 28조
③ 영남 만인소　④ 신라 촌락 문서

04 ㉠에 들어갈 내용으로 옳은 것은?

《삼국 통일 과정》
백제 멸망 → 고구려 멸망 → ㉠
→ 삼국 통일

① 귀주 대첩　　　② 매소성 전투
③ 봉오동 전투　　④ 한산도 대첩

05 두 학생의 대화 내용에 해당하는 인물은?

고려의 승려로 해동 천태종을 창시하였지.

그래. 그는 교리 연구와 실천적 수행을 병행해야 한다는 교관겸수를 주장하기도 했어.

① 김구　　　② 의천
③ 안중근　　④ 전태일

06 다음 내용이 원인이 되어 일어난 사건은?

• 명성 황후 시해 사건　• 단발령 실시

① 갑신정변　　　② 병자호란
③ 을미의병　　　④ 무신 정변

07 ㉠에 들어갈 내용으로 옳은 것은?

> 《수행 평가 계획서》
> • 주제 : 고려 광종의 정책
> • 조사할 내용 : ㉠ , 과거제 등

① 신문지법　　　　② 노비안검법

③ 치안 유지법　　　④ 국가 총동원법

08 다음 사건이 일어난 시기에 대한 설명으로 옳은 것은?

> • 홍경래의 난(1811)
> • 임술 농민 봉기(1862)

① 권문세족이 농장을 확대하였다.

② 세도 가문이 권력을 독점하였다.

③ 진골 귀족들이 왕위 쟁탈전을 벌였다.

④ 일제가 황국 신민화 정책을 추진하였다.

09 ㉠에 들어갈 내용으로 가장 적절한 것은?

> 질문 고려 양인 중 ㉠ 에 대해 알려 주세요.
> 답변 ㄴ. 과거 응시와 거주 이전에 제한이 있었습니다.
> 　　　ㄴ. 일반 군현민에 비해 많은 세금을 부담해야 했습니다.

① 노비　　　　　② 향리

③ 하급 장교　　　④ 향·소·부곡민

10 다음에서 설명하는 조선의 교육 기관은?

> • 사림의 주도로 설립되기 시작함.
> • 지방 양반의 권위를 강화하는 역할을 함.
> • 선현에 대한 제사와 학문 연구 및 교육을 담당함.

① 서원　　　　　② 광혜원

③ 우정총국　　　④ 경성 제국 대학

11 ㉠에 들어갈 용어로 옳은 것은?

> 조선에서는 사헌부, 사간원, 홍문관의 ㉠ 을/를 두어 정사를 비판하고 관리의 비리를 감찰하게 하여 권력의 독점과 부정을 방지하였다.

① 3사　　　　　② 비변사

③ 식목도감　　　④ 군국기무처

12 ㉠에 들어갈 내용으로 옳은 것은?

> 1866년 프랑스는 병인박해를 구실로 강화도를 공격하였다. 이에 맞서 양헌수 부대가 정족산성에서 승리하여 프랑스군이 철수하였다. 이 과정에서 조선은 ㉠

① 쌍성총관부를 탈환하였다.

② 나·제 동맹을 결성하였다.

③ 백두산정계비를 건립하였다.

④ 외규장각 도서를 약탈당하였다.

13 다음 질문에 대한 학생의 답으로 옳은 것은?

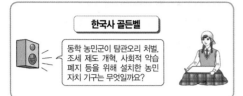

한국사 골든벨

동학 농민군이 탐관오리 처벌, 조세 제도 개혁, 사회적 악습 폐지 등을 위해 설치한 농민 자치 기구는 무엇일까요?

① 집강소   ② 성균관

③ 국문 연구소   ④ 조선 총독부

14 다음에서 설명하는 민족 운동은?

- 준비 과정에서 민족주의 세력과 사회주의 세력이 연대함.
- 1926년 순종의 장례일에 맞추어 시위를 전개함.

① 새마을 운동   ② 서경 천도 운동

③ 6 · 10 만세 운동   ④ 5 · 18 민주화 운동

15 ㉠에 들어갈 내용으로 옳은 것은?

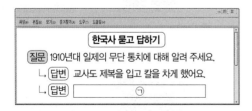

한국사 묻고 답하기

질문 1910년대 일제의 무단 통치에 대해 알려 주세요.
└ 답변 교사도 제복을 입고 칼을 차게 했어요.
└ 답변 ㉠

① 골품제를 실시했어요.

② 삼청 교육대를 설치했어요.

③ 사사오입 개헌을 단행했어요.

④ 헌병 경찰 제도를 실시했어요.

16 ㉠에 들어갈 인물로 옳은 것은?

1932년 일제는 홍커우 공원에서 상하이 사변의 승리를 축하하는 기념식을 열었다. 이때 ㉠ 이 폭탄을 던져 일본의 군 장성과 고관들을 처단하였다. 이를 계기로 중국 국민당 정부는 한국 독립운동을 적극 지원하게 되었다.

① 일연   ② 김유신

③ 윤봉길   ④ 정약용

17 다음에서 설명하는 일제의 식민지 지배 정책은?

- 배경 : 제1차 세계 대전 이후 일본에서 쌀 값이 폭등함.
- 전개 : 일제가 한국을 식량 공급지화함.
- 결과 : 한국의 식량 사정이 악화되고 농민의 부담이 증가함.

① 대동법   ② 탕평책

③ 의정부 서사제   ④ 산미 증식 계획

18 ㉠에 들어갈 내용으로 옳은 것은?

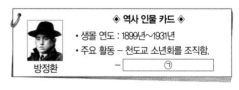

◈ 역사 인물 카드 ◈

방정환

- 생몰 연도 : 1899년~1931년
- 주요 활동 – 천도교 소년회를 조직함.
- ㉠

① 현량과를 시행함.

② 「삼국사기」를 저술함.

③ 어린이날 제정을 주도함.

④ 이토 히로부미를 처단함.

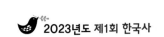
19 밑줄 친 ㉠에 해당하는 민주화 운동은?

> 1987년 전두환 대통령의 4·13 호헌 조치에 맞서 시민들은 ㉠ 호헌 철폐와 독재 타도를 외치며 전국적으로 시위를 전개하였다. 결국 전두환 정부는 국민의 요구에 굴복하여 대통령 직선제 개헌안을 수용하였다.

① 3·1 운동   ② 6월 민주 항쟁

③ 국채 보상 운동   ④ 금 모으기 운동

20 ㉠에 들어갈 내용으로 옳은 것은?

> 1945년 개최된 [㉠]에서 한국의 임시 민주 정부 수립, 이를 위한 미·소 공동 위원회 설치, 신탁 통치 실시 등이 결정되었다.

① 신민회

② 화백 회의

③ 조선 물산 장려회

④ 모스크바 3국 외상 회의

21 다음 전쟁의 결과로 옳지 <u>않은</u> 것은?

> 1950년 6월 25일, 북한의 남침으로 발발하였다. 이후 인천 상륙 작전, 1·4 후퇴를 거쳐 38도선 일대에서 공방전이 지속되다가 1953년 7월 27일 정전 협정이 체결되었다.

① 강화도 조약이 체결되었다.

② 남북 분단이 고착화되었다.

③ 많은 군인과 민간인이 희생되었다.

④ 이산가족과 전쟁고아가 발생하였다.

22 ㉠에 들어갈 내용으로 옳은 것은?

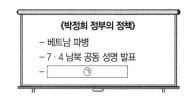

> 《박정희 정부의 정책》
> – 베트남 파병
> – 7·4 남북 공동 성명 발표
> –   ㉠

① 별기군 창설

② 유신 헌법 제정

③ 독서삼품과 실시

④ 한·일 월드컵 대회 개최

23 다음에서 설명하는 정부는?

> • 삼백 산업 발달
> • 3·15 부정 선거 자행

① 이승만 정부   ② 노태우 정부

③ 김대중 정부   ④ 이명박 정부

24 다음에서 설명하는 군사 조직은?

> • 1940년에 대한민국 임시 정부가 창설함.
> • 총사령관에 지청천, 참모장에 이범석이 취임함.
> • 미국 전략 정보국(OSS)과 협력하여 국내 진공 작전을 계획함.

① 별무반   ② 삼별초

③ 장용영   ④ 한국 광복군

25 ㉠에 들어갈 내용으로 옳은 것은?

> **《김영삼 정부 시기의 경제 상황》**
> – ㉠
> – 경제 협력 개발 기구(OECD) 가입
> – 외환 위기 발생

① 당백전 발행
② 방곡령 선포
③ 진대법 실시
④ 금융 실명제 실시

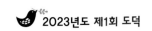

제7교시

도 덕

정답 및 해설 276p |

01 다음 설명에 해당하는 윤리학은?

> 도덕적 언어의 의미 분석과 도덕적 추론의 정당성을 검증하기 위한 논리 분석을 주된 목표로 하는 윤리학

① 메타 윤리학　　　② 실천 윤리학
③ 신경 윤리학　　　④ 기술 윤리학

02 다음에서 소개하는 윤리 사상가는?

> ◈ 도덕 인물 카드 ◈
> • 중국 춘추 시대 사상가
> • 도가 사상의 창시자로 무위자연을 강조함.
> • 『도덕경』에 그의 사상이 잘 나타남.

① 묵자　　　② 노자
③ 순자　　　④ 맹자

03 도덕적 탐구에 대한 설명으로 옳지 <u>않은</u> 것은?

① 도덕 판단이나 행위의 정당화에 중점을 둔다.
② 도덕적 사고를 통해 이루어지는 지적 활동이다.
③ 도덕적 탐구에는 도덕적 추론 능력이 필요하다.
④ 도덕적 탐구 과정에서는 정서적 측면을 배제해야 한다.

04 다음 설명에 해당하는 것은?

> • 세상 모든 존재는 서로 의지한다는 불교의 근본 교리
> • 모든 존재와 현상은 여러 가지 원인[因]과 조건[緣], 즉 인연에 의해 생겨남.

① 심재(心齋)　　　② 연기(緣起)
③ 오륜(五倫)　　　④ 정명(正名)

05 ㉠에 들어갈 사상은?

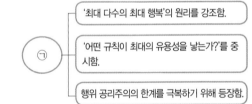

> '최대 다수의 최대 행복'의 원리를 강조함.
> ㉠ '어떤 규칙이 최대의 유용성을 낳는가?'를 중시함.
> 행위 공리주의의 한계를 극복하기 위해 등장함.

① 의무론　　　② 덕 윤리
③ 자연법 윤리　　　④ 규칙 공리주의

06 다음에서 설명하는 자연관으로 옳은 것은?

> • 과학적 지식을 활용하여 인간이 자연을 정복해야 한다.
> • 자연은 단순한 기계로서 도덕적 고려 대상에서 제외된다.

① 인간 중심주의　　② 동물 중심주의

③ 생명 중심주의　　④ 생태 중심주의

07 다음 설명에 해당하는 것은?

> 정의롭지 못한 법과 정책을 변화시키려는 목적을 가지고 의도적으로 법을 위반하는 행위

① 공정 무역　　　　② 시민 불복종

③ 합리적 소비　　　④ 주민 투표제

08 다음은 서술형 평가 문제와 답안이다. 밑줄 친 ㉠~㉢ 중 옳지 않은 것은?

> 문제 : 과학 기술자의 사회적 책임에 대해 설명하시오.
>
> 〈답안〉
> 　과학 기술자는 ㉠ 인류 복지 향상을 위해 사회적 책임을 다해야 한다. ㉡ 자신의 연구 결과가 사회에 미칠 영향력을 인식해야 하고, ㉢ 자신만의 이익을 위해 연구 결과를 조작해야 한다. 또한 ㉣ 연구 활동이 인간 존엄성을 해치지 않는지 항상 성찰해야 한다.

① ㉠　　　　　　　② ㉡

③ ㉢　　　　　　　④ ㉣

09 대중문화의 건전한 발전을 위한 자세로 옳은 것은?

① 획일화된 문화 상품을 생산해야 한다.

② 대중문화를 무비판적으로 수용해야 한다.

③ 거대 자본으로 대중문화를 지배해야 한다.

④ 주체적인 자세로 대중문화를 감상해야 한다.

10 평화적인 남북통일 실현을 위해 가져야 할 올바른 자세를 〈보기〉에서 고른 것은?

> ─── 〈보기〉 ───
>
> ㄱ. 군사비 증강에 집중하여 무력 통일을 도모한다.
> ㄴ. 통일 시기와 과정은 민주적 절차에 따라 추진한다.
> ㄷ. 남북 교류와 협력을 통해 서로 간에 신뢰를 형성한다.
> ㄹ. 통일 기반 조성을 위한 노력보다 체제 통합을 우선한다.

① ㄱ, ㄴ　　　　　② ㄱ, ㄹ

③ ㄴ, ㄷ　　　　　④ ㄷ, ㄹ

11 부부 간의 바람직한 윤리적 자세로 옳지 않은 것은?

① 부부는 서로 신의를 지켜야 한다.

② 부부는 동등한 존재임을 인식해야 한다.

③ 부부는 상대방을 존중하고 배려해야 한다.

④ 부부는 고정된 성 역할을 절대시해야 한다.

12 ㉠에 들어갈 내용으로 가장 적절한 것은?

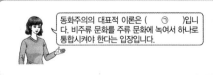

동화주의의 대표적 이론은 (㉠)입니다. 비주류 문화를 주류 문화에 녹여서 하나로 통합시켜야 한다는 입장입니다.

① 용광로 이론　　　② 모자이크 이론

③ 샐러드 볼 이론　　④ 국수 대접 이론

13 다음에서 롤스(Rawls, J.)의 관점에만 '√'를 표시한 학생은?

관점＼학생	A	B	C	D
• 분배 절차가 공정하면 분배 결과도 공정하다.		√		√
• 재산이 많을수록 기본적 자유를 더 많이 가져야 한다.	√		√	
• 사회적 약자에게 경제적 이익을 분배해서는 안 된다.		√	√	

① A
② B
③ C
④ D

14 칸트(Kant, I.)의 도덕 법칙에 대한 설명으로 옳은 것을 〈보기〉에서 고른 것은?

───〈보기〉───
ㄱ. 보편화가 가능해야 한다.
ㄴ. 정언 명령의 형식이어야 한다.
ㄷ. 인간 존엄성과는 무관해야 한다.
ㄹ. 행위의 동기보다 결과를 중시해야 한다.

① ㄱ, ㄴ
② ㄱ, ㄷ
③ ㄴ, ㄹ
④ ㄷ, ㄹ

15 인공 임신 중절에 대한 반대 근거로 적절하지 않은 것은?

① 태아는 생명권을 지닌다.
② 태아는 생명이 있는 인간이다.
③ 태아에 대한 소유권은 임신한 여성에게 있다.
④ 태아는 인간으로 발달할 잠재성을 지니고 있다.

16 다음 중 윤리적 소비를 실천한 학생은?

친구들에게 과시하기 위해 명품 신발을 샀어. — 학생 1
환경 보전을 위해 재활용 종이로 만든 지갑을 샀어. — 학생 2
멸종 위기 동물 가죽으로 만든 가방을 샀어. — 학생 3
필요 없지만 유행을 따르려고 바지를 샀어. — 학생 4

① 학생 1
② 학생 2
③ 학생 3
④ 학생 4

17 예술에 대한 도덕주의 입장으로 옳은 것을 〈보기〉에서 고른 것은?

───〈보기〉───
ㄱ. 예술의 자율성만을 강조해야 한다.
ㄴ. 예술에 대한 윤리적 규제가 필요하다.
ㄷ. 미적 가치를 제외한 모든 가치를 부정해야 한다.
ㄹ. 예술의 목적은 도덕적 교훈을 제공하는 것이다.

① ㄱ, ㄴ
② ㄱ, ㄷ
③ ㄴ, ㄹ
④ ㄷ, ㄹ

18 바람직한 의사소통을 위해 갖춰야 할 태도로 옳은 것은?

① 대화의 상대방을 무시하는 태도
② 타인의 주장을 거짓으로 간주하는 태도
③ 진실한 마음으로 상대를 속이지 않는 태도
④ 자신의 오류 가능성을 인정하지 않는 태도

19 전문직 종사자가 지녀야 할 윤리적 자세로 옳은 것은?

① 높은 수준의 직업적 양심과 책임 의식을 지녀야 한다.
② 직무의 공공성보다는 개인적 이익만을 중시해야 한다.
③ 전문성 함양보다 독점적 지위 보장을 우선시해야 한다.
④ 전문 지식을 통해 얻은 뇌물은 정당함을 알아야 한다.

20 교사의 질문에 대한 대답으로 적절하지 <u>않은</u> 것은?

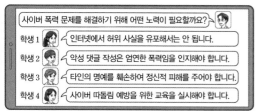

① 학생 1
② 학생 2
③ 학생 3
④ 학생 4

21 다음 설명에 해당하는 형벌에 대한 관점은?

> 형벌의 목적은 범죄 예방을 통해 사회 전체의 이익을 증대시키는 것이다.

① 국수주의
② 공리주의
③ 이기주의
④ 신비주의

22 다음 설명에 해당하는 개념은?

> • 의미 : 자신의 인간관, 가치관, 세계관 등을 전체적으로 검토하고 반성하는 과정
> • 방법 : 증자의 일일삼성(一日三省), 이황의 경(敬) 등

① 인종 차별
② 부패 의식
③ 윤리적 성찰
④ 유전자 조작

23 ㉠, ㉡에 들어갈 사랑과 성에 대한 관점으로 옳은 것은?

(㉠)	결혼이라는 합법적 테두리 내에서 이루어진 성적 관계만이 정당하다.
(㉡)	타인에게 피해를 주지 않고 성인이 자발적으로 동의한다면 사랑 없는 성적 관계도 가능하다.

	㉠	㉡
①	중도주의	보수주의
②	보수주의	자유주의
③	자유주의	중도주의
④	보수주의	중도주의

24 기후 변화에 따른 문제점이 <u>아닌</u> 것은?

① 생태계 교란

② 새로운 질병의 유행

③ 자연재해의 증가

④ 인류의 안전한 삶 보장

25 다음 내용에 해당하는 국제 관계에 대한 입장은?

- 국가는 이성적 존재이기 때문에 국제 분쟁은 국제법, 국제기구 등 제도의 개선으로 해결할 수 있다고 봄.
- 대표적 사상가 : 칸트

① 이상주의 ② 제국주의

③ 현실주의 ④ 지역주의

2023년도

제2회

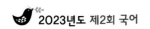

제1교시

국 어

정답 및 해설 280p |

01 다음 대화에 나타난 특징으로 가장 적절한 것은?

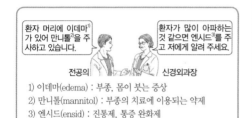

전공의: 환자 머리에 이데마[1]가 있어 만니톨[2]을 주사하고 있습니다.

신경외과장: 환자가 많이 아파하는 것 같으면 엔시드[3]를 주고 저에게 알려 주세요.

1) 이데마(edema) : 부종, 몸이 붓는 증상
2) 만니톨(mannitol) : 부종의 치료에 이용되는 약제
3) 엔시드(ensid) : 진통제, 통증 완화제

① 신조어를 사용하고 있다.
② 전문어를 사용하고 있다.
③ 지역 방언을 사용하고 있다.
④ 관용 표현을 사용하고 있다.

02 수정 후에 반영된 언어 예절에 대한 설명으로 가장 적절한 것은?

> [수정 전] 선생님께서 주신 자료가 너무 어려워서 그러는데, 혹시 쉬운 자료가 있을까요?
>
> ↓
>
> [수정 후] 선생님께서 주신 자료를 제가 잘 이해하지 못해서 그러는데, 혹시 쉬운 자료가 있을까요?

① 상대를 칭찬하며 말한다.
② 자신의 탓으로 돌려 말한다.
③ 상대의 의견에 동의하며 말한다.
④ 자신의 능력을 과시하며 말한다.

03 다음을 참고할 때 음운 변동에 관한 설명으로 적절한 것은?

■ 자음 체계표(일부) ■

조음 위치 / 조음 방법	두 입술	윗잇몸	여린입천장
파열음	ㅂ	ㄷ	ㄱ
비음	ㅁ	ㄴ	ㅇ
유음		ㄹ	

① 심리[심니] : 앞 자음 'ㅁ'이 뒤 자음 'ㄹ'과 조음 방법이 같아짐.
② 종로[종노] : 앞 자음 'ㅇ'이 뒤 자음 'ㄹ'과 조음 위치가 같아짐.
③ 신라[실라] : 앞 자음 'ㄴ'이 뒤 자음 'ㄹ'과 조음 방법이 같아짐.
④ 국물[궁물] : 앞 자음 'ㄱ'이 뒤 자음 'ㅁ'과 조음 위치가 같아짐.

04 다음 한글 맞춤법 규정을 잘못 적용한 것은?

> ■ 한글 맞춤법 ■
> 【제15항】 용언의 어간과 어미는 구별하여 적는다.
> [붙임 1] 두 개의 용언이 어울려 한 개의 용언이 될 적에, 앞말의 본뜻이 유지되고 있는 것은 그 원형을 밝히어 적고, 그 본뜻에서 멀어진 것은 밝히어 적지 아니한다.

① 인구가 늘어나다
② 갯벌이 드러나다
③ 집으로 돌아가다
④ 단추가 떨어지다

05 다음을 참고할 때 〈보기〉의 ㉠에 들어갈 말로 가장 적절한 것은?

> 다른 사람의 말을 직접 인용할 때는 인용할 내용에 큰따옴표가 붙고 조사 '라고'가 사용된다. 간접 인용할 때는 인용할 내용에 조사 '고'가 붙고, 경우에 따라 인용문의 인칭 대명사, 종결 어미가 바뀐다.

〈 보기 〉

직접 인용 표현 친구가 나에게 "너의 취미가 뭐야?"라고 물었다.

↓

간접 인용 표현 친구가 나에게 (㉠) 물었다.

① 나의 취미가 뭐냐고
② 그의 취미가 뭐냐고
③ 나의 취미가 뭐냐라고
④ 그의 취미가 뭐냐라고

06 ㉠에 들어갈 내용으로 가장 적절한 것은?

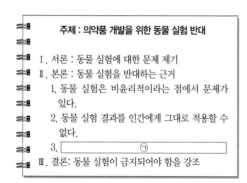

① 동물 실험을 대체할 실험 방안이 있다.
② 동물 실험이 인간에게 가져다주는 이익이 크다.

③ 동물 실험이 동물 학대를 의미하는 것은 아니다.
④ 동물 실험으로 의약품 개발 비용을 절감할 수 있다.

07 ㉠~㉣을 고쳐 쓴 것으로 적절하지 않은 것은?

> 메모는 기억을 ㉠ 유지되는 가장 좋은 방법이다. ㉡ 충분한 수면은 기억력 향상에 도움을 준다. 여러 가지 생각이 동시에 떠오르거나 기발한 생각이 스쳐 갈 때 이를 메모해 두면 유용하다. 과거에는 메모가 필요한 순간에 메모지나 필기구가 ㉢ 없더라도 불편한 경우가 종종 있었다. ㉣ 그리고 지금은 휴대 전화의 기능을 활용하여 전보다 쉽게 메모할 수 있게 되었다.

① ㉠ : '기억을'과 호응하도록 '유지하는'으로 수정한다.
② ㉡ : 통일성을 해치는 문장이므로 삭제한다.
③ ㉢ : 문맥을 고려하여 '없어서'로 고친다.
④ ㉣ : 잘못된 접속어를 사용했으므로 '따라서'로 바꾼다.

08 ⊙~@에 나타난 중세 국어의 특징으로 적절하지 않은 것은?

> 불·휘 ⊙기·픈 남·⌀ ⓛ ⌀ᄅ·매 아·니:뮐·ᄊᆡ
> 곶:됴·코 여·름·하ᄂ·니
> :ᄉᆡ·미 기·픈 ⓒ ·므·른 ᄀᄆ·래 아·니그·
> 츨·ᄊᆡ
> @ :내·히 이·러 바·ᄅ·래·가ᄂ·니
>
> − 「용비어천가」 제2장 −

① ⊙ : 소리 나는 대로 표기하고 있다.

② ⓛ : 현재 쓰이지 않는 모음이 있었다.

③ ⓒ : 모음 조화를 지키고 있다.

④ @ : 주격 조사 '히'가 사용되었다.

[09～11] 다음 글을 읽고 물음에 답하시오.

> 나 보기가 역겨워
> 가실 때에는
> 말없이 고이 보내 드리우리다.
>
> 영변(寧邊)에 약산(藥山)
> 진달래꽃
> 아름 따다 가실 길에 뿌리우리다.
>
> 가시는 걸음걸음
> 놓인 그 꽃을
> ⊙ 사뿐히 즈려밟고 가시옵소서.
>
> 나 보기가 역겨워
> 가실 때에는
> 죽어도 아니 눈물 흘리우리다.
>
> − 김소월, 「진달래꽃」 −

09 윗글의 표현상 특징으로 적절하지 않은 것은?

① 설의법을 사용하여 주제 의식을 강조하고 있다.

② 유사한 종결 어미를 반복해 리듬감을 형성하고 있다.

③ 반어적 표현을 활용하여 화자의 감정을 강조하고 있다.

④ 수미상관 구조를 통해 형태적 안정감을 형성하고 있다.

10 ⊙에 나타난 화자의 정서로 가장 적절한 것은?

① 고향에 대한 그리움

② 무기력한 삶에 대한 후회

③ 임을 향한 헌신적인 사랑

④ 정처 없이 떠도는 삶의 비애

11 윗글과 〈보기〉에 공통으로 나타나는 우리나라 시가 문학의 특징으로 가장 적절한 것은?

> ──── 〈보기〉 ────
> 아리랑 아리랑 아라리요 / 아리랑 고개로 넘어간다
> 나를 버리고 가시는 임은 / 십 리도 못 가서 발병 난다
>
> − 경기 민요 「아리랑」 −

① 3음보 율격을 지닌다.

② 자연 친화적 태도를 보인다.

③ 절기에 따른 풍속을 노래한다.

④ 마지막 구절 첫머리에 감탄사를 쓴다.

[12~13] 다음 글을 읽고 물음에 답하시오.

십 년을 경영하여 초려 삼간 지어 내니
나 한 간 달 한 간에 청풍 한 간 맡겨 두고
강산은 들일 듸 업스니 둘러 두고 보리라

– 송순 –

12 윗글의 화자에 대한 설명으로 가장 적절한 것은?

① 세속적 삶을 지향하고 있다.
② 멀리 있는 임금을 걱정하고 있다.
③ 자연 속에서 소박하게 살고 있다.
④ 후학 양성에 대한 포부를 밝히고 있다.

13 ㉠~㉣ 중 윗글의 강산과 의미가 가장 유사한 것은?

㉠ 잔 들고 혼자 앉아 먼 ㉡ 뫼를 바라보니
그리던 ㉢ 님이 오다 반가움이 이러하랴
㉣ 말씀도 웃음도 아녀도 못내 좋아하노라

– 윤선도, 「만흥」 –

① ㉠   ② ㉡
③ ㉢   ④ ㉣

[14~16] 다음 글을 읽고 물음에 답하시오.

"김병국 부친 되십니다."
중위가 나를 소개했다. 그리고 덧붙여, 내가 예편된 대위 출신으로 육이오 전쟁에 참전한 상이용사라고 말했다.

"그렇습니까. 반갑습니다. 저는 윤영구라 합니다. 앉으시지요."
윤 소령이 나를 회의용 책상으로 안내해 간이 철제 의자를 권했다. ㉠ 그는 호인다운 인상에 목소리가 시원시원하여, 중위의, 파견 대장은 인간적이란 말에 한결 신뢰감을 주었다.
"불비한 자식을 둬서 죄, 죄송합니다. 자식 놈과 얘기해 보셨다면 아, 알겠지만 천성이 착한 놈입니다."
의자에 앉으며 내가 말했다.
"어젯밤 마침 제가 부대에서 숙식할 일이 있어 장시간 ㉡ 그 친구와 얘기를 나눠 봤지요. 똑똑한 젊은이더군요."
"요즘 제 딴에는 뭐 조류와 환경 오염 실태를 여, 연구한답시고…… 모르긴 하지만 그 일 때문에 시, 심려를 끼치지 않았나 하는데요?"
"그렇습니다. 그러나 자제분은 군 통제 구역 출입이 어떤 처벌을 받는지 알 텐데도 무모한 행동을 했어요. 설령 하는 일이 정당하다면 사전에 부대 양해나 협조부터 요청해야지요."

(중략)

윤 소령은 당번병을 불러 김병국 군을 데려오라고 말했다.
한참 뒤, 사병과 함께 병국이 파견 대장실로
[A] 들어왔다. 땟국 앉은 꾀죄죄한 그의 몰골이 중병 환자 같았다. 점퍼와 검정 바지도 펄투성이여서 하수도 공사를 하다 나온 듯했다. 병국은 움푹 꺼진 동태눈으로 나를 보았다.

"㉢ 이 녀석아, 넌 도대체 어, 어떻게 돼먹은 놈이냐! 통금 시간에 허가증 없이 해안 일대에 모, 못 다니는 줄 뻔히 알면서."
내가 노기를 띠고 아들에게 소리쳤다.
"본의는 아니었어요. 사흘 사이 동진강 하구 삼각주에서 갑자기 새들이 집단으로 죽기에 그 이유를 좀 알아보려던 게……."
병국이 머리를 떨구었다.
"그래도 변명은!"
"고정하십시오. 자제분 의도나 진심은 충분히 파악했으니깐요."

윤 소령이 말했다.

병국은 간밤에 쓴 진술서에 손도장을 찍고, 각서 한 장을 썼다. 내가 그 각서에 연대 보증을 섬으로써 우리 부자가 파견대 정문을 나서기는 정오가 가까울 무렵이었다. 부대에서 나올 때 집으로 찾아왔던 중위가 병국이 사물을 인계했다. 닭털 침낭과 등산 배낭, 이인용 천막, 그리고 걸레 조각처럼 늘어진 바다오리와 꼬마물떼새 시신이 각 열 구씩이었다.

"죽은 새는 뭘 하게?"

웅포리 쪽으로 걸으며 내가 물었다.

"해부를 해서 사인을 캐 보려구요."

"폐, 폐수 탓일까?"

"글쎄요……."

"ⓔ 너도 시장할 테니 아바이집으로 가서 저, 점심 요기나 하자."

나는 웅포리 정 마담을 만나 이잣돈을 받아 오라던 아내 말을 떠올렸다. 병국이는 식사 따위에 관심이 없어 보였다.

"아버지, 아무래도 새를 독살하는 치들이 있는 것 같아요."

"그걸 어떻게 아니?"

"갑자기 떼죽음당하는 게 이상하잖아요? 물론 전에도 새나 물고기가 떼죽음하는 경우가 있었지만, 이번은 뭔가 다른 것 같아요."

"물 탓이야. 이제 동진강은 강물이 아니고 도, 독물이야. 조만간 이곳에서 새떼가 자취를 감추고 말게야."

– 김원일, 「도요새에 관한 명상」 –

14 윗글을 읽고 이해한 것으로 가장 적절한 것은?

① '나'는 '병국'의 일에 무관심하다.

② '병국'은 '윤 소령'의 입장을 동정한다.

③ '나'는 '윤 소령'의 행동에 실망감을 느낀다.

④ '병국'은 새들의 떼죽음에 의혹을 품고 있다.

15 [A]에 대한 설명으로 가장 적절한 것은?

① 과거 회상을 통해 사건의 원인을 밝히고 있다.

② 외양 묘사를 통해 인물의 처지를 보여 주고 있다.

③ 이국적 소재를 활용하여 인물의 상황을 강조하고 있다.

④ 장면의 빈번한 전환으로 갈등의 심화를 보여 주고 있다.

16 ㉠~㉣ 중 가리키는 대상이 다른 것은?

① ㉠   ② ㉡

③ ㉢   ④ ㉣

[17~19] 다음 글을 읽고 물음에 답하시오.

[앞부분 줄거리] 명나라 때 홍무와 부인 양씨는 뒤늦게 계월을 낳아, 남자 옷을 입혀 기른다. 난을 피하다가 부모와 헤어진 계월을 여공이 구해 평국이라는 이름을 지어 주고, 아들 보국과 함께 곽 도사에게 수학하게 한다. 평국은 보국과 함께 과거에 급제하고, 서달의 난이 일어나자 출전하여 공을 세운다. 그 후 평국은 병이 들어 어의에게 진맥을 받고 난 뒤 여자임이 밝혀진다.

계월이 천자께 ㉠ 상소를 올리자 임금께서 보셨는데 상소의 내용은 다음과 같았다.

'한림학사 겸 대원수 좌승상 청주후 평국은 머리를 조아려 백 번 절하고 아뢰옵나이다. 신첩이 다섯 살이 되기 전에 장사랑의 난에 부모를 잃었사옵니다. 그리고 도적 맹길의 환을 만나 물속의 외로운 넋이 될 뻔한 것을 여공의 덕으로 살아났사옵니다. 오직 한 가지 생각을 했으니, 곧 여자의 행실을 해서는 규중에서 늙어 부모의 해골을 찾지 못할 것이라는 점입니다. 그래서 여자의 행실을 버리고 남자의 옷을 입어 황상을 속이옵고 조정에 들었사오니 신첩의 죄는 만 번을 죽어도 아깝지 않습니다. 이에 감히 아뢰어 죄를 기다리옵고 내려 주셨던 유지(諭旨)[1]와 인수(印綬)[2]를 올리옵나이다. 임금을 속인 죄를 물어 신첩을 속히 처참하옵소서.'

천자께서 글을 보시고 용상(龍床)을 치며 말씀하셨다.

"평국을 누가 여자로 보았으리오? 고금에 없는 일이로다. 천하가 비록 넓으나 문무(文武)를 다 갖추어 갈충보국(竭忠報國)[3]하고, 충성과 효도를 다하며 조정 밖으로 나가서는 장수가 되고 들어와서는 재상이 될 만한 재주를 가진 이는 남자 중에도 없을 것이로다. 평국이 비록 여자지만 그 벼슬을 어찌 거두겠는가?"

[중간 줄거리] 천자의 중매로 계월과 보국은 혼인을 하게 된다. 혼인 후 계월은 규중에서 지내다가 오랑캐를 진압하라는 천자의 명을 받는다.

평국이 엎드려 아뢰었다.

"신첩이 외람되게 폐하를 속이고 공후의 작록을 받아 영화로이 지낸 것도 황공했사온데 폐하께서는 죄를 용서해 주시고 신첩을 매우 사랑하셨사옵니다. 신첩이 비록 어리석으나 힘을 다해 성은을 만분의 일이나 갚으려 하오니 폐하께서는 근심하지 마옵소서."

천자께서 이에 크게 기뻐하시고 즉시 수많은 군사와 말을 징발해 주셨다. 그리고 벼슬을 높여 평국을 대원수로 삼으시니 원수가 사은숙배(謝恩肅拜)하고 위의를 갖추어 친히 붓을 잡아 보국에게 전령(傳令)을 내렸다.

"적병의 형세가 급하니 중군장은 급히 대령하여 군령을 어기지 마라."

보국이 전령을 보고 분함을 이기지 못해 부모에게 말했다.

"계월이 또 소자를 중군장으로 부리려 하오니 이런 일이 어디에 있사옵니까?"

여공이 말했다.

"전날 내가 너에게 무엇이라 일렀더냐? 계월이를 괄시하다가 이런 일을 당했으니 어찌 계월이가 그르다고 하겠느냐? 나랏일이 더할 수 없이 중요하니 어쩔 수 없구나."

– 작자 미상, 「홍계월전」 –

1) 유지(諭旨) : 임금이 신하에게 내리던 글
2) 인수(印綬) : 벼슬에 임명될 때 임금에게 받는 도장을 몸에 차기 위한 끈
3) 갈충보국(竭忠報國) : 충성을 다해 나라의 은혜를 갚음.

17 윗글에 대한 설명으로 가장 적절한 것은?

① 인물의 말을 통해 대상을 평가하고 있다.
② 다른 사물에 빗대어 대상을 비판하고 있다.
③ 계절의 변화를 통해 비극적 상황을 강조하고 있다.
④ 꿈과 현실을 교차하여 인물의 과거를 보여 주고 있다.

18 윗글의 인물에 대한 설명으로 가장 적절한 것은?

① 천자는 '여공'을 중군장으로 삼고자 한다.
② '평국'은 천자로부터 능력을 인정받고 있다.
③ '보국'은 대원수인 '계월'의 권위를 인정하고 있다.
④ '여공'은 '계월'이 아닌 '보국'의 편을 들어 주고 있다.

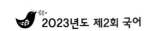

19 ⊙의 중심 내용으로 가장 적절한 것은?

① 자신의 혼인을 부탁하고 있다.

② 천자를 속인 죄에 대해 벌을 청하고 있다.

③ 벼슬을 거두지 말아 달라고 간청하고 있다.

④ 여성에 대한 차별을 없애 달라고 요구하고 있다.

[20~22] 다음 글을 읽고 물음에 답하시오.

> 부탄의 마을 치몽은 한눈에 봐도 가난한 마을이다. 전기가 들어오지 않는 마을답게 변변한 세간도 없다. 그러나 매 순간 몸과 마음을 다해 손님을 접대한다. 활쏘기를 구경하려고 걸음을 멈추면 집으로 뛰어 들어가 돗자리를 꺼내 온다. 논두렁 길을 걷다 보면 어린 소년이 뛰어와 옷 속에 품은 달걀을 수줍게 내민다. 이 동네 사람들은 행복해 보일 뿐만 아니라 우리를 행복하게 해 주기 위해서는 무엇이든 할 준비가 되어 있는 것 같았다. 가진 게 별로 없는데도 아무렇지 않아 보였으며 빈한한 살림마저도 기꺼이 나누며 살아가는 듯했다.
>
> 또한 치몽에서는 늘 몸을 움직여야만 한다. 집 바깥에 있는 화장실에 가기 위해서도, 공동 수돗가에서 물을 받기 위해서도 움직여야만 한다. 빨래는 당연히 손으로 해야 하고, 쌀도 키로 골라야 하며, 곡물은 맷돌을 돌려 갈아야 한다. 난방이 되지 않아 실내에서는 옷을 두껍게 입어야만 하며, 생활에 필요한 모든 것은 몸을 써야만 얻을 수 있다. 그런데 그 불편함이 이상하게도 살아 있음을 실감케 한다. 일상의 모든 자질구레한 일에 몸을 써야만 하는 이 나라 사람들에게 부탄 정부가 2005년에 노골적으로 물었다. "당신은 행복합니까?"라고. 그 질문에 단지 3.3퍼센트만이 행복하지 않다고 대답했다고 한다. 이들의 이러한 모습을 보면 몸이 편한 것과 행복은 별 상관이 없는 것 같다는 생각이 들곤 한다.
>
> ⊙ 이 나라에서의 삶은 그야말로 사는 것이다. 텔레비전으로 보고, 인터넷으로 검색하고, 카메라로 찍는 삶이 아니라 몸을 움직여 직접 만들고 경험하는 삶이다. 그러다 보니 부탄에서 일과 놀이는 ⓒ 으로 연결되어 있다. 그들은 노는 듯 일하고 일하듯 논다. 진정한 호모 루덴스[1]다. 이런 그들에게 놀이는 돈을 지불해야 얻을 수 있는 상품이 아니다. 이 나라 사람들은 아직 노동하기 위해 살지는 않는다.
>
> – 김남희, 「왜 당신의 시간을 즐기지 않나요」 –

[1] 호모 루덴스(Homo ludens) : '노는 인간' 또는 '유희하는 인간'이라는 뜻으로 역사학자 하위징아(Huizinga, J.)가 제창한 개념

20 윗글의 서술상 특징으로 적절한 것을 〈보기〉에서 고른 것은?

───〈보기〉───

ㄱ. 구체적인 예를 들고 있다.

ㄴ. 비슷한 상황을 열거하고 있다.

ㄷ. 상대의 주장을 반박하고 있다.

ㄹ. 새로운 이론을 제시하고 있다.

① ㄱ, ㄴ   ② ㄱ, ㄷ

③ ㄴ, ㄹ   ④ ㄷ, ㄹ

21 ⊙과 가장 거리가 먼 것은?

① 불편해도 살아 있음을 느끼는 삶

② 대중 매체를 통해 놀이를 즐기는 삶

③ 몸을 움직여 직접 만들고 경험하는 삶

④ 가진 것이 별로 없어도 나누며 사는 삶

22 ⓒ에 들어갈 말로 가장 적절한 것은?

① 대립적   ② 일시적

③ 유기적   ④ 수동적

[23~25] 다음 글을 읽고 물음에 답하시오.

라면이 국수나 우동과 다른 점은 면을 한 번 튀겨서 익혔다는 것이다. 그래서 끓이지 않고도 먹을 수 있고, 끓여서 먹더라도 금방 익혀 먹을 수 있다. 심지어 컵라면은 지속적으로 끓일 필요도 없고 단지 끓는 물을 붓기만 해도 먹을 수 있다. 그런데 왜 하필 3분을 기다려야 하는 걸까? 컵라면을 먹을 때마다 3분이 얼마나 긴 시간인지를 새삼 깨닫는다.

컵라면의 면발은 봉지 라면에 비해 더 가늘거나 납작하다. 면발의 표면적을 넓혀 뜨거운 물에 더 많이 닿게 하기 위해서다. 그리고 컵라면의 면을 꺼내 보면 ㉠ <u>위쪽은 면이 꽉 짜여 빽빽하지만, 아래쪽은 면이 성글게 엉켜 있다.</u> 이는 중량을 줄이기 위해서가 아니고 따뜻한 물은 위로, 차가운 물은 아래로 내려가는 대류 현상 때문이다. 컵라면 용기에 물을 부으면 위쪽 보다는 아래쪽이 덜 식는다. 따라서 뜨거운 물이 위로 올라가려고 하는데 이때 면이 아래쪽부터 빽빽하게 들어차 있으면 물의 대류 현상에 방해가 된다. 위아래의 밀집도가 다른 컵라면의 면발 형태는 뜨거운 물의 대류 현상을 원활하게 하여 물을 계속 끓이지 않아도 면이 고르게 익도록 하는 과학의 산물이다.

컵라면 면발에는 화학적 비밀도 있다. 봉지 라면과 비교했을 때 컵라면 면발에는 밀가루 그 자체보다 정제된 전분이 더 많이 들어가 있다. 라면은 밀가루로 만든 면을 기름에 튀겨 전분을 알파화[1]한 것이다. 하지만 밀가루에는 전분 외에 단백질을 포함한 다른 성분도 들어 있다. 면에 이런 성분을 빼고 순수한 전분의 비율을 높이면 그만큼 알파화가 많이 일어나므로, 뜨거운 물을 부었을 때 복원되는 시간도 빨라진다. 전분을 많이 넣을수록 면이 불어나는 시간이 빨라져 더 빨리 먹을 수 있게 되는 것이다. 하지만 전분이 너무 많이 들어가면 면발이 익는 시간이 빨라지는 만큼 불어 터지는 속도도 빨라져 컵라면을 다 먹기도 전에 곤죽이 되고 만다.

― 이은희, 「라면의 과학」 ―

---

1) 알파화 : 물과 열을 가해 전분을 익혀 먹기 쉽게 만드는 과정이나 상태

23 윗글에 반영된 글쓰기 계획으로 적절하지 <u>않은</u> 것은?

① 과학 용어를 사용하여 설명해야지.
② 대상과 관련된 경험을 제시해야지.
③ 다른 대상과 대조하여 설명해야지.
④ 구체적인 통계 자료를 활용해야지.

24 윗글을 통해 알 수 있는 내용으로 가장 적절한 것은?

① 컵라면의 면발은 단백질과 전분으로만 이루어져 있다.
② 국수나 우동의 면발은 모두 한 번 튀겨서 익힌 것이다.
③ 면발이 납작해지면 뜨거운 물에 닿는 표면적이 넓어진다.
④ 면에 전분 외에 다른 성분의 비율을 높이면 알파화가 많이 일어난다.

25 ㉠의 이유로 가장 적절한 것은?

① 대류 현상을 방해하기 위해서
② 전분의 비율을 낮추기 위해서
③ 컵라면의 중량을 줄이기 위해서
④ 면이 고르게 익도록 하기 위해서

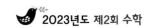

제2교시

수 학

정답 및 해설 284p

01 두 다항식 $A=2x^2+x$, $B=x^2-1$에 대하여 $A+2B$는?

① $4x^2+x+2$ 　② $4x^2-x+2$

③ $4x^2+x-2$ 　④ $4x^2-x-2$

02 등식 $(x-2)^2=x^2-4x+a$가 x에 대한 항등식일 때, 상수 a의 값은?

① 2 　② 4

③ 6 　④ 8

03 다항식 x^3-3x+7을 $x-1$로 나누었을 때, 나머지는?

① 5 　② 6

③ 7 　④ 8

04 다항식 $x^3+9x^2+27x+27$을 인수분해한 식이 $(x+a)^3$일 때, 상수 a의 값은?

① 1 　② 2

③ 3 　④ 4

05 $i(2+i)=a+2i$일 때, 실수 a의 값은? (단, $i=\sqrt{-1}$)

① -3 　② -1

③ 1 　④ 3

06 두 수 2, 4를 근으로 하고 x^2의 계수가 1인 이차방정식이 $x^2-6x+a=0$일 때, 상수 a의 값은?

① 2 　② 4

③ 6 　④ 8

07 $0 \le x \le 3$일 때, 이차함수 $y=-x^2+4x+1$의 최댓값은?

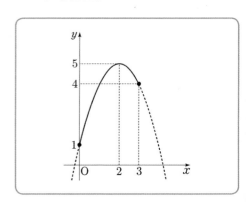

① 2 　② 3

③ 4 　④ 5

08 사차방정식 $x^4-3x^2+a=0$의 한 근이 2일 때, 상수 a의 값은?

① -4

② -1

③ 2

④ 5

09 연립방정식 $\begin{cases} x+2y=10 \\ x^2+y^2=a \end{cases}$ 의 해가 $x=2$, $y=b$일 때, 두 상수 a, b에 대하여 $a+b$의 값은?

① 15

② 18

③ 21

④ 24

10 이차부등식 $(x+1)(x-4)\leq0$의 해는?

① $x\geq-1$

② $x\leq4$

③ $-1\leq x\leq4$

④ $x\leq-1$ 또는 $x\geq4$

11 좌표평면 위의 두 점 $A(-1, 1)$, $B(2, 4)$에 대하여 선분 AB를 $1:2$로 내분하는 점의 좌표는?

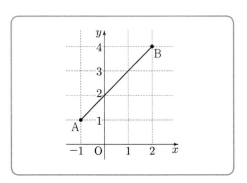

① $(-2, 0)$

② $(0, -2)$

③ $(0, 2)$

④ $(2, 0)$

12 직선 $y=x+2$에 수직이고, 점 $(4, 0)$을 지나는 직선의 방정식은?

① $y=-x+3$

② $y=-x+4$

③ $y=x-3$

④ $y=x-4$

13 중심의 좌표가 $(3, 1)$이고 x축에 접하는 원의 방정식은?

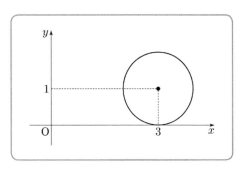

① $(x-3)^2+(y-1)^2=1$

② $(x-3)^2+(y-1)^2=9$

③ $(x-1)^2+(y-3)^2=1$

④ $(x-1)^2+(y-3)^2=9$

14 좌표평면 위의 점 $(2, 3)$을 직선 $y=x$에 대하여 대칭이동한 점의 좌표는?

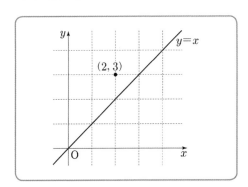

① $(-2, -3)$ ② $(-2, 3)$
③ $(3, -2)$ ④ $(3, 2)$

15 두 집합 $A=\{1, 3, 6\}$, $B=\{3, 5, 6\}$에 대하여 $A \cap B$는?

① $\{1, 3\}$ ② $\{1, 5\}$
③ $\{3, 6\}$ ④ $\{5, 6\}$

16 전체집합이 $U=\{1, 2, 3, 4, 5, 6\}$일 때, 다음 조건의 진리집합은?

> x는 짝수이다.

① $\{1, 3, 5\}$ ② $\{2, 4, 6\}$
③ $\{3, 4, 5\}$ ④ $\{4, 5, 6\}$

17 함수 $f : X \rightarrow Y$가 그림과 같을 때, $f^{-1}(c)$의 값은? (단, f^{-1}는 f의 역함수이다.)

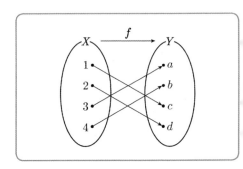

① 1 ② 2
③ 3 ④ 4

18 무리함수 $y=\sqrt{x-a}+b$의 그래프는 무리함수 $y=\sqrt{x}$의 그래프를 x축의 방향으로 1만큼, y축의 방향으로 4만큼 평행이동한 것이다. 두 상수 a, b에 대하여 $a+b$의 값은?

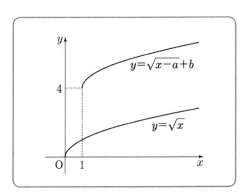

① 4 ② 5
③ 6 ④ 7

19 그림과 같이 등산로의 입구에서 쉼터까지 가는 길은 4가지, 쉼터에서 전망대까지 가는 길은 2가지가 있다. 입구에서 쉼터를 거쳐 전망대까지 길을 따라 가는 경우의 수는? (단, 같은 지점은 두 번 이상 지나지 않는다.)

① 5 　　　　② 6
③ 7 　　　　④ 8

20 그림과 같이 6종류의 과일이 있다. 이 중에서 서로 다른 2종류의 과일을 선택하는 경우의 수는?

① 15 　　　　② 18
③ 21 　　　　④ 24

제3교시

영 어

정답 및 해설 286p |

[01~03] 다음 밑줄 친 부분의 뜻으로 가장 적절한 것을 고르시오.

01

> Reading books is a great way to gain knowledge.

① 균형   ② 목표
③ 우정   ④ 지식

02

> She is never going to give up her dream even if she meets difficulties.

① 서두르다   ② 자랑하다
③ 포기하다   ④ 화해하다

03

> Many animals like to play with toys. For example, dogs enjoy playing with balls.

① 갑자기   ② 반면에
③ 예를 들면   ④ 결론적으로

04 다음 밑줄 친 두 단어의 의미 관계와 다른 것은?

> Spring is my favorite season because of the beautiful flowers and warm weather.

① apple － fruit
② nurse － job
③ triangle － shape
④ shoulder － country

05 다음 광고문에서 언급되지 않은 것은?

> ***Cheese Fair***
> • Date : September 10th (Sunday), 2023
> • Activities :
>   - Tasting various kinds of cheese
>   - Baking cheese cakes
> • Entrance Fee : 10,000 won

① 날짜   ② 장소
③ 활동 내용   ④ 입장료

[06~08] 다음 빈칸에 공통으로 들어갈 말로 가장 적절한 것을 고르시오.

06

- Are you ready to _____ your project to the class?
- Stop worrying about the past and live in the _____.

① grow
② lose
③ forget
④ present

07

- John, _____ many countries are there in Asia?
- He doesn't know _____ far it is from here.

① how
② when
③ where
④ which

08

- He needs to focus _____ studying instead of playing games.
- Bring a jacket which is easy to put _____ and take off.

① as
② of
③ on
④ like

09 다음 대화에서 밑줄 친 표현의 의미로 가장 적절한 것은?

A : How would you describe your personality, Sumi?
B : I tend to be cautious. I try to follow the saying, "Look before you leap."
A : Oh, you think carefully before you do something.

① 많으면 많을수록 좋다.
② 남이 가진 것이 더 좋아 보인다.
③ 행동하기 전에 신중하게 생각해라.
④ 오늘 할 일을 내일로 미루지 마라.

10 다음 대화에서 알 수 있는 A의 심정으로 가장 적절한 것은?

A : I'd like to return these headphones.
B : Why? Is there a problem?
A : I'm not satisfied with the sound. It's not loud enough.

① 감사
② 불만
③ 안도
④ 행복

11 다음 대화가 이루어지는 장소로 가장 적절한 것은?

> A : There are so many people in this restaurant!
> B : Right. This place is well known for its pizza.
> A : Yeah. Let's order some.

① 식당　　　　② 은행
③ 문구점　　　④ 소방서

12 다음 글에서 밑줄 친 it이 가리키는 것으로 가장 적절한 것은?

> These days I'm reading a book, *Greek and Roman Myths*. The book is so interesting and encourages imagination. Moreover, it gives me more understanding about western arts because the myths are a source of western culture.

① book　　　　② pencil
③ language　　④ password

[13~14] 다음 대화의 빈칸에 들어갈 말로 가장 적절한 것을 고르시오.

13

> A : _____, cycling or walking?
> B : I like cycling rather than walking.
> A : Why do you like it?
> B : Because I think cycling burns more calories.

① Where can I rent a car
② When does the show start
③ Why do you want to learn English
④ Which type of exercise do you prefer

14

> A : How can we show respect to others?
> B : I believe we should _____ _____.
> A : That's why you are a good listener.

① watch a movie
② exchange this bag
③ turn left at the next street
④ listen carefully when others speak

15 다음 대화의 주제로 가장 적절한 것은?

> A : Whenever I see koalas in trees, I wonder why they hug trees like that.
> B : Koalas hug trees to cool themselves down.
> A : Oh, that makes sense. Australia has a very hot climate.

① 코알라의 사회성
② 코알라 연구의 어려움
③ 코알라가 나무를 껴안고 있는 이유
④ 코알라처럼 나뭇잎을 먹는 동물들의 종류

16 다음 글을 쓴 목적으로 가장 적절한 것은?

> I'm writing this e-mail to confirm my reservation. I booked a family room at your hotel for two nights. We're two adults and one child. We will arrive in the afternoon on December 22nd. I look forward to your reply.

① 확인하려고
② 안내하려고
③ 소개하려고
④ 홍보하려고

17 다음 경기 안내문의 내용과 일치하지 <u>않는</u> 것은?

> **Tennis Competition**
> • Only beginners can participate.
> • We will start at 10:00 a.m. and finish at 5:00 p.m.
> • Lunch will not be served.
> • If it rains, the competition will be canceled.

① 초보자만 참여할 수 있다.
② 오전 10시에 시작해서 오후 5시에 끝난다.
③ 점심은 제공되지 않는다.
④ 비가 와도 경기는 진행된다.

18 다음 Santa Fun Run에 대한 설명과 일치하지 <u>않는</u> 것은?

> The Santa Fun Run is held every December. Participants wear Santa costumes and run 5km. They run to raise money for sick children. You can see Santas of all ages walking and running around.

① 매년 12월에 열린다.
② 참가자들은 산타 복장을 입는다.
③ 멸종 위기 동물을 돕기 위해 모금을 한다.
④ 모든 연령대의 산타를 볼 수 있다.

19 다음 글의 주제로 가장 적절한 것은?

> Do you suffer from feelings of loneliness? In such cases, it may be helpful to share your feelings with a parent, a teacher or a counselor. It is also important for you to take positive actions to overcome your negative feelings.

① 인터넷의 역할

② 여름 피서지 추천

③ 외로움에 대처하는 방법

④ 청소년의 다양한 취미 활동 소개

[20~21] 다음 글의 빈칸에 들어갈 말로 가장 적절한 것을 고르시오.

20

> For most people, the best _____ for sleeping is on your back. If you sleep on your back, you will have less neck and back pain. That's because your neck and spine will be straight when you are sleeping.

① letter   ② position

③ emotion   ④ population

21

> Here are several steps to _____ your problems. First, you need to find various solutions by gathering all the necessary information. Second, choose the best possible solution and then put it into action. At the end, evaluate the result. I'm sure these steps will help you.

① solve   ② dance

③ donate   ④ promise

22 글의 흐름으로 보아 다음 문장이 들어가기에 가장 적절한 곳은?

> Instead, we start with a casual conversation about less serious things like the weather or traffic.

> When you first meet someone, how do you start a conversation? (①) We don't usually tell each other our life stories at the beginning. (②) This casual conversation is referred to as small talk. (③) It helps us feel comfortable and get to know each other better. (④) It's a good way to break the ice.

23 다음 글의 바로 뒤에 이어질 내용으로 가장 적절한 것은?

> English proverbs may seem strange to non-native speakers and can be very hard for them to learn and remember. One strategy for remembering English proverbs more easily is to learn about their origins. Let's look at some examples.

① 꽃말의 어원에 관한 예시

② 영어 속담의 기원에 관한 예시

③ 긍정적인 마음가짐에 대한 예시

④ 친환경적인 생활 습관에 대한 예시

[24~25] 다음 글을 읽고 물음에 답하시오.

> A book review is a reader's opinion about a book. When you write a review, begin with a brief summary or description of the book. Then state your _____ of it, whether you liked it or not and why.

24 윗글의 빈칸에 들어갈 말로 가장 적절한 것은?

① flight   ② opinion

③ gesture   ④ architecture

25 윗글의 주제로 가장 적절한 것은?

① 창의력의 중요성

② 진로 탐색의 필요성

③ 온라인 수업의 장점

④ 독서 감상문 쓰는 법

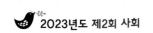

제4교시

사 회

정답 및 해설 291p

01 다음에서 강조하는 행복한 삶을 실현하기 위한 조건으로 가장 적절한 것은?

> 남을 돕고 남과 더불어 살아가려는 노력은 다른 사람을 행복하게 만들 뿐만 아니라 자신에게도 진정한 행복감을 가져다준다. 내적으로 성찰하고 옳은 일을 실천하는 것을 통해 개인은 만족감과 행복감을 얻을 수 있다.

① 경제 성장　　② 기업가 정신

③ 도덕적 실천　　④ 낙후된 주거 환경

02 ㉠에 들어갈 내용으로 옳은 것은?

> 우리나라가 시행하고 있는 (㉠)로 사회 보험과 공공 부조, 사회 서비스를 들 수 있다. 이러한 제도의 시행을 통해 사회 계층의 양극화를 완화하고 인간의 존엄성을 보장할 수 있다.

① 선거 제도

② 권력 분립 제도

③ 사회 복지 제도

④ 헌법 소원 심판 제도

03 ㉠에 들어갈 내용으로 가장 적절한 것은?

> 학습 주제 : (㉠)의 의미와 목적
> • 의미 : 국민의 기본권을 제한하거나 국민에게 의무를 부과할 때에는 의회에서 제정된 법률에 근거해야 함.
> • 목적 : 통치자의 자의적 지배 방지, 국민의 자유와 권리 보장

① 법치주의　　② 인권 침해

③ 준법 의식　　④ 시민 불복종

04 다음에서 설명하는 자산 관리의 원칙은?

> 모든 금융 상품은 정도의 차이가 있을 뿐 원금을 보전하는 데 위험이 따른다. 따라서 금융 상품을 선택할 때에는 투자한 자산의 가치가 온전하게 보전될 수 있는 가능성의 정도를 고려해야 한다.

① 공익성　　② 안전성

③ 접근성　　④ 정당성

05 문화 변동의 내재적 요인으로 옳은 것을 〈보기〉에서 고른 것은?

─── 〈보기〉 ───
ㄱ. 발견　　　ㄷ. 문화 동화
ㄴ. 발명　　　ㄹ. 문화 전파

① ㄱ, ㄴ　　　② ㄱ, ㄹ
③ ㄴ, ㄷ　　　④ ㄷ, ㄹ

06 사회적 소수자에 대한 설명으로 가장 적절한 것은?

① 사회에서 항상 평등하게 대우받는다.
② 인종이라는 단일 기준에 의해 규정된다.
③ 우리 사회에서 장애인, 이주 외국인만 해당된다.
④ 자신들이 차별받는 집단의 구성원이라는 인식이 존재한다.

07 다음에서 설명하는 근로자의 권리는?

근로자들이 근로 조건의 향상을 위하여 자주적으로 노동조합이나 그 밖의 단결체를 조직·운영하거나 그에 가입하여 활동할 수 있는 권리이다.

① 단결권　　　② 선거권
③ 청구권　　　④ 환경권

08 시장 실패의 사례로 적절하지 않은 것은?

① 불완전 경쟁
② 보편 윤리 확산
③ 외부 효과 발생
④ 공공재의 공급 부족

09 ㉠에 들어갈 내용으로 가장 적절한 것은?

자문화 중심주의는 자기 문화를 기준으로 다른 문화를 부정적으로 평가하고, 문화 사대주의는 다른 문화를 우월한 것으로 믿고 자기 문화를 낮게 평가한다. 즉, 자문화 중심주의와 문화 사대주의는 문화의 상대성을 인정하지 않고 (　㉠　)는 공통점이 있다.

① 다양한 문화의 공존을 추구한다.
② 문화의 우열을 가릴 수 없다고 본다.
③ 특정 문화를 기준으로 다른 문화를 평가한다.
④ 각 문화가 해당 사회의 맥락에서 갖는 고유한 의미를 존중한다.

10 다음 헌법 조항의 의의로 가장 적절한 것은?

헌법 제37조 ② 국민의 모든 자유와 권리는 국가 안전 보장·질서 유지 또는 공공복리를 위하여 필요한 경우에 한하여 법률로써 제한할 수 있으며, 제한하는 경우에도 자유와 권리의 본질적인 내용을 침해할 수 없다.

① 대도시권 형성　　　② 직업 분화 촉진
③ 윤리적 소비 실천　　　④ 국민의 기본권 보장

11 ㉠에 들어갈 내용으로 가장 적절한 것은?

> **□□신문** ○○○○년 ○월 ○일
>
> **세계화, 어떻게 바라보아야 할까**
>
> 세계화에 따라 자유 무역이 확대되면서 높은 기술력과 자본을 가진 선진국과 상대적으로 경쟁력을 갖추지 못한 개발 도상국 간의 경제적 차이로 국가 간 (㉠)이/가 초래될 수 있다.

① 사생활 침해 ② 인터넷 중독

③ 빈부 격차 심화 ④ 문화 다양성 보장

12 다음 설명에 해당하는 것은?

> • 국제 사회의 행위 주체에 해당함.
> • 대표적인 예로 주권 국가들을 구성원으로 하는 국제 연합(UN), 세계 무역 기구(WTO)가 있음.

① 국가 ② 다국적 기업

③ 자유 무역 협정 ④ 정부 간 국제기구

13 다음 설명에 해당하는 것은?

> • 의미 : 새로운 정보 기술에 접근할 수 있는 능력을 보유한 자와 그렇지 못한 자 사이에 발생하는 경제적·사회적 격차
> • 해결 방안 : 정보 소외 계층에게 장비와 소프트웨어 제공 및 정보 활용 교육 실시

① 정보 격차 ② 규모의 경제

③ 문화의 획일화 ④ 지역 이기주의

14 건조 기후 지역의 전통 생활 모습으로 옳은 것을 〈보기〉에서 고른 것은?

> ─── 〈보기〉 ───
>
> ㄱ. 순록 유목
> ㄴ. 고상식 가옥
> ㄷ. 오아시스 농업
> ㄹ. 지붕이 평평한 흙벽돌집

① ㄱ, ㄴ ② ㄱ, ㄷ

③ ㄴ, ㄹ ④ ㄷ, ㄹ

15 다음에서 설명하는 자연재해는?

> 주로 여름철 장마와 태풍의 영향으로 집중 호우 시 발생한다. 피해를 줄이기 위해서 제방 건설, 댐과 저수지 건설, 삼림 조성 등의 대책을 수립하고 시행해야 한다. 또한 예보와 경보 체계를 구축하고 지속적인 하천 관리가 필요하다.

① 가뭄 ② 지진

③ 홍수 ④ 화산

16 다음 설명에 해당하는 용어로 가장 적절한 것은?

> • 한 국가 내에서 도시에 거주하는 사람들과 도시 수가 증가하면서 도시적 생활 양식과 도시 경관이 확대되는 현상
> • 영향 : 인공 건축물 증가, 지표의 포장 면적 증가

① 도시화 ② 남초 현상

③ 유리 천장 ④ 지리적 표시제

17 다음에서 설명하는 용어로 가장 적절한 것은?

> 인간이 만든 시설물에 의해 야생 동물들의 서식지가 분리되는 것을 막기 위해 인공적으로 만든 길

① 열섬 ② 생태 통로
③ 외래 하천 ④ 업사이클링

18 힌두교에 대한 설명으로 옳은 것을 〈보기〉에서 고른 것은?

> ───── 〈보기〉 ─────
> ㄱ. 메카를 성지로 한다.
> ㄴ. 인도의 주요 종교이다.
> ㄷ. 무함마드를 유일신으로 믿는다.
> ㄹ. 소를 신성시하여 소고기 식용을 금기시한다.

① ㄱ, ㄷ ② ㄱ, ㄹ
③ ㄴ, ㄷ ④ ㄴ, ㄹ

19 다음 설명에 해당하는 것은?

> 석유 자원의 수출을 통하여 자국의 경제적 이익을 추구하기 위해 결성된 것으로, 원유의 생산량과 공급량을 조절함으로써 세계 경제에 큰 영향을 끼치고 있다.

① 브렉시트(Brexit)
② 공적 개발 원조(ODA)
③ 국제 통화 기금(IMF)
④ 석유 수출국 기구(OPEC)

20 다음 설명에 해당하는 지역으로 옳은 것은?

> 중국의 남쪽에 위치한 바다로, 중국, 타이완, 베트남, 필리핀, 말레이시아 및 브루나이 등 여섯 나라로 둘러싸인 해역을 말한다. 다량의 원유와 천연가스가 매장되어 있는 것으로 추정되고 있어 영유권 갈등이 발생하고 있다.

① 북극해 ② 남중국해
③ 카스피해 ④ 쿠릴 열도

21 다음에서 설명하는 문화권을 지도의 A~D에서 고른 것은?

> 사하라 사막 이남의 중·남부 아프리카 일대로, 열대 기후 지역이 넓게 분포한다. 토속 종교의 영향이 남아 있으며, 부족 단위의 공동체 생활을 하는 주민이 많다.

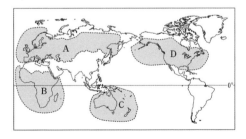

① A ② B
③ C ④ D

22 다음에서 설명하는 용어로 가장 적절한 것은?

> • 의미 : 느림의 삶을 추구하는 국제 도시 브랜드
> • 지정 조건 : 지역의 정체성을 드러낼 수 있는 유·무형의 자산 필요

① 슬로시티　　　② 플랜테이션

③ 환경 파시즘　　④ 차티스트 운동

23 고령화에 대한 대책으로 적절한 것을 〈보기〉에서 고른 것은?

> ─── 〈보기〉 ───
> ㄱ. 의무 투표제 시행
> ㄴ. 노인 복지 시설 확충
> ㄷ. 노인 연금 제도 확대
> ㄹ. 산아 제한 정책 시행

① ㄱ, ㄴ　　　　② ㄱ, ㄹ

③ ㄴ, ㄷ　　　　④ ㄷ, ㄹ

24 ㉠에 들어갈 용어로 옳은 것은?

> • 개념 : (　㉠　)
> • 의미 : 개발 도상국에서 생산하는 제품에 정당한 가격을 지급하여 생산자가 경제적으로 자립할 수 있도록 해 주는 무역 방식

① 과점　　　　　② 독점

③ 공정 무역　　　④ 거점 개발

25 다음 설명에 해당하는 것은?

> 정부가 사업장을 대상으로 온실가스 배출 허용량을 정해 주고, 할당 범위 내에서 여분 또는 부족분에 대한 사업장 간 거래를 허용하는 제도이다.

① 전자 상거래

② 쓰레기 종량제

③ 빈 병 보증금제

④ 온실가스 배출권 거래제

제5교시

과 학

정답 및 해설 295p

01 다음 중 밀물과 썰물에 의한 해수면의 높이차 인 조차를 이용하여 전기 에너지를 생산하는 발전 방식은?

① 핵발전 　　　② 조력 발전
③ 풍력 발전 　　④ 화력 발전

02 그림과 같이 물체에 한 방향으로 10N의 힘이 5초 동안 작용했을 때 이 힘에 의해 물체가 받은 충격량의 크기는?

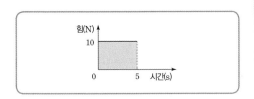

① 12N·s 　　　② 30N·s
③ 50N·s 　　　④ 80N·s

03 그림과 같이 막대자석을 코일 속에 넣었다 뺐다 하면 코일의 도선에 전류가 유도되어 검류계의 바늘이 움직인다. 이 현상은?

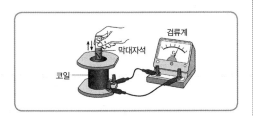

① 대류 　　　　② 삼투
③ 초전도 　　　④ 전자기 유도

04 그림과 같이 공이 자유 낙하 하는 동안 시간에 따른 속력의 그래프로 옳은 것은? (단, 공기 저항은 무시 한다.)

05 그림은 고열원에서 1000J의 열에너지를 흡수하여 일 W를 하고 저열원으로 600J의 열에너지를 방출하는 열기관의 1회 순환 과정을 나타낸 것이다. 이 열기관의 열효율은?

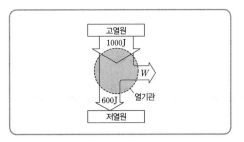

① 20% 　　　　② 40%
③ 80% 　　　　④ 100%

06 신재생 에너지에 대한 설명으로 옳은 것만을 〈보기〉에서 모두 고른 것은?

〈보기〉
ㄱ. 화석 연료보다 친환경적이다.
ㄴ. 태양광 에너지는 신재생 에너지의 한 종류이다.
ㄷ. 인류 문명의 지속 가능한 발전을 위해 신재생 에너지 개발이 필요하다.

① ㄱ, ㄴ
② ㄱ, ㄷ
③ ㄴ, ㄷ
④ ㄱ, ㄴ, ㄷ

07 다음 원자의 전자 배치 중 원자가 전자가 4개인 것은?

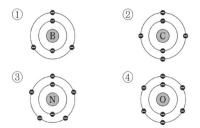

08 다음 중 그림과 같이 양이온과 음이온의 정전기적 인력에 의해 형성된 이온 결합 물질은?

① 철(Fe)
② 구리(Cu)
③ 마그네슘(Mg)
④ 염화 나트륨(NaCl)

09 그림은 주기율표의 일부를 나타낸 것이다. 임의의 원소 $A \sim D$ 중 원자 번호가 가장 큰 것은?

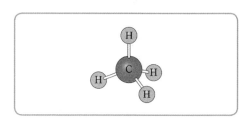

① A
② B
③ C
④ D

10 그림은 메테인(CH_4)의 분자 구조 모형을 나타낸 것이다. 메테인을 구성하는 탄소(C) 원자와 수소(H) 원자의 개수비는?

	C	H
①	1	2
②	1	3
③	1	4
④	2	3

11 다음은 철의 제련 과정에서 일어나는 산화 환원 반응의 화학 반응식이다. 이 반응에서 산소를 잃어 환원되는 반응 물질은?

$$Fe_2O_3 + 3CO \longrightarrow 2Fe + 3CO_2$$
산화 철(III)　　일산화 탄소　　　철　　이산화 탄소

① Fe_2O_3　　　　② CO
③ Fe　　　　　　④ CO_2

12 그림은 묽은 염산(HCl)과 수산화 나트륨($NaOH$) 수용액의 중화 반응 모형을 나타낸 것이다. 이온 ⊙은?

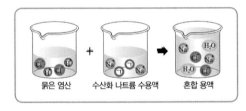

묽은 염산　　수산화 나트륨 수용액　　혼합 용액

① OH^-　　　　　② Br^-
③ Cl^-　　　　　④ F^-

13 다음 중 세포에서 유전 정보를 저장하거나 전달하는 물질은?

① 물　　　　　　② 지질
③ 핵산　　　　　④ 탄수화물

14 그림은 어떤 동물 세포의 구조를 나타낸 것이다. A~D 중 세포 호흡이 일어나 생명 활동에 필요한 에너지를 생산하는 세포 소기관은?

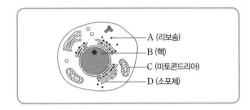

A (리보솜)
B (핵)
C (미토콘드리아)
D (소포체)

① A　　　　　　② B
③ C　　　　　　④ D

15 다음은 세포막을 경계로 물질이 이동하는 방법을 설명한 것이다. ⊙에 해당하는 것은?

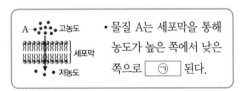

A 고농도
세포막
저농도

· 물질 A는 세포막을 통해 농도가 높은 쪽에서 낮은 쪽으로 　⊙　 된다.

① 확산　　　　　② 합성
③ 이화　　　　　④ 복제

16 그림은 과산화 수소의 분해 반응에서 효소인 카탈레이스가 있을 때와 없을 때의 에너지 변화를 나타낸 것이다. 이 반응에서 효소가 있을 때의 활성화 에너지는?

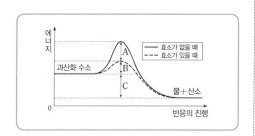

① A

② B

③ A + B

④ B + C

17 그림은 세포 내 유전 정보의 흐름 중 일부를 나타낸 것이다. 과정 (가)와 염기 ㉠은?

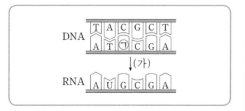

	(가)	㉠		(가)	㉠
①	전사	A	②	전사	G
③	번역	C	④	번역	T

18 그림은 생태계 평형이 유지되고 있는 생태계에서의 먹이 그물을 나타낸 것이다. 이 먹이 그물에서 개체 수가 가장 많은 생물은?

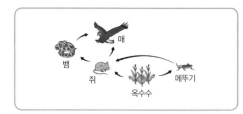

① 뱀

② 쥐

③ 메뚜기

④ 옥수수

19 다음 설명의 ㉠에 해당하는 것은?

> ㉠ 은 생태계 내에 존재하는 생물의 다양한 정도를 의미하며 유전적 다양성, 종 다양성, 생태계 다양성을 포함한다.

① 초원

② 개체군

③ 외래종

④ 생물 다양성

20 그림은 빅뱅 우주론을 모형으로 나타낸 것이다. 빅뱅 이후 시간의 흐름에 따라 증가하는 물리량으로 옳은 것만을 〈보기〉에서 모두 고른 것은?

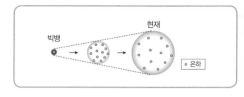

〈보기〉

ㄱ. 우주의 크기   ㄴ. 우주의 평균 밀도
ㄷ. 우주의 평균 온도

① ㄱ

② ㄷ

③ ㄱ, ㄴ

④ ㄴ, ㄷ

21 다음 중 지구에서 온실 효과를 일으키는 기체가 <u>아닌</u> 것은?

① 헬륨   ② 메테인

③ 수증기   ④ 이산화 탄소

22 그림은 질량이 서로 다른 2개의 별 중심부에서 모든 핵융합반응이 끝난 직후 내부 구조의 일부를 각각 나타낸 것이다. 지점 A~D 중 가장 무거운 원소가 생성된 곳은?

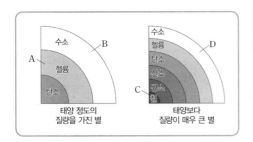

① A   ② B

③ C   ④ D

23 다음 설명에 해당하는 지형은?

- 두 판이 충돌하면서 높이 솟아올라 형성된 거대한 산맥이다.
- 수렴형 경계가 존재하는 지역에서 발달할 수 있다.

① 해령   ② 열곡

③ 습곡 산맥   ④ 변환 단층

24 다음 중 대기 중의 이산화 탄소가 바닷물에 녹아 들어가는 과정에서 상호 작용하는 지구 시스템의 구성 요소는?

① 기권과 수권   ② 지권과 수권

③ 기권과 생물권   ④ 지권과 생물권

25 다음 설명에 해당하는 지질 시대는?

매머드

- 지질 시대 중 기간이 가장 짧다.
- 매머드와 같은 포유류가 매우 번성하였고 인류의 조상이 출현하였다.

① 선캄브리아 시대   ② 고생대

③ 중생대   ④ 신생대

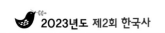

제6교시

한국사

정답 및 해설 462p |

01 다음 설명에 해당하는 시대는?

> • 빈부의 차이와 계급의 분화가 발생함.
> • 대표적인 유물은 비파형 동검임.
> • 우리 역사 최초의 국가인 고조선이 건국됨.

① 구석기 시대 ② 신석기 시대
③ 청동기 시대 ④ 철기 시대

02 ㉠에 들어갈 신라의 왕으로 옳은 것은?

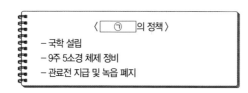

> 〈 ㉠ 의 정책 〉
> – 국학 설립
> – 9주 5소경 체제 정비
> – 관료전 지급 및 녹읍 폐지

① 신문왕 ② 장수왕
③ 근초고왕 ④ 광개토 대왕

03 다음에서 설명하는 역사서는?

> • 김부식이 왕명을 받아 편찬함.
> • 현존하는 우리나라 역사서 중 가장 오래됨.

① 경국대전 ② 삼국사기
③ 조선책략 ④ 팔만대장경

04 ㉠에 들어갈 정책으로 옳은 것은?

> 〈공민왕의 반원 정책〉
> – 친원 세력 제거
> – 정동행성 이문소 폐지
> – ㉠

① 장용영 설치 ② 금관가야 정복
③ 쌍성총관부 공격 ④ 치안 유지법 제정

05 다음에서 설명하는 제도는?

> 조선은 이상적인 유교 정치 구현을 위해 노력하였다. 특히 세종은 왕권과 신권의 조화를 추구하여 군사 업무, 특정 인사 등을 제외한 대부분의 일들을 의정부에서 논의하여 보고하도록 하였다.

① 골품제 ② 6조 직계제
③ 헌병 경찰제 ④ 의정부 서사제

06 다음에서 설명하는 근대적 교육 기관은?

> 개항 이후 근대적 교육의 필요성이 확대되었다. 이에 1883년 근대 학문과 외국어를 가르치는 최초의 근대적 교육 기관이 함경도 덕원 주민들에 의해 세워졌다.

① 태학 ② 국자감
③ 성균관 ④ 원산 학사

07 ㉠에 들어갈 내용으로 옳은 것은?

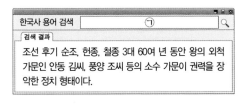

한국사 용어 검색 [㉠] 🔍

검색 결과

조선 후기 순조, 헌종, 철종 3대 60여 년 동안 왕의 외척 가문인 안동 김씨, 풍양 조씨 등의 소수 가문이 권력을 장악한 정치 형태이다.

① 도병마사   ② 세도 정치
③ 무신 정권   ④ 동북 공정

08 밑줄 친 '운동'에 해당하는 것은?

> 일본의 차관이 도입되면서 대한 제국의 빚은 1,300만 원에 이르게 되었다. 이에 1907년 대구에서 성금을 모아 빚을 갚자는 운동이 시작되었고, 대한매일신보 등 언론사가 후원하면서 전국으로 확산되었다.

① 형평 운동   ② 북벌 운동
③ 국채 보상 운동   ④ 서경 천도 운동

09 ㉠에 들어갈 내용으로 옳은 것은?

> 일본은 [㉠] 체결에 따라 대한 제국의 외교권을 빼앗고 통감부를 설치하였다. 초대 통감으로 부임한 이토히로부미는 대한 제국의 내정 전반을 간섭하기 시작하였다.

① 을사늑약   ② 헌의 6조
③ 남북 협상   ④ 간도 협약

10 을미개혁의 내용으로 옳은 것을 〈보기〉에서 고른 것은?

┌─────〈보기〉─────┐
ㄱ. 단발령 시행   ㄷ. 노비안검법 실시
ㄴ. 태양력 사용   ㄹ. 독서삼품과 실시
└──────────────┘

① ㄱ, ㄴ   ② ㄱ, ㄹ
③ ㄴ, ㄷ   ④ ㄷ, ㄹ

11 ㉠에 들어갈 인물로 옳은 것은?

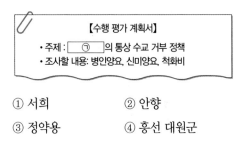

【수행 평가 계획서】
• 주제 : [㉠]의 통상 수교 거부 정책
• 조사할 내용: 병인양요, 신미양요, 척화비

① 서희   ② 안향
③ 정약용   ④ 흥선 대원군

12 ㉠에 들어갈 내용으로 옳은 것은?

한국사 스피드 퀴즈 [㉠]

이기붕을 부통령으로 당선시키기 위해 벌어진 사건으로 4·19 혁명의 배경이 되었다.

① 아관 파천   ② 위화도 회군
③ 국내 진공 작전   ④ 3·15 부정 선거

13 밑줄 친 '기구'에 해당하는 것은?

> 1880년대 조선 정부는 개화 정책을 총괄하기 위한 기구를 설치하였다. 그 아래에 실무를 담당하는 12사를 두어 외교, 통상, 재정 등의 업무를 맡게 하였다. 또한 군사 제도를 개편하고 신식 군대인 별기군을 창설하였다.

① 집현전   ② 교정도감
③ 통리기무아문   ④ 동양 척식 주식회사

14 ㉠에 들어갈 내용으로 옳은 것은?

> 1910년대 일제는 한국의 산업 성장을 방해하기 위한 정책을 실시하였다. 특히 회사를 설립할 때는 조선 총독의 허가를 받도록 하는 [㉠]을 공포하여 한국인의 회사 설립을 억제하려 하였다.

① 회사령   ② 균역법
③ 공명첩   ④ 대동법

15 다음에서 설명하는 무장 독립 투쟁은?

> 1920년 김좌진이 이끄는 북로 군정서와 홍범도의 대한 독립군을 중심으로 한 독립군 연합 부대는 백운평과 어랑촌 등지에서 일본군을 크게 격파하였다.

① 병자호란   ② 청산리 대첩
③ 한산도 대첩   ④ 황토현 전투

16 다음 질문에 대한 답으로 옳은 것은?

> 민족 자결주의와 2·8 독립 선언의 영향을 받아 1919년에 일어난 일제 강점기 최대의 민족 운동은 무엇일까요?

① 3·1 운동   ② 제주 4·3 사건
③ 금 모으기 운동   ④ 부·마 민주 항쟁

17 다음에서 설명하는 민족 운동은?

> 일제는 한국인에게 고등 교육의 기회를 거의 주지 않았다. 이에 이상재를 중심으로 고등 교육 기관을 설립하자는 취지 아래, '한 민족 1천만이 한 사람이 1원씩'이라는 구호를 내세우며 모금 운동을 펼쳤다.

① 만민 공동회
② 서울 진공 작전
③ 토지 조사 사업
④ 민립 대학 설립 운동

18 ㉠에 들어갈 내용으로 옳은 것은?

> **【모스크바 3국 외상 회의 결정 내용 요약문】**
> 1. 한국의 독립을 위하여 임시 민주 정부를 수립한다.
> 2. 임시 정부 수립을 위하여 미국과 소련은 [㉠]를 설치하고 한국의 정당 및 사회단체와 협의한다.

① 신간회   ② 조선 형평사
③ 국민 대표 회의   ④ 미·소 공동 위원회

2023년 2회

19 다음에서 설명하는 일제의 식민 지배 방식은?

> 일제는 침략 전쟁을 확대하면서 한국인을 전쟁에 동원하고자 하였다. 이에 황국 신민 서사 암송, 궁성 요배, 신사 참배를 강요하고 한국인의 성과 이름도 일본식으로 바꾸게 하였다.

① 호포제   ② 금융 실명제
③ 민족 말살 통치   ④ 4 · 13 호헌 조치

20 다음에서 설명하는 인물은?

> ◈ 한국사 인물 카드 ◈
> • 생몰 연도 : 1876년~1949년
> • 주요 활동 – 한인 애국단 조직
>   – 대한민국 임시 정부 주석 역임
> • 주요 저서 『백범일지』

① 궁예   ② 김구
③ 박제가   ④ 연개소문

21 ㉠에 들어갈 내용으로 옳은 것은?

> 일제의 식민 지배에 협력했던 민족 반역자를 청산하는 것은 민족정기를 바로잡기 위해 필요한 일이었다. 이에 1948년 제헌 국회는 국민적 여론과 제헌 헌법에 따라 ㉠ 을/를 제정하였다.

① 시무 28조   ② 미쓰야 협정
③ 남북 기본 합의서   ④ 반민족 행위 처벌법

22 다음에서 설명하는 사건은?

> 1980년 신군부 세력은 비상계엄을 전국으로 확대하였다. 이에 맞서 광주의 학생과 시민들은 격렬하게 저항하였지.
>
> 그래. 그리고 당시 관련 기록물은 2011년 유네스코 세계 기록 유산으로 등재되었어.

① 갑신정변   ② 교조 신원 운동
③ 물산 장려 운동   ④ 5 · 18 민주화 운동

23 ㉠에 들어갈 전쟁으로 옳은 것은?

> 〈 ㉠ 의 전개 과정〉
> 북한군의 남침
> ↓
> 인천 상륙 작전
> ↓
> 1 · 4 후퇴
> ↓
> 정전 협정

① 임진왜란   ② 귀주 대첩
③ 6 · 25 전쟁   ④ 쌍성보 전투

24 박정희 정부 시기에 있었던 사실로 옳은 것을 〈보기〉에서 고른 것은?

> ─── 〈 보기 〉 ───
> ㄱ. 베트남 파병   ㄷ. 유신 헌법 제정
> ㄴ. 전주 화약 체결   ㄹ. 서울 올림픽 개최

① ㄱ, ㄴ   ② ㄱ, ㄷ
③ ㄴ, ㄹ   ④ ㄷ, ㄹ

25 ㉠에 들어갈 지역으로 옳은 것은?

- 1905년 러 · 일 전쟁 중에 일본은 ㉠ 를 자국의 영토로 불법 편입하였다.
- 연합국 최고 사령관 각서 제677호에 ㉠ 가 한국 영토로 표기되어 있다.

① 독도　　　　② 강화도

③ 제주도　　　④ 거문도

제7교시

도 덕

정답 및 해설 302p

01 다음 설명에 해당하는 윤리학은?

> 인간이 어떻게 행위를 해야 하는가에 대한 보편적 원리의 정립을 주된 목표로 하는 윤리학

① 진화 윤리학 ② 기술 윤리학
③ 규범 윤리학 ④ 메타 윤리학

02 다음 설명에 해당하는 이상적 인간은?

> 유교에서 제시한 도덕적 수양과 사회적 실천을 통해 이상적 인격에 도달한 사람

① 군자 ② 보살
③ 진인 ④ 철인

03 ㉠에 들어갈 용어는?

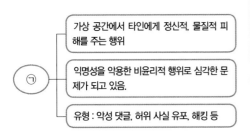

㉠
- 가상 공간에서 타인에게 정신적, 물질적 피해를 주는 행위
- 익명성을 악용한 비윤리적 행위로 심각한 문제가 되고 있음.
- 유형 : 악성 댓글, 허위 사실 유포, 해킹 등

① 기후 정의 ② 절대 빈곤
③ 사이버 폭력 ④ 윤리적 소비

04 윤리적 성찰의 방법으로 적절하지 <u>않은</u> 것은?

① 언행을 신중하게 하고 몸가짐을 바르게 한다.
② 다른 사람을 돕는 데 진심을 다했는지 살핀다.
③ 자신의 생각이나 상식을 반성적으로 검토한다.
④ 권위가 있는 이론은 비판 없이 무조건 수용한다.

05 다음 설명에 해당하는 윤리적 관점은?

> • 아리스토텔레스의 사상적 전통을 따라 도덕 법칙이나 원리보다 행위자의 품성과 덕성을 중시함.
> • 행위자의 성품을 먼저 평가하고, 이를 근거로 행위의 옳고 그름을 판단해야 한다고 보는 관점임.

① 덕 윤리 ② 담론 윤리
③ 의무론 윤리 ④ 공리주의 윤리

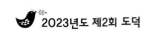
06 다음은 서술형 평가 문제와 답안이다. 밑줄 친 ㉠~㉢ 중 옳지 <u>않은</u> 것은?

> 문제 : 정보의 생산자들이 지녀야 할 윤리적 자세에 대해 서술하시오.
>
> 〈답안〉
> 　정보 생산자들은 ㉠ 사실 그대로 전달하는 진실한 태도를 지녀야 한다. ㉡ 정보를 자의적으로 해석하거나 왜곡하지 않아야 하고, ㉢ 관련된 내용에 대한 객관성과 공정성을 추구해야 한다. 또한 ㉣ 개인의 사생활, 인격권을 침해해서라도 알 권리만을 우선해야 한다.

① ㉠　　　　　　　② ㉡
③ ㉢　　　　　　　④ ㉣

07 가족 간의 바람직한 윤리적 자세로 적절하지 <u>않은</u> 것은?

① 형제자매는 서로 우애 있게 지내야 한다.
② 부모와 자녀는 상호 간에 사랑을 실천해야 한다.
③ 가족 구성원 간에 신뢰를 회복하도록 노력해야 한다.
④ 전통 가족 윤리는 시대정신에 맞더라도 거부해야 한다.

08 ㉠에 들어갈 용어로 가장 적절한 것은?

> 　싱어(Singer, P.)는 (　㉠　)을 갖고 있는 동물의 이익도 평등하게 고려되어야 한다고 주장한다.

① 정보 처리 능력　　② 쾌고 감수 능력
③ 도덕적 탐구 능력　④ 비판적 사고 능력

09 다음에서 소개하는 윤리 사상가는?

> ◈ 도덕 인물 카드 ◈
>
>
>
> • 고대 그리스의 철학자
> • 소크라테스의 제자로 이데아론을 주장함.
> • 대표 저서: 『국가』

① 로크　　　　　　② 베이컨
③ 플라톤　　　　　④ 엘리아데

10 다음 설명에 해당하는 것은?

> • 남녀 모두의 인권을 동등하게 보장함.
> • 성별에 따라 서로 차별하지 않고 동등하게 대우함.

① 성폭력　　　　　② 양성평등
③ 인종 차별　　　　④ 지역 갈등

11 다음 설명에 해당하는 개념은?

> • 의미 : 행위의 결과와 상관없이 행위 자체가 옳기 때문에 무조건 수행해야 하는 도덕적 명령
> • 예 : "네 의지의 준칙이 언제나 동시에 보편적 입법의 원리가 되도록 행위하라."

① 가치 전도　　　　② 정언 명령
③ 책임 전가　　　　④ 가언 명령

12 (가), (나)에 들어갈 내용으로 적절하지 <u>않은</u> 것은?

> 주제 : 안락사를 허용해야 하는가?
>
> 찬성 논거   반대 논거
> (가)   (나)
> ⋮   ⋮

① (가) : 인간답게 죽을 권리는 없다.

② (가) : 경제적 고통을 덜어 줄 수 있다.

③ (나) : 사회에 생명 경시 풍조가 확산된다.

④ (나) : 죽음은 인간이 선택할 수 있는 대상이 아니다.

13 다음 설명에 해당하는 직업 윤리 의식은?

> 공직자뿐만 아니라 직업 생활의 전반에서 중요한 의식으로 성품과 품행이 맑고 깨끗하여 탐욕을 부리지 않는 것을 의미한다.

① 경쟁 의식   ② 패배 의식

③ 청렴 의식   ④ 특권 의식

14 다음에서 설명하는 윤리에 대한 관점은?

> • 보편적으로 타당한 도덕 원칙은 없다고 봄.
> • 윤리를 문화의 산물로 보고, 각 사회마다 마땅히 따라야 할 규범이 다를 수 있다고 봄.

① 윤리적 상대주의   ② 윤리적 이기주의

③ 윤리적 절대주의   ④ 윤리적 의무주의

15 다음에서 바람직한 문화적 정체성을 유지하기 위한 관점에만 '✓'를 표시한 학생은?

관점＼학생	A	B	C	D
• 자신의 주관이나 문학적 정체성을 버린다.	✓	✓		✓
• 사회 질서를 파괴하지 않는 범위에서 관용을 베푼다.	✓		✓	✓
• 문화의 다양성을 수용하면서도 보편적 규범을 따른다.		✓	✓	✓

① A   ② B

③ C   ④ D

16 다음 내용과 관련된 사상은?

> • 불교에서 서로 다른 종파들 간 대립과 갈등을 더 높은 차원에서 극복하고자 함.
> • 특수하고 상대적인 각자의 입장에서 벗어나 대승적으로 융합해야 함을 강조함.

① 묵자의 겸애 사상   ② 공자의 덕치 사상

③ 노자의 무위 사상   ④ 원효의 화쟁 사상

17 부정부패 행위가 사회에 미치는 영향을 〈보기〉에서 고른 것은?

〈보기〉

ㄱ. 국외 자본의 국내 투자가 활발해진다.
ㄴ. 개인의 권리가 부당하게 침해받을 수 있다.
ㄷ. 사회적 비용의 낭비로 사회 발전을 저해할 수 있다.
ㄹ. 국민 간 위화감을 완화하여 사회 통합을 용이하게 한다.

① ㄱ, ㄴ   ② ㄱ, ㄹ
③ ㄴ, ㄷ   ④ ㄷ, ㄹ

18 그림의 내용과 같은 주장을 한 사상가는?

자유 지상주의적 입장에서 개인의 소유권을 보호하고 존중하는 것이 정의이다.

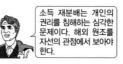
소득 재분배는 개인의 권리를 침해하는 심각한 문제이다. 해외 원조를 자선의 관점에서 보아야 한다.

① 홉스   ② 노직
③ 벤담   ④ 왈처

19 유전자 치료에 대한 찬성 근거로 가장 적절한 것은?

① 유전적 질병으로 인한 고통을 해소한다.
② 인간의 유전적 다양성이 상실될 수 있다.
③ 의학적으로 불확실하고 임상적으로 위험하다.
④ 유전 정보 활용으로 사생활 침해 문제가 발생한다.

20 ㉠에 들어갈 용어는?

국방비
외교적 경쟁 비용
이념적 갈등과 대립
㉠
소모적 성격의 비용

① 기본 소득   ② 분단 비용
③ 과시 소비   ④ 통일 편익

21 다음 설명에 해당하는 것은?

차별받아 온 사람들에게 고용이나 교육 등 다양한 측면에서 직간접적으로 혜택을 제공함으로써 사회적 이익의 공정한 분배를 실현하려는 제도

① 청탁 금지법
② 생물 다양성 협약
③ 지속 가능한 개발
④ 소수자 우대 정책

22 다음 대화에서 학생이 주장하는 국제 관계에 대한 관점은?

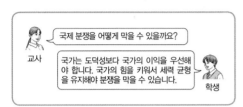

교사: 국제 분쟁을 어떻게 막을 수 있을까요?

학생: 국가는 도덕성보다 국가의 이익을 우선해야 합니다. 국가의 힘을 키워서 세력 균형을 유지해야 분쟁을 막을 수 있습니다.

① 현실주의   ② 구성주의

③ 이상주의   ④ 도덕주의

23 시민 불복종의 특징으로 볼 수 <u>없는</u> 것은?

① 폭력을 사용해서는 안 된다.

② 최후의 수단이 되어야 한다.

③ 공개적인 활동을 통해 공동선을 지향해야 한다.

④ 기존 사회 질서와 헌법 체계 전체를 부정해야 한다.

24 ㉠에 들어갈 용어로 가장 적절한 것은?

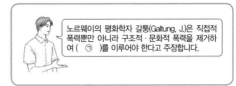

노르웨이의 평화학자 갈퉁(Galtung, J.)은 직접적 폭력뿐만 아니라 구조적·문화적 폭력을 제거하여 (㉠)를 이루어야 한다고 주장합니다.

① 일시적 평화   ② 적극적 평화

③ 소극적 평화   ④ 특수적 평화

25 다음에서 설명하는 자연을 바라보는 관점은?

• 무생물을 포함한 생태계 전체를 도덕적 고려의 대상으로 보는 입장
• 생태계 전체의 선을 위하여 개별 구성원을 희생시킬 수 있다는 한계를 지님.

① 인간 중심주의   ② 동물 중심주의

③ 생명 중심주의   ④ 생태 중심주의

2022년도

제1회

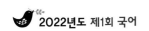

제1교시

국 어

정답 및 해설 308p

01 다음 중 '준수'의 말하기의 문제점으로 적절하지 <u>않은</u> 것은?

> 준수 : 야! 너 색연필 있지? 줘 봐!
> 민우 : 어쩌지? 미안하지만 지금은 나도 써야 해.
> 준수 : 내가 먼저 쓸 거야! 바로 줄 건데 뭘 그러냐? 색연필 빌려 주는 게 그렇게 아깝냐!

① 상대방의 상황을 무시하고 있다.
② 상대방에게 막무가내로 요구하고 있다.
③ 상대방의 기분이 상하게 표현하고 있다.
④ 상대방이 이해하지 못하는 관용 표현을 사용하고 있다.

02 다음 중 [A]에 대한 설명으로 가장 적절한 것은?

> 은희 : 축제를 앞두고 우리 춤 동아리에서 리허설을 하려고 하는데, 앞으로 축제 때까지 무대가 있는 강당을 우리가 사용하면 안 될까?
> 민수 : 그건 어렵겠어. 우리 뮤지컬 동아리도 춤추는 장면이 있는데, 전체 동작이 서로 맞지 않아서 강당에서 연습을 더 해야 해.
> 은희 : 그런 어려움이 있구나. 그러면 춤 동작은 우리가 도와줄 테니 이번 주만이라도 강당을 우리가 쓰도록 해 주면 좋겠어. ⌉[A]

> 민수 : 그래, 괜찮네. 이번 주는 너희가 쓰고 다음 주는 우리가 쓸게.

① 일방적으로 자신의 입장을 강요하고 있다.
② 자신의 의도를 숨기고 상대방을 비난하고 있다.
③ 상대방의 처지에 공감하며 요구 사항을 전하고 있다.
④ 상대방의 의견을 반박하며 자신의 주장을 강조하고 있다.

03 다음 규정에 따라 발음하지 <u>않는</u> 것은?

> **표준 발음법**
> 【제19항】 받침 'ㅁ, ㅇ' 뒤에 연결되는 'ㄹ'은 [ㄴ]으로 발음된다.

① 강릉
② 담력
③ 송년
④ 항로

04 다음의 높임법을 활용한 문장으로 볼 수 <u>없는</u> 것은?

> 주체 높임법은 문장의 주체를 높이는 방법이다.

① 아버지께서는 늘 음악을 들으신다.

② 어머니께서는 지금 집에서 주무신다.

③ 선배는 선생님께 공손히 인사를 드렸다.

④ 할아버지께서는 어제 죽을 드시고 계셨다.

05 다음 중 끊어적기에 해당하지 <u>않는</u> 것은?

> 孔·공子·ㅈ曾중子·ᄌᄃ·려닐·러글ᄋ·샤·
> 디 ⊙ ·몸·이며 ⓒ 얼굴·이며 ⓒ 머·리털·이·
> 며·술·흔父·父母:모·의받ᄌ·온 ⓔ 거·시·
> 라敢:감·히헐·위샹히·오·디아·니:홈·이:효
> 도·이비·르·소미·오·몸·을세·워道:도·를行
> 힝·ᄒ·야일·홈·을後:후世:세·예:베퍼·뻐父·
> 부母:모를·현·뎌케:홈·이:효·도·이무·춤·이·
> 니·라
>
> — 「소학언해」 (1587) —

① ⊙   ② ⓒ

③ ⓒ   ④ ⓔ

06 밑줄 친 부분이 '한글 맞춤법'에 맞지 <u>않는</u> 것은?

① 집에서 보약을 <u>다리다.</u>

② 가난으로 배를 <u>주리다.</u>

③ 그늘에서 땀을 <u>식히다.</u>

④ 아들에게 학비를 <u>부치다.</u>

07 〈조건〉을 모두 고려하여 만든 광고 문구로 가장 적절한 것은?

—〈조건〉—
• '고운 말을 사용하자.'는 주제를 드러낼 것
• 비유법, 대구법을 모두 활용할 것

① 지금 바로 말하세요. 안 하면 모릅니다.

② 봄날처럼 따뜻한 말씨, 보석처럼 빛나는 세상!

③ 마음을 멍들게 하는 상처의 말은, 이제 그만!

④ 대화는 관계의 시작! 말로 마음의 문을 여실 거죠?

08 ⊙~ⓔ을 고쳐 쓴 것으로 적절하지 <u>않은</u> 것은?

> 한지는 바람이 잘 통하고 습도 조절이 잘되는 종이라서 창호지로도 많이 쓰인다. ⊙ 창문이 닫아도 한지는 바람이 잘 통하고 습기를 잘 흡수해서 습도 조절 역할까지 한다. ⓒ 그러나 한지에 비해 양지는 바람이 잘 통하지 않고 습기를 잘 흡수하지 못한다. ⓒ 최근 물가 상승으로 한지의 가격이 2배 이상 올랐다. 한지가 살아 숨 쉬는 ⓔ 종이라도, 양지는 뻣뻣하게 굳어 있는 종이라고 할 수 있다.

① ⊙ : 잘못된 조사를 사용했으므로 '창문을'로 바꾼다.

② ⓒ : 잘못된 접속어를 사용했으므로 '그러므로'로 바꾼다.

③ ⓒ : 글의 통일성을 해치는 문장이므로 삭제한다.

④ ⓔ : 문맥을 고려하여 '종이라면'으로 바꾼다.

[09~11] 다음 글을 읽고 물음에 답하시오.

산모퉁이를 돌아 논가 외딴 우물을 홀로 찾아가선 가만히 들여다봅니다.

우물 속에는 달이 밝고 구름이 흐르고 하늘이 펼치고 파아란 바람이 불고 가을이 있습니다.

그리고 한 사나이가 있습니다.
어쩐지 ㉠ 그 사나이가 미워져 돌아갑니다.

돌아가다 생각하니 그 사나이가 가엾어집니다.
도로 가 들여다보니 사나이는 그대로 있습니다.

다시 그 사나이가 미워져 돌아갑니다.
돌아가다 생각하니 그 사나이가 그리워집니다.

우물 속에는 달이 밝고 구름이 흐르고 하늘이 펼치고 파아란 바람이 불고 가을이 있고 추억(追憶)처럼 사나이가 있습니다.

– 윤동주, 「자화상(自畵像)」 –

09 윗글의 표현상의 특징으로 적절하지 <u>않은</u> 것은?

① 오고 가는 행위의 반복을 통해 시상을 전개하고 있다.

② '–ㅂ니다'의 반복적 사용을 통해 운율을 형성하고 있다.

③ 설의적 표현을 사용하여 비판적 인식을 드러내고 있다.

④ 시각적 심상을 사용하여 대상을 선명하게 나타내고 있다.

10 윗글에 대한 설명으로 적절하지 <u>않은</u> 것은?

① 1연에서 우물에 비친 자신의 모습을 들여다보고 있다.

② 2연에서 우물 속 풍경을 보며 비정한 현실에 분노하고 있다.

③ 4연에서 화자는 '사나이'에게 연민을 느끼고 있다.

④ 5연에서 미움의 감정이 그리움으로 변화하고 있다.

11 다음과 관련하여 윗글을 감상할 때, ㉠의 이유로 가장 적절한 것은?

'자화상'은 일제 강점기를 살았던 시인의 이상적 삶의 태도가 잘 드러나 있는 작품으로, 치열한 자아 성찰의 산물인 부끄러움과 암울한 시대에 대한 극복 의지가 담겨 있다.

① 이상적 가치를 이미 실현했기 때문에

② 경제적으로 안정된 삶을 추구하기 때문에

③ 현실에 저항하지 못하는 자신이 부끄럽기 때문에

④ 삶의 고통을 극복한 자신에게 당당함을 느끼기 때문에

[12~14] 다음 글을 읽고 물음에 답하시오.

[앞부분 줄거리] 원미동에 터를 잡고 사는 강 노인은 자신의 마지막 남은 땅에 밭농사를 지으며 그 땅을 팔지 않으려 하고 있다.

서울 것들이란. 강 노인은 끙끙거리다 토막 난 욕설을 내뱉어 놓았다. 강 노인이 괭이를 내던지고 밭 끄트머리로 걸어가는 사이 언제 나왔는지 부동산의 박 씨가 알은체를 하였다. 자그마한 체구에 검은 테 안경을 쓰고, 머리는 기름 발라 착 달라붙게 빗어 넘긴 박 씨의 면상을 보는 일이 강 노인으로서는 괴롭기 짝이 없었다. 얼굴만 마주쳤다 하면 땅을 팔아 보지 않겠느냐고 은근히 회유를 거듭하더니 지난 겨울부터는 임자가 나섰다고 숫제 집까지 찾아와서 온갖 감언이설을 다 늘어놓는 박 씨였다.

〈중략〉

"영감님, 유 사장이 저 심곡동 쪽으로 땅을 보러 다니나봅디다. ㉠ 영감님은 물론이고 우리 동네의 발전을 위해서 그렇게 애를 썼는데……."

박 씨가 짐짓 허탈한 표정을 지으며 말하고 있는데 뒤따라 나온 동업자 고흥댁이 뒷말을 거든다.

"참말로 이 양반이 지난겨울부터 무진 애를 썼구만요. 우리사 셋방이나 얻어 주고 소개료 받는 것으로도 얼마든지 살 수 있지라우. 그람시도 그리 애를 쓴 것이야 다 한동네 사는 정리로다가 그런 것이지요."

강 노인은 가타부타 말이 없고 이번엔 박 씨가 나섰다.

"아직도 늦은 것은 아니고, 한 번 더 생각해 보세요. 여름마다 똥 냄새 풍겨 주는 밭으로 두고 있으니 평당 백만 원 이상으로 팔아넘기기가 그리 쉬운 일입니까. 이제는 참말이지 더 이상 땅값이 오를 수가 없게 돼 있다 이 말씀입니다. 아, 모르십니까. 팔팔 올림픽 전에 북에서 쳐들어올 확률이 높다고 신문 방송에서 떠들어 쌓으니 이삼천짜리 집들도 매기[1]가 뚝 끊겼다 이 말입니다."

"영감님도 욕심 그만 부리고 이만한 가격으로 임자 나섰을 때 후딱 팔아 치우시요. 영감님이 아무리 기다리셔도 인자 더 이상 오르기는 어렵다는디 왜 못 알아들으실까잉. 경국이 할머니도 팔아 치우자고 저 야단인디……."

고흥댁은 이제 강 노인 마누라까지 쳐들고 나선다. 강 노인은 아무런 대꾸도 없이 일하던 자리로

돌아가 버린다.

그 등에 대고 박 씨가 마지막으로 또 한마디 던졌다.

"아직도 유 사장 마음은 이 땅에 있는 모양이니께 금액이야 영감님 마음에 맞게 잘 조정해 보기로 하고, 일단 결정해 뿌리시요!"

– 양귀자, 「마지막 땅」 –

---

1) 상품을 사려는 분위기. 또는 살 사람들의 인기.

12 윗글에 대한 설명으로 가장 적절한 것은?

① 작품 속 서술자가 자신의 이야기를 들려주고 있다.

② 대화를 통해 인물 간 화해의 과정을 드러내고 있다.

③ 비현실적인 배경을 제시하여 신비로운 분위기를 보여 주고 있다.

④ 인물의 외양 묘사를 통해 인물에 대한 강 노인의 못마땅함을 보여 주고 있다.

13 윗글을 통해 알 수 있는 내용으로 적절한 것은?

① 유 사장은 강 노인의 땅을 마음에 두고 있다.

② 고흥댁은 받지 못한 소개료 때문에 생활고를 겪고 있다.

③ 신문 방송의 영향으로 집을 사려는 분위기가 고조되고 있다.

④ 박 씨는 강 노인에게 땅을 팔라고 말한 것을 후회하고 있다.

14 ㉠에 드러난 말하기 방식으로 가장 적절한 것은?

① 상대방의 지난 잘못을 들추며 비난하고 있다.

② 땅값이 앞으로는 오르지 않을 것이라 협박하고 있다.

③ 동네 발전에 애쓴 것을 언급하며 상대방을 회유하고 있다.

④ 상대방의 침묵에 대해 불쾌감을 드러내며 질책하고 있다.

[15~16] 다음 글을 읽고 물음에 답하시오.

생사(生死) 길은
예 있으매 머뭇거리고,
나는 간다는 말도
못다 이르고 어찌 갑니까.
어느 가을 이른 바람에
이에 저에 떨어질 잎처럼,
한 가지에 나고
가는 곳 모르온저.
아아, ㉠ 미타찰(彌阤刹)에서 만날 나
도(道) 닦아 기다리겠노라.

‒ 월명사, 「제망매가(祭亡妹歌)」 ‒

15 다음을 참고하여 윗글을 탐구한 내용으로 가장 적절한 것은?

이 작품은 10구체 향가이다. 1~4행, 5~8행, 9~10행의 세 부분으로 나눌 수 있는데, 그중 마지막 부분이 낙구이다.

① 낙구는 감탄사로 시작되고 있군.

② 세 부분은 각각 연으로 구분되어 있군.

③ 10구체 향가는 후렴구로 마무리되고 있군.

④ 세 부분의 첫 어절은 각각 3음절로 시작되고 있군.

16 ㉠에 나타난 화자의 태도로 가장 적절한 것은?

① 대상과 재회를 염원하고 있다.

② 자신의 처지를 한탄하고 있다.

③ 대상의 업적을 예찬하고 있다.

④ 이별한 대상을 원망하고 있다.

[17~19] 다음 글을 읽고 물음에 답하시오.

심청이 들어와 눈물로 밥을 지어 아버지께 올리고, 상머리에 마주 앉아 아무쪼록 진지 많이 잡수시게 하느라고 자반도떼어 입에 넣어 드리고 김쌈도 싸서 수저에 놓으며,

"진지를 많이 잡수셔요."

심 봉사는 철도 모르고,

"야, 오늘은 반찬이 유난히 좋구나. 뉘 집 제사 지냈느냐?"

그날 밤에 [꿈]을 꾸었는데, 부자간은 천륜지간(天倫之間)이라 꿈에 미리 보여 주는 바가 있었다.

"아가 아가, 이상한 일도 있더구나. 간밤에 꿈을 꾸니, 네가 큰 수레를 타고 한없이 가 보이더구나. 수레라 하는 것이 귀한 사람이 타는 것인데 우리 집에 무슨 좋은 일이 있을란가 보다. 그렇지 않으면 장 승상 댁에서 가마 태워 갈란가 보다."

심청이는 저 죽을 꿈인 줄 짐작하고 둘러대기를,

"그 꿈 참 좋습니다."

하고 진짓상을 물려 내고 담배 태워 드린 뒤에 밥상을 앞에 놓고 먹으려 하니 간장이 썩는 눈물은 눈에서 솟아나고, 아버지 신세 생각하며 저 죽을 일 생각하니 정신이 아득하고 몸이 떨려 밥을 먹지 못하고 물렸다. 그런 뒤에 심청이 사당에 하직하려고 들어갈 제, 다시 세수하고 사당문을 가만히 열고 하직 인사를 올렸다.

"못난 여손(女孫) 심청이는 아비 눈 뜨기를 위하여 인당수 제물로 몸을 팔려 가오매, 조상 제사를 끊게 되오니 사모하는 마음을 이기지 못하겠습니다."

울며 하직하고 사당문 닫은 뒤에 아버지 앞에 나와 두 손을 부여잡고 기절하니, 심 봉사가 깜짝 놀라,

"아가 아가, 이게 웬일이냐? 정신 차려 말하거라."

심청이 여쭙기를,

"제가 못난 딸자식으로 아버지를 속였어요. 공양미 삼백 석을 누가 저에게 주겠어요. 남경 뱃사람들에게 인당수 제물로 몸을 팔아 오늘이 떠나는 날이니 저를 마지막 보셔요."

심 봉사가 이 말을 듣고,

[A] "참말이냐, 참말이냐? 애고 애고, 이게 웬 말인고? 못 가리라, 못 가리라. 네가 날더러 묻지도 않고 네 마음대로 한단 말이냐? 네가 살고 내가 눈을 뜨면 그는 마땅히 할 일이나, 자식 죽여 눈을 뜬들 그게 차마 할 일이냐? 너의 어머니 늦게야 너를 낳고 초이레 안에 죽은 뒤에, 눈 어두운 늙은 것이 품 안에 너를 안고 이 집 저집 다니면서 구차한 말 해 가면서 동냥젖 얻어 먹여 이만치 자랐는데, 내 아무리 눈 어두우나 너를 눈으로 알고, 너의 어머니 죽은 뒤에 걱정 없이 살았더니 이 말이 무슨 말이냐? 마라 마라, 못 하리라. 아내 죽고 자식 잃고 내 살아서 무엇하리? 너하고 나하고 함께 죽자. 눈을 팔아 너를 살 터에 너를 팔아 눈을 뜬들 무엇을 보려고 눈을 뜨리?"

– 작자 미상, 완판본 「심청전」 –

17 윗글의 내용과 일치하지 **않는** 것은?

① 심청은 자신이 떠나야 하는 까닭을 아버지에게 밝혔다.

② 심청은 아버지에게 하직 인사를 하기 위해 사당으로 들어갔다.

③ 심 봉사는 자신을 위해 제물이 되려는 심청의 결정을 만류하고 있다.

④ 심청은 자신이 떠난 후 조상의 제사를 지내지 못하는 것을 안타까워하고 있다.

18 꿈의 기능으로 가장 적절한 것은?

① 심청의 영웅적 능력을 드러낸다.

② 심청의 앞날에 일어날 일을 암시한다.

③ 심 봉사와 심청의 갈등 해소의 계기가 된다.

④ 심청이 겪었던 과거의 위기 상황을 보여 준다.

19 [A]에 대한 설명으로 적절한 것은?

① 설의적 표현을 통해 삶의 희망을 드러내고 있다.

② 의인화를 통해 현실을 우회적으로 비판하고 있다.

③ 해학적 표현을 통해 슬픔을 웃음으로 승화하고 있다.

④ 반복적인 표현을 통해 인물의 안타까운 심정을 드러내고 있다.

[20~22] 다음 글을 읽고 물음에 답하시오.

글을 잘 읽으려면 읽기 목적에 맞는 읽기 방법을 선택해야 한다. 읽기의 방법은 매우 다양한데, 이는 다음과 같이 몇 가지로 나누어 볼 수 있다.

첫째, 글을 읽을 때 소리를 내는지에 따라 음독(音讀)과 묵독(默讀)으로 나뉜다. 음독은 글을 소리 내어 읽는 방법이며, 묵독은 글을 소리 내지 않고 속으로 읽는 방법이다. 음독은 근대 이전에 보편적으로 사용된 읽기 방법으로, 요즘에는 개인이 혼자 글을 읽을 때 대체로 묵독을 사용한다. ⏎ ㉠ 잘 이해되지 않는 부분의 뜻을 파악하거나 두 사람 이상이 함께 읽을 때는 음독이 사용되기도 한다.

둘째, 글을 읽는 속도에 따라 속독(速讀)과 지독(遲讀)으로 나뉜다. 속독은 중요한 내용을 중심으로 글을 빠르게 읽는 방법이며, 지독은 뜻을 새겨 가며 글을 천천히 읽는 방법이다. 속독은 주로 가벼운 내용이 담긴 글을 읽거나, 글을 읽을 시간이 부족하여 대강의 내용을 먼저 파악하고자 할 때 사용된다. 반면 깊이 있는 내용이나 전문적인 내용이 담긴 글을 읽을 때는 대체로 지독이 사용된다. 이때 전문 서적을 읽을 때처럼 글의 세부 내용을 자세하게 파악하며 읽는 것을 정독(精讀)이라고 하고, 문학 작품이나 고전을 읽을 때처럼 내용과 형식, 표현 등을 차를 우려내듯 여유롭게 음미하며 읽는 것을 미독(味讀)이라고 한다.

셋째, 글을 읽는 범위에 따라 통독(通讀)과 발췌독(拔萃讀)으로 나뉜다. 통독은 글 전체를 처음부터 끝까지 훑어 읽는 방법이며, 발췌독은 글에서 필요한 부분만 찾아 읽는 방법이다. 통독은 주로 글 전체의 내용이나 줄거리를 파악하고자 할 때 사용되며, 발췌독은 필요한 부분만 선별하여 특정 정보를 찾을 때 사용된다.

20 윗글에 대한 설명으로 적절하지 않은 것은?

① 읽기 방법을 기준에 따라 제시하고 있다.
② 다양한 읽기 방법의 개념을 설명하고 있다.
③ 비유적 표현을 통해 읽기 방법을 설명하고 있다.
④ 서로 다른 읽기 방법을 절충하여 새로운 읽기 방법을 보여 주고 있다.

21 ㉠에 들어갈 말로 가장 적절한 것은?

① 그러나 　　　② 따라서
③ 예컨대 　　　④ 왜냐하면

22 ㉮와 ㉯에 들어갈 읽기 방법으로 적절한 것은?

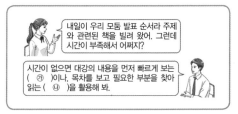

내일이 우리 모둠 발표 순서라 주제와 관련된 책을 빌려 왔어. 그런데 시간이 부족해서 어쩌지?

시간이 없으면 대강의 내용을 먼저 빠르게 보는 (㉮)이나, 목차를 보고 필요한 부분을 찾아 읽는 (㉯)을 활용해 봐.

	㉮	㉯
①	속독	통독
②	속독	발췌독
③	지독	통독
④	지독	발췌독

[23~25] 다음 글을 읽고 물음에 답하시오.

우리 눈에 보이는 것들은 정말 '눈에 보이는 대로'만 존재할까? 신경과학 분야의 국제 학술지에 「우리 가운데에 있는 고릴라」라는 제목의 논문이 ㉠ 게재됐다. 하버드 대학교 심리학과 연구자들은 흰옷과 검은 옷을 입은 학생들을 두 조로 나누어 같은 조끼리만 농구공을 주고받게 하고 그 장면을 동영상으로 찍었다. 연구자들은 이 영상을 사람들에게 보여주면서 검은 옷을 입은 조는 무시하고, 흰옷을 입은 조의 패스 횟수만 세어 달라고 요구하였다. 실제 이 영상에는 고릴라 의상을 입은 학생이 가슴을 치고 퇴장하는 장면이 있는데, 그들의 절반은 이것을 전혀 인지하지 못했다. ㉮ 도대체 이들은 왜 고릴라를 보지 못했을까? 이것은 '무주의 맹시' 때문이다. 이는 시각이 ㉡ 손상되어 물체를 보지 못하는 것과 달리 물체를 보면서도 주의를 기울이지 않아서 인지하지 못하는 경우를 말한다.

인간은 눈을 통해 빛을 감지하고 사물을 보지만 눈 자체로 세상을 ㉢ 인식하는 것은 아니다. 눈으로 들어온 빛이 망막의 시각 세포에 의해 전기적 신호로 변환되고 이 신호가 시신경을 통해 뇌의 시각 피질로 들어올 때 세상을 본다고 느끼는 것이다. 시각 피질은 약 30개의 영역으로 구성된 복합적인 영역으로, 물체의 기본적인 이미지를 구분하는 영역, 형태를 구성하는 영역, 색을 담당하는 영역, 운동을 ㉣ 감지하는 영역 등 다양한 영역이 조합되어 종합적으로 사물을 인지한다. 예를 들어 시각 피질의 영역이 제 기능을 하지 못하면 세상이 흑백으로 보이며, 운동을 감지하는 영역이 손상되면 질주하는 자동차도 느리게 움직이는 것처럼 보인다.

이처럼 감각 기관으로 들어오는 정보를 고스란히 받아들이지 않고 제 입맛에 맞는 부분만 편식하는 것은 뇌의 보편적인 특성이다. 뇌의 많은 영역이 시각이라는 감각에 배정되어 있음에도 눈으로 받아들이는 모든 정보를 보이는 그대로 뇌가 빠짐없이 처리하기는 어렵다. 우리의 뇌는 선택과 집중, 적당한 무시의 과정을 거쳐 세상을 보기 때문에 있어도 보지 못하거나 잘못 보는 경우도 많은 것이다.

– 이은희, 「고릴라를 못 본 이유」 –

23 윗글에 대한 설명으로 적절한 것을 〈보기〉에서 고른 것은?

〈보기〉
ㄱ. 사례를 통해 내용을 설명하고 있다.
ㄴ. 질문을 통해 독자의 호기심을 유발하고 있다.
ㄷ. 시대에 따라 변화하는 통념을 보여 주고 있다.
ㄹ. 서로 다른 실험 결과를 대비하여 가설을 증명하고 있다.

① ㄱ, ㄴ ② ㄱ, ㄷ
③ ㄴ, ㄷ ④ ㄷ, ㄹ

24 ㉮의 이유로 가장 적절한 것은?

① 망막의 시각 세포는 흰색에만 반응하기 때문에
② 시신경이 손상되어 물체를 보지 못했기 때문에
③ 눈으로 들어오는 빛은 전기적 신호로 변환되지 못하기 때문에
④ 눈으로 들어오는 모든 정보를 처리하기 어려운 뇌의 특성 때문에

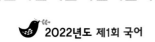

25 ㉠~㉢의 사전적 의미로 적절하지 <u>않은</u> 것은?

① ㉠ : 글이나 그림 따위를 신문이나 잡지 따위에 실음.

② ㉡ : 자기도 모르는 사이에 물건 따위를 잃어버림.

③ ㉢ : 사물을 분별하고 판단하여 앎.

④ ㉣ : 느끼어 앎.

제2교시

수 학

정답 및 해설 311p

01 두 다항식 $A=x^2+2x$, $B=2x^2-1$에 대하여 $A+B$는?

① $x-1$　　　　② x^2+2

③ x^2+x-3　　④ $3x^2+2x-1$

02 등식 $(x+1)(x-1)=x^2+a$가 x에 대한 항등식일 때, 상수 a의 값은?

① -2　　　　② -1

③ 0　　　　　④ 1

03 다음은 조립제법을 이용하여 다항식 x^3-2x^2-x+5를 일차식 $x-1$로 나누어 몫과 나머지를 구하는 과정이다. 이때 몫은?

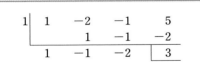

① $x+2$　　　　② $2x+1$

③ x^2-x-2　　④ $2x^2+x+1$

04 다항식 $x^3-9x^2+27x-27$을 인수분해한 식이 $(x-a)^3$일 때, 상수 a의 값은?

① 1　　　　　② 2

③ 3　　　　　④ 4

05 $2-i+i^2=a-i$일 때, 실수 a의 값은? (단, $i=\sqrt{-1}$)

① -2　　　　② -1

③ 0　　　　　④ 1

06 이차방정식 $x^2+3x-4=0$의 두 근을 α, β라고 할 때, $\alpha+\beta$의 값은?

① -3　　　　② -1

③ 1　　　　　④ 3

07 $0 \leq x \leq 2$일 때, 이차함수 $y=x^2+2x-3$의 최댓값은?

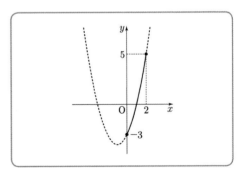

① 1　　　　　② 3

③ 5　　　　　④ 7

08 삼차방정식 $x^3 - 2x + a = 0$의 한 근이 2일 때, 상수 a의 값은?

① -4 ② -3
③ -2 ④ -1

09 연립방정식 $\begin{cases} x + y = 3 \\ x^2 - y^2 = a \end{cases}$의 해가 $x = 2$, $y = b$일 때, 두 상수 a, b에 대하여 $a + b$의 값은?

① 2 ② 4
③ 6 ④ 8

10 이차부등식 $(x + 3)(x - 1) \leq 0$의 해는?

① $x \leq -3$ ② $x \geq 1$
③ $-3 \leq x \leq 1$ ④ $x \leq -3$ 또는 $x \geq 1$

11 좌표평면 위의 두 점 $A(1, 2)$, $B(3, -4)$에 대하여 선분 AB의 중점의 좌표는?

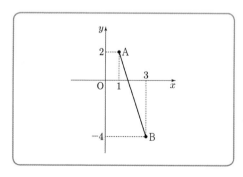

① $(-2, 1)$ ② $(-1, 2)$
③ $(1, -2)$ ④ $(2, -1)$

12 직선 $y = -2x + 5$에 평행하고 점 $(0, 1)$을 지나는 직선의 방정식은?

① $y = -2x - 3$ ② $y = -2x + 1$
③ $y = \dfrac{1}{2}x - 3$ ④ $y = \dfrac{1}{2}x + 1$

13 중심의 좌표가 $(2, 1)$이고 반지름의 길이가 3인 원의 방정식은?

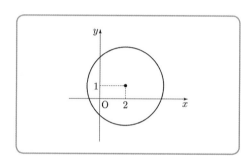

① $(x + 2)^2 + (y + 1)^2 = 9$
② $(x + 2)^2 + (y - 1)^2 = 9$
③ $(x - 2)^2 + (y + 1)^2 = 9$
④ $(x - 2)^2 + (y - 1)^2 = 9$

14 좌표평면 위의 점 $(-2, 1)$을 원점에 대하여 대칭이동한 점의 좌표는?

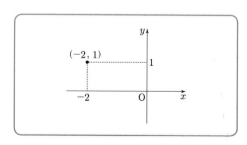

① $(-2, -1)$ ② $(-1, -2)$
③ $(1, -2)$ ④ $(2, -1)$

15 두 집합 $A=\{1, 3, 4, 5\}$, $B=\{2, 4\}$에 대하여 $A-B$는?

① $\{1\}$ ② $\{3, 4\}$

③ $\{1, 3, 5\}$ ④ $\{1, 3, 4, 5\}$

16 명제 '정삼각형이면 이등변삼각형이다.'의 역은?

① 이등변삼각형이면 정삼각형이다.

② 정삼각형이면 이등변삼각형이 아니다.

③ 정삼각형이 아니면 이등변삼각형이다.

④ 이등변삼각형이 아니면 정삼각형이 아니다.

17 함수 $f: X \rightarrow Y$가 그림과 같을 때, $f^{-1}(4)$의 값은? (단, f^{-1}는 f의 역함수이다.)

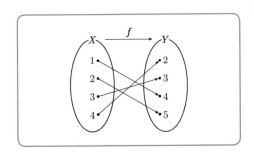

① 1 ② 2

③ 3 ④ 4

18 무리함수 $y=\sqrt{x-a}+b$의 그래프는 무리함수 $y=\sqrt{x}$의 그래프를 x축의 방향으로 2만큼, y축의 방향으로 3만큼 평행이동한 것이다. 두 상수 a, b에 대하여 $a+b$의 값은?

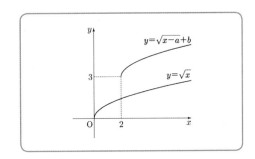

① 1 ② 3

③ 5 ④ 7

19 그림과 같이 3곳을 모두 여행하는 계획을 세우려고 한다. 여행 순서를 정하는 경우의 수는? (단, 한 번 여행한 곳은 다시 여행하지 않는다.)

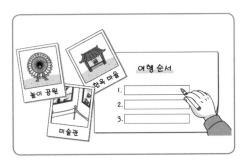

① 4 ② 6

③ 8 ④ 10

20 그림과 같이 4종류의 꽃이 있다. 이 중에서 서로 다른 3종류의 꽃을 선택하는 경우의 수는?

백합　　　장미　　　튤립　　　프리지어

① 4　　　　　　　② 5

③ 6　　　　　　　④ 7

제3교시

영 어

[01~03] 다음 밑줄 친 부분의 뜻으로 가장 적절한 것을 고르시오.

01

For children, it is important to encourage good behavior.

① 행동　　　　　② 규칙
③ 감정　　　　　④ 신념

02

She had to put off the trip because of heavy rain.

① 계획하다　　　② 연기하다
③ 기록하다　　　④ 시작하다

03

Many online lessons are free of charge. Besides, you can watch them anytime and anywhere.

① 마침내　　　　② 게다가
③ 그러나　　　　④ 예를 들면

04 다음 밑줄 친 두 단어의 의미 관계와 다른 것은?

While some people say that a glass is half full, others say that it's half empty.

① high — low　　② hot — cold
③ tiny — small　④ fast — slow

05 다음 포스터에서 언급되지 않은 것은?

Happy Earth Day Event
When : April 22, 2022
Where : Community Center
What to do : • Exchange used things
　　　　　　　 • Make 100% natural shampoo

① 참가 자격　　　② 행사 날짜
③ 행사 장소　　　④ 행사 내용

[06~08] 다음 빈칸에 공통으로 들어갈 말로 가장 적절한 것을 고르시오.

06

• When you _____ the train, make sure you take all your belongings.
• Please _____ the book on the table after reading it.

① open　　　　　② learn
③ leave　　　　　④ believe

07

- Minsu, _____ are you going to do this weekend?
- No one knows exactly _____ happened.

① what ② that
③ who ④ if

08

- Dad's heart is filled _____ love for me.
- Alice was satisfied _____ her performance.

① at ② in
③ for ④ with

09 다음 대화에서 밑줄 친 표현의 의미로 가장 적절한 것은?

A : What are you doing, Junho?
B : I'm trying to solve this math problem, but it's too difficult for me.
A : Let's try to figure it out together.
B : That's a good idea. <u>Two heads are better than one.</u>

① 수고 없이 얻는 것은 없다.
② 사공이 많으면 배가 산으로 간다.
③ 겉모습만으로 사람을 판단해서는 안 된다.
④ 혼자보다 두 명이 함께 생각하는 것이 낫다.

10 다음 대화에서 알 수 있는 B의 심정으로 가장 적절한 것은?

A : Did you get the results for the English speech contest?
B : Yeah, I just got them.
A : So, how did you do?
B : I won first prize. It's the happiest day of my life.

① 행복 ② 실망
③ 분노 ④ 불안

11 다음 대화가 이루어지는 장소로 가장 적절한 것은?

A : Good morning. How may I help you?
B : Hi, I'd like to open a bank account.
A : All right. Please fill out this form.
B : Thanks. I'll do it now.

① 은행 ② 경찰서
③ 미용실 ④ 체육관

12 다음 글에서 밑줄 친 It이 가리키는 것으로 가장 적절한 것은?

> One day, Michael saw an advertisement for a reporter in the local newspaper. It was a job he'd always dreamed of. So he made up his mind to apply for the job.

① actor
② teacher
③ reporter
④ designer

[13~14] 다음 대화의 빈칸에 들어갈 말로 가장 적절한 것을 고르시오.

13

> A : _____?
> B : I'm going to teach Korean to foreigners.
> A : Great. Remember you should volunteer with a good heart.
> B : I'll keep that in mind.

① When is your birthday
② What did you do last Friday
③ What do you think about Korean food
④ What kind of volunteer work are you going to do

14

> A : Have you decided which club you're going to join this year?
> B : _____.

① I left Korea for Canada
② I went to see a doctor yesterday
③ I've decided to join the dance club
④ I had spaghetti for dinner last night

15 다음 대화의 주제로 가장 적절한 것은?

> A : Doctor, my eyes are tired from working on the computer all day. What can I do to look after my eyes?
> B : Make sure you have enough sleep to rest your eyes.
> A : Okay. Then what else can you recommend?
> B : Eat fruits and vegetables that have lots of vitamins.

① 비타민의 부작용
② 눈 건강을 돌보는 방법
③ 수면 부족의 원인
④ 시력 회복에 도움 되는 운동

16 다음 글을 쓴 목적으로 가장 적절한 것은?

This is an announcement from the management office. As you were informed yesterday, the electricity will be cut this afternoon from 1 p.m. to 2 p.m. We're sorry for any inconvenience. Thank you for your understanding.

① 공지하려고　　② 불평하려고

③ 거절하려고　　④ 문의하려고

17 다음 박물관에 대한 안내문의 내용과 일치하지 <u>않는</u> 것은?

Shakespeare Museum

Hours
• Open daily : 9:00 a.m. - 6:00 p.m.

Admission
• Adults : $12
• Students and children : $8
• 10% discount for groups of ten or more

Photography
• Visitors can take photographs.

① 오전 9시부터 오후 6시까지 개방한다.

② 어른은 입장료가 12달러이다.

③ 10명 이상의 단체는 입장료가 10% 할인된다.

④ 모든 사진 촬영은 금지된다.

18 다음 2022 Science Presentation Contest에 대한 설명과 일치하지 <u>않는</u> 것은?

The 2022 Science Presentation Contest will be held on May 20, 2022. The topic is global warming. Contestants can participate in the contest only as individuals. Presentations should not be longer than 10 minutes. For more information, see Mr. Lee at the teachers' office.

① 5월 20일에 개최된다.

② 발표 주제는 지구 온난화이다.

③ 그룹 참가가 가능하다.

④ 발표 시간은 10분을 넘지 않아야 한다.

19 다음 글의 주제로 가장 적절한 것은?

I'd like to tell you about appropriate actions to take in emergency situations. First, when there is a fire, use the stairs instead of taking the elevator. Second, in the case of an earthquake, go to an open area and stay away from tall buildings because they may fall on you.

① 지진 발생 원인

② 에너지 절약의 필요성

③ 환경 보호 실천 방안

④ 비상사태 발생 시 대처 방법

[20~21] 다음 글의 빈칸에 들어갈 말로 가장 적절한 것을 고르시오.

20

These days, many people make reservations at restaurants and never show up. Here are some tips for restaurants to reduce no-show customers. First, ask for a deposit. If the customers don't show up, they'll lose their money. Second, call the customer the day before to _____ the reservation.

① cook ② forget

③ confirm ④ imagine

21

Weather forecasters _____ the amount of rain, wind speeds, and paths of storms. In order to do so, they observe the weather conditions and use their knowledge of weather patterns. Based on current evidence and past experience, they decide what the weather will be like.

① ignore ② predict

③ violate ④ negotiate

22 글의 흐름으로 보아 다음 문장이 들어가기에 가장 적절한 곳은?

To overcome this problem, soap can be made by volunteer groups and donated to the countries that need it.

(①) Washing your hands with soap helps prevent the spread of disease. (②) In fact, in West and Central Africa alone, washing hands with soap could save about half a million lives each year. (③) However, the problem is that soap is expensive in this region. (④) This way, we can help save more lives.

23 다음 글의 바로 뒤에 이어질 내용으로 가장 적절한 것은?

In the future, many countries will have the problem of aging populations. We will have more and more old people. This means jobs related to the aging population will be in demand. So when you're thinking of a job, you should consider this change. Now, I'll recommend some job choices for a time of aging populations.

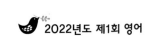

① 노령화와 기술 발전

② 성인병을 관리하는 방법

③ 노화 예방 운동법 소개

④ 노령화 시대를 위한 직업 추천

[24~25] 다음 글을 읽고 물음에 답하시오.

Do you know flowers provide us with many health benefits? For example, the smell of roses can help _____ stress levels. Another example is lavender. Lavender is known to be helpful if you have trouble sleeping. These are just two examples of how flowers help with our health.

24 윗글의 빈칸에 들어갈 말로 가장 적절한 것은?

① insist   ② reduce

③ trust   ④ admire

25 윗글의 주제로 가장 적절한 것은?

① 고혈압에 좋은 식품

② 충분한 수면의 필요성

③ 꽃이 건강에 주는 이점

④ 아름다운 꽃을 고르는 방법

제4교시

사 회

정답 및 해설 318p

01 다음에서 강조하는 행복한 삶을 실현하기 위한 조건으로 가장 적절한 것은?

> 민주주의가 성숙한 나라일수록 국민의 인권이 존중되어 국민 각자가 원하는 삶의 방식을 자유롭게 추구할 수 있다. 독재 국가나 권위주의적 정치 체제에서는 국민의 의사가 자유롭게 표출되거나 정책으로 산출되기 어렵기 때문이다.

① 과밀화된 주거 환경
② 참여 중심의 정치 문화
③ 타인을 위한 무조건적인 희생
④ 분배를 지양한 경제적 효율성

02 참정권에 대한 설명으로 옳은 것은?

① 국가 권력의 간섭을 받지 않을 권리이다.
② 국가의 의사 결정 과정에 참여할 권리이다.
③ 기본권을 침해당했을 때, 이를 구제하기 위한 권리이다.
④ 차별 받지 않고 동등한 인격체로서 대우 받을 권리이다.

03 다음에서 설명하는 제도는?

> • 의미 : 국가 권력을 서로 다른 국가 기관이 나누어 행사하도록 함.
> • 목적 : 국가 기관 간의 견제와 균형을 통한 권력 남용 방지

① 권력 분립 제도
② 계획 경제 제도
③ 시장 경제 제도
④ 헌법 소원 심판 제도

04 다음 내용에 해당하는 것은?

> • 양심적이고 비폭력적이며 공공성을 가진 행위이다.
> • 잘못된 법이나 정책을 바로잡기 위해 의도적으로 법을 위반하는 행위이다.

① 선거
② 국민 투표
③ 민원 제기
④ 시민 불복종

05 다음에서 설명하는 근로자의 권리는?

> 사용자와 분쟁이 발생한 경우 근로자들이 주장을 관철하기 위해 업무의 정상적인 운영을 저해할 수 있는 권리이다.

① 청원권
② 재판권
③ 단체 행동권
④ 공무 담임권

06 시장 실패의 사례에 해당하는 것을 〈보기〉에서 고른 것은?

〈보기〉
ㄱ. 기회비용의 발생
ㄴ. 규모의 경제 발생
ㄷ. 독과점 문제 발생
ㄹ. 공공재의 공급 부족 발생

① ㄱ, ㄴ　　　　② ㄱ, ㄷ
③ ㄴ, ㄹ　　　　④ ㄷ, ㄹ

07 다음에서 설명하는 자산 관리의 원칙은?

돈이 필요할 때 금융 자산을 현금으로 쉽게 바꿀 수 있는 정도를 의미하며 '환금성'이라고도 한다.

① 유동성　　　　② 안전성
③ 수익성　　　　④ 보장성

08 수정 자본주의에 대한 옳은 설명을 〈보기〉에서 고른 것은?

〈보기〉
ㄱ. 정부의 시장 개입을 강조한다.
ㄴ. 대공황을 계기로 1930년대에 등장하였다.
ㄷ. 절대 왕정의 중상주의로 인해 발달하였다.
ㄹ. 개인의 경제적 자유를 최대한 보장해야 한다고 본다.

① ㄱ, ㄴ　　　　② ㄱ, ㄷ
③ ㄴ, ㄹ　　　　④ ㄷ, ㄹ

09 퀴즈에 대한 정답으로 옳은 것은?

도움이 필요한 국민에게 노인 돌봄, 장애인 활동 지원, 가사·간병 방문 지원 등 비금전적인 서비스를 제공하는 사회 복지 제도는 무엇일까요?

① 공공 부조　　　　② 사회 보험
③ 사회 서비스　　　④ 적극적 우대 조치

10 ㉠에 들어갈 정의의 실질적 기준은?

타고난 신체적 조건에 따라 능력과 업적에 차이가 나타날 수 있으므로 기본적 (㉠)에 따른 분배를 위하여 사회적 약자에 대한 다양한 지원 정책을 확대해야 한다.

① 신뢰　　　　② 필요
③ 종교　　　　④ 관습

11 ㉠에 들어갈 것으로 가장 적절한 것은?

(㉠)의 사례
• 우리나라에 전래된 불교와 전통 토착 신앙이 결합하여 만들어진 새로운 산신각
• 아프리카 흑인의 고유 음악과 서양의 악기가 결합하여 만들어진 새로운 재즈 음악

① 발명　　　　② 발견
③ 문화 소멸　　　④ 문화 융합

12 다음에서 설명하는 것으로 가장 적절한 것은?

> 인류의 보편적 가치에 어긋나는 식인 풍
> 습, 명예 살인 등의 문화까지도 해당 사회에
> 서 고유한 의미와 가치가 있다는 이유로 인
> 정하는 태도

① 문화 절대주의

② 문화 사대주의

③ 자문화 중심주의

④ 극단적 문화 상대주의

13 다음에서 설명하는 국제 사회의 행위 주체는?

> • 의미 : 개인이나 민간단체를 회원으로 하
> 는 국제 사회의 행위 주체
> • 역할 : 국제 사회의 보편적 가치와 관련된
> 다양한 활동을 함.

① 정당 ② 국가 원수

③ 국제 비정부 기구 ④ 정부 간 국제기구

14 다음 사례에 나타난 자연관은?

> • 인간이 만든 시설물 때문에 야생 동물의
> 서식지가 파괴되는 것을 막기 위해 조성
> 한 길
> • 인간과 자연환경이 조화를 이루며 공생할
> 수 있는 지속 가능한 체계를 갖춘 도시 설
> 계

① 인간 중심주의 ② 생태 중심주의

③ 개인주의 가치관 ④ 이분법적 세계관

15 도시화가 가져온 변화로 옳지 <u>않은</u> 것은?

① 상업 시설 증가

② 인공 구조물 증가

③ 직업의 다양성 증가

④ 1차 산업 종사자 비율 증가

16 다음과 같은 생활 모습이 나타나게 된 원인은?

> • 전자 상거래와 원격 근무의 활성화
> • 누리 소통망(SNS)의 보편화로 인한 정치
> 참여 기회 확대

① 정보화 ② 공정 무역

③ 윤리적 소비 ④ 공간적 분업

17 다음에서 설명하는 지역을 지도에서 고르면?

> • 자연 환경 : 겨울이 길고 몹시 추운 날씨
> • 전통 생활양식 : 순록 유목, 털가죽 의복,
> 폐쇄적 가옥 구조

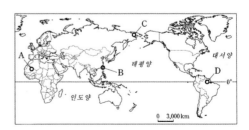

① A ② B

③ C ④ D

18 ㉠에 들어갈 검색어로 적절한 것은?

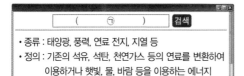

(㉠) 검색

• 종류 : 태양광, 풍력, 연료 전지, 지열 등
• 정의 : 기존의 석유, 석탄, 천연가스 등의 연료를 변환하여 이용하거나 햇빛, 물, 바람 등을 이용하는 에너지

① 사물 인터넷
② 브렉시트(Brexit)
③ 신ㆍ재생 에너지
④ 지리 정보 시스템(GIS)

19 다음 설명에 해당하는 자연재해는?

• 분포 : 판과 판의 경계에서 자주 발생됨.
• 피해 사례 : 건물이 무너지고, 땅이 흔들림.

① 가뭄
② 지진
③ 황사
④ 산성비

20 다음 내용에 해당하는 종교는?

• 수많은 신들이 새겨진 사원
• 소를 신성시하여 소고기 식용을 금기시함.
• 죄를 씻기 위해 갠지스 강에 모여든 사람들

① 유대교
② 힌두교
③ 이슬람교
④ 크리스트교

21 ㉠, ㉡에 들어갈 내용으로 옳은 것은?

• (㉠) : 자원이 지구상에 고르게 분포하지 않고 특정한 지역에 치우쳐 분포한다.
• (㉡) : 자민족이나 자국의 이익을 위해 보유하고 있는 자원을 전략적으로 사용하는 것이다.

	㉠	㉡
①	편재성	자원 민족주의
②	희소성	연고주의
③	유한성	지역 이기주의
④	가변성	다원주의

22 ㉠에 들어갈 용어로 가장 적절한 것은?

(㉠)
• 정의 : 특정 지역이 그 지역의 고유한 전통이나 특성을 살려 세계적인 경쟁력을 갖추려고 노력함.
• 사례 : 지리적 표시제, 장소 마케팅, 지역 브랜드화

① 교외화
② 도시화
③ 지역화
④ 산업화

23 다음 내용에 해당하는 지역은?

이스라엘과 주변 이슬람교 국가들 간의 민족ㆍ종교ㆍ영토 등의 문제가 얽힌 분쟁 지역

① 난사 군도
② 쿠릴 열도
③ 카슈미르
④ 팔레스타인

24 ㉠, ㉡에 들어갈 인구 문제는?

> • (㉠)을/를 해결하기 위해 정년 연장, 노인 복지 시설 확충, 노인 연금 제도 등이 필요하다.
> • (㉡)을/를 해결하기 위해 출산과 양육 지원, 양성 평등을 위한 고용 문화 확산 등이 필요하다.

	㉠	㉡
①	고령화	노인 빈곤
②	저출산	노인 빈곤
③	남초 현상	이촌향도
④	고령화	저출산

25 다음 조약의 체결 목적으로 가장 적절한 것은?

> • 몬트리올 의정서
> • 파리 기후 변화 협약

① 난민 문제 해결
② 국제 테러 방지
③ 국제 환경 문제 해결
④ 생산자 서비스 기능 확대

2022년 1회

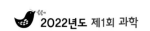

제5교시

과 학

정답 및 해설 321p |

01 다음 설명에 해당하는 것은?

> • 특정 온도 이하에서 전기 저항이 0이 된다.
> • 초전도 현상이 나타날 때 자석 위에 뜰 수 있다.

① 고무　　　　　② 나무

③ 유리　　　　　④ 초전도체

02 태양광 발전의 특징으로 옳은 것만을 〈보기〉에서 모두 고른 것은?

> ─────〈보기〉─────
> ㄱ. 태양 전지를 이용한다.
> ㄴ. 날씨의 영향을 받는다.
> ㄷ. 우라늄을 연료로 사용한다.

① ㄱ　　　　　② ㄷ

③ ㄱ, ㄴ　　　　④ ㄴ, ㄷ

03 표는 수평 방향으로 던진 물체의 수평 방향 속도와 연직 방향 속도를 시간에 따라 나타낸 것이다. ㉠＋㉡의 값은? (단, 중력 가속도는 10 m/s²이고, 공기 저항은 무시한다.)

시간	속도(m/s)	
(s)	수평 방향	연직 방향
1	1	10
2	㉠	20
3	5	㉡
4	5	40

① 35　　　　　② 40

③ 45　　　　　④ 50

04 그림과 같이 자석을 코일 속에 넣었다 뺐다 하면 검류계의 바늘이 움직인다. 이 현상에 대한 설명으로 옳은 것만을 〈보기〉에서 모두 고른 것은?

> ─────〈보기〉─────
> ㄱ. 코일에 유도 전류가 흐른다.
> ㄴ. 검류계의 바늘은 한 방향으로만 움직인다.
> ㄷ. 발전기는 이러한 현상을 이용한다.

① ㄱ　　　　　② ㄴ

③ ㄱ, ㄷ　　　　④ ㄴ, ㄷ

2022년 1회

05 그림과 같이 수평면에서 질량이 $3kg$인 물체가 $4m/s$의 일정한 속도로 운동하다가 벽에 충돌하여 정지했다. 물체가 벽으로부터 받은 충격량의 크기는 몇 $N \cdot s$인가? (단, 모든 마찰은 무시한다.)

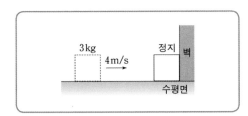

① 11
② 12
③ 13
④ 14

06 다음 중 수소와 산소의 화학 반응을 이용한 연료 전지에서의 에너지 전환은?

① 소리 에너지 → 열에너지
② 운동 에너지 → 핵에너지
③ 파동 에너지 → 빛에너지
④ 화학 에너지 → 전기 에너지

07 다음 중 소금을 구성하는 알칼리 금속 원소는?

① 수소
② 질소
③ 나트륨
④ 아르곤

08 다음 화학 반응식에서 산화되는 반응 물질은?

$$2Ag^+ + Cu \rightarrow 2Ag + Cu^{2+}$$

① Ag^+
② Cu
③ Ag
④ Cu^{2+}

09 다음은 몇 가지 산의 이온화를 나타낸 것이다. 산의 공통적인 성질을 나타내는 이온은?

- $HCl \rightarrow H^+ + Cl^-$
- $H_2SO_4 \rightarrow 2H^+ + SO_4^{2-}$
- $CH_3COOH \rightarrow H^+ + CH_3COO^-$

① 수소 이온(H^+)
② 염화 이온(Cl^-)
③ 황산 이온(SO_4^{2-})
④ 아세트산 이온(CH_3COO^-)

10 그림은 플루오린 원자(F)의 전자 배치를 나타낸 것이다. 가장 바깥 전자 껍질에 들어 있는 전자의 개수는?

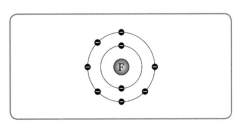

① 5개
② 6개
③ 7개
④ 8개

11 다음은 수소(H_2)의 연소 반응을 나타낸 화학 반응식이다. ㉠에 해당하는 것은?

$$2H_2 + \boxed{㉠} \rightarrow 2H_2O$$

① O_2 ② F_2
③ Cl_2 ④ N_2

12 그림은 주기율표의 일부를 나타낸 것이다. 임의의 원소 A~D 중 화학적 성질이 비슷한 원소끼리 짝지은 것은?

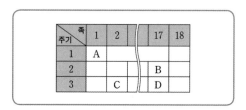

족 주기	1	2		17	18
1	A				
2				B	
3		C		D	

① A, C   ② A, D
③ B, C   ④ B, D

13 다음 중 생명체 내에서 화학 반응에 관여하는 생체 촉매는?

① 물   ② 녹말
③ 효소   ④ 셀룰로스

14 그림은 세포막의 구조와 세포막을 통한 물질의 이동을 나타낸 것이다. 이에 대한 설명으로 옳은 것만을 〈보기〉에서 모두 고른 것은?

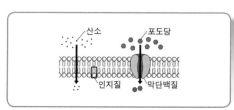

〈보기〉

ㄱ. 세포막은 인지질로만 구성되어 있다.
ㄴ. 산소는 인지질 2중층을 직접 통과한다.
ㄷ. 포도당은 막단백질을 통해 이동한다.

① ㄱ   ② ㄷ
③ ㄱ, ㄴ   ④ ㄴ, ㄷ

15 그림은 어떤 동물 세포의 구조를 나타낸 것이다. A~D 중 유전 물질인 DNA가 들어 있는 것은?

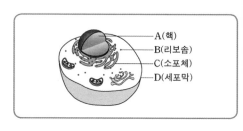

① A   ② B
③ C   ④ D

16 그림은 지각을 구성하는 규산염 광물의 기본 구조(SiO_4)를 나타낸 것이다. ㉠에 해당하는 원소는?

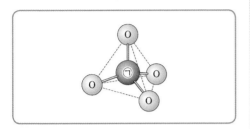

① Mg   ② Si

③ Ca   ④ Fe

17 다음은 지구 시스템 각 권의 상호 작용에 의한 자연 현상이다. 이와 관련된 지구 시스템의 구성 요소는?

- 지하수의 용해 작용으로 석회 동굴이 형성되었다.
- 파도의 침식 작용으로 해안선의 모양이 변하였다.

① 기권, 외권   ② 수권, 지권

③ 외권, 생물권   ④ 지권, 생물권

18 그림은 어느 해양 생태계의 에너지 피라미드를 나타낸 것이다. 다음 중 ㉠에 해당하는 생물은?

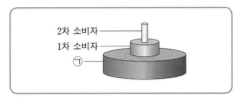

① 멸치   ② 상어

③ 오징어   ④ 식물 플랑크톤

19 다음 중 생물 다양성 보전을 위한 노력으로 적절한 것은?

① 폐수 방류   ② 서식지 파괴

③ 무분별한 벌목   ④ 멸종 위기종 보호

20 그림은 모든 핵융합 반응을 마친 어느 별의 내부 구조를 나타낸 것이다. 다음 중 중심부 ㉠에 생성된 금속 원소는? (단, 별의 질량은 태양의 10배이다.)

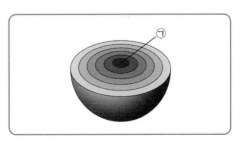

① 철   ② 산소

③ 염소   ④ 질소

21 다음 설명에 해당하는 지질 시대는?

> • 판게아가 분리되었다.
> • 다양한 공룡이 번성하였다.

① 선캄브리아 시대 　② 고생대

③ 중생대 　　　　　④ 신생대

22 다음 설명에 해당하는 물질은?

> • 핵산의 한 종류이다.
> • 염기로 아데닌(A), 구아닌(G), 사이토신(C), 유라실(U)을 가진다.

① RNA 　　　　　② 지방

③ 단백질 　　　　④ 탄수화물

23 다음 설명에 해당하는 것은?

> • 특정한 지역 또는 지구 전체에 존재하는 생태계의 다양한 정도를 뜻한다.
> • 사막, 숲, 갯벌, 습지, 바다 등 생물이 살아가는 서식 환경의 다양함을 뜻한다.

① 내성 　　　　　② 개체군

③ 분해자 　　　　④ 생태계 다양성

24 그림은 지권의 층상 구조를 나타낸 것이다. A~D 중 다음 설명에 해당하는 것은?

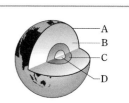
> • 맨틀 대류가 일어난다.
> • 지권 전체 부피의 대부분을 차지한다.

① A 　　　　　② B

③ C 　　　　　④ D

25 그림은 수소 핵융합 반응을 나타낸 것이다. 헬륨 원자핵 1개가 생성될 때 융합하는 수소 원자핵의 개수는?

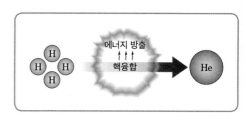

① 2개 　　　　　② 4개

③ 8개 　　　　　④ 16개

제6교시

한국사

정답 및 해설 324p |

01 다음 유물이 처음으로 제작된 시대는?

⟨탁자식 고인돌⟩

비파형 동검과 함께 만주와 한반도 북부에 집중적으로 분포한다. 이를 통해 고조선의 문화 범위를 추정할 수 있다.

① 구석기 시대　　② 신석기 시대
③ 청동기 시대　　④ 철기 시대

02 다음에서 설명하는 신라의 인물은?

- 아미타 신앙을 전파하여 불교 대중화에 기여함.
- 여러 종파의 대립을 없애고자 화쟁 사상을 주장함.

① 원효　　　　② 일연
③ 김부식　　　④ 정약용

03 다음에서 설명하는 정치 세력은?

- 고려 말 권문세족의 부정부패를 비판함.
- 성리학을 바탕으로 사회 모순을 개혁하고자 함.
- 대표적 인물로는 조준, 정도전, 정몽주 등이 있음.

① 6두품　　　　② 보부상
③ 독립 협회　　④ 신진 사대부

04 다음에서 ㉠에 해당하는 내용으로 적절한 것은?

⟨임오군란⟩

- 배경 : 　　　㉠
- 전개 : 군란 발생 → 흥선 대원군 재집권 → 청군 개입
- 영향: 청의 내정 간섭, 제물포 조약 체결

① 평양 천도
② 신사 참배 강요
③ 금의 군신 관계 요구
④ 구식 군인에 대한 차별

05 다음에서 설명하는 사건은?

　일본의 도요토미 히데요시가 조선을 침략하자, 각지에서 의병이 일어나 일본군에게 타격을 주었다. 한편, 이순신이 이끄는 수군은 해전에서 여러 차례 일본군에 승리하였다.

① 임진왜란　　　② 살수 대첩
③ 만적의 난　　　④ 봉오동 전투

125

06 다음에서 ㉠에 해당하는 조선의 제도는?

근래 방납의 폐단이 심하다고 들었소. 이제부터 ㉠ 을/를 실시하여 토지 결수에 따라 쌀로 공납을 거두도록 하시오.

① 골품제　　② 대동법
③ 단발령　　④ 진대법

07 다음에서 ㉠에 해당하는 것은?

신미양요 이후 흥선 대원군은 전국 각지에 ㉠ 을/를 세워 서양과의 통상을 거부한다는 의지를 널리 알렸다.

① 규장각　　② 독립문
③ 척화비　　④ 임신서기석

08 다음에서 설명하는 조약은?

• 조선이 외국과 맺은 최초의 근대적 조약임.
• 조약 체결의 결과로 부산 외 2개 항구를 개항함.
• 해안 측량권과 영사 재판권을 인정한 불평등 조약임.

① 간도 협약　　② 전주 화약
③ 톈진 조약　　④ 강화도 조약

09 다음에서 ㉠에 해당하는 문화유산은?

〈역사 유물 카드〉
• 명　칭 : ㉠
• 소재지 : 경남 합천 해인사
• 내　용 : 몽골의 침입을 부처의 힘으로 물리치고자 제작하였으며, 고려의 뛰어난 목판 인쇄술을 보여줌.

① 석굴암　　② 경국대전
③ 무령왕릉　　④ 팔만대장경판

10 다음에서 ㉠에 해당하는 통치 기구는?

을사늑약의 결과는 무엇일까요?

㉠ 이/가 설치됐어요.

대한 제국의 외교권을 빼앗겼어요.

① 삼별초　　② 집현전
③ 통감부　　④ 화랑도

11 다음에서 설명하는 지역은?

• 안용복이 일본에 건너가 조선의 영토임을 확인함.
• 일본이 「태정관 지령」으로 조선의 영토로 인정함.
• 대한 제국은 「칙령 제41호」를 통해 울도군의 관할로 둠.

① 진도　　② 독도
③ 벽란도　　④ 청해진

12 다음에서 설명하는 시설은?

> • 우리나라 최초의 근대식 병원임.
> • 1885년에 선교사 알렌의 제안으로 설립함.
> • 제중원을 거쳐 세브란스 병원으로 개칭함.

① 서원 ② 향교
③ 광혜원 ④ 성균관

13 다음과 같이 주장한 일제 강점기의 사회 운동은?

> 신분제가 폐지되었지만 백정에 대한 편견이 여전합니다. 백정을 차별하는 것에 항의하고 평등한 대우를 요구합시다.

① 병인박해 ② 형평 운동
③ 거문도 사건 ④ 서경 천도 운동

14 다음에서 설명하는 1910년대 일제의 식민 지배 방식은?

> • 헌병 경찰로 일상생활을 감시함.
> • 「조선 태형령」으로 한국인을 탄압함.
> • 학교 교원에게도 제복을 입히고 칼을 차게 함.

① 선대제 ② 기인 제도
③ 무단 통치 ④ 나·제 동맹

15 다음에서 ㉠에 해당하는 사건은?

> 〈 [㉠] 다큐멘터리 기획안 〉
> • 주요 장면
> – 장면1. 독립 선언서를 준비하는 33인의 민족 대표
> – 장면2. 아우내 장터에서 만세 운동을 벌이는 유관순

① 3·1 운동 ② 무신 정변
③ 이자겸의 난 ④ 임술 농민 봉기

2022년 1회

16 다음 대화에 해당하는 무장 투쟁은?

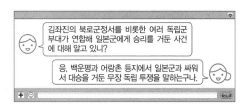

> 김좌진의 북로군정서를 비롯한 여러 독립군 부대가 연합해 일본군에게 승리를 거둔 사건에 대해 알고 있니?
>
> 응, 백운평과 어랑촌 등지에서 일본군과 싸워서 대승을 거둔 무장 독립 투쟁을 말하는구나.

① 명량 대첩 ② 청산리 대첩
③ 홍경래의 난 ④ 6·10 만세 운동

17 다음에서 ㉠에 해당하는 내용으로 적절한 것은?

> 〈전시 동원 체제와 인력 수탈〉
> • 일제가 1938년에 「국가 총동원법」을 공포함.
> • 지원병제와 징병제로 청년을 침략 전쟁에 투입함.
> • 근로 정신대와 [㉠] 등으로 여성을 강제 동원함.

① 정미의병　　② 금융 실명제
③ 서울 올림픽　　④ 일본군 '위안부'

18 다음 설명에 해당하는 것은?

> • 1948년에 김구와 김규식 등이 추진함.
> • 김구 일행이 38도선을 넘어 평양으로 감.
> • 남북의 지도자들이 통일 정부 수립을 결의함.

① 남북 협상　　② 아관 파천
③ 우금치 전투　　④ 쌍성총관부 공격

19 다음에서 ㉠에 해당하는 것은?

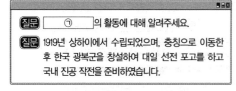

> 질문 [㉠]의 활동에 대해 알려주세요.
> 질문 1919년 상하이에서 수립되었으며, 충칭으로 이동한 후 한국 광복군을 창설하여 대일 선전 포고를 하고 국내 진공 작전을 준비하였습니다.

① 9산선문
② 급진 개화파
③ 대한민국 임시 정부
④ 동양 척식 주식회사

20 다음에서 ㉠에 해당하는 내용으로 적절한 것은?

> 〈반민족 행위 특별 조사 위원회〉
> • 설치 시기 : 1948년 이승만 정부 시기
> • 설치 근거 : 반민족 행위 처벌법
> • 설치 목적 : [㉠]

① 과거제 실시　　② 친일파 청산
③ 황무지 개간　　④ 방곡령 시행

21 다음에서 ㉠에 해당하는 사건으로 적절한 것은?

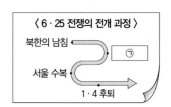

〈 6·25 전쟁의 전개 과정 〉
북한의 남침 → [㉠]
서울 수복
1·4 후퇴

① 녹읍 폐지　　② 후삼국 통일
③ 자유시 참변　　④ 인천 상륙 작전

22 다음에서 설명하는 사건은?

> • 배경 : 3·15 부정선거(1960)
> • 과정 : 전국에서 시위 발생, 대학교수단 시국 선언
> • 결과 : 이승만 대통령 하야

① 4·19 혁명　　② 제주 4·3 사건
③ 12·12 사태　　④ 5·18 민주화 운동

23 다음에서 설명하는 정부는?

- 경제개발 5개년 계획을 추진함.
- 근면·자조·협동 정신을 강조한 새마을 운동을 시작함.
- 전태일 사건, YH 무역 사건 등의 노동 문제에 직면함.

① 장면 정부   ② 박정희 정부
③ 김영삼 정부   ④ 김대중 정부

24 다음에서 ㉠에 해당하는 내용으로 적절한 것은?

〈수행 평가 보고서〉
- 주제 : 6월 민주 항쟁
- 조사 내용
  – 인물 탐구 : 박종철, 이한열
  – 항쟁 결과 : ㉠

① 집강소 설치
② 정전 협정 체결
③ 노비안검법 실시
④ 대통령 직선제 개헌

25 다음에서 ㉠에 해당하는 것은?

① 외환 위기   ② 베트남 파병
③ 원산 총파업   ④ 서울 진공 작전

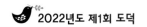

제7교시

도 덕

정답 및 해설 328p |

01 다음 설명에 해당하는 윤리학은?

> 도덕적 관습 또는 풍습에 대한 묘사나 객관적 서술을 주된 목표로 하는 윤리학

① 규범 윤리학　　② 기술 윤리학
③ 메타 윤리학　　④ 실천 윤리학

02 칸트(Kant, I.)의 의무론에 대한 설명으로 옳은 것은?

① 가언 명령의 형식을 중시한다.
② 행위의 동기보다는 결과를 강조한다.
③ 공리의 원리에 따른 행동을 강조한다.
④ 보편적 윤리의 확립과 인간 존엄성을 중시한다.

03 윤리적 소비에 대한 설명으로 옳은 것을 〈보기〉에서 고른 것은?

> 〈보기〉
> ㄱ. 생태계 보존을 생각하는 소비이다.
> ㄴ. 자신의 재력을 과시하기 위한 소비이다.
> ㄷ. 많은 상품을 충동적으로 구매하는 소비이다.
> ㄹ. 노동자의 인권과 복지를 고려하는 소비이다.

① ㄱ, ㄴ　　　② ㄱ, ㄹ
③ ㄴ, ㄷ　　　④ ㄷ, ㄹ

04 다음 설명에 해당하는 것은?

> • 맹자가 주장한 것으로 모든 인간이 본래부터 가지고 있는 선한 마음
> • 측은지심, 수오지심, 사양지심, 시비지심

① 사단(四端)　　② 삼학(三學)
③ 정명(正名)　　④ 삼독(三毒)

05 다음 설명에 해당하는 도덕 원리 검사 방법은?

> 도덕 원리가 다른 사람의 처지에서도 받아들여질 수 있는지 다른 사람의 입장을 취해보고 검토하는 것이다.

① 포섭 검사　　　② 역할 교환 검사
③ 반증 사례 검사　④ 사실 판단 검사

06 (가)에 들어갈 내용으로 가장 적절한 것은?

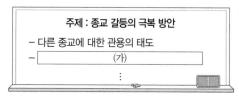

> **주제 : 종교 갈등의 극복 방안**
> – 다른 종교에 대한 관용의 태도
> – 　　　　(가)
> ⋮

① 특정한 종교의 교리 강요
② 종교 간 적극적인 대화와 협력
③ 타 종교에 대한 무조건적 비난과 억압
④ 종교적 신념을 내세운 비윤리적 행위의 강행

07 ㉠에 들어갈 용어로 적절한 것은?

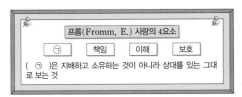

프롬(Fromm, E.) 사랑의 4요소

| ㉠ | 책임 | 이해 | 보호 |

(㉠)은 지배하고 소유하는 것이 아니라 상대를 있는 그대로 보는 것

① 존경　　　　　② 집착

③ 단절　　　　　④ 금욕

08 시민 불복종의 특징으로 적절하지 않은 것은?

① 시민 불복종은 최후의 수단이어야 한다.

② 시민 불복종은 처벌을 감수하는 행위이다.

③ 시민 불복종은 개인의 이익만을 충족시켜야 한다.

④ 시민 불복종은 정의 실현을 위한 의도적 위법행위이다.

09 다음 내용과 관련된 노자의 사상은?

- "으뜸이 되는 선(善)은 물과 같다."
- "도(道)는 자연을 본받아 어긋나지 않는다."

① 충서(忠恕)　　　② 무위(無爲)

③ 열반(涅槃)　　　④ 효제(孝弟)

10 정보 공유를 강조하는 입장으로 옳은 것을 〈보기〉에서 고른 것은?

〈보기〉

ㄱ. 정보에 대한 자유로운 접근을 허용해야 한다.

ㄴ. 정보를 공동의 이익을 위해서 사용해야 한다.

ㄷ. 정보에 대한 사적 소유 권리를 강화해야 한다.

ㄹ. 정보 창작이 이루어지는 분야를 축소해야 한다.

① ㄱ, ㄴ　　　　　② ㄱ, ㄷ

③ ㄴ, ㄹ　　　　　④ ㄷ, ㄹ

11 ㉠에 들어갈 용어로 적절한 것은?

〈 ㉠ 〉윤리

- 보편타당한 도덕법칙이 존재함.
- "선을 행하고 악을 피하라."라는 핵심 명제를 강조함.
- 자연의 원리에 의해 도출된 의무에 따르는 행위를 옳은 행위로 봄.

① 배려　　　　　② 담론

③ 자연법　　　　④ 이기주의

12 다음 설명에 해당하는 윤리적 관점은?

- 요나스(Jonas, H.)가 과학 기술 시대의 새로운 윤리적 관점으로 제시함.
- 인과적 책임뿐만 아니라 미래의 결과에 대한 책임까지 강조되어야 한다고 보는 관점임.

① 책임 윤리　　　② 전통 윤리

③ 신경 윤리　　　④ 가족 윤리

13 생명 중심주의의 관점으로 가장 적절한 것은?

① 자연은 인간을 위한 수단일 뿐이다.

② 도덕적 고려의 범위에 무생물이 포함된다.

③ 이성적 존재만이 도덕적 존중의 대상이다.

④ 살아있는 모든 존재는 내재적 가치를 지닌다.

14 다음에서 소개하는 윤리 사상가는?

◈ 도덕 인물 카드 ◈
- 중국 춘추시대 사상가로 유교를 체계화 함.
- 도덕성 회복을 위해 인(仁) 예(禮)의 실천을 강조함.
- 제자들이 엮은 「논어」에 그의 사상이 잘 나타남.

① 공자　　　　② 장자

③ 순자　　　　④ 묵자

15 우대 정책이 반영된 제도로 옳지 <u>않은</u> 것은?

① 지역 균형 선발 제도

② 장애인 의무 고용 제도

③ 농어촌 특별 전형 제도

④ 음식점 원산지 표시 제도

16 기업가가 지녀야 할 윤리적 자세로 적절하지 <u>않은</u> 것은?

① 경제적 이윤을 정당한 방식으로 추구해야 한다.

② 근로자의 정당한 권리를 훼손하지 말아야 한다.

③ 윤리 경영은 사회 발전과 무관함을 명심해야 한다.

④ 공익적 가치 실현을 위해 사회적 책임을 다해야 한다.

17 다음에서 동물 중심주의 사상가인 싱어(Singer, P.)의 관점에만 '✓'를 표시한 학생은?

관점＼학생	A	B	C	D
• 인간은 도덕적 행위 능력을 지닌다.	✓		✓	✓
• 동물의 고통을 무시하는 행위는 '종 차별주의'이다.	✓	✓	✓	
• 생태계 전체가 도덕적으로 고려해야 하는 대상이다.	✓	✓		✓

① A　　　　② B

③ C　　　　④ D

18 공리주의 관점에서 볼 때, 도덕적 행위로 옳지 <u>않은</u> 것은?

① 최대의 유용성을 가져오는 행위

② 사회 전체의 이익을 증대시키는 행위

③ 결과와 상관없이 무조건적 의무에 따르는 행위

④ 최대 다수의 최대 행복의 원리에 부합하는 행위

19 ㉠, ㉡에 들어갈 말을 짝지은 것으로 옳은 것은?

> • 석가모니는 죽음을 수레바퀴가 구르는 것과 같이 다음 생으로 이어지는 (㉠)의 한 과정으로 본다.
> • 장자는 죽음을 (㉡)의 흩어짐으로 정의하여 생사를 사계절의 운행과 같은 자연의 순환 과정 중 하나로 본다.

	㉠	㉡
①	윤회(輪廻)	기(氣)
②	윤회(輪廻)	해탈(解脫)
③	해탈(解脫)	오륜(五倫)
④	오륜(五倫)	기(氣)

20 롤스(Rawls, J.)의 해외 원조에 대한 설명으로 옳은 것은?

① 국제 사회에서 결코 정당화될 수 없다.
② 의무가 아니라 단순한 자선에 불과하다.
③ 정의로운 시민들은 절대 실천하지 않는다.
④ 대상국이 질서 정연한 사회가 되도록 돕는 것이다.

21 다음 설명에 해당하는 예술에 대한 관점은?

> • 미적 가치와 윤리적 가치의 관련성을 강조한다.
> • 예술은 도덕적 교훈이나 모범을 제공해야 한다고 본다.

① 도구주의 ② 도덕주의
③ 상업주의 ④ 예술 지상주의

22 교사의 질문에 대한 대답으로 적절하지 <u>않은</u> 것은?

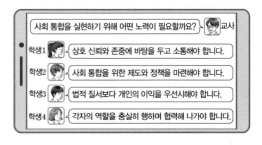

① 학생 1 ② 학생 2
③ 학생 3 ④ 학생 4

23 다음 설명에 해당하는 다문화 이론은?

> • 다양한 문화의 공존을 위해서는 주류 문화의 역할이 중요하다는 입장
> • 주재료인 면 위에 고명을 얹어 맛을 내듯이 주류 문화를 중심으로 비주류 문화가 공존해야 한다는 입장

① 용광로 이론
② 동화주의 이론
③ 샐러드 볼 이론
④ 국수 대접 이론

24 하버마스(Habermas, J.)가 강조한 소통과 담론의 윤리로 가장 적절한 것은?

① 상대방이 이해할 수 없는 언어로 표현해야 한다.
② 외부 기관의 감시하에서만 소통을 진행해야 한다.
③ 대화 당사자들은 자유롭고 평등하게 참여해야 한다.
④ 해당 영역의 전문가만이 의사결정권을 행사해야 한다.

25 다음은 서술형 평가 문제와 학생 답안이다. 밑줄 친 ㉠~㉣ 중 옳지 <u>않은</u> 것은?

> 문제 : 분단 비용과 통일 비용, 통일 편익에 대해 설명하시오.
>
> 〈답안〉
> ㉠ 분단 비용은 분단으로 인해 남북한이 부담하는 유·무형의 모든 비용을 의미한다. ㉡ 분단 비용은 분단이 계속되는 한 지속적으로 발생하는 소모적 비용이다. 한편 ㉢ 통일 비용은 통일 이후 남북한 격차를 해소하고 이질적 요소를 통합하기 위한 비용이며, ㉣ 통일 편익은 통일 직후에만 발생하는 단기적 이익이다.

① ㉠
② ㉡
③ ㉢
④ ㉣

2022년도

제2회

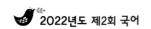

제1교시

국 어

정답 및 해설 332p |

01 다음 대화에서 '영준'의 말하기 방식에 대한 설명으로 적절한 것은?

> 정우 : 어제 친구랑 싸웠는데 친구가 화해할 생각이 없어 보여.
> 영준 : 그랬구나. 마음이 복잡하겠네. 그 친구도 시간이 지나면 화가 풀려서 괜찮아질 거야.

① 상대의 요청을 수용하며 말하고 있다.
② 전문가의 말을 인용하여 말하고 있다.
③ 통계 자료를 활용하여 설득하고 있다.
④ 상대의 기분을 고려하여 위로하고 있다.

02 ㉠에 들어갈 말로 가장 적절한 것은?

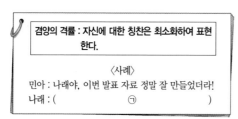

> 겸양의 격률 : 자신에 대한 칭찬은 최소화하여 표현한다.
>
> 〈사례〉
> 민아 : 나래야, 이번 발표 자료 정말 잘 만들었더라!
> 나래 : (㉠   )

① 응, 다음에 만들 발표 자료도 기대해 줘.
② 당연하지. 내가 뭐 못하는 것 본 적 있니?
③ 아니야, 부족한 점이 많았는데 좋게 봐 줘서 고마워.
④ 그렇지? 내가 봐도 이번 자료는 참 잘 만든 것 같아.

03 다음 '표준 발음법' 규정이 적용되지 <u>않는</u> 것은?

> 【제17항】 받침 'ㄷ, ㅌ(ㄾ)'이 조사나 접미사의 모음 'ㅣ'와 결합되는 경우에는, [ㅈ, ㅊ]으로 바꾸어서 뒤 음절 첫소리로 옮겨 발음한다.

① 일이 많아 끝이 보이지 않는다.
② 그는 굳이 따라가겠다고 졸랐다.
③ 한옥 대문이 여닫이로 되어 있다.
④ 그는 밭이랑에 농작물을 심었다.

04 밑줄 친 부분이 '한글 맞춤법'에 맞게 쓰인 것은?

① 내가 너보다 먼저 <u>갈게</u>.
② 오늘은 <u>웬지</u> 기분이 좋다.
③ 그렇게 마음대로 하면 <u>어떻해</u>.
④ 날씨가 얼마나 <u>덥든지</u> 땀이 났다.

05 (가)에서 설명하는 시제가 드러나 있는 것을 (나)의 ㉠~㉣에서 고른 것은?

> (가) 사건이 일어나는 시점과 말하는 시점이 일치하는 시제
> (나) 오랜만에 비가 ㉠ 내린다. 긴 가뭄으로 ㉡ 근심하던 농부는 드디어 활짝 ㉢ 웃는다. 내일부터는 비가 자주 내린다니 앞으로 가뭄 걱정이 ㉣ 없겠다.

① ㄱ, ㄴ   ② ㄱ, ㄷ

③ ㄴ, ㄹ   ④ ㄷ, ㄹ

[06~07] (나)는 (가)를 토대로 작성한 글이다. 물음에 답하시오.

(가)

```
          제목 : 떡볶이의 어제와 오늘
 Ⅰ. 처음 : 떡볶이의 유래에 대한 호기심 유발
 Ⅱ. 중간
    1. 떡볶이의 유래인 조선 시대 궁중 떡볶이
    2.           ⓐ
 Ⅲ. 끝 : 세계적으로 인기를 얻고 있는 떡볶이
```

(나)

떡볶이는 우리나라 사람들이 가장 사랑하는 음식 중 하나이다. 떡볶이는 언제 처음 만들어졌을까?

떡볶이는 본래 조선 시대 궁궐에서 만들어 먹던 요리였다. 조선 시대의 떡볶이는 궁중 요리인 잡채와 유사한 음식이었다. 당면 대신 쌀떡을 넣고, 쇠고기와 각종 나물을 넣어 간장으로 양념을 한 것이다. ㉠ 떡볶이 외에도 조선 시대 궁중 요리로 유명한 것은 신선로가 있다.

궁중 요리였던 떡볶이는 1950년대부터 시중에 팔리면서 대중 음식이 되었다. 그 후로도 떡볶이에 시대상이 반영되면서 떡볶이는 여러 차례 변모했다. 가스가 ㉡ 공급하기 시작한 1970년대부터는 즉석에서 요리할 수 있어 길거리에서도 떡볶이를 팔기 시작했다. 2000년대에는 프랜차이즈 시스템이 등장하여 떡볶이에도 상표가 ㉢ 달렸는데, 다양한 소스·메뉴가 개발되면서 떡볶이는 한국을 대표하는 먹거리가 되었다. 떡볶이는 이제 한국인의 ㉣ 입맛 뿐 아니라 세계인의 입맛도 사로잡고 있다. 떡볶이는 비빔밥, 김치와 더불어 한식의 대표 주자로 전 세계의 한식 열풍을 이끌고 있다. 떡볶이가 앞으로도 계속 발전하여 세계인의 입맛을 사로잡기를 기대해 본다.

06 (나)의 내용을 고려할 때, (가)의 ⓐ에 들어갈 내용으로 가장 적절한 것은?

① 시대에 따른 떡볶이의 변모 과정

② 1950년대 떡볶이의 인기 요인 분석

③ 떡볶이 프랜차이즈화의 장점과 단점

④ 길거리에서 파는 떡볶이의 종류와 특징

07 ㉠~㉣의 고쳐쓰기 방안으로 적절하지 <u>않은</u> 것은?

① ㉠ : 글 전체의 내용과 상관없는 문장이므로 삭제한다.

② ㉡ : 주어와의 호응을 고려하여 '공급되기'로 바꾼다.

③ ㉢ : 문맥을 고려하여 '달렸지만'으로 바꾼다.

④ ㉣ : 띄어쓰기가 잘못되어 있으므로 '입맛뿐'으로 고친다.

08 ㉠~㉣에 나타난 중세 국어의 특징으로 적절하지 <u>않은</u> 것은?

```
            【훈민정음 언해】
 ㉠·내·이·를爲·윙·ᄒ·야:어엿·비너·겨
 새·로·스·믈여·듧㉡字·쭝·를맹·ᄀ노·니:
 사ᄅᆞᆷ:마·다:히·여㉢:수·비니·겨·날·로㉣·
 ·뿌·메便뼌安한·킈ᄒ·고·져ᅟᅵ·ᄒᆞᆯᄯᆞᄅᆞ·미니·라
                        -「월인석보」-
```

① ㉠ : 모음 뒤에서 주격 조사 'ㅣ'가 쓰였다.

② ㉡ : 모음 조화가 잘 지켜지고 있었다.

③ ㉢ : 현대 국어에 쓰이지 않는 'ㅸ'이 사용되었다.

④ ㉣ : 단어의 첫머리에 한 개의 자음만 올 수 있었다.

[09~11] 다음 글을 읽고 물음에 답하시오.

나는 이제 너에게도 슬픔을 주겠다.
사랑보다 소중한 슬픔을 주겠다.
겨울밤 거리에서 귤 몇 개 놓고
살아온 추위와 떨고 있는 ⊙ 할머니에게
귤값을 깎으면서 기뻐하던 너를 위하여
나는 슬픔의 평등한 얼굴을 보여 주겠다.
내가 어둠 속에서 너를 부를 때
단 한 번도 평등하게 웃어 주질 않은
가마니에 덮인 ⓒ 동사자가 다시 얼어 죽을 때
가마니 한 장조차 덮어 주지 않은
무관심한 ⓒ 너의 사랑을 위해
흘릴 줄 모르는 너의 눈물을 위해
나는 이제 너에게도 기다림을 주겠다.
이 세상에 내리던 함박눈을 멈추겠다.
보리밭에 내리던 봄눈들을 데리고
추위 떠는 ⓔ 사람들의 슬픔에게 다녀와서
눈 그친 눈길을 너와 함께 걷겠다.
슬픔의 힘에 대한 이야기를 하며
기다림의 슬픔까지 걸어가겠다.

– 정호승, 「슬픔이 기쁨에게」 –

09 윗글에 대한 설명으로 가장 적절한 것은?

① 미각적 심상을 사용하여 대상을 표현하고
있다.

② 역설적 표현을 활용하여 주제를 드러내고
있다.

③ 이국적 소재를 나열하여 시상을 전개하고
있다.

④ 청유형 문장을 반복하여 운율을 형성하고
있다.

10 윗글의 화자가 추구하는 삶의 모습과 가장 가까운 것은?

① 이웃과 더불어 사는 삶
② 자연을 동경하며 즐기는 삶
③ 현실에 만족하는 소박한 삶
④ 미래를 예측하여 대비하는 삶

11 ⊙~ⓔ 중 시적 의미가 가장 이질적인 것은?

① ⊙   ② ⓒ
③ ⓒ   ④ ⓔ

[12~14] 다음 글을 읽고 물음에 답하시오.

[앞부분 줄거리] '나'의 어머니는 다리 수술 후유증으로
6 · 25 전쟁 중 인민군에게 죽임을 당한 오빠에 관한 환
각에 시달리고, 오랫동안 탈진 상태로 지낸다.

나는 어머니에게로 조심스럽게 다가갔다. 어머
니의 손이 내 손을 잡았다. 알맞은 온기와 악력이
나를 놀라게도 서럽게도 했다.

"나 죽거든 행여 묘지 쓰지 말거라."

어머니의 목소리는 평상시처럼 잔잔하고 만만치
않았다.

"네? 다 들으셨군요?"

"그래, 마침 듣기 잘했다. 그렇잖아도 언제고 꼭
일러두려했는데. 유언 삼아 일러두는 게니 잘 들어
뒀다 어김없이 시행토록 해라. 나 죽거든 내가 느
이 오래비한테 해 준 것처럼 해 다오. 누가 뭐래도
그렇게 해 다오. 누가 뭐라든 상관하지 않고 그럴
수 있는 건 너밖에 없기에 부탁하는 거다."

"오빠처럼요?"

"그래, 꼭 그대로, 그걸 설마 잊고 있진 않겠지?"

"잊다니요. 그걸 어떻게 잊을 수가⋯⋯."

어머니의 손의 악력은 정정했을 때처럼 아니, 나를 끌고 농바위 고개를 넘을 때처럼 강한 줏대와 고집을 느끼게 했다.

오빠의 시신은 처음엔 무악재 고개 너머 벌판의 밭머리에 가매장했다. 행려병사자[1] 취급하듯이 형식과 절차 없는 매장이었지만 무정부 상태의 텅 빈 도시에서 우리 모녀의 가냘픈 힘만으로 그것 이상은 가능한 일이 아니었다.

서울이 수복(收復)되고 화장장이 정상화되자마자 어머니는 오빠를 화장할 것을 의논해 왔다. 그때 우리와 합하게 된 올케는 아비 없는 아들들에게 무덤이라도 남겨 줘야 한다고 공동묘지로라도 이장할 것을 주장했다. 어머니는 오빠를 죽게 한 것이 자기 죄처럼, 젊어 과부 된 며느리한테 기가 죽어지냈었는데 그때만은 조금도 양보할 기세가 아니었다. 남편의 임종도 못 보고 과부가 된 것도 억울한데 그 무덤까지 말살하려는 시어머니의 모진 마음이 야속하고 정떨어졌으련만 그런 기세 속엔 거역할 수 없는 위엄과 비통한 의지가 담겨 있어 종당엔 올케도 순종을 하고 말았다.

오빠의 살은 연기가 되고 뼈는 한 줌의 가루가 되었다. 어머니는 앞장서서 강화로 가는 시외버스 정류장으로 갔다. 우린 묵묵히 뒤따랐다. 강화도에서 내린 어머니는 사람들에게 묻고 물어서 멀리 개풍군 땅이 보이는 바닷가에 섰다. 그리고 지척으로 보이되 갈 수 없는 땅을 향해 그 한 줌의 먼지를 훨훨 날렸다. 개풍군 땅은 우리 가족의 선영[2]이 있는 땅이었지만 선영에 못 묻히는 한을 그런 방법으로 풀고 있다곤 생각되지 않았다. 어머니의 모습엔 운명에 순종하고 한을 지그시 품고 삭이는 약하고 다소곳한 여자 티는 조금도 없었다. 방금 출전하려는 용사처럼 씩씩하고 도전적이었다.

어머니는 ㉠ <u>한 줌의 먼지와 바람</u>으로써 너무도 엄청난 것과의 싸움을 시도하고 있었다. 어머니에게 그 한 줌의 먼지와 바람은 결코 미약한 게 아니었다. 그야말로 어머니를 짓밟고 모든 것을 빼앗아 간, 어머니가 도저히 이해할 수 없는 분단이란 괴물을 홀로 거역할 수 있는 유일한 수단이었다.

어머니는 나더러 그때 그 자리에서 또 그 짓을 하란다. 이젠 자기가 몸소 그 먼지와 바람이 될 테니 나더러 그 짓을 하란다. 그 후 30년이란 세월이 흘렀건만 그 괴물을 무화(無化)시키는 길은 정녕 그 짓밖에 없는가?

"너한테 미안하구나, 그렇지만 부탁한다."

어머니도 그 짓밖에 물려줄 수 없는 게 진정으로 미안한 양 표정이 애달프게 이지러졌다.

이이, 나는 그 짓을 또 한 번 할 수밖에 없을 것 같다.

어머니는 아직도 투병 중이시다.

— 박완서, 「엄마의 말뚝 2」 —

1) 행려병사자 : 떠돌아다니다가 타향에서 병들어 죽은 사람.
2) 선영 : 조상의 무덤.

12 윗글에 대한 설명으로 가장 적절한 것은?

① 배경 묘사를 통해 인물의 심리를 암시하고 있다.

② 과거 회상을 통해 인물의 상황을 서술하고 있다.

③ 공간의 이동에 따라 인물 간 갈등이 심화되고 있다.

④ 다양한 인물의 경험을 삽화 형식으로 나열하고 있다.

13 윗글을 통해 알 수 있는 내용으로 적절하지 않은 것은?

① '어머니'는 자신의 뼛가루를 개풍군 땅이 보이는 곳에 뿌려달라고 한다.

② '어머니'는 자신의 유언을 지킬 수 있는 사람은 '나'밖에 없다고 생각한다.

③ '올케'는 자신의 아들들을 생각해서 '오빠'를 공동묘지로 이장하자고 주장했다.

④ '올케'는 '오빠'의 죽음을 자신의 탓이라고 생각해 '어머니'와 합하는 것을 반대했다.

14 '어머니'에게 ㉠의 의미로 가장 적절한 것은?

① 자신의 운명에 대한 순종

② 분단의 비극에 맞서려는 의지

③ 자신의 질병 치유에 대한 염원

④ 가족의 선영에 묻히지 못하는 회한

[15~16] 다음 글을 읽고 물음에 답하시오.

동짓달 기나긴 밤을 한 허리를 베어 내어
춘풍(春風) 이불 아래 서리서리 넣었다가
어론 님[1] 오신 날 밤이어든 굽이굽이 펴리라

– 황진이 –

---

1) 어론 님 : 사랑하는 임.

15 윗글에 대한 설명으로 가장 적절한 것은?

① 추상적 대상을 구체화하여 표현하고 있다.

② 우의적 표현을 통해 대상을 비판하고 있다.

③ 후렴구의 반복을 통해 운율을 형성하고 있다.

④ 자연과 인간을 대비하여 정서를 강조하고 있다.

16 윗글의 화자에 대한 설명으로 가장 적절한 것은?

① 자신에게 돌아오지 않는 임을 원망하고 있다.

② 임과 이별했던 순간을 떠올리며 자책하고 있다.

③ 임과 함께 더 많은 시간을 보내기를 소망하고 있다.

④ 임과의 추억을 떠올리며 현재의 삶에 만족하고 있다.

[17~19] 다음 글을 읽고 물음에 답하시오.

집에 오래 지탱할 수 없이 퇴락한 행랑채[1] 세 칸이 있어서 나는 부득이 그것을 모두 수리하게 되었다. 이때 그중 두 칸은 비가 샌 지 오래됐는데, 나는 ㉮ 그것을 알고도 어물어물하다가 미처 수리하지 못하였고, 다른 한 칸은 ㉠ 한 번밖에 비를 맞지 않았기에 급히 기와를 갈게 하였다.

그런데 수리하고 보니, 비가 샌 지 오래된 것은 서까래[2]·추녀[3]·기둥·들보[4]가 모두 썩어서 못 쓰게 되었으므로 경비가 많이 들었고, 한 번밖에 비를 맞지 않은 것은 재목들이 모두 완전하여 다시 쓸 수 있었기 때문에 경비가 적게 들었다.

나는 여기에서 이렇게 생각한다. 사람의 몸도 마찬가지다. ㉡ 잘못을 알고도 곧 고치지 않으면 몸이 패망[5]하는 것이 나무가 썩어서 못 쓰게 되는 이상으로 될 것이고, ㉢ 잘못이 있더라도 고치기를 꺼려하지 않으면 다시 좋은 사람이 되는 것이 집 재목이 다시 쓰일 수 있는 이상으로 될 것이다.

이뿐만 아니라, 나라의 정사[6]도 이와 마찬가지다. 모든 일에서, ㉣ 백성에게 심한 해가 될 것을 머뭇거리고 개혁하지 않다가, 백성이 못살게 되고 나라가 위태하게 된 뒤에 갑자기 변경하려 하면,

곧 붙잡아 일으키기가 어렵다. 삼가지 않을 수 있겠는가?

— 이규보, 「이옥설」 —

1) 행랑채 : 대문간 곁에 있는 집채.
2) 서까래 : 마룻대에서 도리 또는 보에 걸쳐 지른 나무.
3) 추녀 : 네모지고 끝이 번쩍 들린, 처마의 네 귀에 있는 큰 서까래.
4) 들보 : 칸과 칸 사이의 두 기둥을 건너지른 나무.
5) 패망 : 싸움에 져서 망함.
6) 정사 : 정치 또는 행정상의 일.

17 윗글에 대한 설명으로 가장 적절한 것은?

① 타인에게 들은 이야기를 전달하고 있다.
② 옛 문헌을 인용하여 신뢰성을 높이고 있다.
③ 구체적인 역사적 사건에 대한 견해를 제시하고 있다.
④ 글쓴이의 체험과 깨달음을 통해 교훈을 드러내고 있다.

18 ㉮와 의미가 유사한 것을 ㉠~㉣에서 고른 것은?

① ㉠, ㉡   ② ㉠, ㉢
③ ㉡, ㉣   ④ ㉢, ㉣

19 윗글을 읽은 독자의 반응으로 적절하지 <u>않은</u> 것은?

① '쇠뿔도 단김에 빼라.'라는 말처럼 나쁜 습관을 발견하면 바로 고쳐야겠군.
② 나쁜 습관을 바로 고치지 않으면 '호미로 막을 것을 가래로 막는다.'라는 말처럼 되겠

군.
③ '까마귀 날자 배 떨어진다.'라는 말처럼 나쁜 습관이 우연히 좋은 결과를 가져오기도 하는군.
④ 사소하더라도 나쁜 습관을 방치하면 '가랑비에 옷 젖는 줄 모른다.'라는 말처럼 상황이 점점 안 좋아지겠군.

[20~22] 다음 글을 읽고 물음에 답하시오.

마을은 지역 사회를 기반으로 사람들 사이의 관계가 형성되어 있어야 하고, 물리적으로는 개인의 공간과 공공의 공간 사이에 중간적 성격의 공간이 있어야 한다. 이러한 공간을 '사이 공간'이라 하는데, 이는 통행을 목적으로 하는 공간이라기보다 주민들 사이에 사적 관계를 형성하는 공동의 영역이라 할 수 있다.

과거에는 개인이 생활을 하는 집과 일을 하는 장소가 멀리 떨어져 있지 않았다. [㉠] 사람들은 매일 두 공간 사이를 오가며 그곳에서 다양한 일을 경험했다. 개인의 집과 집 사이의 거리도 가까워서 이웃과 친밀한 사회적 관계를 형성할 수 있었다.

방에서 나오면 마당이 있고, 대문을 열면 골목길을 만나며, 길을 돌다 보면 굳이 의도하지 않더라도 사람들의 만남과 모임이 곳곳에서 발생하였다. 그래서 이웃과 친해질 기회가 많았다. 집의 형태는 독립적이지만 집 안팎을 살펴보면 모여 살 수 있는 구조였다.

아파트로 대표되는 오늘날의 주거 형태는 전통적 주거 형태와는 다른 특징을 보인다. 아파트는 하나의 건물 내에 수평적, 혹은 수직적으로 균일한 주거 공간이 밀집해 있고, 그곳에 거주자가 모여 사는데, 이는 현대의 한국식 공동 주택이 지닌 특징이라 할 수 있다.

이러한 공동 주택의 등장은 공동체적 관계를 변화시켰다. 아파트에는 '사이 공간'이 없다. 아파트에 사는 사람들은 공동의 현관을 통과한 후 승강기나 복도를 거쳐 곧바로 각자의 공간으로 들어가 버린다. 자연스럽게 이웃과 친해질 기회가 사라진 것이다. 주택의 형태나 외관만 보면 모두 같은 공간에 사는 유사한 집단으로 보이지만, 그 안에서의 생활 모습은 공유할 만한 것이 거의 없다.

– 전남일, 「공간이 달라지면 사는 풍경도 달라질까」 –

20 윗글의 내용 전개 방식으로 가장 적절한 것은?

① 대조를 통해 대상 간의 차이를 드러내고 있다.

② 질문을 통해 독자의 호기심을 유발하고 있다.

③ 통계 자료를 제시하여 내용을 뒷받침하고 있다.

④ 문제 상황과 이에 대한 해결 방안을 제시하고 있다.

21 윗글의 내용으로 적절하지 <u>않은</u> 것은?

① '사이 공간'은 통행보다 친분을 목적으로 한다.

② 과거에는 공동의 영역에서 사회적 관계를 형성했다.

③ 아파트는 '사이 공간'의 부재로 이웃과 친해지기 어렵다.

④ 아파트 주민들은 유사한 집단으로 생활 모습을 공유하고 있다.

22 ㉠에 들어갈 말로 가장 적절한 것은?

① 그래서　　　　② 그런데

③ 그러나　　　　④ 왜냐하면

[23~25] 다음 글을 읽고 물음에 답하시오.

인공지능은 컴퓨터 프로그램을 활용해 인간과 비슷한 인지적 능력을 구현한 기술을 말한다. 인공지능이 인간의 말을 알아듣고 명령을 실행하는 똑똑한 기계가 되는 것은 반길 일인가, 아니면 주인과 노예의 관계를 ㉠ 역전시키는 재앙이라고 경계해야 할 일인가? 세계적 물리학자 스티븐 호킹은 "인공지능은 결국 의식을 갖게 되어 인간의 자리를 대체할 것"이라고 말했다. '생각하는 기계'가 축복이 될지 재앙이 될지는 알 수 없으나, 분명한 것은 인류가 이제껏 고민해 본 적이 없는 문제와 마주했다는 점이다.

인공지능 발달이 우리에게 던지는 새로운 과제는 두 갈래다. 첫째는, 인류를 위협할지도 모를 강력한 인공지능을 우리가 어떻게 ㉡ 통제할 것인가의 문제이다. 로봇에 대응하기 위해 입법적 차원에서 로봇이 지켜야 할 도덕적 기준을 만들어 준수하게 하는 것이 방법이 될 수 있다. 또한 기술적 차원에서 다양한 상황에 관한 사회적 합의를 담은 알고리즘을 만들어 사회적 규약을 벗어나지 않는 범위에서 로봇이 작동하게 하는 방법을 모색할 수 있다.

둘째는, 생각하는 기계가 ㉢ 모방할 수 없는 인간의 특징을 찾아 인간의 가치를 높이는 것이다. 인공지능이 마침내 인간의 의식 현상을 구현해 낸다고 하더라도 인간과 인공지능은 여전히 구분될 것이다. 인간에게는 감정과 의지가 있기 때문이다. 감정은 비이성적이고 비효율적이지만 인간됨을 ㉣ 규정하는 본능이며, 인류의 역사와 문명은 결핍과 고통에서 느낀 감정을 동력으로 발달해 온 고유의 생존 시스템이다. 처음 마주하는 위험과 결핍은 두렵고 고통스러웠지만, 인류는 놀라운 유연성과 창의성으로 대응해 왔다. 이것은 기계에 가르칠 수 없는 속성이다. 여기에 ㉠ 인공지능 시대 우리가 가야 할 사람의 길이 있다.

– 구본권, 「로봇 시대, 인간의 일」 –

23 윗글의 내용으로 적절하지 <u>않은</u> 것은?

① 인공지능의 발달이 인간에게 축복이 될지 재앙이 될지는 알 수 없다.

② 입법적 차원과 기술적 차원에서 인공지능을 통제할 방법을 생각할 수 있다.

③ 인공지능이 인간의 의식 현상을 구현하면 인간과 인공지능은 구분될 수 없다.

④ 인류의 역사와 문명은 결핍과 고통에서 느낀 감정을 동력으로 발달해 왔다.

24 ㉠~㉣의 사전적 의미로 적절하지 <u>않은</u> 것은?

① ㉠ : 형세가 뒤집힘. 또는 형세를 뒤집음.

② ㉡ : 힘으로 으르고 협박함.

③ ㉢ : 다른 것을 본뜨거나 본받음.

④ ㉣ : 내용이나 성격, 의미 따위를 밝혀 정함.

25 ㉮에 해당하는 것으로 가장 적절한 것은?

① 인간을 위협하는 인공지능을 없앤다.

② 인간의 자리를 인공지능으로 대체한다.

③ 인간이 가진 감정을 인공지능에 부여할 방법을 찾는다.

④ 인간 고유의 속성을 발휘하여 인공지능 시대에 대응한다.

수 학

제2교시

정답 및 해설 336p

01 두 다항식 $A=2x^2+x$, $B=x+1$에 대하여 $A-B$는?

① x^2+1 ② x^2-x

③ $2x^2-1$ ④ $2x^2+x$

02 등식 $x^2+ax-2=x^2+5x+b$가 x에 대한 항등식일 때, 두 상수 a, b에 대하여 $a+b$의 값은?

① 1   ② 2

③ 3   ④ 4

03 다항식 x^3+3x+4를 $x-1$로 나누었을 때, 나머지는?

① 2   ② 4

③ 6   ④ 8

04 다항식 $x^3+6x^2+12x+8$을 인수분해한 식이 $(x+a)^3$일 때, 상수 a의 값은?

① 2   ② 4

③ 6   ④ 8

05 복소수 $3-2i$의 켤레복소수가 $3+ai$일 때, 실수 a의 값은? (단, $i=\sqrt{-1}$)

① 1   ② 2

③ 3   ④ 4

06 이차방정식 $x^2+5x+4=0$의 두 근을 α, β라고 할 때, $\alpha\beta$의 값은?

① -2 ② 0

③ 2   ④ 4

07 $-1\leq x\leq2$일 때, 이차함수 $y=-(x-1)^2+3$의 최댓값은?

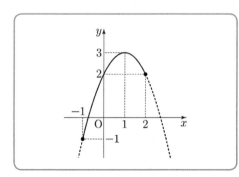

① 1   ② 2

③ 3   ④ 4

08 삼차방정식 $x^3+ax^2-3x-2=0$의 한 근이 1일 때, 상수 a의 값은?

① 3   ② 4

③ 5   ④ 6

09 연립방정식 $\begin{cases} x+y=4 \\ x^2-y^2=a \end{cases}$의 해가 $x=3$, $y=b$일 때, 두 상수 a, b에 대하여 $a+b$의 값은?

① 3   ② 5

③ 7   ④ 9

10 그림은 부등식 $|x-3| \leq 3$의 해를 수직선 위에 나타낸 것이다. 상수 a의 값은?

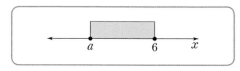

① 0   ② 1

③ 2   ④ 3

11 좌표평면 위의 두 점 $A(-3, -2)$, $B(1, 4)$에 대하여 선분 AB의 중점의 좌표는?

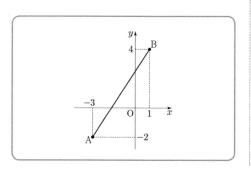

① $(-2, 1)$ ② $(-1, 1)$

③ $(1, -1)$ ④ $(2, -1)$

12 직선 $y=x-1$에 수직이고, 점 $(0, 3)$을 지나는 직선의 방정식은?

① $y=-x+1$ ② $y=-x+3$

③ $y=x+1$ ④ $y=x+3$

13 중심이 $(3, -1)$이고 원점을 지나는 원의 방정식은?

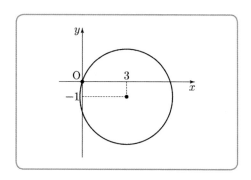

① $(x+3)^2+(y+1)^2=10$

② $(x+3)^2+(y-1)^2=10$

③ $(x-3)^2+(y+1)^2=10$

④ $(x-3)^2+(y-1)^2=10$

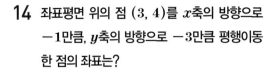

14 좌표평면 위의 점 $(3, 4)$를 x축의 방향으로 -1만큼, y축의 방향으로 -3만큼 평행이동한 점의 좌표는?

① $(2, 1)$　　　② $(2, 7)$
③ $(4, 1)$　　　④ $(4, 7)$

15 두 집합 $A=\{1, 2, 3, 4\}$, $B=\{3, 4, 6\}$에 대하여 $n(A-B)$의 값은?

① 1　　　② 2
③ 3　　　④ 4

16 명제 '$x=2$이면 $x^3=8$이다.'의 대우는?

① $x=2$이면 $x^3\neq8$이다.
② $x\neq2$이면 $x^3=8$이다.
③ $x^3=8$이면 $x=2$이다.
④ $x^3\neq8$이면 $x\neq2$이다.

17 함수 $f:X\to Y$가 그림과 같을 때, $f^{-1}(5)$의 값은? (단, f^{-1}는 f의 역함수이다.)

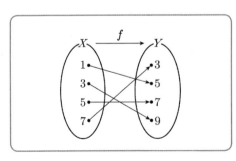

① 1　　　② 3
③ 5　　　④ 7

18 유리함수 $y=\dfrac{1}{x-1}$의 그래프는 유리함수 $y=\dfrac{1}{x}$의 그래프를 x축의 방향으로 a만큼 평행이동한 것이다. 상수 a의 값은?

① -1　　　② 0
③ 1　　　④ 2

19 그림과 같이 4점의 작품이 있다. 이 중에서 서로 다른 3점의 작품을 택하여 일렬로 나열하는 경우의 수는?

① 15　　　② 18
③ 21　　　④ 24

20 그림과 같이 5개의 방과 후 프로그램이 있다. 이 중에서 서로 다른 3개의 프로그램을 선택하는 경우의 수는?

기타　댄스　드럼　바둑　태권도

① 8　　　② 10
③ 12　　　④ 14

제3교시

영 어

정답 및 해설 338p

[01~03] 다음 밑줄 친 부분의 뜻으로 가장 적절한 것을 고르시오.

01

To speak English well, you need to have confidence.

① 논리력　　　　② 자신감
③ 의구심　　　　④ 창의력

02

The country had to deal with its food shortage problems.

① 생산하다　　　② 연기하다
③ 처리하다　　　④ 확대하다

03

Sunlight comes in through the windows and, as a result, the house becomes warm.

① 그 결과　　　　② 사실은
③ 예를 들면　　　④ 불행하게도

04 다음 밑줄 친 두 단어의 의미 관계와 다른 것은?

Patience is bitter, but its fruit is sweet.

① new − old　　　　② clean − dirty
③ fine − good　　　④ easy − difficult

05 다음 축제 안내문에서 언급되지 않은 것은?

Gimchi Festival
Place : Gimchi Museum
Events :
  - Learning to make gimchi
  - Tasting various gimchi
Entrance Fee : 5,000 won
Come and taste traditional Korean food!

① 날짜　　　　② 장소
③ 행사 내용　　④ 입장료

[06~08] 다음 빈칸에 공통으로 들어갈 말로 가장 적절한 것을 고르시오.

06

- Let's _____ in front of the restaurant at 2 o'clock.
- The hotel manager did his best to _____ guests' needs.

① dive   ② meet
③ wear   ④ happen

07

- Jim, _____ are you going to come home?
- Listening to music can be helpful _____ you feel bad.

① how   ② who
③ what   ④ when

08

- Welcome. What can I do _____ you, today?
- I've spent almost an hour waiting _____ the bus.

① up   ② for
③ out   ④ with

09 다음 대화에서 밑줄 친 표현의 의미로 가장 적절한 것은?

A : I want to do something to help children in need.
B : That's great. Do you have any ideas?
A : I will sell my old clothes and use the money for the children. But it's not going to be easy.
B : Don't worry. A journey of a thousand miles starts with a single step.

① 모든 일에는 원인이 있다.
② 몸이 건강해야 마음도 건강하다.
③ 친구를 보면 그 사람을 알 수 있다.
④ 어려운 일도 일단 시작해야 이룰 수 있다.

10 다음 대화에서 알 수 있는 B의 심정으로 가장 적절한 것은?

A : Is this your first time to do bungee jumping?
B : Yes, it is. And I'm really nervous.
A : Bungee jumping is perfectly safe. You'll be fine.
B : That's what I've heard, but I'm still not sure if I want to do it.

① 만족   ② 불안
③ 실망   ④ 행복

11 다음 대화가 이루어지는 장소로 가장 적절한 것은?

> A : Hello, I'm looking for a dinner table for my house.
> B : Come this way, please. What type would you like?
> A : I'd like a round one.
> B : Okay. I'll show you two different models.

① 세탁소   ② 가구점
③ 도서관   ④ 체육관

12 다음 글에서 밑줄 친 It(it)이 가리키는 것으로 가장 적절한 것은?

> A donation is usually done for kind and good-hearted purposes. It can take many different forms. For example, it may be money, food or medical care given to people suffering from natural disasters.

① donation   ② nature
③ people   ④ suffering

[13~14] 다음 대화의 빈칸에 들어갈 말로 가장 적절한 것을 고르시오.

13

> A : Mary's birthday is coming. _____?
> B : Good idea. What about giving her a phone case?
> A : She just got a new one. How about a coffee mug?
> B : Perfect! She likes to drink coffee.

① What is it for
② Where did you get it
③ Why don't we buy her a gift
④ What do you usually do after school

14

> A : What do you do for a living?
> B : _____.

① I prefer winter to summer
② That wasn't what I wanted
③ I teach high school students
④ It'll take an hour to get to the beach

15 다음 대화의 주제로 가장 적절한 것은?

> A : I don't know what career I'd like to have in the future.
> B : Why don't you get experience in different areas?
> A : Hmm... how can I do that?
> B : How about participating in job experience programs? I'm sure it will help.

① 자원 개발의 필요성
② 진로 선택을 위한 조언
③ 자존감을 높이는 방법
④ 자원봉사 활동의 어려움

16 다음 글을 쓴 목적으로 가장 적절한 것은?

> We would like to ask you to put trash in the trash cans in the park. We are having difficulty keeping the park clean because of the careless behavior of some visitors. We need your cooperation. Thank you.

① 요청하려고   ② 사과하려고
③ 거절하려고   ④ 칭찬하려고

17 다음 캠프 안내문의 내용과 일치하지 <u>않는</u> 것은?

>
> - Fun and safe sports programs for children aged 7-12
> - From August 1st to August 7th
> - What you will do :
>   Badminton, Basketball, Soccer, Swimming
> *Every child should bring a swim suit and lunch each day.

① 7세부터 12세까지 어린이들을 대상으로 한다.
② 기간은 8월 1일부터 8월 7일까지이다.
③ 네 가지 스포츠 활동을 할 수 있다.
④ 매일 점심이 제공된다.

18 다음 학교 신문 기자 모집에 대한 설명과 일치 하지 <u>않는</u> 것은?

> We're looking for reporters for our school newspaper. If you're interested, please submit three articles about school life. Each article should be more than 500 words. Our student reporters will evaluate your articles. The deadline is September 5th.

① 학교생활에 관한 기사를 세 편 제출해야 한다.
② 각 기사는 500단어 이상이어야 한다.
③ 담당 교사가 기사를 평가한다.
④ 마감일은 9월 5일이다.

19 다음 글의 주제로 가장 적절한 것은?

Gestures can have different meanings in different countries. For example, the OK sign means "okay" or "all right" in many countries. The same gesture, however, means "zero" in France. French people use it when they want to say there is nothing.

① 세계의 음식 문화
② 예술의 교육적 효과
③ 다문화 사회의 특징
④ 국가별 제스처의 의미 차이

[20~21] 다음 글의 빈칸에 들어갈 말로 가장 적절한 것을 고르시오.

20

Many power plants produce energy by burning fossil fuels, such as coal or gas. This causes air pollution and influences the _____. Therefore, try to use less energy by choosing energy-efficient products. It can help save the earth.

① environment   ② material
③ product   ④ weight

21

The Internet makes our lives more convenient. We can pay bills and shop on the Internet. However, personal information can be easily stolen online. There are ways to _____ your information. First, set a strong password. Second, never click on unknown links.

① cancel   ② destroy
③ protect   ④ refund

22 글의 흐름으로 보아 다음 문장이 들어가기에 가장 적절한 곳은?

But nowadays maps are more accurate because they are made from photographs.

(①) Thousands of years ago, people made maps when they went to new places. (②) They drew maps on the ground or on the walls of caves, which often had incorrect information. (③) These photographs are taken from airplanes or satellites. (④)

23 다음 글의 바로 뒤에 이어질 내용으로 가장 적절한 것은?

> Sometimes we hurt others' feelings, even if we don't mean to. When that happens, we need to apologize. Then, how do we properly apologize? Here are three things you should consider when you say that you are sorry.

① 규칙 준수의 중요성
② 대화를 시작하는 방법
③ 효과적인 암기 전략의 종류
④ 사과할 때 고려해야 할 것들

[24~25] 다음 글을 읽고 물음에 답하시오.

> Many people have trouble falling asleep, thus not getting enough sleep. It can have _____ effects on health like high blood pressure. You can prevent sleeping problems if you follow these rules. First, do not have drinks with caffeine at night. Second, try not to use your smartphone before going to bed. These will help you go to sleep easily.

24 윗글의 빈칸에 들어갈 말로 가장 적절한 것은?

① harmful   ② helpful
③ positive   ④ calming

25 윗글의 주제로 가장 적절한 것은?

① 스마트폰의 변천사
② 운동 부족의 위험성
③ 카페인 중독의 심각성
④ 수면 문제를 예방하는 방법

제4교시

사 회

정답 및 해설 343p

01 질 높은 정주 환경을 위한 조건으로 가장 적절한 것은?

① 빈곤의 심화
② 불평등의 증가
③ 안락한 주거 환경
④ 생활 시설의 부족

02 인권에 대한 설명으로 적절하지 <u>않은</u> 것은?

① 영구히 보장되x어야 할 권리이다.
② 타인에게 양도할 수 있는 권리이다.
③ 인간으로서 당연히 누려야 할 권리이다.
④ 모든 사람이 차별 없이 누려야 할 권리이다.

03 ㉠에 들어갈 용어로 옳은 것은?

> **1. 문화를 이해하는 태도**
>
> 가. (　㉠　)
> • 개념 : 합리적인 이유 없이 자기 사회의 문화는 월하고 다른 사회의 문화는 열등하다고 여기는 태도
> • 장점 : 자기 문화에 대한 자부심이 높아져 사회 통합에 기여함.
> • 단점 : 다른 사회의 문화를 배척하는 태도로 이어질 수 있음.

① 문화 사대주의
② 문화 상대주의
③ 자문화 중심주의
④ 극단적 문화 상대주의

04 ㉠에 들어갈 용어로 가장 적절한 것은?

> 인종, 성별, 장애, 종교, 사회적 출신 등을 이유로 다른 사회 구성원으로부터 소외와 차별을 받는 사람들을 (　㉠　)(이)라고 한다.

① 소호
② 바우처
③ 사회적 소수자
④ 사물인터넷

05 다음에서 설명하는 기관은?

> 법원의 제청에 의한 법률의 위헌 여부 심판과 법률이 정하는 헌법 소원에 관한 심판 등을 관장한다.

① 정당
② 행정부
③ 지방 법원
④ 헌법 재판소

06 다음 설명에 해당하는 것은?

> 어떤 것을 선택함으로써 포기하게 되는 대안 중 가장 가치가 큰 것으로 명시적 비용과 암묵적 비용으로 구성됨.

① 편익
② 기회비용
③ 매몰비용
④ 물가 지수

07 ㉠에 해당하는 것은?

> (㉠)은/는 모든 사람이 대가를 지불하지 않고 공동으로 이용할 수 있는 재화나 서비스를 의미한다.

① 공공재
② 비교 우위
③ 외부 효과
④ 기업가 정신

08 다음에서 설명하는 금융 자산은?

> • 주식회사가 사업 자금 조달을 위해 발행한다.
> • 시세차익과 배당수익을 통해 이익을 실현할 수 있다.

① 대출
② 주식
③ 국민연금
④ 정기예금

09 다음에서 설명하는 사회 복지 제도로 옳은 것은?

> • 의미 : 국가가 국민에게 발생하는 사회적 위험을 사전에 대비하여 건강과 소득을 보장하는 제도로, 일정액의 보험료를 개인과 정부, 기업이 분담함.
> • 종류 : 국민 건강 보험, 고용 보험, 국민연금 등

① 개인 보험
② 공공 부조
③ 기초 연금
④ 사회 보험

10 다음 설명에 해당하는 것은?

> 문화 변동의 내재적 요인 중 하나로, 기존에 없던 새로운 문화 요소를 만들어 내는 것이다.

① 발견
② 발명
③ 간접 전파
④ 직접 전파

11 ㉠, ㉡에 들어갈 용어로 가장 적절한 것은?

> 일부 재화 및 서비스 생산의 경우에는 생산량이 (㉠)할수록 평균비용이 (㉡)하는 현상이 나타나는데 이를 규모의 경제라고 한다.

	㉠	㉡		㉠	㉡
①	증가	감소	②	증가	증가
③	감소	감소	④	감소	증가

12 퀴즈에 대한 정답으로 옳은 것은?

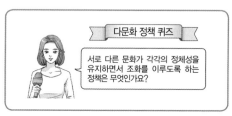

> 다문화 정책 퀴즈
>
> 서로 다른 문화가 각각의 정체성을 유지하면서 조화를 이루도록 하는 정책은 무엇인가요?

① 뉴딜 정책
② 셧다운 정책
③ 용광로 정책
④ 샐러드 볼 정책

13 자유주의적 정의관에 관한 설명으로 적절하지 <u>않은</u> 것은?

① 국가와 사회보다 개인이 우선한다.
② 개인은 독립적이고 자율적인 존재이다.
③ 개인의 자유를 가장 소중한 가치로 본다.
④ 국가가 개인의 삶의 목적과 방식을 결정한다.

14 다음에 해당하는 지역을 지도의 A~D에서 고른 것은?

> • '지구의 허파'라 불리는 열대림 지역
> • 무분별한 열대림 개발로 동식물의 서식지가 파괴되어 생물 종 다양성이 감소

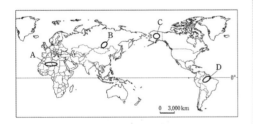

① A
② B
③ C
④ D

15 다음 현상의 사례로 적절하지 <u>않은</u> 것은?

> 도시에 거주하는 사람들과 도시 수가 빠르게 증가하면서 도시적 생활 양식과 도시 경관이 확대되는 현상

① 농경지 증가
② 상업 시설 증가
③ 인공 건축물 증가
④ 지표의 포장 면적 증가

16 ㉠에 들어갈 종교로 옳은 것은?

> **종교의 특징을 반영하는 무역 전략 수립**
> • 제품 판매 전략 : (㉠)와 관련된 상품
> • 제품 기능 : 종교 성지인 메카 방향과 모스크의 위치를 알려주는 기능

① 불교
② 힌두교
③ 이슬람교
④ 크리스트교

17 열대 기후 지역의 전통 생활 모습으로 옳은 것을 〈보기〉에서 고른 것은?

> ───〈 보기 〉───
> ㄱ. 순록 유목
> ㄴ. 오아시스 농업
> ㄷ. 얇고 간편한 의복
> ㄹ. 개방적인 가옥 구조

① ㄱ, ㄴ
② ㄱ, ㄷ
③ ㄴ, ㄷ
④ ㄷ, ㄹ

18 다음에서 설명하는 지역은?

> • 미국, 캐나다, 러시아, 덴마크, 노르웨이에 접해 있어 영유권 갈등이 있음.
> • 기후 변화로 빙하가 녹으면서 접근이 용이해져 석유, 천연가스 등의 자원 개발 가능성이 커짐.

① 기니만 　　　　② 북극해
③ 남중국해 　　　④ 카슈미르

19 다음 설명에 해당하는 것은?

> • 의미 : 미래 세대가 필요로 하는 자원과 환경을 훼손하지 않으면서 현재를 살아가는 우리의 욕구를 동시에 충족시키는 것
> • 채택 : 1992년 국제연합 환경 개발 회의의 '의제 21'

① 유비쿼터스 　　② 플랜테이션
③ 성장 거점 개발 　④ 지속 가능한 발전

20 다음에서 설명하는 것은?

> • 의미 : 인간과 자연환경이 조화를 이루며 공생할 수 있는 체계를 지향하는 도시
> • 사례 : 브라질의 쿠리치바, 스웨덴의 예테보리 등

① 슬럼 　　　　　② 생태 도시
③ 성곽 도시 　　　④ 고산 도시

21 ㉠, ㉡에 들어갈 자연관으로 옳은 것은?

> • (㉠) 자연관 : 자연은 영혼이 없는 물질로, 인간이 마음대로 이용하고 지배할 수 있는 대상이다.
> • (㉡) 자연관 : 모든 생명체가 자연의 일부이며, 인간도 자연을 구성하는 일부이다.

	㉠	㉡
①	생태 중심주의	자원 민족주의
②	자원 민족주의	인간 중심주의
③	인간 중심주의	생태 중심주의
④	생태 중심주의	인간 중심주의

22 밑줄 친 ㉠, ㉡에 대한 설명으로 옳은 것은?

> 에너지 자원은 각종 산업의 원료이며 일상생활과 경제 활동에 필요한 에너지를 생산하는 데 이용된다. 에너지 자원에는 ㉠ 석유, ㉡ 태양광 등이 있다.

① ㉠은 화석 에너지 자원이다.
② ㉡은 18세기 산업 혁명의 원동력이 되었다.
③ ㉠은 ㉡에 비해 고갈 위험이 낮다.
④ ㉡은 ㉠보다 세계 에너지 소비 비중이 높다.

23 ㉠에 해당하는 내용으로 가장 적절한 것은?

(㉠) 문제 해결 정책

○ 양육 및 보육 시설 확충
○ 육아 비용 지원 및 가족 친화적 문화 확산

① 열섬 ② 저출산

③ 사생활 침해 ④ 개인 정보 유출

25 다음 설명에 해당하는 사례는?

주권 국가들을 구성원으로 하고 있으며, 다양한 국제 사회의 문제를 조정하는 역할을 하는 정부 간 국제기구

① 국제연합 ② 그린피스

③ 다국적 기업 ④ 국경 없는 의사회

24 ㉠, ㉡에 해당하는 자연 재해로 옳은 것은?

• (㉠) : 강한 바람과 많은 비를 동반하여 피해를 주는 열대 저기압
• (㉡) : 지각판의 경계에서 주로 발생하고, 땅이 갈라지고 흔들리면서 도로 등이 붕괴됨.

	㉠	㉡		㉠	㉡
①	태풍	지진	②	화산	한파
③	황사	태풍	④	황사	지진

제5교시

과 학

정답 및 해설 346p |

01 그림은 수평 방향으로 던져진 공의 위치를 같은 시간 간격으로 나타낸 것이다. 공의 운동에 대한 설명으로 옳지 <u>않은</u> 것은? (단, 공기 저항은 무시한다.)

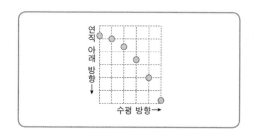

① 수평 방향의 속력은 일정하다.
② 수평 방향으로 힘이 계속 작용한다.
③ 연직 아래 방향의 속력은 증가한다.
④ 연직 아래 방향으로 힘이 계속 작용한다.

02 표는 어떤 물체가 운동 방향으로 힘을 받았을 때 처음 운동량과 나중 운동량을 나타낸 것이다. 이 물체가 받은 충격량($N \cdot s$)은?

| 처음 운동량($kg \cdot m/s$) | 1 |
| 나중 운동량($kg \cdot m/s$) | 4 |

① 1   ② 2
③ 3   ④ 4

03 어떤 열기관에 공급된 열이 $200J$이고 이 열기관이 외부에 한 일이 $40J$일 때, 이 열기관의 열효율(%)은?

① 20   ② 40
③ 60   ④ 80

04 전력 수송 과정에 대한 설명으로 옳은 것만을 〈보기〉에서 모두 고른 것은?

──── 〈 보기 〉 ────
ㄱ. 변전소에서 전압을 변화시킨다.
ㄴ. 송전 전압을 낮추면 전력 손실을 줄일 수 있다.
ㄷ. 송전선에서 열이 발생하여 전기 에너지의 일부가 손실된다.

① ㄱ   ② ㄴ
③ ㄱ, ㄷ   ④ ㄴ, ㄷ

05 그림과 같은 원자로를 사용하는 핵발전에 대한 설명으로 옳은 것만을 〈보기〉에서 모두 고른 것은?

〈보기〉
ㄱ. 발전 과정에서 방사성 폐기물이 발생한다.
ㄴ. 핵분열에서 발생하는 열에너지를 이용하여 발전한다.
ㄷ. 발전 과정에서 배출되는 이산화 탄소의 양이 화력 발전보다 많다.

① ㄱ
② ㄷ
③ ㄱ, ㄴ
④ ㄴ, ㄷ

06 다음 중 태양 전지를 이용하여 태양의 빛에너지를 전기 에너지로 직접 전환하는 발전 방식은?

① 수력 발전
② 풍력 발전
③ 화력 발전
④ 태양광 발전

07 그림은 주기율표의 일부를 나타낸 것이다. 원소 (가), (나)에 대한 설명으로 옳은 것은?

족 주기	1	2	～	17	18
1					
2	(가)			(나)	

① (가)와 (나)는 같은 족이다.
② (가)와 (나)는 같은 주기이다.
③ 원자 번호는 (가)가 (나)보다 크다.
④ (가)는 비금속 원소, (나)는 금속 원소이다.

08 소금의 주성분인 염화 나트륨($NaCl$)에 대한 설명으로 옳은 것만을 〈보기〉에서 모두 고른 것은?

〈보기〉
ㄱ. 공유 결합 물질이다.
ㄴ. 고체 상태에서 전기가 잘 흐른다.
ㄷ. 물에 녹으면 양이온과 음이온으로 나누어진다.

① ㄱ
② ㄷ
③ ㄱ, ㄴ
④ ㄴ, ㄷ

09 그래핀에 대한 설명으로 옳은 것만을 〈보기〉에서 모두 고른 것은?

〈보기〉
ㄱ. 규소(Si) 원자로 이루어져 있다.
ㄴ. 한 층으로 이루어진 평면 구조이다.
ㄷ. 전기 전도성이 있다.

① ㄱ
② ㄷ
③ ㄱ, ㄴ
④ ㄴ, ㄷ

10 다음 화학 반응식은 마그네슘(Mg)과 산소(O_2)의 반응을 나타낸 것이다.

$$2Mg + O_2 \rightarrow 2MgO$$

이 반응에 대한 설명으로 옳은 것은?

① MgO은 생성물이다.
② 반응물의 종류는 1가지이다.
③ Mg은 환원된다.
④ O_2는 전자를 잃는다.

11 다음 중 물에 녹아 산성을 나타내는 물질은?

① HCl ② KOH
③ NaOH ④ Ca(OH)₂

12 단백질에 대한 설명으로 옳지 <u>않은</u> 것은?

① 항체의 주성분이다.
② 단위체는 포도당이다.
③ 세포막의 구성 성분이다.
④ 단위체가 펩타이드 결합으로 연결된 물질
이다.

13 그림은 식물 세포의 구조를 나타낸 것이다.
A~D 중 빛에너지를 흡수하여 포도당을 합
성하는 것은?

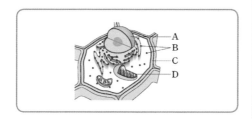

① A ② B
③ C ④ D

14 물질대사에 대한 설명으로 옳은 것만을 〈보기〉
에서 모두 고른 것은?

〈보기〉
ㄱ. 세포 호흡은 물질대사에 속한다.
ㄴ. 에너지의 출입이 일어나지 않는다.
ㄷ. 효소는 물질대사에서 반응 속도를 변화
시킨다.

① ㄱ ② ㄴ
③ ㄱ, ㄷ ④ ㄴ, ㄷ

15 그림은 두 가닥으로 구성된 DNA와 이 DNA
에서 전사된 RNA를 나타낸 것이다. ㉠과 ㉡
에 해당하는 염기는?

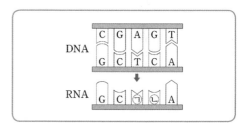

   ㉠   ㉡   ㉠   ㉡
① T A ② T C
③ U A ④ U C

16 생물 다양성에 대한 설명 중 옳은 것만을
〈보기〉에서 모두 고른 것은?

〈보기〉
ㄱ. 종 다양성은 동물에서만 나타난다.
ㄴ. 생태계 다양성은 종 다양성에 영향을 주
지 않는다.
ㄷ. 유전적 다양성은 개체군 내에 존재하는
유전자의 변이가 다양한 정도를 말한다.

① ㄱ ② ㄷ
③ ㄱ, ㄴ ④ ㄴ, ㄷ

17 다음은 어떤 환경 요인에 대한 생물의 적응 현상이다. 이 환경 요인은?

> 사막여우는 북극여우에 비해 몸집은 작고, 몸의 말단 부위인 귀가 크다.

① 물　　　　　　② 공기
③ 온도　　　　　④ 토양

18 그림은 안정된 생태계의 생태 피라미드를 나타낸 것이다. 이에 대한 설명으로 옳은 것은?

① 식물은 1차 소비자에 해당한다.
② 생물량은 2차 소비자가 가장 많다.
③ 초식동물은 3차 소비자에 해당한다.
④ 상위 영양 단계로 갈수록 에너지 양은 줄어든다.

19 별의 진화 과정에서 원소의 생성에 대한 설명으로 옳은 것만을 〈보기〉에서 모두 고른 것은?

> ────〈보기〉────
> ㄱ. 헬륨의 핵융합 반응으로 탄소가 생성된다.
> ㄴ. 초신성 폭발로 철보다 무거운 원소가 생성된다.
> ㄷ. 질량이 태양과 비슷한 별의 중심에서 철이 생성된다.

① ㄱ　　　　　　② ㄷ
③ ㄱ, ㄴ　　　　④ ㄴ, ㄷ

20 식물이 이산화 탄소를 대기로부터 흡수하는 과정에서 상호 작용하는 지구 시스템의 구성 요소는?

① 수권과 기권　　② 수권과 지권
③ 생물권과 기권　④ 생물권과 지권

21 그림은 지질 시대 A~D의 길이를 상대적으로 나타낸 것이다. A~D 중 삼엽충이 번성한 시기는?

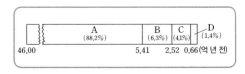

① A　　　　　　② B
③ C　　　　　　④ D

22 그림은 지각과 맨틀의 일부를 나타낸 것이다. A~D에 대한 설명으로 옳은 것은?

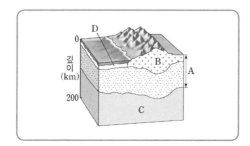

① A는 암석권이다.
② B는 맨틀이다.
③ C는 유동성이 없다.
④ D는 대륙 지각이다.

23 그림은 어떤 지역의 해수 깊이에 따른 수온 분포를 나타낸 것이다. 이에 대한 설명으로 옳은 것만을 〈보기〉에서 모두 고른 것은?

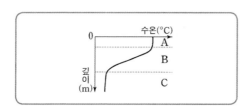

〈보기〉
ㄱ. A에서는 바람에 의해 해수가 잘 섞인다.
ㄴ. B는 수온약층이다.
ㄷ. 수온은 A에서가 C에서보다 낮다.

① ㄱ
② ㄷ
③ ㄱ, ㄴ
④ ㄴ, ㄷ

24 빅뱅 우주론에 따른 우주의 생성 과정에 대한 설명으로 옳은 것만을 〈보기〉에서 모두 고른 것은?

〈보기〉
ㄱ. 우주가 팽창하면서 우주의 온도가 낮아진다.
ㄴ. 수소 원자가 수소 원자핵보다 먼저 만들어졌다.
ㄷ. 헬륨 원자핵이 수소 원자핵보다 먼저 만들어졌다.

① ㄱ
② ㄴ
③ ㄱ, ㄷ
④ ㄴ, ㄷ

25 지구 온난화로 인한 최근의 지구 환경 변화로 옳은 것만을 〈보기〉에서 모두 고른 것은?

〈보기〉
ㄱ. 지구의 평균 기온 하강
ㄴ. 해수면의 평균 높이 상승
ㄷ. 대륙 빙하의 분포 면적 증가

① ㄱ
② ㄴ
③ ㄱ, ㄷ
④ ㄴ, ㄷ

한국사

제6교시

정답 및 해설 349p |

01 다음에서 설명하는 유물은?

- 구석기 시대를 대표하는 뗀석기임.
- 사냥을 하거나 가죽을 벗기는 용도로 사용함.

①
주먹도끼

②
이불병좌상

③
비파형 동검

④
빗살무늬 토기

02 다음에서 설명하는 왕은?

- 신라를 도와 왜를 격퇴함.
- '영락'이라는 독자적 연호를 사용함.
- 4세기 말 즉위 후 고구려의 영토를 크게 넓힘.

① 세종
② 고이왕
③ 공민왕
④ 광개토 대왕

03 다음에서 설명하는 기구는?

- 국방에 관계된 일을 회의로 결정함.
- 식목도감과 함께 고려의 독자적인 정치 기구임.
- 원 간섭기에 도평의사사로 명칭과 권한을 변경함.

① 집사부
② 정당성
③ 도병마사
④ 군국기무처

04 다음에서 ㉠에 들어갈 내용으로 옳은 것은?

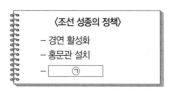

〈조선 성종의 정책〉
- 경연 활성화
- 홍문관 설치
- ㉠

① 경국대전 반포
② 기인 제도 실시
③ 삼청 교육대 운영
④ 전민변정도감 설치

05 다음에서 설명하는 문화유산은?

문화유산 카드
- 위치 : 경상북도 토함산
- 특징 : 불국사와 함께 불국토의 이상 세계를 표현한 통일신라 시기의 대표적 건축물

① 경복궁
② 무령왕릉
③ 수원 화성
④ 경주 석굴암

06 다음에서 ㉠에 들어갈 내용으로 옳지 <u>않은</u> 것은?

〈수행평가 계획서〉

주제 : 흥선 대원군이 주도한 정책
• 1모둠 : 경복궁 중건
• 2모둠 : ㉠

① 서원 정리   ② 당백전 발행

③ 호포제 시행   ④ 훈민정음 창제

07 다음에서 설명하는 화폐는?

조선 후기에 주조된 화폐로 17세기 말 전국적으로 유통되면서 물품 구입이나 세금 납부 수단으로 사용되었다.

① 호패   ② 명도전

③ 상평통보   ④ 독립 공채

08 다음에서 ㉠에 해당하는 지역은?

㉠ 는 군사 전략 요충지로 큰 역할을 해 왔다. 고려 시대에는 몽골의 침입을 피해 이곳으로 수도를 옮긴 적이 있었고, 조선 시대에는 이곳에서 병인양요가 발발하였다.

① 강화도   ② 거문도

③ 울릉도   ④ 제주도

09 다음에서 설명하는 신문은?

• 한글판과 영문판으로 발행됨.
• 서재필 등이 정부의 지원을 받아 창간함.
• 국민을 계몽하고 국내 사정을 외국인에게도 전달함.

① 독립신문   ② 동아일보

③ 조선일보   ④ 한성순보

10 다음에서 ㉠에 들어갈 내용으로 옳은 것은?

〈다큐멘터리 기획안〉

• 제목 : 녹두장군의 꿈!
• 의도 : 동학 농민군 지도자 전봉준의 삶을 조명한다.
• 내용 : 1부 고부 농민 봉기를 주도하다.
       2부 ㉠

① 거중기를 제작하다.

② 신민회를 조직하다.

③ 천리장성을 축조하다.

④ 황토현 전투에서 승리하다.

11 다음 질문에 대한 답으로 옳은 것은?

1907년에 1,300만 원에 달하는 대한 제국의 빚을 갚기 위해 서상돈 등이 대구에서 시작한 국권 회복 운동은 무엇일까요?

① 새마을 운동   ② 위정척사 운동

③ 국채 보상 운동   ④ 서경 천도 운동

12 다음에서 ㉠ 시기에 들어갈 사건은?

① 기묘사화
② 5 · 10 총선거
③ 오페르트 도굴 사건
④ 6 · 15 남북 공동 선언 발표

13 다음에서 설명하는 일제 식민 정책은?

> 1910년대 일제가 시행한 경제 정책으로, 토지 소유권자가 정해진 기간 내에 직접 신고하여 소유지로 인정받는 신고주의 원칙에 따라 진행되었다.

① 균역법
② 노비안검법
③ 토지 조사 사업
④ 경부 고속 국도 개통

14 다음 대화 내용에 해당하는 단체는?

① 삼별초
② 신간회
③ 통신사
④ 화랑도

15 다음에서 설명하는 사건은?

> 1919년에 일어난 일제 강점기 최대 규모의 민족 운동이다. 일제의 통치 방식이 바뀌는 계기가 되었으며, 대한민국 임시 정부 수립에 영향을 주었다.

① 3 · 1 운동
② 제주 4 · 3 사건
③ 임술 농민 봉기
④ 12 · 12 군사 반란

16 다음에서 ㉠에 들어갈 내용으로 옳은 것은?

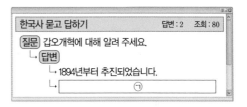

① 별무반이 창설되었습니다.
② 신분제가 폐지되었습니다.
③ 척화비가 건립되었습니다.
④ 세도 정치가 시작되었습니다.

17 다음 밑줄 친 ㉠에 해당하는 것은?

> 일제는 한국인을 전쟁에 효율적으로 동원하고 일왕에 충성하는 백성으로 만들고자 ㉠ 황국 신민화 정책을 실시하였다.

① 골품제 실시
② 사사오입 개헌
③ 신사 참배 강요
④ 사심관 제도 시행

18 다음 대본에서 ㉠에 들어갈 말로 가장 적절한 것은?

> 장면 #27 평화 시장에서 시위하는 모습
> 전태일 : 우리 노동자들은 열악한 작업 환경에서 장시간 노동으로 고통 받고 있다. 우리는 기계가 아니다!
>
> ┌─────────── ㉠ ───────────┐
> └─────────────────────────┘

① 신탁 통치를 반대한다!
② 근로 기준법을 준수하라!
③ 군사력을 강화하여 청을 정벌하자!
④ 교조 최제우의 억울함을 풀어 주시오!

19 다음에서 설명하는 정부는?

> • 금융 실명제를 실시함.
> • 지방 자치제를 전면적으로 시행함.
> • 국제 통화 기금(IMF)에 구제 금융 지원을 요청함.

① 김영삼 정부   ② 박정희 정부
③ 이승만 정부   ④ 전두환 정부

20 다음에서 설명하는 것은?

> • 국제 사회가 한국의 독립을 처음으로 약속함.
> • 1943년 미·영·중 정상들이 모여 전후 처리를 논의함.

① 팔관회   ② 화백 회의
③ 만민 공동회   ④ 카이로 회담

21 다음에서 ㉠에 해당하는 사건으로 옳은 것은?

> 한국사 스피드 퀴즈
>
> 1980년 신군부의 계엄령 확대와 휴교령에 반대하여 광주에서 일어난 시위야. 이후 전개된 민주화 운동에 영향을 주었어.

① 자유시 참변
② 6·10 만세 운동
③ 5·18 민주화 운동
④ 제너럴 셔먼호 사건

22 다음에서 설명하는 종교는?

> 나철 등을 중심으로 단군 신앙을 내세웠으며, 중광단을 조직하여 독립운동을 전개하였다.

① 도교   ② 기독교
③ 대종교   ④ 천주교

23 다음에서 ㉠에 해당하는 사건은?

> **〈6·25 전쟁의 전개 과정〉**
> 북한의 남침 → 인천 상륙 작전 → 서울 수복(1950. 9. 28.)
> → ┌─ ㉠ ─┐ → 정전 협정 체결

① 1·4 후퇴   ② 명량 대첩
③ 무신 정변   ④ 아관 파천

24 다음에서 설명하는 단체는?

> • 1919년 만주에서 김원봉 등이 주도하여 결성함.
> • 신채호의 「조선 혁명 선언」을 활동 지침으로 삼음.

① 별기군 ② 의열단

③ 교정도감 ④ 조선어 학회

25 다음에서 ㉠에 해당하는 것은?

> 1972년, 서울과 평양에서 [㉠] 이/가 동시에 발표되었다. 이는 분단 후 남북한이 통일과 관련하여 최초로 합의한 것이며, 자주 · 평화 · 민족 대단결의 통일 원칙을 명시하였다.

① 시무 28조

② 전주 화약

③ 4 · 13 호헌 조치

④ 7 · 4 남북 공동 성명

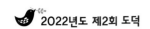

제7교시

도 덕

정답 및 해설 352p

01 다음 설명에 해당하는 윤리학은?

> • 도덕 원리를 구체적 상황에 적용하여 도덕 문제에 대한 해결 방안을 제시하는 것을 주된 목표로 삼음.
> • 예 : 생명 윤리, 정보 윤리, 환경 윤리 등

① 기술 윤리학 ② 메타 윤리학

③ 실천 윤리학 ④ 진화 윤리학

02 (가)에 들어갈 윤리 사상가는?

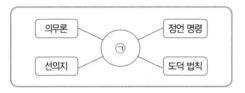

① 밀 ② 칸트

③ 플라톤 ④ 데카르트

03 다음에서 설명하는 사상으로 가장 적절한 것은?

> • 무위자연(無爲自然)의 삶을 강조함.
> • 이상적 인간으로 지인(至人), 진인(眞人) 등이 있음.

① 유교 ② 불교

③ 도가 ④ 법가

04 다음에서 동물 실험을 반대하는 관점에만 '✓'를 표시한 학생은?

관점＼학생	A	B	C	D
• 동물 실험은 신약 개발을 위해 반드시 필요하다.	✓			✓
• 동물 실험 과정에서 동물이 부당하게 고통을 겪고 있다.		✓		✓
• 동물은 인간의 이익을 위해 사용되는 수단에 불과하다.			✓	

① A ② B

③ C ④ D

05 공리주의의 입장에 대한 설명으로 옳은 것은?

① 유용성의 원리에 따른 행위를 강조한다.

② 행위의 결과보다는 행위의 동기를 중시한다.

③ 행위의 효용보다 행위자 내면의 품성을 강조한다.

④ 사회 전체의 행복보다 개인의 행복 추구를 중시한다.

06 (가)에 들어갈 성과 사랑의 관계에 대한 관점은?

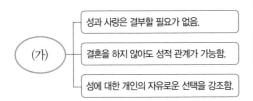

(가)
- 성과 사랑은 결부할 필요가 없음.
- 결혼을 하지 않아도 성적 관계가 가능함.
- 성에 대한 개인의 자유로운 선택을 강조함.

① 자유주의　　② 보수주의
③ 도덕주의　　④ 중도주의

07 시민에 대한 국가의 의무로 옳지 않은 것은?

① 시민의 복지를 증진해야 한다.
② 시민의 인권을 보호해야 한다.
③ 시민의 인간다운 삶을 보장해야 한다.
④ 시민의 정당한 요구에 무관심해야 한다.

08 ㉠에 공통으로 들어갈 용어는?

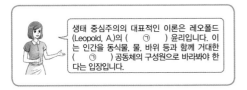

생태 중심주의의 대표적인 이론은 레오폴드(Leopold, A.)의 (㉠) 윤리입니다. 이는 인간을 동식물, 물, 바위 등과 함께 거대한 (㉠) 공동체의 구성원으로 바라봐야 한다는 입장입니다.

① 대지　　② 과학
③ 문화　　④ 사회

09 사형 제도의 찬성 근거로 가장 적절한 것은?

① 오판의 가능성이 있다.
② 정치적으로 악용될 수 있다.
③ 응보적 정의 실현을 위한 수단이다.
④ 생명권을 침해하는 비인도적인 제도이다.

10 ㉠에 들어갈 내용으로 옳지 않은 것은?

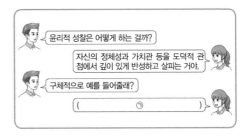

윤리적 성찰은 어떻게 하는 걸까?
자신의 정체성과 가치관 등을 도덕적 관점에서 깊이 있게 반성하고 살피는 거야.
구체적으로 예를 들어줄래?
(㉠)

① 남을 돕는 데 진심을 다했는지 살피는 거야.
② 마음을 흐트러짐이 없게 하고 몸가짐을 삼가는 거야.
③ 어른들의 말씀은 무조건 비판 없이 받아들이는 거야.
④ 끊임없는 질문을 통해 자신의 무지를 스스로 깨우치는 거야.

11 다음 사상가가 강조하는 덕목은?

백성을 사랑하는 근본은 검소함과 자신의 사사로운 이익은 추구하지 않음에 있다. 이는 목민관이 가장 먼저 힘써야 할 일이다.
－ 정약용 , 「목민심서」 －

① 욕망　　② 집착
③ 독선　　④ 청렴

12 교사의 질문에 대한 대답으로 적절하지 <u>않은</u> 것은?

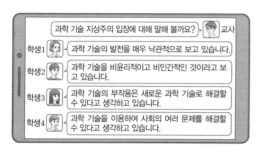

① 학생 1   ② 학생 2
③ 학생 3   ④ 학생 4

13 통일과 관련된 개념에 대한 설명으로 옳지 <u>않</u>은 것은?

	개념	설명
①	분단 비용	남북한 분단이 지속되어 발생하는 비용
②	평화 비용	남북한 평화 유지와 정착을 위해 필요한 비용
③	통일 편익	통일로 얻게 되는 경제적·경제 외적인 손상 및 피해
④	통일 비용	남북한 격차 해소와 이질적 요소 통합에 필요한 비용

14 예술 지상주의의 입장에 대한 설명으로 가장 적절한 것은?

① 예술의 사회성만을 강조한다.
② 예술을 위한 예술을 주장한다.
③ 예술가에게 도덕적 공감이 중요함을 강조한다.
④ 예술에 대한 윤리적 규제의 필요성을 주장한다.

15 ㉠에 들어갈 내용으로 가장 적절한 것은?

> 도덕 신문   2022년 ○월 ○일
>
> ㉠   의 윤리적 쟁점
>
> 불치병으로 극심한 고통을 겪고 있는 환자의 요구에 따라 인위적으로 생명을 단축하는 행위의 허용 문제는 논란이 될 수 있다. 왜냐하면 이 문제는 생명의 존엄성과 관련하여 심각한 윤리적 문제를 발생시킬 수 있기 때문이다.

① 안락사   ② 대리모
③ 장기 이식   ④ 배아 복제

16 다음 설명에 해당하는 정의관으로 가장 적절한 것은?

> • 공정한 과정을 통해 발생한 결과는 정당하다는 정의관
> • 분배의 결과보다는 분배를 위한 공정한 순서나 방법을 강조하는 관점

① 결과적 정의   ② 교정적 정의
③ 산술적 정의   ④ 절차적 정의

17 시민 불복종의 사례를 〈보기〉에서 고른 것은?

> ─── 〈보기〉 ───
> ㄱ. 중세의 십자군 전쟁
> ㄴ. 나치의 유대인 집단 학살
> ㄷ. 소로의 세금 납부 거부
> ㄹ. 간디의 소금법 폐지 행진

① ㄱ, ㄴ   ② ㄱ, ㄷ
③ ㄴ, ㄹ   ④ ㄷ, ㄹ

18 다음에서 소개하는 윤리 사상가는?

◈ 도덕 인물 카드 ◈
• 영국의 철학자로 공리주의를 주장함.
• '최대 다수의 최대 행복'을 도덕 원리로 제시함.
• 저서: 『도덕과 입법의 원리 서설』

① 레건　　　　　② 벤담
③ 아퀴나스　　　④ 매킨타이어

19 다음 설명에 해당하는 권리는?

정보 주체가 온라인상에서 개인이 원하지 않는 자신의 정보에 대해 삭제 또는 확산 방지를 요구할 수 있는 권리를 의미한다.

① 알 권리　　　　② 공유 권리
③ 상속 권리　　　④ 잊힐 권리

20 다음 설명에 해당하는 이상 사회는?

• 공자가 제시한 모두가 더불어 잘 사는 사회
• 인륜(人倫)이 실현된 사회로서 누구에게나 기본적인 삶이 보장되는 도덕 공동체

① 공산 사회　　　② 소국과민
③ 대동 사회　　　④ 철인 통치 국가

21 그림 (가)와 (나)에서 주장하는 내용으로 옳은 것은?

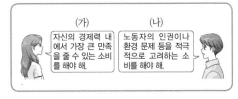

(가) 자신의 경제력 내에서 가장 큰 만족을 줄 수 있는 소비를 해야 해.

(나) 노동자의 인권이나 환경 문제 등을 적극적으로 고려하는 소비를 해야 해.

	(가)	(나)
①	합리적 소비	윤리적 소비
②	합리적 소비	과시적 소비
③	윤리적 소비	합리적 소비
④	윤리적 소비	과시적 소비

22 불교의 죽음관으로 가장 적절한 것은?

① 죽음 이후의 세계는 존재하지 않는다.
② 죽음을 통해 영혼은 이데아의 세계로 들어간다.
③ 죽음이란 다음 생으로 이어지는 윤회의 한 과정이다.
④ 죽음은 개별 원자로 흩어져 영원히 소멸되는 것이다.

23 다음 설명에 해당하는 직업 윤리는?

• 자신의 직업에 자부심을 가지고 사회적 책임을 다하려는 직업의식
• 자기 일에 긍지를 가지고 평생 전념하거나 한 가지 기술에 정통하려고 노력하는 것

① 장인 정신　　　② 특권 의식
③ 비판 의식　　　④ 관용 정신

24 다음은 서술형 평가 문제와 학생 답안이다. 밑줄 친 ㉠~㉣ 중 옳지 <u>않은</u> 것은?

> 문제 : 국제 관계를 바라보는 관점에 대해서 서술하시오.
>
> 〈답안〉
> 　현실주의는 ㉠ 국가가 자국의 이익을 최우선적으로 추구한다고 보기 때문에 ㉡ 국가 간의 힘의 논리를 통한 세력 균형보다 소통과 대화를 중시한다. 반면에 이상주의는 ㉢ 국가가 이성적이고 합리적 행동이 가능하다고 보기 때문에 ㉣ 국제법, 국제 규범 등을 통한 국제 분쟁의 방지를 강조한다.

① ㉠

② ㉡

③ ㉢

④ ㉣

25 공직자가 지녀야 할 바람직한 자세로 옳은 것은?

① 공익보다 사익을 우선시해야 한다.

② 국민을 위한 봉사의 자세를 지녀야 한다.

③ 개인은 재산을 일절 소유하지 말아야 한다.

④ 친한 친구의 개인적인 청탁은 당연히 받아야 한다.

2021년도

제1회

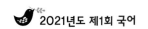

제1교시

국 어

정답 및 해설 356p

01 다음 대화 상황에 어울리는 속담은?

① 모기도 모이면 천둥소리 난다.

② 사촌이 땅을 사면 배가 아프다.

③ 털어서 먼지 안 나는 사람 없다.

④ 가는 말이 고와야 오는 말이 곱다.

02 다음 대화에서 '소윤'의 말하기 태도에 나타난 문제점은?

> 은영 : 지난번 너의 말에 상처를 받았어.
> 소윤 : (기분 나쁜 표정으로) 미안해. 내가 잘못했다고 치자.
> 은영 : (화난 목소리로) 너 그렇게밖에 말 못하니?

① 진정성 없는 사과를 했다.

② 혼자서만 말을 길게 했다.

③ 지나친 비속어를 사용했다.

④ 과도한 줄임말을 사용했다.

03 다음 〈표준 발음법〉 규정에 따라 발음하지 않는 것은?

> **표준 발음법**
>
> [제24항] 어간 받침 'ㄴ(ㄵ), ㅁ(ㄻ)' 뒤에 결합되는 어미의 첫소리 'ㄱ, ㄷ, ㅅ, ㅈ'은 된소리로 발음한다.

① 의자에 앉지 마시오.

② 아빠가 아기를 안고 있다.

③ 짐을 옮기고 이곳에 모여라.

④ 머리를 감고서 세수를 했다.

04 밑줄 친 부분 중 피동 표현이 아닌 것은?

① 불길이 바로 잡혔다.

② 막냇동생의 신발 끈이 풀렸다.

③ 철수가 다친 친구를 등에 업었다.

④ 그림을 그릴 때에는 붓이 사용된다.

05 높임 표현이 잘못 사용된 문장은?

① (기자가 시민에게) 잠시 인터뷰하실 시간 있으세요?

② (점원이 손님에게) 여기 주문하신 음료 나오셨습니다.

③ (엄마가 아들에게) 할머니를 모시고 병원에 다녀오렴.

④ (형이 동생에게) 아버지께서 요즘 고민이 있으신 것 같아.

06 다음 ㉠~㉣에 나타난 중세 국어의 특징으로 적절하지 <u>않은</u> 것은?

[훈민정음 언해]

㉠ 나·랏:말ㅆ·미 中듕國·귁·에 달·아 文문字·쫑·와·로 서르 스뭇·디 아·니홀·씨·이런젼·ᄎ·로 어·린百·ᄇᆡᆨ姓·셩·이 니르·고·져 ㉡ ·홇·배이·셔·도·ᄆᆞ·ᄎᆞᆷ:내제 ㉢·ᄠᅳ·들시·러퍼·디:몯홇 ㉣·노·미하·니·라

– 「월인석보(月印釋譜)」 –

---

① ㉠ : 방점을 사용하여 소리의 높낮이를 표시하였다.

② ㉡ : 'ㆆ'이 표기에 사용되었다.

③ ㉢ : 어두 자음군이 존재하였다.

④ ㉣ : 끊어 적기로 표기하였다.

07 다음 개요의 ㉠에 들어갈 내용으로 가장 적절한 것은?

주제문 : 온라인 공간에서 '잊힐 권리'를 법적으로 허용하자.

Ⅰ. 서론 : 온라인 공간에서의 무분별한 개인 정보 노출 실태

Ⅱ. 본론 : '잊힐 권리'를 법적으로 허용해야 하는 이유
  1. 개인이 일일이 정보를 삭제하기 힘들다.
  2. 정보가 한번 유출되면 회수하기가 어렵다.
  3. [　　　㉠　　　]

Ⅲ. 결론 : 온라인 공간에서 '잊힐 권리'의 법적 허용 촉구

---

① 정보에 대한 개인의 판단을 억압한다.

② 지나친 정보의 통제로 '알 권리'가 침해된다.

③ 공공의 이익을 위한 정보까지 삭제될 수 있다.

④ 개인 정보의 지속적 노출이 정신적 피해를 준다.

08 다음 글에서 ㉠~㉣을 고쳐 쓰기 위한 방안으로 적절하지 <u>않은</u> 것은?

칭찬의 대화란 상대방의 좋은 점을 일컬어 기리기 위한 대화를 뜻한다. ㉠ 남에 칭찬하면 자신도 즐겁고 상대방도 즐거워한다. 또한 칭찬은 삶의 ㉡ 활녁소로 기능을 한다. ㉢ 강도 높은 거절을 '거부'라고 한다. 칭찬에 인색하지 않고 칭찬을 ㉣ 효과적으로 잘 할 줄 아는 사람은 많은 사람들의 사랑과 존경을 받는다.

---

① ㉠ : 잘못된 조사 사용이므로 '남을'로 바꾼다.

② ㉡ : 맞춤법에 어긋난 표현이므로 '활력소'로 고친다.

③ ㉢ : 글의 흐름과 상관없는 내용이므로 삭제한다.

④ ㉣ : 적절한 단어 사용이 아니므로 '권위적'으로 수정한다.

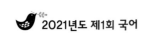

[09~11] 다음 글을 읽고 물음에 답하시오.

> ㉠ 눈은 살아 있다
> 떨어진 눈은 살아 있다
> ㉡ 마당 위에 떨어진 눈은 살아 있다
>
> 기침을 하자
> 젊은 시인(詩人)이여 기침을 하자
> 눈 위에 대고 기침을 하자
> 눈더러 보라고 마음 놓고 마음 놓고
> 기침을 하자
>
> 눈은 살아 있다
> ㉢ 죽음을 잊어버린 영혼(靈魂)과 육체(肉體)를 위
> 하여
> 눈은 새벽이 지나도록 살아 있다
>
> 기침을 하자
> 젊은 시인(詩人)이여 기침을 하자
> 눈을 바라보며
> 밤새도록 고인 가슴의 ㉣ 가래라도
> 마음껏 뱉자
>
> — 김수영, 「눈」 —

09 윗글의 표현상 특징으로 가장 적절한 것은?

① 시구를 반복하여 시적 의미를 강조하고 있다.

② 설의적 표현을 사용하여 독자의 공감을 유
도하고 있다.

③ 문장을 명사형으로 종결하여 시적 대상에
주목하게 한다.

④ 미각적 심상을 사용하여 주제를 생생하게
표현하고 있다.

10 ㉠~㉣ 중 '순수한 생명력을 지닌 존재'를 표현
한 시어는?

① ㉠   ② ㉡

③ ㉢   ④ ㉣

11 다음 설명을 참고할 때 화자가 추구하는 삶의
모습과 가장 가까운 것은?

> 시인은 4·19 혁명을 계기로 현실 비판 의
> 식을 바탕으로 한 참여시를 발표하였다.

① 현실에 만족하는 삶

② 불의에 저항하는 삶

③ 육체적 건강을 유지하는 삶

④ 자연을 관찰하고 즐기는 삶

[12~14] 다음 글을 읽고 물음에 답하시오.

[앞부분의 줄거리] 공사판을 떠돌아다니며 일을 하던 영달은 우연히 정 씨를 만난다. 두 사람은 삼포로 가는 기차를 타러 역으로 가던 중 일하던 곳에서 도망친 백화를 만나 함께 기차역에 가게 된다.

대합실에서 정 씨가 영달이를 한쪽으로 끌고 가서 속삭였다.

"어비 있소?"

"빠듯이 됩니다. 비상금이 한 천 원쯤 있으니까."

㉠ "어디루 가려오?"

"일자리 있는 데면 어디든지……."

스피커에서 안내하는 소리가 웅얼대고 있었다. 정 씨는 대합실 나무 의자에 피곤하게 기대어 앉은 백화 쪽을 힐끗 보고 나서 말했다.

"같이 가시지. 내 보기엔 좋은 여자 같군."

"그런 거 같아요."

㉡ "또 알우? 인연이 닿아서 말뚝 박구 살게 될지. 이런 때 아주 뜨내기 신셀 청산해야지."

영달이는 시무룩해져서 역사 밖을 멍하니 내다보았다. 백화는 뭔가 쑤군대고 있는 두 사내를 불안한 듯이 지켜보고 있었다.

영달이가 말했다.

㉢ "어디 능력이 있어야죠."

"삼포엘 같이 가실라우?"

"어쨌든……."

영달이가 뒷주머니에서 꼬깃꼬깃한 오백 원짜리 두 장을 꺼냈다.

"저 여잘 보냅시다."

영달이는 표를 사고 빵 두 개와 찐 달걀을 샀다. 백화에게 그는 말했다.

"우린 뒤차를 탈 텐데……. 잘 가슈."

영달이가 내민 것들을 받아 쥔 백화의 눈이 붉게 충혈되었다. 그 여자는 더듬거리며 물었다.

"아무도…… 안 가나요?"

㉣ "우린 삼포루 갑니다. 거건 내 고향이오."

영달이 대신 정 씨가 말했다. 사람들이 개찰구로 나가고 있었다. 백화가 보퉁이를 들고 일어섰다.

"정말, 잊어버리지…… 않을게요."

(가) ─ 백화는 개찰구로 가다가 다시 돌아왔다. 돌아온 백화는 눈이 젖은 채로 웃고 있었다.

"내 이름 백화가 아니에요. 본명은요…… 이점례예요."

여자는 개찰구로 뛰어나갔다. 잠시 후에 기차가 떠났다.

– 황석영, 「삼포 가는 길」 –

---

12 윗글에 대한 설명으로 적절한 것은?

① 대화를 통해 인물들이 처한 상황을 나타내고 있다.

② 외양 묘사를 통해 영웅적 인물의 모습을 표현하고 있다.

③ 비현실적인 소재를 통해 현실 극복 의지를 드러내고 있다.

④ 작품 안 서술자를 통해 서로 불신하는 현실을 비판하고 있다.

13 ㉠~㉣ 중 '정 씨'의 말이 아닌 것은?

① ㉠   ② ㉡

③ ㉢   ④ ㉣

14 윗글의 [가]에 나타난 '백화'의 심정으로 가장 적절한 것은?

① 기차역을 떠나게 되어 억울해 하고 있다.

② 두 사람과 헤어지는 것을 아쉬워하고 있다.

③ 기차가 아직 도착하지 않아 언짢아하고 있다.

④ 이름을 속인 것을 들키지 않아 안도하고 있다.

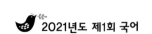

[15~16] 다음 글을 읽고 물음에 답하시오.

내 버디 몃치나 ᄒ니 수석(水石)과 송죽(松竹)이라
동산(東山)의 ᄃᆞᆯ 오르니 긔 더옥 반갑고야
두어라 이 다ᄉᆞᆺ 밧긔 또 더ᄒᆞ야 머엇ᄒ리   (제1수)

㉠ 구룸 빗치 조타 ᄒ나 검기를 ᄌ로[1] ᄒ다
㉡ ᄇᆞ람 소ᄅᆡ 맑다 ᄒ나 그칠 적이 하노매라[2]
조코도 그츨 뉘[3] 업기는 ㉢ 믈뿐인가 ᄒ노라
                               (제2수)

더우면 곳 퓌고 치우면 ㉣ 닙 디거늘
솔아 너는 엇디 눈 서리를 모르ᄂᆞᆫ다
구천(九泉)[4]의 블희[5] 고ᄃᆞᆫ 줄을 글로 ᄒ야 아노라
                               (제4수)

– 윤선도, 「오우가(五友歌)」 –

---

1) ᄌ로 : 자주.
2) 하노매라 : 많구나.
3) 뉘 : 세상이나 때.
4) 구천 : 땅속 깊은 밑바닥.
5) 블희 : 뿌리가.

---

15 윗글에 대한 설명으로 가장 적절한 것은?

① 후렴구를 유사하게 반복하고 있다.

② 종장의 첫 음보를 3음절로 맞추고 있다.

③ '기-승-전-결'의 4단 구조로 내용을 전개하고 있다.

④ 3·3·2조를 기본으로 한 3음보 율격을 사용하고 있다.

16 ㉠~㉣ 중 다음에서 설명하는 자연물로 적절한 것은?

> 이 작품은 자연물에서 사대부들이 추구하던 윤리적 가치를 발견하고 이들을 예찬하는 마음을 노래하고 있다.

① ㉠   ② ㉡

③ ㉢   ④ ㉣

[17~19] 다음 글을 읽고 물음에 답하시오.

수오재(守吾齋), 즉 '나를 지키는 집'은 큰형님이 자신의 서재에 붙인 이름이다. 나는 처음 그 이름을 보고 의아하게 여기며, "나와 단단히 맺어져 서로 떠날 수 없기로는 '나'보다 더한 게 없다. 비록 지키지 않는다 한들 '나'가 어디로 갈 것인가. 이상한 이름이다."라고 생각했다.

장기로 귀양 온 이후 나는 홀로 지내며 생각이 깊어졌는데, 어느 날 갑자기 이러한 의문점에 대해 환히 깨달을 수 있었다. 나는 벌떡 일어나 다음과 같이 말했다.

(가)   천하 만물 중에 지켜야 할 것은 오직 ㉠ '나'뿐이다. 내 밭을 지고 도망갈 사람이 있겠는가? 그러니 밭은 지킬 필요가 없다. ㉡ 내 집을 지고 달아날 사람이 있겠는가? 그러니 집은 지킬 필요가 없다. 내 동산의 ㉢ 꽃나무와 과실나무들을 뽑아 갈 수 있겠는가? 나무뿌리는 땅속 깊이 박혀 있다. 내 책을 훔쳐 가서 없애 버릴 수 있겠는가? ㉣ 성현(聖賢)의 경전은 세상에 널리 퍼져 물과 불처럼 흔한데 누가 능히 없앨 수 있겠는가. 내 옷과 양식을 도둑질하여 나를 궁색하게 만들 수 있겠는가? 천하의 실이 모두

내 옷이 될 수 있고, 천하의 곡식이 모두 내 양식이 될 수 있다. 도둑이 비록 훔쳐 간다 한들 하나둘에 불과할 터, 천하의 모든 옷과 곡식을 다 없앨 수는 없다. 따라서 천하 만물 중에 꼭 지켜야만 하는 것은 없다.

그러나 유독 이 '나'라는 것은 그 성품이 달아나기를 잘하며 출입이 무상하다. 아주 친밀하게 붙어 있어 서로 배반하지 못할 것 같지만 잠시라도 살피지 않으면 어느 곳이든 가지 않는 곳이 없다. 이익으로 유혹하면 떠나가고, 위험과 재앙으로 겁을 주면 떠나가며, 질탕한 음악 소리만 들어도 떠나가고, 미인의 예쁜 얼굴과 요염한 자태만 보아도 떠나간다. 그런데 한번 떠나가면 돌아올 줄 몰라 붙잡아 만류할 수 없다. 그러므로 천하 만물 중에 잃어버리기 쉬운 것으로는 '나'보다 더한 것이 없다. 그러니 꽁꽁 묶고 자물쇠로 잠가 '나'를 굳게 지켜야 하지 않겠는가?

– 정약용, 「수오재기(守吾齋記)」 –

17 윗글의 갈래에 대한 설명으로 적절한 것은?

① 행과 연으로 내용을 구분하고 있다.

② 글쓴이의 경험과 깨달음을 전달한다.

③ 등장인물, 대사, 행동이 주된 구성 요소이다.

④ 현실을 반영하여 있을 법한 이야기를 꾸며낸다.

18 [가]의 내용을 고려할 때 ㉠~㉢ 중 성격이 다른 하나는?

① ㉠ ② ㉡

③ ㉢ ④ ㉣

19 윗글에 드러난 글쓴이의 주된 관점으로 가장 적절한 것은?

① '나'는 나와 맺어져 있어 떠날 수 없다.

② 천하엔 '나'보다 지켜야 할 소중한 것이 많다.

③ 나는 '나'와 타인을 위해서 독서를 해야 한다.

④ 나는 '나'를 잃어버리지 않게 잘 지켜야 한다.

[20~22] 다음 글을 읽고 물음에 답하시오.

미세 플라스틱이 사람들의 눈길을 ㉠ 끌기 시작한 것은 오래되지 않았다. 불과 십몇 년 전까지만 해도 사람들은 버려진 그물에 걸리거나 떠다니는 비닐봉지를 먹이로 잘못 알고 삼켰다가 죽은 해양 생물의 불행에만 주로 관심이 있었다. 그러다 2004년 세계적인 권위를 지닌 과학 잡지 『사이언스』에 영국 플리머스 대학의 리처드 톰슨 교수가 바닷속 미세 플라스틱이 1960년대 이후 계속 증가해 왔다는 내용의 논문을 발표했다. 그 후로 미세 플라스틱이 해양 생태계에 끼치는 영향을 규명하려는 후속 연구들이 이어졌다.

해양 생물들이 플라스틱 조각을 먹이로 알고 먹으면, 포만감을 주어 영양 섭취를 저해하거나 장기의 좁은 부분에 걸려 문제를 일으킬 수 있다. 또한 플라스틱은 제조 과정에서 첨가된 잔류성 유기 오염 물질을 포함하고 있으며 바다로 흘러들어 간 후에는 물속에 녹아 있는 다른 유해 물질까지 끌어당긴다. 미세 플라스틱을 먹이로 착각하고 먹은 플랑크톤을 작은 물고기가 섭취하고, 작은 물고기를 다시 큰 물고기가 섭취하는 먹이 사슬 과정에서 농축된 미세 플라스틱의 독성 물질은 해양 생물의 생식력을 떨어뜨릴 수 있다.

미세 플라스틱은 인간에게도 위협이 될 수 있다. 한국 해양 과학 기술원의 실험 결과, 양식장 부표로 사용하는 발포 스티렌은 나노(10억분의 1) 크기까지 쪼개지는 것으로 확인되었다. 나노입자는 생체의 주요 장기는 물론 뇌 속까지 침투할 수 있는 것으로 알려져 있다. 내장을 제거하지 않고 통째로 먹는 작은 물고기나 조개류를 즐기는 이들은 수산물의 체내에서 미처 배출되지 못한 미세 플라스틱을 함께 섭취할 위험이 높아지는 셈이다.

– 김정수, 「바닷속 미세 플라스틱의 위협」 –

20 윗글의 서술 방식으로 가장 적절한 것은?

① 미세 플라스틱의 장단점을 비교하고 있다.
② 미세 플라스틱의 위협에 대한 해결책을 나열하고 있다.
③ 미세 플라스틱의 제조 과정을 순차적으로 제시하고 있다.
④ 미세 플라스틱 증가를 뒷받침하는 정보의 출처를 밝히고 있다.

21 윗글의 내용과 일치하지 <u>않는</u> 것은?

① 미세 플라스틱에 대해 사람들이 관심을 가지기 시작한 것은 오래되지 않았다.
② 플라스틱이 바다로 흘러들어 간 후에는 물속에 녹아 있는 유해 물질을 끌어당긴다.
③ 미세 플라스틱에 오염된 해양 생물을 인간이 섭취해도 유해 물질은 모두 몸 밖으로 배출된다.
④ 먹이 사슬 과정에서 미세 플라스틱에 농축된 독성 물질은 해양 생물의 생식력을 떨어뜨릴 수 있다.

22 밑줄 친 부분이 ㉠과 같은 의미로 쓰인 것은?

① 상자가 무거워 들거나 끌기 힘들다.
② 이 제품의 디자인은 관심을 끌기 힘들다.
③ 눈이 많이 내려서 자동차를 끌기 힘들다.
④ 더 이상 할 얘기가 없어 시간을 끌기 힘들다.

[23~25] 다음 글을 읽고 물음에 답하시오.

"어떻게 살 것인가?"라는 질문에 쉽게 답을 내릴 수 있는 사람은 없습니다. 그래서 저는 이 무거운 질문을 "어떤 삶을 살고 싶은가?"로 살짝 바꾸어 보았습니다. 그랬더니 "오늘 저녁에 뭐 먹을까?"라는 질문처럼 조금 가볍게 느껴지더군요. 이 질문에 대해서 여러분마다 각자 ⊙ <u>추구하는</u> 바가 있을 텐데요. 저는 그 답을 여러 심리학자의 연구를 바탕으로 세 가지로 정리했습니다.

첫 번째는 '신나게 살기'입니다. 재미있는 삶, 지루하지 않은 삶, 즐거운 삶을 사는 것이지요. 노벨상을 받은 사람들의 공통점은 ⓛ <u>심오하고</u> 심각해서 ⓒ <u>접근하기</u> 어려운 사람인 줄 알았는데 알고 보니 모두 재미있는 사람이더라는 것입니다. 우리가 꿈꾸는 삶 중에 하나는 죽는 순간까지 장난기를 잃지 않는 것입니다.

두 번째는 '의미 있게 살기'입니다. 가치 있는 삶, 헌신하는 삶, 목적이 이끄는 삶을 사는 것이지요. 남아프리카 공화국 최초의 흑인 대통령이자 인권 운동가였던 넬슨 만델라는 "인생의 가장 큰 영광은 넘어지지 않는 게 아니라 넘어질 때마다 다시 일어난 것에 있다."라고 했습니다. 감각적인 즐거움은 덜하더라도 ⓔ <u>원대한</u> 목표를 위해 헌신하는 것 또한 매우 의미 있는 삶이 될 것입니다.

세 번째 삶의 형태는 '몰두하며 살기'입니다. 자신이 좋아하고 잘하고 의미 있는 일에 미친 듯이 몰두하는 것이지요. 물론 하루 스물네 시간을 그렇게 살라는 게 아닙니다. 그렇게 살아서도 안 되고요. 다만 가끔 무언가에 미친 듯이 몰두하는 경험은 우리의 삶을 좀 더 긍정적인 방향으로 안내합니다.

– 최인철, 「행복은 몸에 있다」 –

23 윗글의 내용 전개 방식으로 가장 적절한 것은?

① 시간적 순서에 따라 내용을 서술하고 있다.
② 질문에 대한 답을 세 가지로 나누어 제시하고 있다.
③ 대상의 차이점을 중심으로 그 특성을 제시하고 있다.
④ 서로 다른 관점을 절충하여 새로운 이론을 제시하고 있다.

24 ⊙~ⓔ의 뜻풀이로 적절하지 <u>않은</u> 것은?

① ⊙ : 목적을 이룰 때까지 뒤쫓아 구하는
② ⓛ : 사상이나 이론 따위가 깊이가 있으며 오묘하고
③ ⓒ : 어떤 기준점에서 멀어지기
④ ⓔ : 계획이나 희망 따위의 장래성과 규모가 큰

25 윗글에서 알 수 있는 내용이 <u>아닌</u> 것은?

① "어떻게 살 것인가?"의 답을 찾기란 쉽지 않다.
② 장난기를 잃지 않고 사는 것은 신나게 사는 것이다.
③ 감각적인 즐거움만을 위해 사는 삶은 의미 있는 삶이다.
④ 몰두하는 경험은 우리의 삶을 긍정적으로 이끈다.

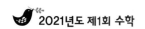
제2교시

수 학

정답 및 해설 360p

01 두 다항식 $A=x^2+1$, $B=x+2$에 대하여 $A+B$는?

① x^2+1 　　② x^2+x

③ x^2-x-1 　　④ x^2+x+3

02 등식 $x^2+ax+2=x^2+3x+b$가 x에 대한 항등식일 때, 두 상수 a, b에 대하여 $a+b$의 값은?

① 3 　　② 5

③ 7 　　④ 9

03 다항식 $2x^2+4x-3$을 $(x-1)$로 나누었을 때, 나머지는?

① 1 　　② 3

③ 5 　　④ 7

04 다항식 x^3-2^3을 인수분해한 식이 $(x-a)(x^2+2x+4)$일 때, 상수 a의 값은?

① 2 　　② 4

③ 6 　　④ 8

05 다음 등식을 만족시키는 실수 x, y의 값은? (단, $i=\sqrt{-1}$)

$$(x-2)+yi=1+4i$$

① $x=1$, $y=1$ 　　② $x=1$, $y=4$

③ $x=3$, $y=1$ 　　④ $x=3$, $y=4$

06 이차방정식 $x^2-3x+2=0$의 두 근을 α, β라고 할 때, $\alpha\beta$의 값은?

① -2 　　② -1

③ 1 　　④ 2

07 $-1 \leq x \leq 2$일 때, 이차함수 $y = -x^2 + 5$의 최댓값은?

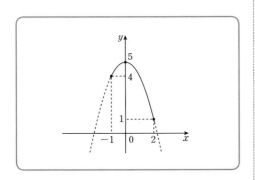

① 1 　　　　　　② 3
③ 5 　　　　　　④ 7

08 삼차방정식 $x^3 - 2x^2 + ax + 4 = 0$의 한 근이 2일 때, 상수 a의 값은?

① -2 　　　　② 0
③ 2 　　　　　④ 4

09 연립부등식 $\begin{cases} 3x > 6 \\ x < 10 - 1 \end{cases}$의 해가 $2 < x < a$일 때, 상수 a의 값은?

① 5 　　　　　② 6
③ 7 　　　　　④ 8

10 부등식 $|x + 1| \leq 2$의 해를 수직선 위에 나타낸 것이 그림과 같을 때, 상수 a의 값은?

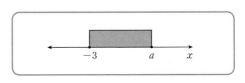

① 1 　　　　　② 2
③ 3 　　　　　④ 4

11 좌표평면 위의 두 점 $A(-1, 2)$, $B(1, 4)$ 사이의 거리는?

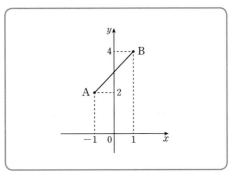

① $\sqrt{5}$ 　　　　② $\sqrt{6}$
③ $\sqrt{7}$ 　　　　④ $2\sqrt{2}$

12 직선 $y = x + 1$에 수직이고, 점 $(0, 2)$를 지나는 직선의 방정식은?

① $y = -x + 1$ 　　② $y = -x + 2$
③ $y = \frac{1}{2}x + 1$ 　　④ $y = \frac{1}{2}x + 2$

13 중심이 $(-2, 1)$이고 원점을 지나는 원의 방정식은?

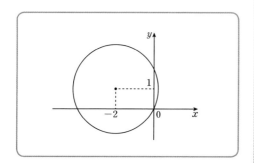

① $(x-1)^2+(y-2)^2=5$

② $(x-1)^2+(y+2)^2=5$

③ $(x+2)^2+(y-1)^2=5$

④ $(x+2)^2+(y+1)^2=5$

14 좌표평면 위의 점 $(2, 1)$을 x축의 방향으로 -2만큼, y축의 방향으로 2만큼 평행이동한 점의 좌표는?

① $(0, 1)$　　② $(0, 3)$

③ $(2, 1)$　　④ $(2, 3)$

15 두 집합 $A=\{1, 3, 4\}$, $B=\{2, 4, 5\}$에 대하여 $n(A\cup B)$의 값은?

① 3　　② 4

③ 5　　④ 6

16 명제 '$x=2$이면 $x^2=4$이다.'의 대우는?

① $x=2$이면 $x^2\neq4$이다.

② $x\neq2$이면 $x^2=4$이다.

③ $x^2\neq4$이면 $x=2$이다.

④ $x^2\neq4$이면 $x\neq2$이다.

17 두 함수 $f: X{\to}Y$, $g: Y \to Z$가 그림과 같을 때, $(g\circ f)(2)$의 값은?

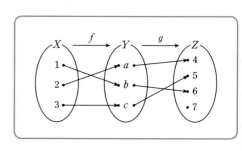

① 4　　② 5

③ 6　　④ 7

18 무리함수 $y=\sqrt{x-1}+a$의 그래프가 그림과 같을 때, 상수 a의 값은?

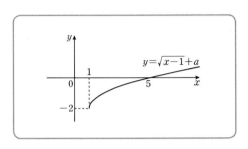

① -2 ② 0

③ 2 ④ 4

19 그림과 같이 3장의 글자 카드가 있다. 이 중에서 서로 다른 2장의 카드를 택하여 일렬로 나열하는 경우의 수는?

① 4 ② 6

③ 8 ④ 10

20 그림과 같이 4개의 민속놀이가 있다. 이 중에서 서로 다른 2개의 민속놀이를 선택하는 경우의 수는?

연날리기 제기차기 그네타기 팽이치기

① 2 ② 4

③ 6 ④ 8

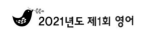

제3교시

영 어

정답 및 해설 363p

[01~03] 다음 밑줄 친 부분의 뜻으로 가장 적절한 것을 고르시오.

01

I can help you <u>decorate</u> the house with flowers.

① 구하다   ② 꾸미다

③ 나누다   ④ 옮기다

02

It is so kind of you to <u>take care of</u> my cat.

① 돌보다   ② 미루다

③ 여행하다   ④ 의지하다

03

<u>In fact</u>, the smartphone has replaced the computer in many ways.

① 갑자기   ② 다행히

③ 사실상   ④ 처음에

04 다음 밑줄 친 두 단어의 의미 관계와 <u>다른</u> 것은?

Even though it's <u>dark</u> outside, our house is <u>bright</u>.

① equal − same

② hard − soft

③ positive − negative

④ wide − narrow

05 다음 전시회 안내문에서 언급되지 <u>않은</u> 것은?

Art Exhibition

Date : November 12th−25th
Time : 10 a.m.−6 p.m.
Place : Central Art Museum
Tickets : Adults $ 15, Students $ 10
We are closed on Tuesdays.

① 전시 기간   ② 환불 규정

③ 티켓 가격   ④ 휴관일

[06~08] 다음 빈칸에 공통으로 들어갈 말로 가장 적절한 것을 고르시오.

06

- I go for a _____ every morning.
- His parents _____ a small coffee shop.

① carry   ② have

③ matter   ④ run

07

- I have a friend _____ lives in America.
- Dad, _____ won the tennis match last night?

① how   ② what

③ when   ④ who

08

- There are large trees _____ front of the house.
- Many people are interested _____ South Korea.

① at   ② for

③ in   ④ to

09 다음 대화에서 밑줄 친 표현의 의미로 가장 적절한 것은?

A : Did you know that today is Children's Day?

B : Yeah. I can't believe that it's May already.

A : It seems like just yesterday that we celebrated New Year's Day.

B : I know. My mom says to value every moment because <u>time flies like an arrow</u>.

① 세 살 버릇 여든까지 간다.

② 시간은 쏜살같이 지나간다.

③ 뜻이 있는 곳에 길이 있다.

④ 욕심이 지나치면 화가 된다.

10 다음 대화에서 알 수 있는 B의 심정으로 가장 적절한 것은?

A : How are you feeling today?

B : I'm so happy. I feel on top of the world!

A : That's great. What happened?

B : I just saw my favorite singer in person!

① 섭섭하다   ② 속상하다

③ 외롭다   ④ 행복하다

2021년 1회

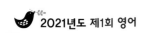

11 다음 대화가 이루어지는 장소로 가장 적절한 것은?

> A : Hello. I'd like to check out these books.
> B : Okay. Are you going to borrow all three of them?
> A : Well, now that I think about it, I only need these two.
> B : No problem.

① 도서관　　　② 세탁소
③ 약국　　　　④ 은행

12 다음 글에서 밑줄 친 It이 가리키는 것으로 가장 적절한 것은?

> All animals and plants depend on water to live. Our body is about 60 to 70 percent water. We can go weeks without food. But without water, we would die in a few days. It is very important for our lives.

① animal　　　② body
③ plant　　　　④ water

[13~14] 다음 대화의 빈칸에 들어갈 말로 가장 적절한 것을 고르시오.

13

> A : Everything on the menu looks so delicious!
> B : Yeah. This is one of my favorite restaurants.
> A : Great! _____?
> B : How about the spaghetti with cream sauce? It's one of their best dishes.

① Can you recommend a dish for me
② What is your favorite restaurant
③ Why do you like Italian fashion
④ Have you ever been to Italy

14

> A : _____?
> B : It's because we have to save the environment.

① Why do we have to recycle
② How long have you lived here
③ What does your luggage look like
④ When was the best moment of your life

15 다음 대화의 주제로 가장 적절한 것은?

> A : I think writing by hand has many advantages.
> B : Really? Like what?
> A : For one, it helps us memorize things.
> B : I can see that. What else?
> A : It can also add a personal touch to a letter.

① 암기의 중요성
② 손으로 쓰기의 장점
③ 편지지 고르는 방법
④ 논리적 사고의 필요성

16 다음 글을 쓴 목적으로 가장 적절한 것은?

> I'm writing this email to say sorry to you because of what I did the last couple of days. I thought you and Jessica were ignoring me on purpose, so I treated you unkindly. Now I know I have misunderstood you. I want to say I'm really sorry.

① 거절하려고
② 문의하려고
③ 사과하려고
④ 소개하려고

17 다음 관광 안내문의 내용과 일치하지 <u>않는</u> 것은?

> **Saturday Tour to Tongyeong**
>
> What you will do :
> • ride a cable car on Mireuksan
> • visit the undersea tunnel and Jungang Market
> Lunch is provided.
>
> You must reserve the tour by Thursday.

① 케이블카를 탄다.
② 해저 터널과 시장을 방문한다.
③ 점심은 각자 준비한다.
④ 목요일까지 관광 예약을 해야 한다.

18 다음 Lascaux 동굴에 대한 설명과 일치하지 <u>않는</u> 것은?

> The Lascaux cave is located in southwestern France. It contains ancient paintings of large animals. No one knew about the cave until 1940. Four teenagers accidentally discovered it while running after their dog. In 1963, in order to preserve the paintings, the cave was closed to the public.

① 프랑스 남서부에 있다.
② 커다란 동물의 그림이 있다.
③ 십대 청소년 네 명이 발견하였다.
④ 1963년에 대중에게 개방되었다.

19 다음 글의 주제로 가장 적절한 것은?

Walking can be just as beneficial to your health as more intense exercise. A physical benefit of walking is that it can reduce body fat. It also has a mental health benefit because it can help reduce stress. So get up and walk!

① 걷기의 장점
② 부상 예방 방법
③ 스트레스의 위험
④ 운동 시 주의 사항

[20~21] 다음 글의 빈칸에 들어갈 말로 가장 적절한 것을 고르시오.

20

Cars should be able to endure the strong impact that they receive when they crash into another car or object. Thus, the bodies of cars are designed to absorb heavy shocks. The goal is to _____ drivers and passengers in case of serious car accidents.

① describe
② encourage
③ increase
④ protect

21

Soft drink companies attract consumers by adding bright colors to their products. Most of these colors, however, are not _____. They are man-made. For example, the artificial color Yellow No. 6, used in some pineapple juices, adds nothing to the taste. It is just there to make the drink look pretty.

① convenient
② frightened
③ innovative
④ natural

22 글의 흐름으로 보아 다음 문장이 들어가기에 가장 적절한 곳은?

However, I think science does us more good than harm.

Some people argue that science can be dangerous. (①) They say the atomic bomb is the perfect example of the dangers of science. (②) For instance, science helps make better medicine. (③) It definitely improves the quality of our lives. (④) I believe that science will continue to make a better world for us.

23 다음 글의 바로 뒤에 이어질 내용으로 가장 적절한 것은?

> If you go to South Africa or Madagascar, you can see huge and strange-looking trees, called baobobs. Known as "upside-down trees," their branches look like their roots are spreading towards the sky. Why do you think the baobob tree has this unique shape? Let's find out.

① 바오바브나무의 유익한 성분
② 바오바브나무를 재배하는 방법
③ 바오바브나무의 모습이 특이한 이유
④ 바오바브나무가 생태계에 미치는 영향

[24~25] 다음 글을 읽고 물음에 답하시오.

> Do you know how to invent new things? A good method is inventing by addition. This means inventing something by adding a new element to something that already exists. _____, Hyman Lipman became a great U.S. inventor by attaching an eraser to the top of a pencil. Now that you know how to invent something, try to make an invention.

24 윗글의 빈칸에 들어갈 말로 가장 적절한 것은?

① For example   ② Instead
③ In contrast   ④ Nevertheless

25 윗글의 주제로 가장 적절한 것은?

① 전기 자동차의 미래
② 체중 조절에 대한 조언
③ 새로운 것을 발명하는 방법
④ 좋은 학용품을 사용하는 이유

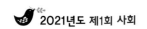
제4교시

사 회

정답 및 해설 368p |

01 다음에서 설명하는 것은?

- 공정한 분배의 기준이 되며 옳음, 공정성, 공평성 등과 유사한 의미를 가지고 있다.
- '같은 것은 같게, 다른 것은 다르게 대우하는 것', '각자에게 각자의 몫을 주는 것' 등으로 표현된다.

① 소비   ② 정의

③ 종교   ④ 통일

02 행복한 삶을 위한 조건으로 적절하지 않은 것은?

① 질 높은 정주 환경

② 시민 참여가 제한된 사회

③ 삶의 질을 유지할 수 있는 경제적 안정

④ 바람직한 삶에 대한 성찰을 바탕으로 한 도덕적 실천

03 다음에서 설명하는 것은?

시간의 흐름에 따라 변해 가는 삶의 모습을 단계별로 나타낸 것으로, 각 단계에는 달성해야 할 과업이 있다.

① 가치 판단   ② 비교 우위

③ 생애 주기   ④ 매몰 비용

04 퀴즈에 대한 정답으로 옳은 것은?

경제 골든벨

기업 간 자유로운 경쟁을 보장하고 독점 및 불공정 거래에 관한 사안을 심의·의결하기 위해 설립된 우리나라 정부 기관은 무엇일까요?

① 국제 사면 위원회   ② 국가 인권 위원회

③ 공정 거래 위원회   ④ 선거 관리 위원회

05 다음에서 설명하는 것으로 가장 적절한 것은?

- 한 국가나 사회 안에 서로 다른 문화를 가진 인종이나 민족 등이 함께 살고 있는 사회를 의미한다.
- 국가 간 인구 이동이 활발해지면서 더욱 심화되어 나타난다.

① 감시 사회   ② 생태 도시

③ 사회 계약설   ④ 다문화 사회

06 우리나라의 사회 복지 제도에 해당하지 <u>않는</u> 것은?

① 담합
② 공공 부조
③ 사회 보험
④ 사회 서비스

07 다음에서 설명하는 국제 사회의 행위 주체는?

> 일정한 영역과 국민을 바탕으로 주권을 가진 국제 사회의 가장 기본적이고 대표적인 행위 주체이다.

① 개인
② 국가
③ 이익 집단
④ 비정부 기구

08 ㉠~㉢에 들어갈 문화 변동의 요인을 알맞게 짝지은 것은? (단, ㉠~㉢은 각각 발명, 발견, 문화 전파 중 하나이다.)

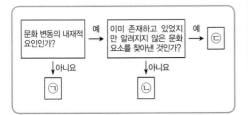

	㉠	㉡	㉢
①	발견	발명	문화 전파
②	발견	문화 전파	발명
③	문화 전파	발견	발명
④	문화 전파	발명	발견

09 다음 중 금융 자산은?

① 건물
② 예금
③ 토지
④ 자동차

10 대화를 통해 알 수 있는 개념으로 가장 적절한 것은?

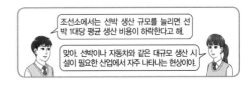

> 조선소에서는 선박 생산 규모를 늘리면 선박 1대당 평균 생산 비용이 하락한다고 해.
>
> 맞아. 선박이나 자동차와 같은 대규모 생산 시설이 필요한 산업에서 자주 나타나는 현상이야.

① 시장 실패
② 소득 재분배
③ 규모의 경제
④ 스태그플레이션

11 ㉠에 들어갈 것은?

> **헌법 제37조 제2항**
> 국민의 모든 자유와 권리는 국가 안전 보장·질서 유지 또는 공공복리를 위하여 필요한 경우에 한하여 (㉠)(으)로써 제한할 수 있으며, ……

① 관습
② 규칙
③ 법률
④ 조례

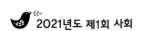
12 신자유주의에 대한 설명으로 적절한 것을 〈보기〉에서 고른 것은?

〈보기〉

ㄱ. 케인스(Keynes, J. M.)가 지지하였다.

ㄴ. 1930년대 대공황이 발생하면서 등장하였다.

ㄷ. 대표적인 정책으로 복지 축소, 공기업 민영화 등이 있다.

ㄹ. 정부의 지나친 시장 개입을 비판하고 민간의 자유로운 경제 활동을 옹호한다.

① ㄱ, ㄴ ② ㄱ, ㄷ

③ ㄴ, ㄹ ④ ㄷ, ㄹ

13 인권에 대한 설명으로 적절하지 <u>않은</u> 것은?

① 보편성, 항구성, 불가침성 등의 특성이 있다.

② 인간으로서 마땅히 누려야 할 기본적 권리이다.

③ 현대 사회에서는 과거에 비해 인권의 영역이 축소되고 있다.

④ 국가의 법으로 보장되기 이전부터 자연적으로 주어진 권리이다.

14 다음과 같은 전통적 생활양식을 볼 수 있는 지역의 기후는?

• 열기와 습기를 피하기 위해 집을 지면에서 띄워 짓는다.

• 토양이 척박하여 주기적으로 이동하며 불을 질러 밭을 만든 후 작물을 재배한다.

① 열대 기후 ② 건조 기후

③ 온대 기후 ④ 한대 기후

15 열섬 현상의 원인으로 옳지 <u>않은</u> 것은?

① 녹지 면적의 증가

② 아스팔트 도로의 증가

③ 콘크리트 건물의 증가

④ 자동차의 배기가스 배출 증가

16 ㉠에 들어갈 것은?

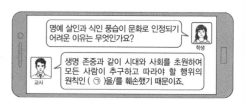

명예 살인과 식인 풍습이 문화로 인정되기 어려운 이유는 무엇인가요?

생명 존중과 같이 시대와 사회를 초월하여 모든 사람이 추구하고 따라야 할 행위의 원칙인 (㉠)을/를 훼손했기 때문이죠.

① 공정 무역 ② 보편 윤리

③ 권력 분립 ④ 외부 효과

17 다음에서 설명하는 것으로 가장 적절한 것은?

> 산업화로 생산 과정의 자동화가 이루어졌지만 이로 인해 인간을 마치 기계의 부속품처럼 여기게 되어 노동에서 얻는 만족감이나 성취감이 약화되는 현상을 의미한다.

① 연고주의　　　② 인간 소외

③ 공간 불평등　　④ 계층의 양극화

18 ㉠에 들어갈 것으로 적절하지 <u>않은</u> 것은?

> 세계화에 따라 지역 간 교류와 협력이 강화되면서 뉴욕, 런던, 도쿄, 파리 등과 같이 전 세계적으로 중심지 역할을 하는 세계 도시들이 등장하였다. 이들 세계 도시는 (㉠) 등이 집중되어 있다.

① 플랜테이션 농장

② 다국적 기업의 본사

③ 생산자 서비스 기능

④ 국제 금융 업무 기능

19 다음에서 설명하는 자원은?

> • 자동차 보급이 확산되면서 수요가 급증하였다.
> • 현재 세계에서 가장 소비량이 많은 에너지 자원이다.

① 풍력　　　　② 석탄

③ 석유　　　　④ 천연가스

20 지도에 표시된 (가) 문화권에 대한 설명으로 옳은 것은?

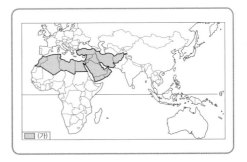

① 한자를 주로 사용한다.

② 크리스트교의 비율이 높다.

③ 계절풍의 영향으로 벼농사가 발달하였다.

④ 전통적으로 유목과 오아시스 농업이 발달하였다.

21 ㉠에 들어갈 것으로 가장 적절한 것은?

> (㉠) 문제 해결 정책
> • 정년 연장
> • 노인 복지 시설 확충
> • 노인 연금 제도

① 고령화   ② 성차별

③ 동물 복지   ④ 환경 오염

22 정보화로 인한 문제점으로 적절하지 <u>않은</u> 것은?

① 사생활 침해   ② 인터넷 중독

③ 개인 정보 유출   ④ 공간적 제약의 완화

23 다음 글에 나타나는 자연에 대한 관점은?

> 바람직한 대지 이용을 오직 경제적 문제로만 생각하지 말라. 윤리적, 심미적으로 무엇이 옳은가의 관점에서 검토하라. 생명 공동체의 통합성과 안정성 그리고 아름다움의 보전에 이바지한다면, 그것은 옳다. 그렇지 않다면 그르다.
>
> 레오폴드(Leopold, A.)

① 물질 만능주의   ② 생태 중심주의

③ 수정 자본주의   ④ 인간 중심주의

24 다음에서 설명하는 국제 환경 협약은?

> • 2015년 12월에 195개국이 참여하여 2050년까지 온실가스 배출량을 '0'으로 하겠다는 목표를 설정함.
> • 기후 변화에 따른 피해에 취약한 국가를 돕고자 함.

① 런던 협약   ② 바젤 협약

③ 람사르 협약   ④ 파리 기후 협약

25 세계 시민 의식을 갖춘 사람의 자세로 적절하지 <u>않은</u> 것은?

① 인류의 보편적 가치를 중시한다.

② 세계의 공존과 공익을 추구한다.

③ 문화의 차이를 인정하고 다양성을 존중한다.

④ 이산화 탄소 배출을 증가시켜 탄소 발자국을 늘린다.

제5교시

과 학

정답 및 해설 372p |

01 다음 설명에 해당하는 신소재는?

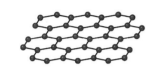

- 탄소 원자가 육각형 벌집 모양의 구조를
  이루고 있다.
- 휘어지는 투명한 디스플레이의 소재로 사
  용되고 있다.

① 그래핀　　　　　② 초전도체
③ 네오디뮴 자석　　④ 형상 기억 합금

02 그림과 같이 핵분열로 발생한 열에너지로 터빈
을 돌려 전기 에너지를 생산하는 발전 방식은?

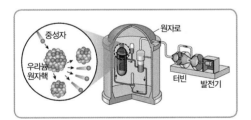

① 핵발전　　　　　② 파력 발전
③ 풍력 발전　　　　④ 태양광 발전

03 표는 같은 직선상에서 운동하는 물체 A∼C
의 처음과 나중 운동량을 나타낸 것이다. 물체
A∼C가 모두 같은 크기의 충격량을 받아 운
동량이 증가하였을 때 ㉠의 값은?

운동량 (kg · m/s)　　　물체	처음 운동량	나중 운동량
A	3	6
B	4	7
C	5	㉠

① 6　　　　　　　　② 7
③ 8　　　　　　　　④ 9

04 그림과 같이 코일에 자석을 가까이 가져갈 때
검류계의 바늘이 왼쪽으로 움직였다. 다음 중
검류계의 바늘이 오른쪽으로 움직이는 경우
는? (단, 다른 조건은 모두 같다.)

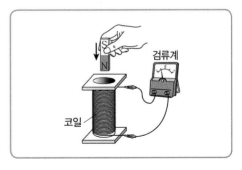

① 더 강한 자석을 사용한다.
② 코일의 감은 수를 늘린다.
③ 자석을 더 빠르게 가까이 한다.
④ 자석을 코일에서 멀어지게 한다.

2021년 1회

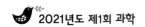

05 그림은 주기율표의 일부를 나타낸 것이다. 임의의 원소 A~D 중 2주기 2족 원소는?

족 주기	1	2		17	18
1	A				
2		B		C	
3					D

① A
② B
③ C
④ D

06 다음 화학 반응식에서 산소와 결합하여 산화되는 물질은?

$$2CuO + C \rightarrow 2Cu + CO_2$$

① CuO
② C
③ Cu
④ CO_2

07 다음 중 전기가 잘 통하며 광택이 있는 금속 원소는?

① 구리
② 염소
③ 헬륨
④ 브로민

08 그림은 탄소 원자(C)의 전자 배치를 나타낸 것이다. 가장 바깥 전자 껍질에 들어 있는 전자의 개수는?

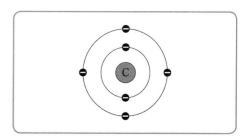

① 1개
② 2개
③ 3개
④ 4개

09 다음은 염산(HCl)과 수산화 나트륨(NaOH) 수용액의 중화반응을 나타낸 화학 반응식이다. ㉠에 해당하는 물질은?

$$HCl + NaOH \rightarrow \boxed{㉠} + NaCl$$

① H_2O
② KCl
③ KOH
④ HNO_3

10 다음 설명에 해당하는 물질은?

- 같은 원자 2개가 공유 결합을 이루고 있다.
- 동물과 식물의 호흡에 이용되는 기체이다.

① 산소(O_2)
② 암모니아(NH_3)
③ 염화 칼슘($CaCl_2$)
④ 질산 칼륨(KNO_3)

11 일정한 지역 내에 살고 있는 생물종의 다양한 정도를 나타낸 것은?

① 개체 수 ② 소비자
③ 영양 단계 ④ 종 다양성

13 다음 설명의 ㉠에 해당하는 것은?

> 생태계를 구성하는 생물의 종류와 개체 수, 에너지의 흐름이 급격히 변하지 않아 생태계가 안정적으로 유지되는 상태를 ㉠ (이)라고 한다.

① 생산자 ② 서식지
③ 생태계 평형 ④ 유전적 다양성

12 그림은 식물 세포의 구조를 나타낸 것이다. A~D 중 작은 알갱이 모양이며 단백질을 합성하는 세포 소기관은?

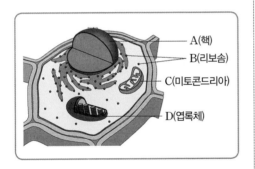

① A ② B
③ C ④ D

14 그림은 세포막의 구조와 세포막을 통한 물질의 이동을 나타낸 것이다. 이에 대한 설명으로 옳은 것만을 〈보기〉에서 모두 고른 것은?

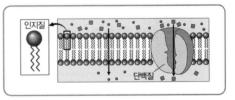

─────〈보기〉─────
ㄱ. 인지질이 2중층으로 배열되어 있다.
ㄴ. 모든 물질은 단백질을 통해 이동한다.
ㄷ. 세포막의 주성분은 단백질과 인지질이다.

① ㄱ ② ㄴ
③ ㄱ, ㄷ ④ ㄴ, ㄷ

15 생명체를 구성하는 물질 중 지질, 단백질, 핵산은 탄소 화합물이다. 이 탄소 화합물들을 이루는 기본 골격의 중심 원소는?

① 산소 ② 수소
③ 질소 ④ 탄소

16 그림은 DNA의 염기 서열 중 일부를 나타낸 것이다. ㉠에 해당하는 염기는? (단, 돌연변이는 없다.)

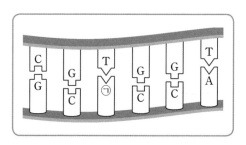

① A ② C
③ G ④ T

17 다음 설명에 해당하는 지질 시대는?

> • 삼엽충이 번성하였다.
> • 초대륙인 판게아가 형성되었다.

① 선캄브리아 시대 ② 고생대
③ 중생대 ④ 신생대

18 다음 중 탄소의 순환 과정에서 화석 연료가 연소되어 기체가 발생할 때 상호 작용하는 지구 시스템의 권역은?

① 기권과 수권 ② 지권과 기권
③ 수권과 생물권 ④ 외권과 생물권

19 다음은 별의 진화 과정에서 발생하는 어떤 현상을 설명한 것이다. ㉠에 해당하는 것은?

> 태양과 질량이 비슷한 별의 내부에서 중심부의 온도가 충분히 높아지면 수소 원자핵이 융합하여 헬륨 원자핵으로 바뀌는 ㉠ 이/가 발생한다.

① 빅뱅 ② 핵분열
③ 핵융합 ④ 우주 배경 복사

20 그림은 단층이 존재하는 판의 경계를 모식적으로 나타낸 것이다. 이 경계에서 발달하는 지형은?

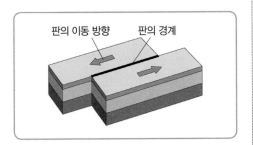

① 해구　　　　　② 변환 단층
③ 습곡 산맥　　　④ 호상 열도

21 다음 설명에 해당하는 지구 시스템의 에너지원은?

• 화산 활동을 일으킨다.
• 지구 내부의 물질로부터 나오는 에너지이다.

① 조력 에너지　　② 풍력 에너지
③ 바이오 에너지　④ 지구 내부 에너지

22 다음 설명에 해당하는 현상은?

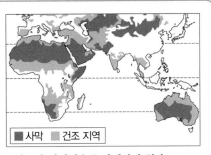

■ 사막　　▨ 건조 지역

• 건조한 지역일수록 발생하기 쉽다.
• 무분별한 삼림 벌채 등과 같은 인위적 원인에 의해 심화되고 있다.

① 장마　　　　　② 라니냐
③ 사막화　　　　④ 엘니뇨

23 그림은 규산염 광물의 기본 구조인 규산염 사면체를 나타낸 것이다. 규산염 사면체가 독립적으로 존재할 때 규소(Si) 원자 1개와 결합된 산소(O) 원자의 개수는?

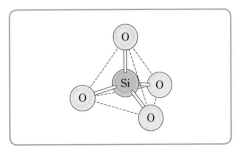

① 1개　　　　　② 2개
③ 3개　　　　　④ 4개

24 그림은 열기관의 1회 순환 과정을 나타낸 것이다. 이에 대한 설명으로 옳은 것만을 〈보기〉에서 모두 고른 것은? (단, 열기관이 흡수한 열은 Q_1, 방출한 열은 Q_2, 한 일은 W이다.)

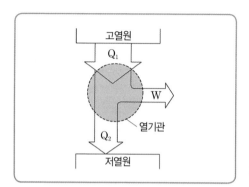

〈보기〉
ㄱ. $Q_1 > Q_2$
ㄴ. $W = Q_1 + Q_2$
ㄷ. W가 클수록 열효율이 크다.

① ㄱ
② ㄴ
③ ㄱ, ㄷ
④ ㄴ, ㄷ

25 그림은 수평 방향으로 10m/s의 속도로 던져진 공의 운동을 나타낸 것이다. 공이 2초 후 지면에 도달할 때 A~D 중 공의 도달 지점은? (단, 모든 마찰은 무시하고, 인접한 두 점선 사이의 거리는 10m이다.)

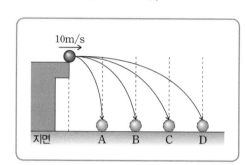

① A
② B
③ C
④ D

제6교시

한국사

정답 및 해설 375p

01 다음 유물이 처음으로 제작된 시대는?

- 명칭 : 주먹도끼
- 용도 : 짐승을 사냥하고 가죽을 벗기는 등 다양한 용도로 사용

① 구석기 시대 ② 신석기 시대
③ 청동기 시대 ④ 철기 시대

02 다음에서 ㉠에 들어갈 내용으로 가장 적절한 것은?

〈삼한의 사회 모습〉
- 신지, 읍차 등의 군장 세력이 성장함.
- ㉠ .
- 5월과 10월에 계절제를 지냄.

① 진대법을 실시함
② 성리학이 발달함
③ 상감 청자를 제작함
④ 천군이 제사를 주관함

03 다음에서 설명하는 신라의 조직은?

- 원시 사회의 청소년 집단에서 기원하여, 진흥왕 때 국가적 조직으로 개편함.
- 원광의 세속 5계를 행동 규범으로 삼음.

① 5군영 ② 별무반
③ 화랑도 ④ 군국기무처

04 조선 세종의 정책으로 옳은 것을 〈보기〉에서 고른 것은?

〈보기〉
ㄱ. 집현전 설치
ㄴ. 『경국대전』 완성
ㄷ. 훈민정음 창제
ㄹ. 노비안검법 실시

① ㄱ, ㄴ ② ㄱ, ㄷ
③ ㄴ, ㄹ ④ ㄷ, ㄹ

05 다음에서 설명하는 문화유산은?

> 공주에서 발견된 백제 고분으로 중국 남조의 영향을 받아 만들어진 벽돌무덤이다. 또한 출토된 묘지석을 통해 무덤에 묻힌 왕이 누구인지 알 수 있다.

① 천마총   ② 장군총

③ 강서대묘   ④ 무령왕릉

06 다음에서 ㉠에 들어갈 고려의 군사 조직은?

> **■ 답사 계획 ■**
>
> 주제 : ㉠ 의 대몽 항쟁 흔적을 찾아서
>
> • 1일차 : 강화도 강화산성
> • 2일차 : 진도 용장성
> • 3일차 : 제주도 항파두리성

① 삼별초   ② 장용영

③ 훈련도감   ④ 대한 독립군

07 다음에서 설명하는 고려의 신분은?

> • 최하층 신분인 천민의 대부분을 차지함.
> • 매매 · 증여 · 상속의 대상으로 주인에게 예속됨.

① 향리   ② 노비

③ 귀족   ④ 6두품

08 다음에서 ㉠에 들어갈 역사서는?

> 학생 『 ㉠ 』에 대해 알려 주세요.
>
> 교사 고려 후기 승려 일연이 저술한 것으로, 단군의 건국 이야기를 기록하고 있습니다.

① 동의보감   ② 농사직설

③ 삼국유사   ④ 향약집성방

09 다음에서 설명하는 고려의 정치 기구는?

> • 관리의 비리를 감찰하는 기구임.
> • 중서문하성의 낭사와 함께 대간으로 불림.

① 어사대   ② 집사부

③ 제가 회의   ④ 통리기무아문

10 다음에서 ㉠에 들어갈 정치 세력은?

> 〈신라 말의 사회〉
>
> • 중앙 귀족들 사이에 왕위 쟁탈전 전개
> • 지방에서는 ㉠ 이/가 성장하여 지배권 행사
> • 선종과 풍수지리설의 유행

① 사림   ② 호족

③ 권문세족   ④ 신진 사대부

11 다음에서 설명하는 조선의 사절단은?

> 왜란 이후, 에도 막부의 요청에 의해 19세기 초까지 일본에 12차례 파견되었다. 외교 사절의 의미를 넘어 일본에 조선의 문화를 전파하는 역할도 하였다.

① 영선사
② 보빙사
③ 통신사
④ 연행사

12 다음에서 설명하는 조선 후기 농민 봉기는?

> 1811년 순조 때 평안도에서 지역 차별과 세도 정치에 저항하여 일어난 농민 봉기이다. 이는 19세기에 일어난 대규모 농민 봉기의 시작이었다.

① 만적의 난
② 홍경래의 난
③ 부·마 민주 항쟁
④ 암태도 소작 쟁의

13 다음에서 ㉠에 들어갈 조선 후기의 화가는?

> ㉠ 은 중국의 것을 모방하던 기존의 산수화에서 벗어나 우리나라의 산천을 사실대로 묘사하는 진경 산수화를 그렸다. 대표적인 작품으로 '금강전도', '인왕제색도' 등이 있다.

① 담징
② 안견
③ 정선
④ 강희안

14 다음에서 설명하는 흥선 대원군의 정책은?

> • 군정의 폐단을 시정하기 위함.
> • 상민에게만 거두던 군포를 양반에게도 징수함.

① 태학 설립
② 호포제 실시
③ 『칠정산』 편찬
④ 수원 화성 건설

15 다음에서 ㉠에 들어갈 사건은?

〈 ㉠ 의 전개 과정〉

고부 농민 봉기 → 제1차 봉기 → 전주성 점령
우금치 전투 패배 ← 제2차 봉기 ← 전주 화약

① 병자호란
② 김흠돌의 난
③ 이자겸의 난
④ 동학 농민 운동

16 다음 대화 내용에 해당하는 사건은?

1882년에 구식 군인들이 난을 일으켰다는데, 왜 그랬을까?

신식 군대인 별기군에 비해 차별 대우를 받았기 때문이야.

① 임오군란
② 갑신정변
③ 갑오개혁
④ 을미사변

17 다음에서 ㉠에 들어갈 단체는?

> 〈 ㉠ 의 활동〉
> • 독립문 건립
> • 만민 공동회 개최
> • 러시아의 절영도 조차 요구 저지

① 신민회　　　　② 근우회
③ 독립 협회　　　④ 조선 형평사

18 다음에서 설명하는 단체는?

> • 일제 강점기에 한글을 지키려는 노력을 전
> 　개하여 한글 맞춤법 통일안을 제정하였다.
> • 『우리말 큰사전』 편찬을 시도하였으나 일
> 　제의 방해로 성공하지 못하였다.

① 황국 협회　　　② 한국 광복군
③ 한인 애국단　　④ 조선어 학회

19 일제의 식민지 경제 정책으로 옳지 <u>않은</u> 것은?

① 영정법 실시
② 남면북양 정책 추진
③ 산미 증식 계획 시행
④ 토지 조사 사업 실시

20 다음에서 설명하는 민족 운동은?

> • 민족 자결주의와 2 · 8 독립 선언의 영향
> 　을 받아 일어남.
> • 대한민국 임시 정부 수립의 계기가 됨.

① 3 · 1 운동　　　② 새마을 운동
③ 문자 보급 운동　④ 서경 천도 운동

21 1948년 제정된 '반민족 행위 처벌법'의 목적으로 옳은 것은?

① 친일파 청산　　② 신분제 폐지
③ 삼정 문란 해결　④ 외환 위기 극복

22 다음에서 설명하는 인물은?

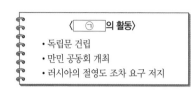

> **■ 이달의 독립운동가 ■**
> • 생몰 연도 : 1879년~1910년
> • 주요 활동
> 　- 1909년 하얼빈에서 이토 히로부미 처단
> 　- 뤼순 감옥에서 '동양 평화론' 집필

① 서희　　　　　② 안중근
③ 정약용　　　　④ 최승로

23 다음에서 ㉠에 들어갈 내용으로 옳은 것은?

> 〈4·19 혁명〉
> • 배경 : ㉠
> • 과정 : 학생, 시민들의 전국적인 시위 전개
> • 결과 : 이승만의 대통령직 사임

① 브나로드 운동　　② 농촌 진흥 운동

③ 3·15 부정 선거　　④ 민족 유일당 운동

24 의열단에 대한 설명으로 옳지 않은 것은?

① 1919년 만주에서 김원봉이 주도하여 조직하였다.

② 조선 총독부, 종로 경찰서 등에 폭탄을 투척하였다.

③ 신채호의 '조선 혁명 선언'을 행동 강령으로 삼았다.

④ 쌍성총관부를 공격하여 철령 이북의 땅을 회복하였다.

25 다음에서 ㉠에 들어갈 내용으로 옳은 것은?

> 〈노태우 정부의 정책〉
> • 북방 외교 추진
> • 남북한 유엔 동시 가입
> •

① 교정도감 설치

② 관수관급제 실시

③ 개성 공단 건설

④ 남북 기본 합의서 채택

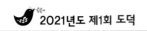
제7교시

도 덕

정답 및 해설 378p |

01 생명 윤리 영역의 윤리적 쟁점으로 가장 적절한 것은?

① 안락사를 허용해야 하는가?

② 예술과 도덕은 갈등할 수밖에 없는가?

③ 직업을 통해 어떻게 행복한 삶을 영위할 수 있는가?

④ 정보 사회에서 표현의 자유는 어디까지 허용해야 하는가?

02 ㉠, ㉡에 들어갈 용어로 알맞은 것은?

> 〈칸트(Kant, I.)의 도덕 법칙〉
> • 네 의지의 준칙이 언제나 동시에 (㉠) 입법의 원리가 되도록 행위하라.
> • 너 자신이나 다른 사람의 인격을 언제나 동시에 (㉡)으로 대우하라.

	㉠	㉡
①	상대적	수단
②	보편적	목적
③	보편적	수단
④	상대적	목적

03 공리주의 관점으로 옳은 것을 〈보기〉에서 고른 것은?

> ─── 〈보기〉 ───
> ㄱ. 행위의 동기 강조
> ㄴ. 유용성의 원리 강조
> ㄷ. 보편타당한 도덕 법칙 추구
> ㄹ. 최대 다수의 최대 행복의 원리 추구

① ㄱ, ㄴ

② ㄱ, ㄷ

③ ㄴ, ㄹ

④ ㄷ, ㄹ

04 통일 한국이 지향하는 보편적 가치가 <u>아닌</u> 것은?

① 평화

② 인권

③ 차별

④ 자유

05 (가), (나)에 들어갈 내용으로 적절하지 <u>않은</u> 것은?

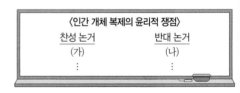

> 〈인간 개체 복제의 윤리적 쟁점〉
> | 찬성 논거 | 반대 논거 |
> |---|---|
> | (가) | (나) |
> | ⋮ | ⋮ |

① (가) : 가족 관계를 명확하게 할 수 있다.

② (가) : 불임 부부의 고통을 해소할 수 있다.

③ (나) : 인간의 존엄성을 훼손할 수 있다.

④ (나) : 자연의 고유한 질서를 해칠 수 있다.

06 다음에서 설명하는 사상은?

- 도덕적 인격 완성 강조
- 대동 사회(大同社會)를 이상 사회로 제시
- 이상적 인간상으로 성인(聖人), 군자(君子)를 제시

① 유교 　　　　② 도가
③ 법가 　　　　④ 불교

07 ㉠에 들어갈 성(性)의 가치로 적절한 것은?

생식적 가치	성(性)은 새로운 생명을 탄생시키는 원천이다.
㉠	성(性)은 남녀 상호 간의 존중과 배려를 실현해 준다.

① 교환적 가치 　　② 인격적 가치
③ 수단적 가치 　　④ 물질적 가치

08 교사의 질문에 대한 대답으로 적절하지 않은 것은?

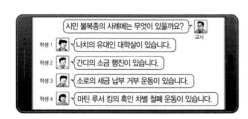

시민 불복종의 사례에는 무엇이 있을까요? 교사
학생 1 나치의 유대인 대학살이 있습니다.
학생 2 간디의 소금 행진이 있습니다.
학생 3 소로의 세금 납부 거부 운동이 있습니다.
학생 4 마틴 루서 킹의 흑인 차별 철폐 운동이 있습니다.

① 학생 1 　　　② 학생 2
③ 학생 3 　　　④ 학생 4

09 부부간의 바람직한 윤리적 자세를 〈보기〉에서 고른 것은?

〈보기〉
ㄱ. 서로 존중하고 협력해야 한다.
ㄴ. 배려하며 부족함을 보완해야 한다.
ㄷ. 능력 차이를 인정하여 위계 질서를 세워야 한다.
ㄹ. 경제 활동은 남성이, 육아는 여성이 담당해야 한다.

① ㄱ, ㄴ 　　　② ㄱ, ㄷ
③ ㄴ, ㄹ 　　　④ ㄷ, ㄹ

2021년 1회

10 다음 내용과 관련된 공자의 사상은?

"임금은 임금다워야 하고, 신하는 신하다워야 하며, 부모는 부모다워야 하고, 자식은 자식다워야 한다."

① 겸애(兼愛) 　　② 정명(正名)
③ 무위(無爲) 　　④ 해탈(解脫)

11 예술에 대한 도덕주의 입장으로 가장 적절한 것은?

① 순수 예술론을 지지한다.
② 예술의 독립성만을 강조한다.
③ 예술에 대한 윤리적 규제를 반대한다.
④ 예술은 교훈적인 본보기를 제공해야 한다.

12 다음에서 소개하는 윤리 사상가는?

◈도덕 인물 카드◈
• 미국의 신학자로 사회 윤리를 강조함
• 사회 구조와 제도 개선의 필요성을 강조함
• 저서 : 『도덕적 인간과 비도덕적 사회』

① 노직   ② 벤담
③ 니부어   ④ 슈바이처

13 다음 사례와 관련 있는 롤스(Rawls, J.)의 정의의 원칙은?

• 여성 고용 할당
• 국가 유공자 특별 대우
• 지역 균형 선발
• 농어촌 자녀 특례 입학

① 차등의 원칙   ② 교정의 원칙
③ 취득의 원칙   ④ 경쟁의 원칙

14 (가)에 들어갈 개념은?

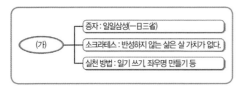

(가) ─ 증자 : 일일삼성(一日三省)
     ─ 소크라테스 : 반성하지 않는 삶은 살 가치가 없다.
     ─ 실천 방법 : 일기 쓰기, 좌우명 만들기 등

① 사실 판단   ② 윤리적 성찰
③ 가치 전도   ④ 쾌락의 역설

15 다음에 해당하는 정보 윤리의 기본 원칙은?

• 정보화 혜택의 차별 없는 분배
• 사이버 공간에서의 규칙과 법 준수

① 정의   ② 갈등
③ 익명성   ④ 무관심

16 대중문화에 대한 윤리적 규제를 반대하는 입장을 〈보기〉에서 고른 것은?

─〈보기〉─
ㄱ. 성의 상품화를 예방할 수 있다.
ㄴ. 자율성과 표현의 자유를 중시한다.
ㄷ. 대중은 다양한 대중문화를 즐길 권리가 있다.
ㄹ. 대중의 정서에 미칠 부정적 영향을 방지한다.

① ㄱ, ㄴ   ② ㄴ, ㄷ
③ ㄴ, ㄹ   ④ ㄷ, ㄹ

17 과학 기술 지상주의의 관점으로 가장 적절한 것은?

① 과학 기술의 발전을 비관적으로 본다.
② 과학 기술이 역기능만을 유발한다고 본다.
③ 과학 기술의 여러 혜택과 성과를 부정한다.
④ 과학 기술이 모든 문제를 해결할 수 있다고 본다.

18 공직자가 지녀야 할 바람직한 자세로 적절하지 <u>않은</u> 것은?

① 공익을 실현하기 위해 노력해야 한다.

② 위임받은 권한을 남용하지 말아야 한다.

③ 국민을 위해 봉사하는 자세를 지녀야 한다.

④ 대가성 없는 뇌물은 온정으로 받아야 한다.

19 ㉠에 들어갈 내용으로 적절하지 <u>않은</u> 것은?

> **주제 : 지속 가능한 발전의 특징과 실천 방법**
> 1. 특징
>   – 미래 세대도 현세대만큼 잘살 수 있게 하는 범위에서 경제 성장과 환경 보전의 조화를 추구하는 발전
> 2. 실천 방법
>   – 온실 가스 배출 규제, (㉠   )
>   – 환경 문제에 대한 국제 공조 체제 마련

① 에너지 절약

② 쓰레기 재활용

③ 친환경 에너지 개발

④ 일회용품 사용 권장

20 다음에서 인간 중심주의 윤리의 관점에만 '✔'를 표시한 학생은?

관점 \ 학생	A	B	C	D
• 자연은 인간의 이익을 위한 도구이다.		✔		
• 모든 생명체는 내재적 가치를 지닌다.			✔	✔
• 인간과 자연을 동등하게 고려해야 한다.	✔		✔	

① A

② B

③ C

④ D

21 싱어(Singer, P.)가 주장하는 해외 원조에 대한 입장으로 가장 적절한 것은?

① 질서 정연한 사회의 구성원이 되도록 원조한다.

② 원조는 개인과 국가의 자율적 선택의 문제이다.

③ 고통을 감소시키고 쾌락을 증진하는 것은 인류의 의무이다.

④ 원조를 통해 재화를 똑같이 나누는 것은 국제적 정의이다.

22 종교 갈등 해결을 위한 바람직한 자세로 적절한 것을 〈보기〉에서 고른 것은?

〈보기〉
ㄱ. 자신이 믿는 종교만을 맹신한다.
ㄴ. 타인에게 자신의 믿음을 강요한다.
ㄷ. 대화를 통해 다른 종교에 대한 이해를 높인다.
ㄹ. 사랑, 평화와 같은 가치를 실천하고자 노력한다.

① ㄱ, ㄴ   ② ㄴ, ㄷ
③ ㄴ, ㄹ   ④ ㄷ, ㄹ

23 다음은 어느 학생의 서술형 평가 답안이다. 밑줄 친 ㉠~㉣ 중 옳지 않은 것은?

문제 : 윤리적 소비의 특징과 실천 방법을 서술하시오.
〈학생 답안〉
　윤리적 소비는 ㉠ 이웃을 고려하고 자연 환경까지 생각하는 소비 형태이다. 그리고 그 유형으로는 ㉡ 인권 향상을 고려하는 착한 소비, ㉢ 대량 소비와 과시적 소비 등이 있다. 이를 생활 속에서 실천하기 위해서는 ㉣ 환경 마크나 공정 무역 마크가 부착된 제품을 구입한다.

① ㉠   ② ㉡
③ ㉢   ④ ㉣

24 다문화 사회의 시민 의식으로 적절하지 않은 것은?

① 문화적 편견을 극복해야 한다.
② 서로 다름과 차이를 인정한다.
③ 보편적 가치를 위협하는 문화를 수용해야 한다.
④ 인권과 평화를 위해 책임 있는 행동을 지향한다.

25 하버마스(Habermas, J.)의 이상적 담화 조건을 〈보기〉에서 고른 것은?

〈보기〉
ㄱ. 타인의 주장을 배척한다.
ㄴ. 자신의 오류 가능성을 인정하지 않는다.
ㄷ. 대화의 내용을 서로 이해할 수 있어야 한다.
ㄹ. 논의에 참여한 사람들은 진실성을 가지고 발언한다.

① ㄱ, ㄴ   ② ㄱ, ㄷ
③ ㄴ, ㄹ   ④ ㄷ, ㄹ

2021년도

제2회

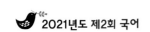

제1교시

국 어

정답 및 해설 382p |

01 다음 대화에서 영호의 말하기에 대한 설명으로 적절한 것은?

> 선생님 : 영호야, 이번에 낸 소감문 정말 잘 썼더라.
> 영호 : 아닙니다. 아직 여러모로 부족합니다.

① 자신을 낮추어 겸손하게 말하고 있다.
② 상대방의 의견에 동의하며 말하고 있다.
③ 대화 맥락에서 벗어난 내용을 말하고 있다.
④ 상대방의 기분을 고려하여 칭찬을 하고 있다.

02 다음 대화에서 손녀의 말하기의 문제점으로 적절한 것은?

> 손녀 : 할머니, 저 편의점 가서 혼밥* 하고 올게요.
> 할머니 : 혼밥이 뭐니?
> *혼밥 : '혼자 먹는 밥'의 의미로 쓰임.

① 생소한 지역 방언을 사용하였다.
② 직접 언급하기 꺼려하는 말을 사용하였다.
③ 맥락에 맞지 않는 관용 표현을 사용하였다.
④ 상대방이 이해하기 어려운 줄임말을 사용하였다.

03 다음 〈표준 발음법〉 규정에 따라 발음하지 <u>않</u>는 것은?

> **표준 발음법**
> [제20항] 'ㄴ'은 'ㄹ'의 앞이나 뒤에서 [ㄹ]로 발음한다.

① 경주는 <u>신라</u>의 서울이다.
② 새로운 <u>논리</u>를 전개했다.
③ <u>설날</u> 아침에 세배를 했다.
④ 어제 그를 <u>종로</u>에서 만났다.

04 밑줄 친 부분이 한글 맞춤법에 맞게 쓰인 것은?

① 그 약속은 <u>반듯이</u> 지키겠다.
② 우체국에서 부모님께 편지를 <u>붙였다</u>.
③ 정답을 <u>맞힌</u> 사람에게 선물을 주겠다.
④ 김장을 하려고 배추를 소금물에 <u>저렸다</u>.

05 (가)에서 설명하는 시제가 드러나 있는 것을 (나)의 ㉠~㉣에서 고른 것은?

> (가) 사건이 일어나는 시점이 말하는 시점인 현재보다 앞서 일어난 사건의 시제
> (나) 어제 학교에서 책을 ㉠ <u>읽었다</u>. 오늘은 가까운 도서관에 와서 책을 ㉡ <u>읽는다</u>. 예전에 ㉢ <u>읽은</u> 책이 눈에 띄어 다시 보고 있다. 앞으로도 책을 많이 ㉣ <u>읽어야</u> 겠다.

① ㉠, ㉡

② ㉠, ㉢

③ ㉡, ㉢

④ ㉢, ㉣

③ 쓰레기 불법 투기 계도를 위한 지도 요원
  배치

④ 공원 내 CCTV 증설을 통한 쓰레기 불법 투
  기 단속

06 ㉠~㉣에 나타난 중세 국어의 특징으로 적절
하지 <u>않은</u> 것은?

> 불·휘기·픈남·ᄀ ㉠ᄇᄅ·매아·니:뮐·씨
> 곶:됴·코여·름 ㉡·하ᄂ·니
> ㉢·식·미기·픈 ㉣·ᄆ·른 ·ᄀᄆ·래아·니
> 그·츨·씨
> :내·히이·러바·ᄅ·래·가ᄂ·니
>
> ‒ 「용비어천가」 제2장 ‒

① ㉠ : 모음 조화를 지키고 있다.

② ㉡ : ‘ㆍ(아래아)’를 사용하고 있다.

③ ㉢ : 주격 조사가 생략되어 있다.

④ ㉣ : 이어 적기로 표기하고 있다.

07 다음 개요의 ㉠에 들어갈 내용으로 적절하지
<u>않은</u> 것은?

> 주제 : 공원 내 쓰레기 불법 투기를 근절하자.
> Ⅰ. 서론 : 공원 내 쓰레기 불법 투기 실태
> Ⅱ. 본론
>   1. 공원 내 쓰레기 불법 투기의 원인
>   가. 공중도덕 준수에 대한 시민 의식 부족
>   나. 쓰레기 불법 투기에 대한 공원 측 관리 소홀
>   2. 공원 내 쓰레기 불법 투기의 해결 방안
>   ㉠
> Ⅲ. 결론 : 공원 내 쓰레기 불법 투기 근절을 위한
>   실천 촉구

① 공원 내 목줄 미착용 반려견 출입 제한

② 공중도덕 준수를 위한 시민 대상 캠페인 실시

08 ㉠~㉣에 대한 고쳐쓰기 방안으로 적절하지
<u>않은</u> 것은?

> 인터넷 게임 중독자는 일상생활에 ㉠ 적
> 응하거나 불편을 겪는 경우가 많다. 왜냐하
> 면 인터넷 게임 중독은 뇌 기능을 저하시켜
> 의사 결정 및 충동 조절 능력을 ㉡ 떨어뜨리
> 기 때문이다. ㉢ 인터넷은 정보 교환을 하기
> 위해 연결한 통신망이다. 인터넷 게임 중독
> 의 문제를 명확히 인식하고, 이에 대한 경각
> 심을 가져야 ㉣ 할것이다.

2021년 2회

① ㉠ : 문맥을 고려하여 ‘적응하지 못하거나’
  로 바꾼다.

② ㉡ : ‘왜냐하면’과 호응하도록 ‘떨어뜨린다’
  로 바꾼다.

③ ㉢ : 글의 통일성을 해치는 문장이므로 삭
  제한다.

④ ㉣ : 띄어쓰기가 잘못되어 있으므로 ‘할 것
  이다’로 고친다.

[09~11] 다음 글을 읽고 물음에 답하시오.

흔들리는 나뭇가지에 꽃 한번 피우려고
눈은 ㉠ 얼마나 많은 도전을 멈추지 않았으랴

㉡ 싸그락 싸그락 두드려 보았겠지
난분분[1] 난분분 춤추었겠지
㉢ 미끄러지고 미끄러지길 수백 번,

㉣ 바람 한 자락 불면 휙 날아갈 사랑을 위하여
햇솜[2] 같은 마음을 다 퍼부어 준 다음에야
마침내 피워 낸 저 황홀 보아라

봄이면 가지는 그 한 번 덴 자리에
세상에서 ⓐ 가장 아름다운 상처를 터뜨린다

— 고재종, 「첫사랑」 —

1) 난분분 : 눈이나 꽃잎 따위가 흩날리어 어지럽게.
2) 햇솜 : 당해에 새로 난 솜.

09 윗글의 표현상 특징으로 적절하지 않은 것은?

① 자연 현상을 통해 시상을 전개하고 있다.
② 청유형 문장을 통해 화자의 정서를 드러내고 있다.
③ 감각적 이미지를 활용하여 대상을 구체화하고 있다.
④ 비유적 표현을 활용하여 시적 의미를 형상화하고 있다.

10 다음과 관련하여 윗글을 감상할 때, ㉠~㉣ 중 시적 의미가 가장 이질적인 것은?

나뭇가지에 쌓이는 눈꽃을 피우기 위한 '눈'의 노력

① ㉠   ② ㉡
③ ㉢   ④ ㉣

11 ⓐ의 시적 의미와 표현 방법으로 적절한 것은?

	시적 의미	표현 방법
①	성숙한 사랑의 가치	역설법
②	첫사랑에 대한 그리움	대구법
③	미래에 대한 불길한 예감	역설법
④	지나간 사랑에 대한 미련	대구법

[12~14] 다음 글을 읽고 물음에 답하시오.

[앞부분의 줄거리] '나'의 집에 세 살던 권 씨는 아내의 수술비를 빌리고자 하지만 나는 거절한다. 뒤늦게 나는 권 씨 아내의 수술비를 마련해 주지만, 권 씨는 그 사실을 모른 채 그날 밤 강도로 들어온다.

얌전히 구두까지 벗고 양말 바람으로 들어온 강도의 발을 나는 그때 비로소 볼 수 있었다. 내가 그렇게 염려를 했는데도 강도는 와들와들 떨리는 다리를 옮기다가 그만 부주의하게 동준이의 발을 밟은 모양이었다. 동준이가 갑자기 칭얼거리자 그는 질겁을 하고 엎드리더니 녀석의 어깨를 토닥거리는 것이었다. 녀석이 도로 잠들기를 기다려 그는 복면 위로 칙칙하게 땀이 밴 얼굴을 들고 일어나서 내 위치를 흘끔 확인한 다음 본격적인 작업에 들어갔다. 터지려는 웃음을 꾹 참은 채 강도의 애교스러운 행각을 시종 주목하고 있던 나는 살그머니 상체를 움직여 동준이를 잠재울 때 이부자리 위에 떨어뜨린 식칼을 집어 들었다.

"연장을 이렇게 함부로 굴리는 걸 보니 당신 경력이 얼마나 되는지 알 만합니다."

내가 내미는 칼을 보고 그는 기절할 만큼 놀랐다. 나는 사람 좋게 웃어 보이면서 칼을 받아 가라는 눈짓을 보였다. 그는 겁에 질려 잠시 망설이다가 내 재촉을 받고 후닥닥 달려들어 칼자루를 낚아채 가지고는 다시 내 멱을 겨누었다. 그가 고의로 사람을 찌를 만한 위인이 못 되는 줄 일찍이 간파했기 때문에 나는 칼을 되돌려준 걸 조금도 후회하지 않았다. 아니나 다를까, 그는 식칼을 옆구리 쪽 허리띠에 차더니만 몹시 자존심이 상한 표정이 되었다.

"도둑맞을 물건 하나 제대로 없는 주제에 이죽거리긴!"

"그래서 경험 많은 친구들은 우리 집을 거들떠도 안 보고 그냥 지나치죠."

"누군 뭐 들어오고 싶어서 들어왔나? 피치 못할 사정 땜에 어쩔 수 없이……."

나는 강도를 안심시켜 편안한 맘으로 돌아가게 만들 절호의 기회라고 판단했다.

"그 피치 못할 사정이란 게 대개 그렇습니다. 가령 식구 중의 누군가가 몹시 아프다든가 빚에 몰려서……."

그 순간 강도의 눈이 의심의 빛으로 가득 찼다. ㉠ 분개한 나머지 이가 딱딱 마주칠 정도로 떨면서 그는 대청마루를 향해 나갔다. 내 옆을 지나쳐 갈 때 그의 몸에서는 역겨울 만큼 술 냄새가 확 풍겼다. 그가 허둥지둥 끌어안고 나가는 건 틀림없이 갈기갈기 찢어진 한 줌의 자존심일 것이었다. 애당초 의도했던 바와는 달리 내 방법이 결국 그를 편안케 하긴커녕 외려 더욱더 낭패케 만들었음을 깨닫고 나는 그의 등을 향해 말했다.

– 윤흥길, 「아홉 켤레의 구두로 남은 사내」 –

12 윗글에 대한 설명으로 적절한 것은?

① 공간의 대비를 통해 주제를 강조하고 있다.
② 과거 회상을 통해 갈등의 원인을 보여 주고 있다.
③ 작품 속 인물의 시각으로 사건을 서술하고 있다.
④ 계절적 배경을 묘사하여 인물의 심리를 암시하고 있다.

13 윗글에 나타난 '나'의 심리로 가장 적절한 것은?

① '강도'의 행위에 대해 두려워하지 않고 있다.
② '강도'에 대해 분노와 적대감을 느끼고 있다.
③ '강도'가 자신의 집에 들어온 까닭을 궁금해하고 있다.
④ '강도'에게 한 자신의 우호적인 말에 끝까지 만족하고 있다.

14 ㉠의 이유로 가장 적절한 것은?

① 수술비를 마련해 준 것을 알게 되어서
② 주인 가족에 대한 미안한 마음이 들어서
③ 자신을 배려해 준 것에 고마운 마음이 들어서
④ 자신의 정체를 들킨 것 같아 자존심이 상해서

[15~16] 다음 글을 읽고 물음에 답하시오.

> 가시리 가시리잇고 나는
> ᄇ리고 가시리잇고 나는
> 위 증즐가 대평셩ᄃᆡ(大平盛代)
>
> 날러는 엇디 살라 ᄒ고
> ᄇ리고 가시리잇고 나는
> 위 증즐가 대평셩ᄃᆡ(大平盛代)
>
> 잡ᄉ와 두어리마ᄂᆞ는
> 선ᄒᆞ면 아니 올셰라
> 위 증즐가 대평셩ᄃᆡ(大平盛代)
>
> 셜온 님 보내ᅌᅩ노니 나는
> 가시ᄂᆞᆫ 듯 도셔 오쇼셔 나는
> 위 증즐가 대평셩ᄃᆡ(大平盛代)
>
> ― 작자 미상, 「가시리」 ―

15 윗글에 대한 설명으로 적절한 것은?

① 후렴구의 반복을 통해 운율을 형성하고 있다.
② 선경후정을 통해 주제 의식을 강조하고 있다.
③ 자연과 인간을 대비하여 정서를 드러내고 있다.
④ 계절의 변화에 따라 대상의 속성을 드러내고 있다.

16 윗글의 화자에 대한 설명으로 적절하지 **않은** 것은?

① 1연 : 이별의 상황을 안타까워함.
② 2연 : 임에 대한 헌신과 순종을 다짐함.
③ 3연 : 임을 붙잡고 싶어 함.
④ 4연 : 임과의 재회를 간절히 소망함.

[17~19] 다음 글을 읽고 물음에 답하시오.

[앞부분의 줄거리] 옥영과 혼인하려던 최척은 왜병의 침입을 막기 위해 의병으로 전쟁에 나가게 된다. 전쟁에서 돌아온 최척은 옥영과 혼인해 행복하게 살지만, 또 다른 전란의 발생으로 옥영과 다시 헤어진다.

　최척은 홀로 선창(船窓)에 기대 자신의 신세를 생각하다가, 짐 꾸러미 안에서 통소를 꺼내 슬픈 곡조의 노래를 한 곡 불어 가슴속에 맺힌 슬픔과 원망을 풀어 보려 했다. 최척의 통소 소리에 바다와 하늘이 애처로운 빛을 띠고 구름과 안개도 수심에 잠긴 듯했다. 뱃사람들도 그 소리에 놀라 일어나 모두들 서글픈 표정을 지었다. 그때 문득 일본 배에서 염불하던 소리가 뚝 그쳤다. 잠시 후 조선말로 시를 읊는 소리가 들렸다.

> [A]
> 왕자교(王子喬) 통소 불 제 달은 나지막하고
> 바닷빛 파란 하늘엔 이슬이 자욱하네.
> 푸른 난새 함께 타고 날아가리니
> 봉래산 안개 속에서도 길 잃지 않으리.

　시 읊는 소리가 그치더니 한숨 소리, 쯧쯧 혀 차는 소리가 들려왔다. 최척은 시 읊는 소리를 듣고는 깜짝 놀라 얼이 빠진 사람 같았다. 저도 모르는 새 통소를 땅에 떨어뜨리고 마치 죽은 사람처럼 멍하니 서 있었다. 송우가 말했다.

　"왜 그래? 왜 그래?"

　거듭 물어도 대답이 없었다. 세 번째 물음에 이르러서야 비로소 최척은 뭔가 말을 하려 했지만 목이 막혀 말을 하지 못하고 눈물만 하염없이 흘렸다. 최척은 잠시 후 마음을 진정시킨 뒤 이렇게 말했다.

　"저건 내 아내가 지은 시일세. 우리 부부 말곤 아무도 알지 못하는 시야. 게다가 방금 시를 읊던 소리도 아내 목소리와 흡사해. 혹 아내가 저 배에 있는 게 아닐까? 그럴 리 없을 텐데 말야."

　그러고는 자기 일가가 왜적에게 당했던 일의 전말을 자세히 말했다. 배 안에 있던 사람들이 모두 놀랍고 희한한 일로 여겼다.

〈중략〉

옥영은 어젯밤 배 안에서 최척의 퉁소 소리를 들었다. 조선가락인 데다 귀에 익은 곡조인지라, 혹시 자기 남편이 저쪽 배에 타고 있는 것이 아닐까 의심하여 시험 삼아 예전에 지었던 시를 읊어 본 것이었다. 그러던 차에 밖에서 최척이 말하는 소리를 듣고는 허둥지둥 엎어질 듯이 배에서 뛰어내려 왔다.

최척과 옥영은 마주 보고 소리치며 얼싸안고 모래밭을 뒹굴었다. 기가 막혀 입에서 말이 나오지 않았다. 눈물이 다하자 피눈물이 나왔으며 눈에 아무것도 보이지 않았다.

– 조위한, 「최척전」 –

17 윗글에 대한 설명으로 적절한 것은?

① 동물을 의인화하여 풍자 효과를 높이고 있다.

② 꿈과 현실을 교차하여 사건을 입체적으로 나타내고 있다.

③ 자연물에 감정을 이입하여 작품의 분위기를 드러내고 있다.

④ 인물의 행위에 대한 작가의 부정적 평가가 직접적으로 제시되어 있다.

18 [A]의 기능으로 가장 적절한 것은?

① 왜적에 대한 복수를 결심하는 계기

② 전란으로 헤어졌던 인물들이 재회하는 계기

③ 부귀를 누렸던 인물이 과거를 회상하는 계기

④ 사건의 전모를 깨달은 인물이 신분을 밝히는 계기

19 윗글의 인물에 대한 설명으로 가장 적절한 것은?

① '최척'은 자신의 처지를 떠올리며 퉁소를 불고 있다.

② '옥영'은 시를 지어서 '송우'의 물음에 화답하고 있다.

③ '옥영'은 염불 소리를 듣고 '최척'이 일본 배에 타고 있음을 확인하고 있다.

④ '최척'은 배 안의 사람들이 왜적에게 당했던 일의 전말을 듣고 망연자실하고 있다.

[20~22] 다음 글을 읽고 물음에 답하시오.

2021년 2회

외부 효과란 누군가의 행동이 타인에게 이익이나 손실을 발생시키는 것을 말한다. 외부 효과가 타인에게 이익을 주면 긍정적 외부 효과인 외부 경제, 반대로 손실을 끼치면 부정적 외부 효과인 외부 불경제가 된다. 예컨대 꽃집에서 화사한 화분을 진열해 놓은 모습을 보면 기분이 좋아지지만, 낡은 트럭에서 내뿜는 시커먼 매연은 불편을 ㉠ 초래한다. 꽃집은 타인에게 외부 경제를, 매연을 내뿜는 트럭은 외부 불경제를 제공한 것이다.

누이 좋고 매부 좋은 외부 경제는 권장할 일이다. 그러나 본인에게는 좋지만 타인에게는 해를 끼치는 외부 불경제는 심각한 갈등과 비용을 ㉡ 유발하기에 늘 사회적 관심사가 된다. 따라서 외부 불경제를 법으로 규제하거나 부정적 외부 효과를 시정하기 위해 ㉢ 고안된 세금인 '피구세'를 물리기도 한다. 피구세는 첫 제안자인 영국의 경제학자 아서 피구의 이름을 딴 것으로, 외부 불경제를 유발한 당사자에게 세금을 물림으로써 외부 효과를 내부화, 즉 본인 부담이 되게끔 만드는 것이다.

한편 피구세 중에서도 국민 건강과 복지에 나쁜 영향을 끼치는 특정 품목의 소비를 억제하기 위해 물리는 세금을 죄악세라고 한다. 일부 국가에서 ㉣ 논의되었던 설탕세(당 함유 제품에 부과하는 세금)가 이에 해당한다. 설탕은 본인의 건강을 해치는 것은 물론 사회적으로도 의료 수요 증가, 건강 보험 재정 악화 등의 부정적 외부 효과를 유발하므로 이를 억제하고자 세금을 부과하는 것이다.

– 오형규, 「외부 효과와 죄악세」 –

20 윗글에 대한 설명으로 적절하지 <u>않은</u> 것은?

① 개념을 풀이하며 화제를 제시하고 있다.
② 전문가의 이론을 시대순으로 설명하고 있다.
③ 구체적인 사례를 활용하여 이해를 돕고 있다.
④ 속담을 활용하여 설명 대상의 특성을 제시하고 있다.

21 윗글의 내용과 일치하는 것은?

① 외부 경제를 유발한 당사자에게는 피구세를 물린다.
② 낡은 트럭에서 내뿜는 매연은 외부 경제로 볼 수 있다.
③ 외부 불경제는 사회적 관심이 높으므로 규제하지 못한다.
④ 죄악세는 부정적 외부 효과를 억제하기 위해 물리는 세금이다.

22 ㉠~㉣의 사전적 의미로 적절하지 <u>않은</u> 것은?

① ㉠ : 일의 결과로서 어떤 현상을 생겨나게 함.
② ㉡ : 어떤 것이 다른 일을 일어나게 함.
③ ㉢ : 참고로 비교하고 대조하여 봄.
④ ㉣ : 어떤 문제에 대하여 서로 의견을 내어 토의함.

[23~25] 다음 글을 읽고 물음에 답하시오.

○○ 지역 신문 칼럼   2○○○년 ○월 ○일

심폐 소생술을 배우자

텔레비전을 함께 보던 가족이 갑자기 의식을 잃고 쓰러졌을 때, 우리가 할 수 있는 일은 무엇일까요? 바로 심폐 소생술입니다.

일반적으로 심장 정지 후 뇌가 손상되기 시작하고, 6분이 지나면 뇌사 상태가 됩니다. 이후 불과 10분 만에 사람은 생물학적 사망에 이르게 됩니다. 이를 통해 심정지 발생 후 초기 대응시간이 환자의 생사를 좌우한다는 것을 알 수 있습니다. 따라서 심정지 환자를 발견하면 즉시 응급 처치를 해야 하는데, 이때 필요한 것이 심폐 소생술입니다.

하지만 많은 사람들이 심폐 소생술이 무엇인지, 이를 어떻게 해야 하는지 모를뿐더러 일부 사람들은 오히려 자신의 응급 처치가 환자에게 해를 끼칠지도 모른다고 걱정합니다. 이러한 걱정을 떨쳐 버릴 수 있는 가장 좋은 방법은 심폐소생술을 배우는 것입니다. 실제와 유사한 상황에서 실습 위주의 심폐 소생술 교육을 받고 반복적으로 연습하면, 실제 상황이 발생했을 때 당황하지 않고 심폐 소생술을 실행할 수 있을 것입니다.

응급 상황은 예고 없이 찾아옵니다. 그럴 때 도울 방법을 몰라 응급 환자를 보고만 있을 수밖에 없다면 그 안타까움은 이루 말할 수 없을 것입니다. 소중한 생명을 ㉠ 지키기 위해 심폐 소생술을 배우고 익힙시다.

23 윗글의 서술상 특징으로 가장 적절한 것은?

① 묻고 답하는 방법으로 중심 화제를 제시하고 있다.
② 다양한 관점에서 문제 해결 방법을 소개하고 있다.
③ 대립되는 의견을 절충하여 결론을 제시하고 있다.
④ 중심 화제의 한계를 제시하며 글을 마무리하고 있다.

24 윗글에서 알 수 있는 내용으로 적절하지 <u>않은</u> 것은?

① 심정지 환자 발생 시 되도록 빨리 응급 처치를 해야 한다.

② 실습 위주의 심폐 소생술 교육은 실제 상황 발생 시 유용하다.

③ 심정지의 발생 원인을 제거하기 위해 심폐 소생술 교육을 실시하고 있다.

④ 심폐 소생술 교육은 자신의 응급 처치가 환자에게 해가 될까 우려하는 사람들에게 도움이 된다.

25 밑줄 친 부분이 ㉠과 가장 유사한 의미로 쓰인 것은?

① 개는 집을 잘 지키는 동물이다.

② 경찰이 정문을 지키고 서 있었다.

③ 우리는 등교 시간을 꼭 지켜야 한다.

④ 누구든지 건강은 젊어서 지켜야 한다.

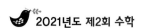
제2교시

수 학

정답 및 해설 386p

01 두 다항식 $A=2x^2+x$, $B=x^2-x$에 대하여 $A-B$는?

① x^2-2x ② x^2-x

③ x^2+x ④ x^2+2x

02 등식 $x^2+3x-7=x^2+ax+b$가 x에 대한 항등식일 때, 두 상수 a, b에 대하여 $a+b$의 값은?

① -5 ② -4

③ -3 ④ -2

03 다항식 x^3-2x+a가 $x-1$로 나누어떨어질 때, 상수 a의 값은?

① 1   ② 2

③ 3   ④ 4

04 다항식 x^3+3^3을 인수분해한 식이 $(x+3)(x^2-3x+a)$일 때, 상수 a의 값은?

① 1   ② 3

③ 6   ④ 9

05 $i(1+2i)=a+i$일 때, 실수 a의 값은? (단, $i=\sqrt{-1}$)

① -2 ② -1

③ 1   ④ 2

06 이차방정식 $x^2-4x-5=0$의 두 근을 α, β라고 할 때, $\alpha+\beta$의 값은?

① 2   ② 3

③ 4   ④ 5

07 $-1 \leq x \leq 2$일 때, 이차함수 $y = x^2 - 3$의 최솟값은?

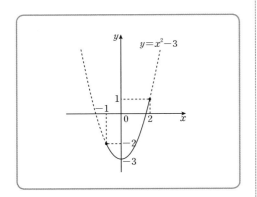

① -3 ② -2

③ -1 ④ 0

08 삼차방정식 $x^3 + ax^2 - 2x - 1 = 0$의 한 근이 1일 때, 상수 a의 값은?

① 1 ② 2

③ 3 ④ 4

09 연립부등식 $\begin{cases} 3x < 2x + 5 \\ 4x > 3x - 1 \end{cases}$ 의 해가 $-1 < x < a$일 때, 상수 a의 값은?

① 5 ② 6

③ 7 ④ 8

10 그림은 부등식 $|x - 2| \leq 2$의 해를 수직선 위에 나타낸 것이다. 상수 a의 값은?

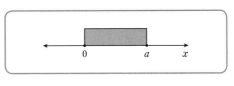

① 4 ② 5

③ 6 ④ 7

11 좌표평면 위의 두 점 $A(-2, 1)$, $B(2, 4)$ 사이의 거리는?

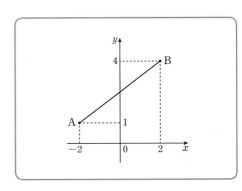

① 3 ② 4

③ 5 ④ 6

12 직선 $y = 2x + 3$에 평행하고, 점 $(0, 6)$을 지나는 직선의 방정식은?

① $y = \dfrac{1}{2}x + 1$ ② $y = \dfrac{1}{2}x + 6$

③ $y = 2x + 1$ ④ $y = 2x + 6$

13 두 점 A$(-1, -1)$, B$(3, 3)$을 지름의 양 끝 점으로 하는 원의 방정식은?

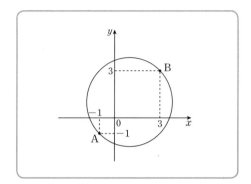

① $(x+1)^2+(y+1)^2=8$

② $(x+1)^2+(y-1)^2=8$

③ $(x-1)^2+(y+1)^2=8$

④ $(x-1)^2+(y-1)^2=8$

14 좌표평면 위의 점 $(2, 5)$를 x축에 대하여 대칭이동한 점의 좌표는?

① $(-2, -5)$　　② $(-2, 5)$

③ $(2, -5)$　　④ $(5, 2)$

15 두 집합 $A=\{1, 2, 3, 6\}$, $B=\{1, 2, 4, 8\}$에 대하여 $n(A \cap B)$의 값은?

① 2　　　　② 4

③ 6　　　　④ 8

16 명제 '$x=1$이면 $x^3=1$이다.'의 역은?

① $x=1$이면 $x^3 \neq 1$이다.

② $x \neq 1$이면 $x^3=1$이다.

③ $x^3=1$이면 $x=1$이다.

④ $x^3 \neq 1$이면 $x \neq 1$이다.

17 함수 $f : X \to Y$가 그림과 같을 때, $(f \circ f)(2)$의 값은?

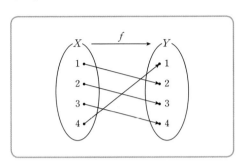

① 1 　　　　 ② 2

③ 3 　　　　 ④ 4

18 유리함수 $y = \dfrac{1}{x-a} + 4$의 그래프의 점근선은 두 직선 $x=3$, $y=4$이다. 상수 a의 값은?

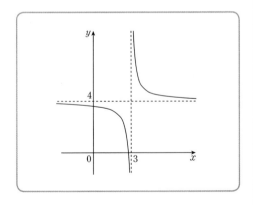

① 1 　　　　 ② 3

③ 5 　　　　 ④ 7

19 그림은 어느 하계 올림픽 경기 종목 중 4개의 종목을 나타낸 것이다. 이 4개의 종목에서 서로 다른 2개의 종목을 택하여 일렬로 나열하는 경우의 수는?

농구　　배구　　축구　　탁구

① 12 　　　　 ② 15

③ 18 　　　　 ④ 21

20 그림과 같이 5개의 정다면체가 있다. 이 5개의 정다면체에서 서로 다른 2개의 정다면체를 선택하는 경우의 수는?

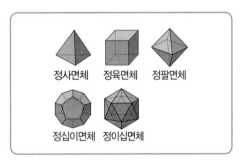

정사면체　정육면체　정팔면체

정십이면체　정이십면체

① 8 　　　　 ② 10

③ 12 　　　　 ④ 14

제3교시

영 어

정답 및 해설 389p |

[01~03] 다음 밑줄 친 부분의 뜻으로 가장 적절한 것을 고르시오.

01

> Science has brought many <u>benefits</u> to the world.

① 규칙　　　　② 목표

③ 의미　　　　④ 혜택

02

> I will <u>get along with</u> my classmates better this year.

① 감탄하다　　② 어울리다

③ 실망하다　　④ 경쟁하다

03

> <u>After all</u>, the news turned out to be true.

① 결국　　　　② 만약에

③ 적어도　　　④ 예를 들면

04 다음 밑줄 친 두 단어의 의미 관계와 <u>다른</u> 것은?

> When people ask me about my favorite <u>food</u>, I always answer that it is <u>pizza</u>.

① animal － horse

② danger － safety

③ vegetable － onion

④ emotion － happiness

05 다음 자선 달리기 행사 안내문에서 언급되지 <u>않은</u> 것은?

> **CHARITY RUN**
> Come out and show your support for cancer patients!
> • Date : September 24th
> • Time : 9 a.m.–4 p.m.
> • Place : Asia Stadium
> *Free T-shirts for participants

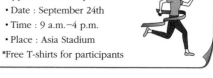

① 행사 날짜　　② 행사 시간

③ 행사 장소　　④ 행사 참가비

[06~08] 다음 빈칸에 공통으로 들어갈 말로 가장 적절한 것을 고르시오.

06

- She has a big smile on her _____.
- You should learn to _____ your problem.

① face ② heat
③ meet ④ walk

07

- Tom, _____ are you planning to go?
- There is a safe place _____ we can stay.

① who ② what
③ where ④ which

08

- Please calm _____ and listen to me.
- Could you turn _____ the volume?

① down ② for
③ into ④ with

09 다음 대화에서 밑줄 친 표현의 의미로 가장 적절한 것은?

A : I'm going to Germany next week. Any advice?
B : Remember to cut your potato with a fork, not a knife.
A : Why is that?
B : That's a German dining custom. <u>When in Rome, do as the Romans do.</u>

① 기회가 왔을 때 잡아야 한다.
② 진정한 배움에는 지름길이 없다.
③ 사귀는 친구를 보면 그 사람을 알 수 있다.
④ 다른 나라에 가면 그 나라의 풍습을 따라야 한다.

10 다음 대화에서 알 수 있는 B의 심정으로 가장 적절한 것은?

A : How do you like your new job?
B : It's a lot of work, but I like it very much.
A : Really? That's great.
B : Thanks. I'm very satisfied with it.

① 불안하다 ② 실망하다
③ 만족하다 ④ 지루하다

11 다음 대화가 이루어지는 장소로 가장 적절한 것은?

> A : I'd like to get a refund for this jacket.
> B : May I ask you what the problem is?
> A : It's too big for me.
> B : Would you like to exchange it for a smaller size?
> A : No, thank you.

① 옷 가게　　　② 경찰서
③ 은행　　　　④ 가구점

12 다음 글에서 밑줄 친 it이 가리키는 것으로 가장 적절한 것은?

> One day in math class, Mary volunteered to solve a problem. When she got to the front of the class, she realized that it was very difficult. But she remained calm and began to write the answer on the blackboard.

① blackboard　　② classroom
③ problem　　　④ school

[13~14] 다음 대화의 빈칸에 들어갈 말로 가장 적절한 것을 고르시오.

13

> A : ＿＿＿＿＿＿＿＿＿?
> B : Sure, Mom. What is it?
> A : Can you pick up some eggs from the supermarket?
> B : Okay. I'll stop by on my way home.

① Why are you so upset
② Will you teach me how
③ Can you do me a favor
④ How far is the bus stop

14

> A : How long have you been skating?
> B : ＿＿＿＿＿＿＿＿＿.

① I went skiing last month
② I have been skating since I was 10
③ I will learn how to skate this winter
④ I want to go skating with my parents

15 다음 대화의 주제로 가장 적절한 것은?

> A : What can we do to save electricity?
> B : We can switch off the lights when we leave rooms.
> A : I see. Anything else?
> B : It's also a good idea to use the stairs instead of the elevator.

① 조명의 중요성

② 전기 절약 방법

③ 대체 에너지의 종류

④ 엘리베이터 이용 수칙

16 다음 글을 쓴 목적으로 가장 적절한 것은?

> I want to express my thanks for writing a recommendation letter for me. Thanks to you, I now have a chance to study in my dream university. I will never forget your help and kindness.

① 감사하려고   ② 거절하려고

③ 사과하려고   ④ 추천하려고

17 다음 수영장 이용 규칙에 대한 안내문의 내용과 일치하지 않는 것은?

> **SWIMMING POOL RULES**
> You must :
> • take a shower before entering the pool.
> • always wear a swimming cap.
> • follow the instructions of the lifeguard.
>   *Diving is not permitted.

① 수영 후에는 샤워를 해야 한다.

② 항상 수영모를 착용해야 한다.

③ 안전 요원의 지시를 따라야 한다.

④ 다이빙은 허용되지 않는다.

18 다음 International Mango Festival에 대한 설명과 일치하지 않는 것은?

> The International Mango Festival, which started in 1987, celebrates everything about mangoes. It is held in India in summer every year. It has many events such as a mango eating competition and a quiz show. The festival provides an opportunity to taste more than 550 kinds of mangoes for free.

① 1987년에 시작되었다.

② 매년 여름 인도에서 열린다.

③ 망고 먹기 대회가 있다.

④ 망고를 맛보려면 돈을 내야 한다.

19 다음 글의 주제로 가장 적절한 것은?

> The increasing amount of food trash is becoming a serious environmental problem. Here are some easy ways to decrease the amount of food trash. First, make a list of the food you need before shopping. Second, make sure not to prepare too much food for each meal. Third, save the food that is left for later use.

① 분리수거 시 유의 사항
② 장보기 목록 작성 요령
③ 음식물 쓰레기를 줄이는 방법
④ 올바른 식습관 형성의 필요성

[20~21] 다음 글의 빈칸에 들어갈 말로 가장 적절한 것을 고르시오.

20

> The students at my high school have _____ backgrounds. They are from different countries such as Russia, Thailand, and Chile. I am quite happy to be in a multicultural environment with my international classmates.

① close   ② diverse
③ negative   ④ single

21

> Tate Modern is a museum located in London. It used to be a power station. After the station closed down in 1981, the British government decided to _____ it into a museum instead of destroying it. Now this museum holds the national collection of modern British artwork.

① balance   ② forbid
③ prevent   ④ transform

22 글의 흐름으로 보아 다음 문장이 들어가기에 가장 적절한 곳은?

> What if your favorite flavor is strawberry?

> Do you love ice cream? (①) Like most people, I love ice cream very much. (②) According to a newspaper article, your favorite ice cream flavor could show what kind of person you are. (③) For example, if your favorite flavor is chocolate, it means that you are very creative and enthusiastic. (④) It means you are logical and thoughtful.

23 다음 글의 바로 뒤에 이어질 내용으로 가장 적절한 것은?

> As you know, many young people these days suffer from neck pain. This is because they spend many hours per day leaning over a desk while studying or using smartphones. But don't worry. We have some exercises that can help prevent and reduce neck pain. This is how you do them.

① 현대인들의 목 통증의 원인
② 목 통증을 유발하기 쉬운 자세
③ 목 통증을 예방하고 줄일 수 있는 운동법
④ 스마트폰 사용 시간과 목 통증의 상관관계

[24~25] 다음 글을 읽고 물음에 답하시오.

> When comparing tennis with table tennis, there are some similarities and differences. First, they are both racket sports. Also, both players hit a ball back and forth across a net. _____, there are differences, too. While tennis is played on a court, table tennis is played on a table. Another difference is that a much bigger racket is used in tennis compared to table tennis.

24 윗글의 빈칸에 들어갈 말로 가장 적절한 것은?

① Finally
② However
③ Therefore
④ For example

25 윗글의 주제로 가장 적절한 것은?

① 탁구와 테니스의 경기 방법
② 탁구와 테니스의 운동 효과
③ 탁구와 테니스의 라켓 사용법
④ 탁구와 테니스의 유사점과 차이점

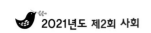
제4교시

사 회

정답 및 해설 394p

01 ㉠에 들어갈 것은?

> • 모든 국민은 인간으로서의 존엄과 가치를 가지며, (㉠)을/를 추구할 권리를 가진다. ……
>
> – 헌법 제10조 –
>
> • 아리스토텔레스는 (㉠)을/를 인간 존재의 목적이고 이유라고 하였다.

① 복지　　　　② 봉사

③ 준법　　　　④ 행복

02 (가)~(다)는 인권 보장과 관련된 사건이다. 발생 시기가 이른 순서대로 나열한 것은?

> (가) 영국의 권리 장전 승인
> (나) 독일의 바이마르 헌법 제정
> (다) 국제 연합[UN]의 세계 인권 선언 채택

① (가) – (나) – (다)

② (가) – (다) – (나)

③ (나) – (가) – (다)

④ (나) – (다) – (가)

03 다음에서 설명하는 것은?

> • 의미 : 비슷한 상품을 생산하는 기업들끼리 생산량과 가격을 사전에 협의하여 결정하는 것
>
> • 영향 : 시장의 자유로운 경쟁 제한, 소비자의 선택권 침해

① 신용　　　　② 예금

③ 담합　　　　④ 채권

04 ㉠에 들어갈 것은?

> | 경제신문 | ○○○○년 ○월 ○일 |
> |---|---|
>
> **대공황 극복의 길을 열다!**
>
> 1933년 미국의 루스벨트 대통령은 (㉠)으로 대공황 극복에 나섰다. (㉠)은 실업 구제 사업과 대규모 공공사업 등을 통해 유효 수요를 늘리려는 의도로 시작되었다.

① 뉴딜 정책　　　② 석유 파동

③ 시민 불복종　　④ 보이지 않는 손

05 다음에서 설명하는 것은?

> 국가가 보유한 생산 요소를 특정 상품 생산에 집중 투입하여 전문성과 생산성을 높이는 생산 방식이다.

① 화폐　　　　　　② 펀드
③ 편익　　　　　　④ 특화

06 다음은 권력 분립 제도와 관련된 헌법 조항이다. ㉠, ㉡에 들어갈 말을 알맞게 짝지은 것은?

> 제40조 입법권은 (㉠)에 속한다.
> 제66조 제4항 (㉡)은 대통령을 수반으로 하는 정부에 속한다.

	㉠	㉡
①	법원	사법권
②	법원	행정권
③	국회	사법권
④	국회	행정권

07 바람직한 생애 주기별 금융 설계에 대한 설명으로 적절한 것을 〈보기〉에서 고른 것은?

> 〈보기〉
> ㄱ. 생애 주기 전체를 고려하여 설계한다.
> ㄴ. 생애 주기별 과업을 바탕으로 재무 목표를 설정한다.
> ㄷ. 중·장년기에는 저축하지 않고 수입 전액을 지출한다.
> ㄹ. 미래 소득은 제외하고 현재 소득만을 고려하여 설계한다.

① ㄱ, ㄴ　　　　② ㄱ, ㄷ
③ ㄴ, ㄹ　　　　④ ㄷ, ㄹ

08 다음에서 설명하는 문화 변동의 양상은?

> • 의미 : 한 사회 내에 기존의 문화 요소와 전파된 다른 사회의 문화 요소가 각각 나란히 존재하는 것
> • 사례 : 필리핀 사람들은 미국에서 전파된 영어와 자국의 필리핀어를 공용어로 사용함.

① 문화 갈등　　　　② 문화 융합
③ 문화 성찰　　　　④ 문화 병존

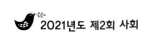

09 퀴즈에 대한 정답으로 옳은 것은?

 자격과 능력을 갖추었음에도 불구하고 여성이라는 이유로 고위직 승진을 가로막는 조직 내의 보이지 않는 장벽을 의미하는 말은 무엇일까요?

① 가상 현실　　　② 유리 천장

③ 사이버 범죄　　④ 소비자 주권

10 문화 사대주의에 대한 설명으로 옳은 것은?

① 문화의 우열을 평가하지 않는다.

② 자기 문화를 가장 우수한 것으로 생각한다.

③ 자기 문화를 기준으로 다른 문화를 부정적으로 본다.

④ 다른 문화를 자기 문화보다 우월한 것으로 믿고 동경한다.

11 ㉠에 들어갈 것으로 가장 적절한 것은?

(㉠)의 사례
- ○○기업은 오염 물질을 배출하여 사람들에게 피해를 주지만 어떠한 보상도 해 주지 않는다.
- 양봉업자가 과수원 주변에 꿀벌을 쳐서 과수원 주인은 더 많은 과일을 수확할 수 있게 되었지만 양봉업자에게 그 대가를 지급하지 않는다.

① 외부 효과　　　② 공정 무역

③ 규모의 경제　　④ 윤리적 소비

12 다음에서 설명하는 것은?

여러 민족의 다양한 문화를 하나로 녹여 그 사회의 주류 문화에 동화시키고자 하는 다문화 정책이다.

① 용광로 정책　　　② 셧다운제 정책

③ 고용 보험 정책　　④ 샐러드 볼 정책

13 자유주의적 정의관에 대한 설명으로 옳은 것은?

① 개인보다 국가나 사회가 우선한다.

② 개인의 자유에 최고의 가치를 부여한다.

③ 개인의 이익 추구보다 공동선의 달성을 중시한다.

④ 인간의 삶에서 개인보다 공동체가 가지는 의미를 중시한다.

14 다음과 같은 특징이 나타나는 기후 지역은?

- 기후 : 강수량이 적음.
- 농업 : 오아시스나 외래 하천 부근에서 관개 시설을 이용해 밀, 대추야자 등을 재배함.
- 전통 가옥 : 지붕이 평평한 흙벽돌집

① 열대 기후 지역　　② 건조 기후 지역

③ 온대 기후 지역　　④ 한대 기후 지역

15 다음에서 설명하는 자연재해는?

> • 저위도의 열대 해상에서 발생하여 우리나라에 영향을 미치는 열대 저기압
> • 강한 바람에 많은 비를 동반하여 큰 피해를 유발함.

① 가뭄　　　　② 지진
③ 태풍　　　　④ 폭설

16 ㉠에 들어갈 내용으로 적절하지 <u>않은</u> 것은?

> 　도시에서는 인공 구조물과 아스팔트, 콘크리트 등의 포장 면적이 증가하여 (　　㉠　　).

① 녹지 면적이 감소한다
② 농경지 확보가 유리해진다
③ 도심에 열섬 현상이 나타난다
④ 빗물이 토양에 잘 흡수되지 않는다

17 다음에서 설명하는 에너지 자원은?

> • 화석 연료이며, 연소 시 대기 오염 물질의 배출이 적음.
> • 냉동 액화 기술의 발달과 수송선이 개발되면서 소비량이 증가함.

① 석유　　　　② 석탄
③ 원자력　　　④ 천연가스

18 다음에서 설명하는 것은?

> • 의미 : 온라인상에서 사람과 사람을 연결해 주어 정보를 공유할 수 있는 서비스
> • 영향 : 인간관계 방식의 다양화와 정치 참여 기회의 확대

① 브렉시트(Brexit)
② 누리 소통망[SNS]
③ 인플레이션(inflation)
④ 배리어 프리(barrier free)

19 다음에서 설명하는 종교는?

> • 모스크에서 예배하며, 돼지고기와 술을 금기시한다.
> • 라마단 기간에 단식을 한다.

① 불교　　　　② 힌두교
③ 이슬람교　　④ 크리스트교

20 다음에서 설명하는 문화권은?

> • 역사 : 에스파냐와 포르투갈의 진출로 유럽 문화가 전파됨.
> • 언어 및 종교 : 에스파냐어와 포르투갈어, 가톨릭교
> • 인종(민족) : 원주민(인디오), 백인, 흑인, 혼혈인

① 북극 문화권
② 동아시아 문화권
③ 오세아니아 문화권
④ 라틴 아메리카 문화권

21 다음에서 설명하는 도시는?

> 다국적 기업의 본사, 생산자 서비스 기능, 금융 업무 기능 등이 집중되어 있고, 뉴욕, 런던, 도쿄 등이 대표적인 도시이다.

① 공업 도시　　　② 생태 도시

③ 세계 도시　　　④ 슬로 시티

22 ㉠에 들어갈 것으로 가장 적절한 것은?

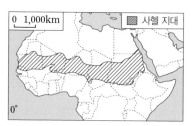

(㉠)는 극심한 가뭄이나 인간의 과도한 농경 및 목축으로 인해 토지가 황폐화되는 현상으로, 사헬 지대에서 대표적으로 나타난다.

① 사막화　　　② 산성비

③ 열대림 파괴　　　④ 폐기물 해양 투기

23 다음에 해당하는 갈등 지역은?

> • 갈등 당사국 : 중국, 필리핀, 브루나이, 말레이시아, 베트남 등
> • 내용 : 원유 및 천연가스 매장지 영유권 분쟁

① 기니만　　　② 카슈미르

③ 난사 군도　　　④ 쿠릴 열도

24 다음에 해당하는 인구 문제는?

> • 원인 : 결혼 및 자녀에 대한 가치관 변화와 여성의 사회 진출 증가
> • 영향 : 향후 노동력 부족 및 인구 감소

① 저출산　　　② 성차별

③ 인구 과잉　　　④ 인종 갈등

25 다음에서 설명하는 것은?

> • 두 개 이상의 주권 국가로 구성되어 국제법상 독자적인 지위를 갖는 조직이다.
> • 유럽 연합[EU], 국제 통화 기금[IMF] 등이 해당한다.

① 정당　　　② 국제기구

③ 이익 집단　　　④ 비정부 기구

과 학

제5교시

정답 및 해설 398p |

01 다음 중 질량이 있는 물체 사이에서 항상 당기는 방향으로 작용하는 힘은?

① 중력 ② 마찰력

③ 자기력 ④ 전기력

02 다음 중 바람의 운동 에너지를 전기 에너지로 전환하는 발전 방식은?

① 수력 발전 ② 풍력 발전

③ 화력 발전 ④ 태양광 발전

03 다음 물체 A~D 중 운동량이 가장 큰 것은?

물체	질량(kg)	속도(m/s)
A	2	1
B	2	2
C	3	1
D	3	2

① A ② B

③ C ④ D

04 그림과 같이 코일에 자석을 가까이 할 때 발생하는 유도 전류의 세기를 크게 하는 방법으로 옳은 것만을 〈보기〉에서 모두 고른 것은?

코일

─〈보기〉─

ㄱ. 더 강한 자석을 사용한다.

ㄴ. 자석의 움직임을 더 빠르게 한다.

ㄷ. 단위 길이당 코일의 감은 수를 적게 한다.

① ㄱ ② ㄷ

③ ㄱ, ㄴ ④ ㄴ, ㄷ

05 그림은 변압기의 구조를 나타낸 것이다. 1차 코일과 2차 코일에 걸리는 전압 크기의 비 $V_1 : V_2$ 는? (단, 도선과 변압기에서 에너지 손실은 무시한다.)

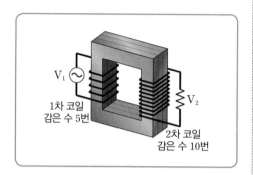

1차 코일 감은 수 5번
2차 코일 감은 수 10번

① 1 : 1 ② 1 : 2
③ 2 : 1 ④ 3 : 1

06 그림은 자유 낙하 하는 물체 A의 운동을 1초 간격으로 촬영한 것이다. ㉠ 구간의 거리는? (단, 공기 저항은 무시하고, 중력 가속도는 10 m/s^2으로 한다.)

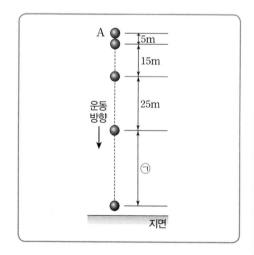

A
5m
15m
25m
운동 방향
㉠
지면

① 30m ② 35m
③ 40m ④ 45m

07 그림은 탄소의 원자 모형을 나타낸 것이다. 이에 대한 설명으로 옳은 것만을 〈보기〉에서 도두 고른 것은?

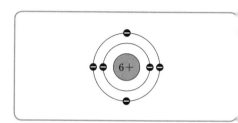

6+

〈보기〉

ㄱ. 전기적으로 중성이다.
ㄴ. 원자 번호는 6번이다.
ㄷ. 원자가 전자는 5개이다.

① ㄱ ② ㄷ
③ ㄱ, ㄴ ④ ㄴ, ㄷ

08 표는 몇 가지 원소의 가장 바깥쪽 전자 껍질에 배치되어 있는 전자 수를 나타낸 것이다. 이 중 주기율표에서 같은 족에 속하는 원소를 고른 것은?

원소	가장 바깥쪽 전자 껍질의 전자 수
He	2개
Li	1개
Na	1개
Cl	7개

① Li, Cl ② He, Cl
③ Li, Na ④ He, Na

09 다음 중 인체의 약 70%를 차지하며, 수소 원자 2개와 산소 원자 1개가 공유 결합하여 생성된 물질은?

① 물(H_2O)
② 암모니아(NH_3)
③ 염화 나트륨($NaCl$)
④ 수산화 나트륨($NaOH$)

10 다음 신소재의 공통적인 구성 원소는?

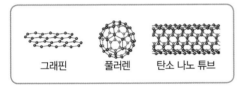

그래핀   풀러렌   탄소 나노 튜브

① 수소   ② 염소
③ 질소   ④ 탄소

11 다음은 몇 가지 염기의 이온화를 나타낸 것이다. 염기의 공통적 성질을 나타내는 이온은?

- $KOH \rightarrow K^+ + OH^-$
- $NaOH \rightarrow Na^+ + OH^-$
- $Ca(OH)_2 \rightarrow Ca^{2+} + 2OH^-$

① 칼륨 이온(K^+)
② 칼슘 이온(Ca^{2+})
③ 나트륨 이온(Na^+)
④ 수산화 이온(OH^-)

12 다음 중 산과 염기의 중화 반응 사례가 <u>아닌</u> 것은?

① 속이 쓰릴 때 제산제를 먹는다.
② 철이 공기 중의 산소와 만나 녹슨다.
③ 생선 요리에 레몬이나 식초를 뿌린다.
④ 산성화된 토양에 석회 가루를 뿌린다.

13 다음 설명에 해당하는 물질은?

- 기본 단위체인 아미노산의 다양한 조합으로 형성된 고분자 물질이다.
- 근육과 항체의 구성 물질이다.

① 핵산   ② 단백질
③ 지방산   ④ 셀룰로스

14 그림과 같이 물질을 종류에 따라 선택적으로 이동시키는 세포막의 특성은?

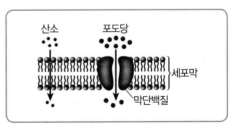

산소   포도당

세포막

막단백질

① 내성   ② 주기성
③ 종 다양성   ④ 선택적 투과성

15 다음 중 생명체 내에서 물질이 분해되거나 합성되는 모든 화학 반응은?

① 물질대사 　　　② 부영양화
③ 먹이 그물 　　　④ 유전적 다양성

16 그림은 세포 내 유전 정보의 흐름을 나타낸 것이다. 물질 ㉠은?

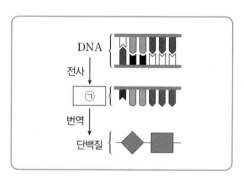

① RNA 　　　② 인지질
③ 글리코젠 　　　④ 중성 지방

17 그림은 식물 세포의 구조를 나타낸 것이다. A~D 중 세포막 바깥쪽에 있는 단단한 구조물로서 세포의 형태를 유지하는 역할을 하는 것은?

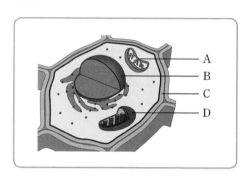

① A 　　　② B
③ C 　　　④ D

18 다음 중 벼, 메뚜기, 개구리 세 개체군이 살고 있는 지역의 안정된 생태계 평형 상태를 나타낸 것은? (단, 각 영양 단계의 면적은 생물량을 나타낸다.)

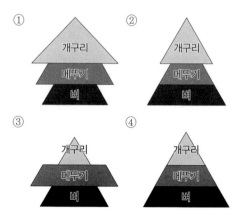

19 다음 중 생태계의 비생물적 요인은?

① 세균   ② 온도

③ 곰팡이   ④ 식물 플랑크톤

21 다음 중 밑줄 친 ㉠에서 상호 작용 하는 지구 시스템의 구성 요소는?

수온이 따뜻한 열대 해상에서 ㉠ 해수가 활발히 증발해 대기로 공급된 수증기가 응결하여 태풍이 발생한다.

① 수권과 기권   ② 수권과 지권

③ 외권과 지권   ④ 기권과 생물권

20 그림은 태양과 비슷한 질량을 가진 어느 별의 내부 구조이다. 다음 중 이 별에서 핵융합 반응으로 만들어진 원소는?

① 납   ② 철

③ 구리   ④ 헬륨

22 그림은 남아메리카판과 아프리카판의 경계와 두 판의 이동 방향을 화살표로 나타낸 것이다. 다음 중 발산형 경계 A에서 나타나는 지형은?

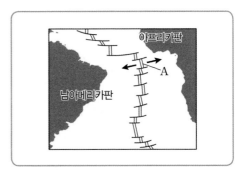

① 해구   ② 해령

③ 습곡 산맥   ④ 호상 열도

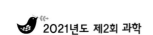
23 그림은 물의 순환을 나타낸 것이다. 다음 중 이 현상을 일으키는 지구 시스템의 주된 에너지원은?

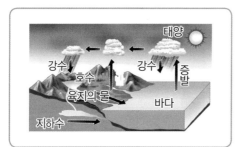

① 전기 에너지

② 조력 에너지

③ 태양 에너지

④ 지구 내부 에너지

24 그림은 높이에 따른 기권의 기온 분포를 나타낸 것이다. A~D 중 자외선을 흡수하는 오존층이 있으며 대류가 일어나지 <u>않는</u> 안정된 층은?

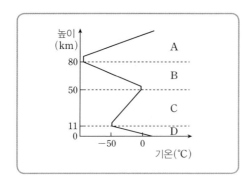

① A   ② B

③ C   ④ D

25 다음 설명에 해당하는 표준 화석은?

• 신생대에 번성하였다.

• 육지에 살았던 생물이다.

① 매머드   ② 삼엽충

③ 화폐석   ④ 암모나이트

한국사

제6교시

정답 및 해설 401p

01 다음 유물이 처음으로 제작된 시대의 생활 모습으로 옳은 것은?

〈빗살무늬 토기〉

① 민화가 유행하였다.
② 불교를 받아들였다.
③ 농경과 목축을 시작하였다.
④ 철제 농기구를 사용하였다.

02 다음에서 ㉠에 들어갈 나라는?

〈 ㉠ 의 8조법〉
– 사람을 죽인 자는 즉시 죽인다.
– 남에게 상처를 입힌 자는 곡식으로 갚는다.
– 도둑질을 한 자는 노비로 삼는다.

① 마한
② 백제
③ 신라
④ 고조선

03 다음에서 ㉠에 들어갈 사건은?

〈고구려와 수·당의 전쟁〉
• ☐ ㉠ : 수나라의 침입을 을지문덕이 물리침.
• 안시성 싸움 : 당나라의 침입을 성주와 백성들이 결사적으로 저항하여 물리침.

① 기묘사화
② 신미양요
③ 무신 정변
④ 살수 대첩

04 다음 중 발해에 대한 설명으로 옳은 것을 〈보기〉에서 고른 것은?

〈보기〉
ㄱ. 고구려 계승 의식을 내세웠다.
ㄴ. 당으로부터 해동성국이라 불리었다.
ㄷ. 화랑도를 국가적 조직으로 정비하였다.
ㄹ. 이성계가 건국한 후 한양으로 천도하였다.

① ㄱ, ㄴ
② ㄱ, ㄷ
③ ㄴ, ㄹ
④ ㄷ, ㄹ

05 다음에서 설명하는 고려의 왕은?

> • 쌍성총관부를 공격하여 철령 이북의 영토를 수복함.
> • 신돈을 등용하여 전민변정도감을 설치함.

① 성왕　　　　　② 공민왕

③ 장수왕　　　　④ 진흥왕

06 다음에서 ㉠에 들어갈 내용으로 가장 적절한 것은?

> 〈수행 평가 계획서〉
>
> 주제 : [　　　㉠　　　]
>
> • 1모둠 : 전시과 제도의 정비 과정에 대해 조사하기.
> • 2모둠 : 공음전, 군인전의 특징에 대해 조사하기.

① 고려의 토지 제도

② 삼국의 문물 교류

③ 조선의 대외 관계

④ 통일 신라의 신분 제도

07 다음에서 설명하는 고려의 공예품은?

> • 신라와 발해의 전통과 기술을 토대로 송의 자기 제작 기술을 받아들여 만들어짐.
> • 귀족 사회의 전성기인 11세기에 만들어진 비색의 자기임.

① 청자　　　　　② 활구

③ 거중기　　　　④ 신기전

08 다음에서 설명하는 고려의 인물은?

> ■ 역사 인물 카드 ■
>
> • 생몰 연도 : 1158~1210
> • 주요 활동
>   – 수선사 결사 조직
>   – 수행 방법으로 정혜쌍수, 돈오점수 제시
>   – 선·교 일치의 사상 체계 정립

① 계백　　　　　② 지눌

③ 김유신　　　　④ 김좌진

09 다음에서 설명하는 조선의 법전은?

> • 세조 때 편찬을 시작하여 성종 때 완성함.
> • 조선의 기본 법전으로 이·호·예·병·형·공전의 6전으로 구성됨.

① 경국대전　　　② 농사직설

③ 목민심서　　　④ 삼국사기

10 다음에서 ㉠에 들어갈 내용으로 옳은 것은?

> 〈정조의 정책〉
> – 규장각 운영
> – 장용영 설치
> – ㉠

① 대가야 정벌   ② 훈민정음 창제

③ 수원 화성 건설   ④ 노비안검법 실시

11 다음에서 설명하는 사건은?

> • 배경 : 청의 군신 관계 요구를 조선이 거절함.
> • 전개 : 청 태종이 침략하자 인조가 남한산성으로 피신하여 항전하였으나 삼전도에서 항복함.
> • 결과 : 조선은 청과 군신 관계를 맺음.

① 방곡령   ② 병자호란

③ 을미사변   ④ 홍경래의 난

12 다음에서 ㉠에 들어갈 조선의 수취 제도는?

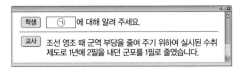

> 학생 ㉠ 에 대해 알려 주세요.
> 교사 조선 영조 때 군역 부담을 줄여 주기 위하여 실시된 수취 제도로 1년에 2필을 내던 군포를 1필로 줄였습니다.

① 과전법   ② 균역법

③ 진대법   ④ 호패법

13 다음에서 설명하는 사건은?

> **개화당, 새로운 세상을 꿈꾸다**
> 개화당의 김옥균, 박영효, 홍영식, 서재필 등은 우정총국 개국 축하연을 기회로 변란을 일으켜 근대 국가를 건설하고자 하였다.

① 갑신정변   ② 묘청의 난

③ 삼별초 항쟁   ④ 위화도 회군

14 다음에서 설명하는 종교는?

> • 경주의 몰락 양반인 최제우가 창시함.
> • 인내천 사상을 바탕으로 인간의 평등을 강조함.
> • 1894년 전봉준, 손화중 등 교도들이 농민 운동에 참여함.

① 도교   ② 동학

③ 대종교   ④ 원불교

15 다음 퀴즈의 정답으로 옳은 것은?

> 〈한국사 퀴즈〉
> **문제 : 다음 힌트를 듣고 정답을 말해 주세요.**
> • 힌트 1 – 흥선 대원군이 왕실의 권위를 높이기 위해 실시한 정책입니다.
> • 힌트 2 – 필요 경비를 마련하려고 당백전을 발행하였습니다.

① 경복궁 중건   ② 우산국 정복

③ 삼국유사 편찬   ④ 독서삼품과 실시

2021년 2회

16 밑줄 친 ㉠의 회원들이 벌인 활동으로 옳은 것은?

> 1907년 안창호, 양기탁 등이 설립한 ㉠ 비밀 결사 단체로 교육 진흥과 국민 계몽을 강조하고 해외에 독립운동 기지를 건설하였다.

① 강동 6주 개척

② 대동여지도 제작

③ 남북 기본 합의서 채택

④ 대성 학교와 오산 학교 설립

17 다음에서 설명하는 자주 국권 운동을 전개한 단체는?

> **대한 사람 모두 모이시오!**
> 만민 공동회는 남녀노소 누구나 참여할 수 있습니다.
> • 일자 : 1898년 ○월 ○○일
> • 취지 : 러시아 내정 간섭과 이권 요구 규탄
> • 운영 방법 : 토론회와 강연회

① 의열단

② 독립 협회

③ 북로 군정서

④ 미 · 소 공동 위원회

18 다음에서 설명하는 것은?

> 1919년 3 · 1 운동을 계기로 상하이에서 수립되었으며, 민주 공화제를 지향하고 연통제와 교통국을 조직하여 활동하였다.

① 삼정이정청

② 통리기무아문

③ 문맹 퇴치 운동

④ 대한민국 임시 정부

19 다음에서 일제 강점기 국가 총동원법이 적용된 시기의 상황으로 옳은 것은?

① 공출 제도가 실시되었다.

② 만적의 난이 발생하였다.

③ 강화도 조약이 체결되었다.

④ 전국에 척화비가 세워졌다.

20 다음에서 설명하는 단체는?

> • 어려운 독립운동 상황을 극복하기 위해 김구의 주도하에 조직됨.
> • 대표적인 활동으로 이봉창 의거와 윤봉길 의거가 있음.

① 별기군

② 교정도감

③ 한인 애국단

④ 조선어 학회

21 다음에서 ㉠에 들어갈 내용으로 가장 적절한 것은?

> **〈다큐멘터리 기획안〉**
> • 제목 : 일제의 역사 왜곡에 맞선 신채호
> • 기획 의도 : 역사학자 신채호의 활동을 조명한다.
> • 내용 : 1부 대한매일신보에 '독사신론'을 연재하다.
>   2부 _____㉠_____

① 동의보감을 편찬하다.
② 임오군란을 주도하다.
③ 해동 천태종을 창시하다.
④ 민족주의 사학을 연구하다.

22 다음 정책을 실시한 정부 시기에 일어난 사건은?

> • 유신 헌법 제정
> • 새마을 운동 실시
> • 한 · 일 협정 체결
> • 경제 개발 5개년 계획 추진

① 서원 철폐　　② 자유시 참변
③ 베트남 파병　　④ 금난전권 폐지

23 다음 대화 내용에 해당하는 민족 운동은?

① 형평 운동　　② 서경 천도 운동
③ 물산 장려 운동　　④ 좌 · 우 합작 운동

24 다음에서 설명하는 사건은?

> 1980년 5월, 비상계엄을 전국으로 확대한 신군부에 맞서 광주의 학생과 시민들은 '광주 시민 궐기문'을 발표하고 격렬하게 저항하였다. 당시의 관련 기록물은 2011년 유네스코 세계 기록 유산으로 등재되었다.

① 병인박해　　② YH 무역 사건
③ 교조 신원 운동　　④ 5 · 18 민주화 운동

25 다음에서 ㉠에 들어갈 내용으로 옳은 것은?

> _____㉠_____
> • 2000년에 개최된 남북 정상 회담의 결과로 발표됨.
> • 이산가족 방문, 개성 공단 건설 등 남북 교류에 합의함.

① 홍범 14조
② 교육입국 조서
③ 6 · 15 남북 공동 선언
④ 조 · 청 상민 수륙 무역 장정

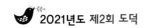

제7교시

도 덕

정답 및 해설 405p |

01 다음 쟁점들을 다루는 실천 윤리 분야로 가장 적절한 것은?

> • 사회 참여는 시민의 의무인가?
> • 사회적 가치의 공정한 분배 기준은 무엇인가?

① 생명 윤리 ② 사회 윤리
③ 과학 윤리 ④ 환경 윤리

02 다음에 해당하는 사랑과 성의 관계에 대한 관점은?

> • 결혼을 통해 이루어지는 성적 관계만이 옳다.
> • 배우자가 아닌 다른 사람과의 성적 관계는 부도덕하다.

① 자유주의 ② 중도주의
③ 보수주의 ④ 공리주의

03 ㉠에 들어갈 내용으로 옳은 것은?

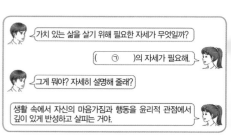

> 가치 있는 삶을 살기 위해 필요한 자세가 무엇일까?
>
> (㉠)의 자세가 필요해.
>
> 그게 뭐야? 자세히 설명해 줄래?
>
> 생활 속에서 자신의 마음가짐과 행동을 윤리적 관점에서 깊이 있게 반성하고 살피는 거야.

① 가치 전도 ② 특권 의식
③ 윤리적 성찰 ④ 이기적 실천

04 덕 윤리의 특징으로 옳은 것을 〈보기〉에서 고른 것은?

> ───〈보기〉───
> ㄱ. 도덕적 실천 가능성을 강조한다.
> ㄴ. 공동체의 전통과 역사를 중시한다.
> ㄷ. 인간의 감정과 인간관계를 무시한다.
> ㄹ. 공리의 원칙에 따른 행위만을 중시한다.

① ㄱ, ㄴ ② ㄱ, ㄷ
③ ㄴ, ㄹ ④ ㄷ, ㄹ

05 (가), (나)에 들어갈 내용으로 적절하지 <u>않은</u> 것은?

> 주제 : 동물 복제를 허용해야 하는가?
>
> 찬성 논거   반대 논거
> (가)   (나)
> ⋮   ⋮

① (가) : 회귀 동물을 보호할 수 있다.

② (가) : 우수한 품종을 개발할 수 있다.

③ (나) : 자연의 고유한 질서에 어긋난다.

④ (나) : 동물 종의 다양성 보존에 기여한다.

06 다음 설명에 해당하는 처벌에 대한 관점은?

> 처벌의 본질을 범죄 행위에 대해 응당한 보복을 가하는 것으로 본다.

① 예방주의   ② 공리주의

③ 응보주의   ④ 실용주의

07 다음을 주장한 사상가의 입장으로 옳은 것은?

> 〈정의의 두 원칙〉
> • 제1원칙 : 평등한 자유의 원칙
> 모든 사람은 다른 사람과 유사한 자유와 양립할 수 있는 가장 광범위한 기본적 자유에 대하여 동등한 권리를 가져야 한다.
> • 제2원칙 : 공정한 기회균등의 원칙, 차등의 원칙

① 개인의 기본적 자유를 보장해야 한다.

② 사회 구성원의 기본적 자유는 평등하지 않다.

③ 사회 전체의 이익을 위한 소수의 희생은 정당하다.

④ 부유층의 기본권이 빈곤층의 기본권보다 중요하다.

08 다음 설명에 해당하는 것은?

> • 유교에서 말하는 기본적인 인간관계에서 지켜야 할 다섯 가지 도덕규범.
> • 부자유친, 군신유의, 부부유별, 장유유서, 붕우유신.

① 오륜(五倫)   ② 충서(忠恕)

③ 삼학(三學)   ④ 좌망(坐忘)

09 (가)에 들어갈 용어로 적절한 것은?

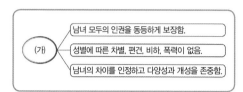

- 남녀 모두의 인권을 동등하게 보장함.
- (가) 성별에 따른 차별, 편견, 비하, 폭력이 없음.
- 남녀의 차이를 인정하고 다양성과 개성을 존중함.

① 성차별　　　　② 성폭력

③ 양성평등　　　④ 성 상품화

10 다음 중 시민 불복종의 정당화 조건으로 옳지 않은 것은?

① 처벌 감수　　　② 공동선 추구

③ 최후의 수단　　④ 폭력적 방법 사용

11 다음 제도가 강조하는 덕목은?

- 부패 방지법
- 내부 공익 신고 제도
- 부정 청탁 및 금품 수수 금지에 관한 법률

① 배려　　　　　② 관용

③ 청렴　　　　　④ 자선

12 다음에서 소개하는 윤리 사상가는?

◈도덕 인물 카드◈
- 고대 그리스의 철학자.
- "너 자신을 알라."라는 말을 강조함.
- 반성적으로 검토하는 삶이 중요하다고 주장함.

① 밀　　　　　　② 베이컨

③ 데카르트　　　④ 소크라테스

13 다음 중 과학 기술자의 윤리적 자세로 옳지 않은 것은?

① 연구 과정에서 표절이나 위조를 해서는 안 된다.

② 연구 및 실험 대상을 윤리적으로 대우해야 한다.

③ 연구 과정에서 부당한 저자 표기를 해서는 안 된다.

④ 연구 결과를 자신의 이익만을 위해 공개해야 한다.

14 다음에서 생태 중심주의 관점에만 '✔'를 표시한 학생은?

관점 \ 학생	A	B	C	D
• 인간은 자연보다 우월한 존재이다.	✔		✔	
• 동물은 인간을 위한 수단일 뿐이다.	✔			✔
• 자연 전체가 도덕적 고려의 대상이다.		✔		✔

① A
② B
③ C
④ D

15 다음 설명에 해당하는 정보 사회의 윤리적 문제점은?

> 교육, 소득 수준, 성별, 지역 등의 차이로 정보에 대한 접근과 이용에 차별이 발생하고, 그 결과 사회적·경제적 불평등이 초래되는 현상.

① 정보 격차
② 사생활 침해
③ 저작권 침해
④ 사이버 스토킹

16 (가)에 들어갈 사상은?

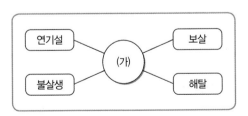

① 유교
② 불교
③ 도교
④ 기독교

17 예술의 상업화를 반대하는 입장으로 옳은 것을 〈보기〉에서 고른 것은?

> ─── 〈보기〉 ───
> ㄱ. 예술을 일반 대중들도 누릴 수 있게 해 준다.
> ㄴ. 예술가에게 예술 활동의 경제적 기반을 마련해 준다.
> ㄷ. 예술의 미적 가치와 윤리적 가치를 훼손할 수 있다.
> ㄹ. 예술 작품이 돈을 벌기 위한 투기 수단으로 사용된다.

① ㄱ, ㄴ
② ㄱ, ㄷ
③ ㄴ, ㄹ
④ ㄷ, ㄹ

2021년 2회

18 다음은 서술형 평가 문제와 학생 답안이다. 밑줄 친 ㉠~㉢ 중 옳지 않은 것은?

> 문제 : 뉴 미디어(new media)의 의미와 특징을 서술하시오.
>
> 〈학생 답안〉
> 뉴 미디어는 ㉠ 정보 통신 기술이 발달하면서 등장한 새로운 전달 매체이다. 뉴 미디어는 ㉡ 송신자와 수신자 간의 쌍방향 정보 교환이 불가능하지만, ㉢ 수신자가 원하는 시간에 정보를 볼 수 있게 해 주고, ㉣ 정보를 디지털화함으로써 신속하고 정확하게 처리하는 것이 가능하다.

① ㉠
② ㉡
③ ㉢
④ ㉣

19 다음에 해당하는 윤리 사상가는?

> • 도덕성을 판단할 때 행위의 결과보다 동기를 중시함.
> • 도덕 법칙은 정언 명령의 형식으로 제시됨을 주장함.

① 벤담　　　　② 칸트
③ 플라톤　　　④ 에피쿠로스

20 ㉠, ㉡에 들어갈 말이 옳게 짝지어진 것은?

(㉠) 소비	소비자가 자신의 경제력 내에서 가장 큰 효용과 만족을 주는 상품을 구매하는 것.
(㉡) 소비	소비자가 윤리적인 가치 판단의 신념에 따라 상품을 구매하는 것.

	㉠	㉡
①	윤리적	합리적
②	충동적	윤리적
③	합리적	충동적
④	합리적	윤리적

21 ㉠에 들어갈 용어로 가장 적절한 것은?

㉠ 윤리	
대표 사상가	**특징**
하버마스(Habermas, J.)	의사소통의 합리성 실현을 강조하며, 시민이 사회 문제 해결에 적극 참여하는 주체가 되어야 한다고 주장함.

① 담론　　　　② 배려
③ 의무　　　　④ 책임

22 다음에 해당하는 다문화 이론은?

> • 다른 맛을 가진 채소와 과일들이 그릇 안에서 서로 조화를 이루듯이 다양한 문화가 평등하게 조화를 이루어야 함.
> • 여러 인종, 여러 민족이 각자의 문화적 특성을 유지하며 조화를 이루어야 함.

① 샐러드 볼 이론
② 동화주의 이론
③ 국수 대접 이론
④ 자문화 중심주의 이론

23 다음 설명에 해당하는 인간의 특성으로 가장 적절한 것은?

> 인간은 시간과 공간의 한계를 넘어서기를 갈망하며, 그러한 한계를 극복하기 위해 신(神)과 같은 초월적 존재와 연관을 맺고자 하는 존재이다.

① 감각적 존재   ② 종교적 존재

③ 윤리적 존재   ④ 이기적 존재

24 ㉠에 들어갈 용어로 가장 적절한 것은?

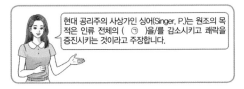

현대 공리주의 사상가인 싱어(Singer, P.)는 원조의 목적은 인류 전체의 (㉠)을/를 감소시키고 쾌락을 증진시키는 것이라고 주장합니다.

① 이익   ② 행복

③ 고통   ④ 복지

25 다음 중 남북통일 실현을 위한 올바른 자세가 아닌 것은?

① 주변국과 긴밀히 협력한다.

② 열린 마음으로 소통하고 배려를 실천한다.

③ 북한을 동반자가 아니라 경계 대상으로만 본다.

④ 국민적 합의에 근거하여 통일의 방법을 모색한다.

정답 및 해설

2023년도

제1회

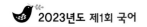

제1교시

국 어

정답

01 ③	02 ①	03 ④	04 ③	05 ②
06 ④	07 ④	08 ③	09 ④	10 ②
11 ④	12 ②	13 ①	14 ④	15 ②
16 ③	17 ①	18 ②	19 ①	20 ②
21 ②	22 ③	23 ①	24 ④	25 ④

해설

01 '부추'를 지역마다 각각 '분추, 솔, 졸, 정구지'라고 부르는 것은 지역에 따라 같은 대상을 다르게 표현한 것이다.

02 제시문의 속담들은 모두 말을 신중하게 해야 한다는 우리말의 담화 관습을 나타낸 것이다.

- 발 없는 말이 천 리 간다. → 말은 비록 발이 없지만 천 리 밖까지도 순식간에 퍼지니 말을 삼가야 한다.
- 화살은 쏘고 주워도, 말은 하고 못 줍는다. → 말은 한 번 하면 다시 주워 담기가 어려우니 말을 조심해야 한다.
- 가루는 칠수록 고와지고, 말은 할수록 거칠어진다. → 말은 옮길수록 거칠어지므로 함부로 하지 말아야 한다.

03

피동 접사 : -이-, -히-, -리-, -기-

'밝혔다'의 기본형은 '밝히다'로 '-히-'가 피동 접사가 아니므로 '밝다'의 피동 표현에 해당하지 않는다. '밝히다'는 '드러나지 않거나 알려지지 않은 사실, 내용, 생각 따위를 드러내 알리다'라는 의미의 동사이다.
① 업히다 → '업다'의 피동 표현
② 물리다 → '물다'의 피동 표현
③ 잡히다 → '잡다'의 피동 표현

04 닭을: [다글] → [달글]
'닭을'은 '닭'의 겹받침 'ㄺ'이 뒤에 오는 조사 '을'과 결합되어 'ㄺ'의 뒷받침 'ㄱ'이 '을'의 첫소리로 옮겨진다. 따라서 [달글]이라고 발음해야 한다.
① 값을 – [갑슬] – [갑쓸]
② 넋이 – [넉시] – [넉씨]

④ 앉아 – [안자]

05 '선생님께서 우리를 사랑하신다.'는 주격 조사 '께서'와 선어말 어미 '-시-'를 사용하여 주체인 '선생님'을 높이는 주체 높임법에 해당한다.
① 서술어 '모시다'의 대상인 '어머니'를 높이는 객체 높임법이다.
③ 서술어 '여쭈다'의 대상인 '아버지'에 부사격 조사 '께'를 사용하여 높인 객체 높임법이다.
④ 서술어 '찾아뵙다'의 대상인 '할아버지'를 높이는 객체 높임법이다.

[06~07]

06 (나)는 학생이 교장 선생님께 문제점을 찾아 해결 방안을 제안하는 건의문으로, 글쓴이의 주장을 뒷받침하기 위해 구체적인 설문 조사 결과를 제시한 내용은 나타나 있지 않다.
① 최근 자신을 포함해 매점에서 식품을 사 먹은 학생들이 배탈이 난 경험을 토대로 매점의 식품 안전에 대한 문제점을 드러내고 있다.
② 예상 독자인 '교장 선생님'이 수행할 수 있는 해결 방안인 '교내 식품 안전 지킴이' 제도의 도입을 제시하고 있다.
③ 건의 내용이 받아들여졌을 때 학생들이 안전한 먹거리를 섭취하고 바람직한 식습관을 형성할 수 있다는 예상 효과를 제시하고 있다.

07 학교 매점은 학생들에게 안전하고 영양가 있는 식품을 공급하도록 노력해야 하는데 우리 학교 매점은 그러한 노력을 소홀히 하고 있다고 하였으므로, 앞뒤의 문장 내용이 상반된다. 그러므로 ⓐ에 앞뒤의 문장 내용이 상반될 때 사용하는 접속 부사 '하지만'을 사용한 것은 적절하다. '그래서'는 앞뒤의 내용이 원인과 결과를 나타낼 때 사용하는 접속 부사이다.

08 ⓒ의 '일·홈 · 을'은 앞말의 종성을 적고 뒷말의 초성에 'ㅇ'을 적었으므로 끊어 적기에 해당한다. 이어 적기로 표기하면 앞말의 종성을 뒷말의 초성에 내려 적어야 하므로, '일호믈'이라고 표기해야 한다.

TIP 이어 적기 / 거듭 적기 / 끊어 적기

- **이어 적기(연철)** : 앞말의 종성을 뒷말의 초성에 내려 적는 것 **예** 기픈, 니믈
- **거듭 적기(중철)** : 앞말의 종성을 적고 뒷말의 초성에도 내려적는 것 **예** 깁픈, 님믈
- **끊어 적기(분철)** : 앞말의 종성을 적고 뒷말의 초성에는 'ㅇ'을 적는 것 **예** 깊은, 님을

[09~11]

이육사, 「절정」

- **갈래** : 자유시, 서정시
- **성격** : 저항적, 의지적, 상징적
- **제재** : 암울한 현실
- **주제** : 극한의 현실에 대한 초극 의지
- **특징**
  - 강렬한 시어와 남성적 어조를 통해 내면의 강인한 의지 표현
  - 현재행 시제를 사용하여 긴박감을 더하고 대결 의식을 나타냄
  - 역설적 표현을 통해 주제를 효과적으로 형상화함

09 ㉠, ㉡, ㉢은 모두 일제 강점기의 가혹한 현실을 나타내는 시어인 반면, ㉣의 '무지개'는 그러한 가혹한 현실을 초극하려는 시적 화자의 의지가 담긴 '희망'의 시어이다.

10 '매운 계절, 채찍, 북방, 고원, 서릿발 칼날' 등의 상징적 표현을 사용하여 화자가 처한 가혹한 상황을 부각하고 있다.
① 동일한 구절이 반복된 곳은 없다.
③ 수사법 중 의인법의 활용은 보이지 않는다.
④ 첫 연과 마지막 연이 다르므로, 수미 상관식 구조는 아니다.

11 해당 작품의 마지막 연인 '겨울은 강철로 된 무지갠가 보다'에서 시인은 역설법을 사용하여 극한 상황을 초월하려는 희망의 의지를 보여주고 있다. 즉, 이육사는 시인이자 항일 운동가로 해당 작품을 통해 극한의 상황에서도 꺾이지 않는 항일 의지를 표현하고 있다.

[12~14]

김유정, 「봄 · 봄」

- **갈래** : 단편 소설, 순수 소설, 농촌 소설
- **성격** : 해학적, 토속적
- **배경** : 시간 – 1930년대 봄 / 장소 – 강원도 산골의 농촌 마을
- **시점** : 1인칭 주인공 시점
- **제재** : 성례(결혼)
- **주제** : 우직하고 순박한 데릴사위와 그를 이용하는 교활한 장인 간의 갈등
- **특징**
  - 시간과 사건의 서술을 역순행적으로 구성함
  - 토속어, 방언, 비속어 등을 사용하여 향토성과 현장감을 생동감 있게 표현함

12 해당 작품의 서술자는 작품 속 주인공인 '나'로, 1인칭 주인공 시점이다. 작품 밖의 서술자가 인물의 심리를 묘사하는 것은 3인칭 전지적 작가 시점에 해당한다.
① 나와 장인, 그리고 구장과의 대화를 통해 사건을 전개하고 있다.
③ '나'라는 인물의 어리숙한 언행을 통해 해학성을 드러내고 있다.
④ 글의 서두에서 '1930년대의 어느 농촌'이라는 배경을 설정해 당시의 생활상을 묘사하고 있다.

13 구장은 처음에는 '자네 말두 하기야 옳지' 하면서 '나'의 입장에서 이야기를 시작하고 있다. 그러므로 '나'의 잘못을 언급하며 대화를 시작하고 있는 것은 아니다.
② 구장은 손해죄로 징역을 간다는 말로 '나'에게 겁을 주고 있다.
③ 구장은 법률에 성년이란 게 있다며 결혼에 대한 법률적 근거를 제시하고 있다.
④ 구장은 빙장님이 올 가을에 성례를 시켜 주겠다고 하셨다는 성례의 가능성을 제시하며 '나'를 회유하고 있다.

14 ㉣은 '나'의 상황에 대한 뭉태의 객관적 판단에도 불구하고 난 그렇게 생각 않는다는 '나'의 생각을 통해 '나'가 '뭉태'의 말에 전적으로 동의하고 있지 않음을 알 수 있다.

[15~16]

정극인, 「상춘곡」
- **갈래** : 은일 가사, 양반 가사
- **성격** : 서정적, 묘사적, 자연친화적
- **제재** : 봄의 아름다운 풍경
- **주제** : 봄의 경치를 감상하며 느낀 즐거움과 안빈낙도
- **특징**
  - 화자의 공간 이동에 따라 시상을 전개함
  - 다양한 표현법과 감각적 이미지를 사용하여 봄의 경치와 화자의 심경을 드러냄
  - 감정 이입을 통해 화자의 정서를 효과적으로 드러냄
  - 물아일체의 경지로 자연에 동화되는 화자의 모습을 구체적으로 드러냄

15 해당 작품의 갈래는 가사로, 시조와 마찬가지로 4음보의 율격이 주로 나타난다.
② 후렴구의 사용 → 고려 가요의 특징
③ 4구체, 8구체, 10구체 형식 → 향가의 특징
④ 초장, 중장, 종장의 3장 구성 → 시조의 특징

16 해당 작품에서 화자는 큰 고을의 주인이 아니라 '풍월주인', 곧 자연을 벗 삼아 살아가는 바람과 달의 주인이다. 또한 해당 작품은 임금의 은혜에 감사하는 연군가가 아니라, 봄의 정취를 만끽하는 풍류가에 해당한다.

[17~19]

작자 미상, 「춘향전」
- **갈래** : 고전 소설, 애정 소설, 판소리계 소설
- **성격** : 풍자적, 해학적
- **배경** : 시간 – 조선 후기 / 공간 – 전라남도 남원
- **시점** : 전지적 작가 시점
- **제재** : 암행어사 출두
- **주제** : 지고지순한 남녀 간의 사랑
          탐관오리에 대한 응징
          평등한 사회에 대한 갈망
- **특징**
  - 오랫동안 다양한 갈래로 재구성 됨
  - 운문체와 산문체가 복합적으로 등장함
  - 편집자적 논평이 드러남

17 해당 작품은 구전되어 온 근원 설화가 판소리로 공연되다가 기록물인 고전 소설로 정착된 판소리계 소설이다.
② 판소리계 소설은 민간에서 판소리로 불렸던 것이 한글 소설로 정착된 것이다.
③ 판소리계 소설은 조선 시대 평민과 양반 계층 모두가 향유하였다.
④ 판소리계 소설은 우리 문자가 없었던 시기에는 구전되다가 이후 훈민정음이 창제되면서 한글로 기록되었다.

18 (가)는 어사또의 출두에 변 사또와 수령들이 황급히 도망치는 모습을 언어유희를 통해 묘사하고 있으나, 의성어나 의태어 등의 음성 상징어를 활용하고 있지는 않다.

19 어사또가 춘향에게 "내 수청도 거역할까?"라고 말하며 수청 들 것을 명하였으나, 춘향이는 "바삐 죽여 주오."라고 말하며 어사또의 수청 제안을 거절하였다.
② 지난밤에 옥 문간에서 '걸인(어사또)'을 만난 사람은 춘향이다.
③ 춘향은 "내려오는 관장마다 모두 명관(名官)이로구나."라고 반어적으로 말하며, 내려오는 관장을 모두 부정적으로 평가했다.
④ 어사또의 정체를 알고 기쁨의 눈물을 흘린 사람은 춘향이다.

[20~22]

20 (나)에서 사회적 약자는 그들의 신체적 제약 때문에 도시공원을 이용하기 어렵다고 서술하고 있다. 그러므로 '사회적 약자가 이용하기 어려운 도시공원'이 (나)의 중심 내용으로 적절하다.

21 '공원을 찾는'에서 기본형 '찾다'는 '어떤 사람을 만나거나 어떤 곳을 보러 그와 관련된 장소로 옮겨 가다.'라는 의미로 사용되었다. ②의 '산을 찾는'에서 '찾다'도 이와 유사한 의미로 사용되었다.
① 국산품을 찾다 → '어떤 것을 구하다.'
③ 떨어진 바늘을 찾다 → '주변에 없는 것을 얻거나 사람을 만나려고 여기저기를 뒤지거나 살피다.'
④ 마음의 안정을 찾다 → '원상태를 회복하다.'

22 (라)에서 도시공원은 일반인뿐 아니라 사회적 약자들도 동등하게 이용할 수 있는 공간이어야 한다고 했으므로, 공원 내에 사회적 약자와 일반인의 공간을 분리하여 설계하는 것은 ㉠의 사회적 약자를 배려한 방안으로 적절하지 않다.

    ①·② (나)의 동선이 복잡하거나 안내 표시가 없어서 불편을
    겪는 문제를 해결하기 위한 방안으로 적절하다.
    ④ (나)의 도시공원이 대중교통을 이용해서 가기 어려운 위치
    에 있는 문제점을 해결하기 위한 방안으로 적절하다.

[23~25]

23 이글에 나타난 '잊힐 권리'에 대한 핵심 내용을 요약하는 것
    은 글의 내용을 파악하는 활동이지 타인과 소통하며 이해를
    확장하는 활동에 해당되지 않는다.

24 '잊힐 권리'를 인정하면 정보 비공개로 인해 공익이 저해될
    수 있기 때문에 '알 권리'라고 하는 또 다른 권리가 침해될 수
    있다. 그러므로 ㉮의 근거로 ③이 가장 적절하다.
    ① '잊힐 권리'를 인정하면 사생활을 보호할 수 있다.
    ② 망각이 쉽게 일어날 수 있다는 내용은 두 권리와 무관
    하다.
    ④ '알 권리'를 인정하면 정보 유출로 인한 고통이 늘어난다.

25 ㉣(확실하게)의 기본형 '확실하다'는 '틀림없이 그러하다'는
    의미이므로, 고유어 '두말없게'로 바꾸어 쓸 수 있다.
    ㉠ '수용하게'의 기본형 '수용하다'는 '어떠한 것을 받아들이
    다'의 의미이므로 '받아들이게'로 바꾸어 쓸 수 있다.
    ㉡ '구속되지'의 기본형 '구속되다'는 '행동이나 의사의 자유
    가 제한되거나 속박되다'의 의미이므로 '얽매이지'로 바꾸
    어 쓸 수 있다.
    ㉢ '노출되길'의 기본형 '노출되다'는 '겉으로 드러나다'의 의
    미이므로, '드러나길'로 바꾸어 쓸 수 있다.

제2교시

수 학

정답 및 해설 |

정답

01 ④	02 ①	03 ③	04 ②	05 ①
06 ④	07 ①	08 ①	09 ②	10 ④
11 ③	12 ②	13 ②	14 ②	15 ②
16 ③	17 ①	18 ②	19 ③	20 ④

해설

01
$$A+B=(x^2+2x)+(2x^2-x)$$
$$=(x^2+2x^2)+(2x-x)$$
$$=3x^2+x$$

TIP 다항식의 덧셈과 뺄셈

- **다항식의 덧셈** : 괄호를 먼저 풀고 동류항끼리 모아서 계산한다.
- **다항식의 뺄셈** : 빼는 식의 각 항의 부호를 바꾸어 더한다.

02 항등식일 때, 양변의 동류항의 계수는 같으므로
$x^2+ax+3=x^2+5x+b$에서
$a=5, b=3$
$\therefore a-b=2$

03
> 다항식 $f(x)$를 $x-a$로 나누었을 때의 나머지 $\Rightarrow f(a)$

주어진 다항식을 $f(x)$라 놓으면
$f(x)=2x^3+3x^2-1$
나머지 정리에 의해
다항식 $f(x)$를 $x-1$로 나눈 나머지는 $f(1)$
$f(1)$을 주어진 다항식에 대입하면
$f(1)=(2\times1^3)+(3\times1^2)-1=2+3-1$
$\therefore f(1)=4$

04
> $$a^3-3a^2b+3ab^2-b^3=(a-b)^3$$

인수분해 공식에 따라
$x^3-6x^2+12x-8=(x-2)^3$
$(x-a)^3=(x-2)^3$
$\therefore a=2$

05 복소수 $5+4i$의 컬레복소수는 $5-4i$이므로
$a+bi=5-4i$에서 $a=5, b=-4$
$\therefore a+b=1$

06
> $$x^2-(\alpha+\beta)x+\alpha\beta=0$$
> $\Rightarrow x^2-(두\ 근의\ 합)x+(두\ 근의\ 곱)=0$

x^2의 계수가 1인 이차방정식 $x^2-7x+a=0$에서 상수 a는
두 근의 곱이다.
두 수 3, 4를 근으로 한다고 하였으므로,
$a=3\times4=12$

07 주어진 범위의 그래프에서
$x=-3$일 때 → 최댓값 2
$x=-1$일 때 → 최솟값 -2
그러므로 이차함수 $y=x^2+2x-1$의 최솟값은 -2이다.

08 사차방정식 $x^4+2x^2+a=0$의 한 근이 1이라고 했으므로,
$f(1)=0$
$x^4+2x^2+a=0$에 $x=1$을 대입하면
$1^4+2\times1^2+a=0, 1+2+a=0$
$\therefore a=-3$

09
$$\begin{cases} x+y=6 & \cdots ㉠ \\ xy=a & \cdots ㉡ \end{cases}$$
$x=4, y=b$를 ㉠에 대입하면
$x+y=4+b=6 \therefore b=2$
$x=4, y=2$를 ㉡에 대입하면
$xy=4\times2=a \therefore a=8$
따라서 $a+b=8+2=10$

10
> 판별식 $D>0$일 때, $f(x)\geq0$의 해
> $\Rightarrow x\leq\alpha$ 또는 $x\geq\beta$

이차부등식 $(x+3)(x-2)\geq0$의 해는
$\alpha=-3, \beta=2$이므로
$x\leq-3$ 또는 $x\geq2$

11

수직선 위의 두 점 $A(x_1)$, $B(x_2)$에 대하여
$\overline{AB}$를 $m:n(m>0,\ n>0)$으로 내분하는 점 P의 좌표
$\Rightarrow P\left(\dfrac{mx_2+nx_1}{m+n}\right)$

수직선 위의 두 점 $A(1)$, $B(5)$에 대하여 선분 AB를 를 $3:1$로 내분하는 점 P의 좌표는
$P\left(\dfrac{mx_2+nx_1}{m+n}\right)=\left(\dfrac{3\times5+1\times1}{3+1}\right)=\left(\dfrac{16}{4}\right)=4$

12

점 (x_1, y_1)을 지나고 기울기가 m인 직선의 방정식
$\Rightarrow y-y_1=m(x-x_1)$

점 $(-2, 1)$을 지나고 기울기가 3인 직선의 방정식은
$y-y_1=m(x-x_1)$에서
$y-1=3(x+2)$
$\therefore y=3x+7$

13

중심 좌표가 (a, b)이고 y축에 접하는 원의 방정식
$\Rightarrow (x-a)^2+(y-b)^2=a^2$

중심 좌표가 $(2, 1)$이고 y축에 접하는 원의 방정식은
$(x-a)^2+(y-b)^2=a^2$에서
$(x-2)^2+(y-1)^2=2^2$
$(x-2)^2+(y-1)^2=4$

14

점 (x, y)를 y축에 대하여 대칭이동한 점의 좌표
$\Rightarrow (-x, y)$

점 $(2, 4)$를 y축에 대하여 대칭이동한 점의 좌표는 $(-x, y)$
에서 $(-2, 4)$이다. 즉, x좌표의 부호만 반대가 된다.

15

$A=B$이므로 두 집합 A, B의 원소는 모두 같다.
$A=\{1, a-1, 5\}$, $B=\{1, 3, a+1\}$에서
$a-1=3, 5=a+1$
$\therefore a=4$

16

명제 $p \to q$의 대우 $\Rightarrow \sim q \to \sim p$

명제 $p \to q$의 대우는 $\sim q \to \sim p$이므로,
명제 '평행사변형이면 사다리꼴이다.'의 대우는
'사다리꼴이 아니면 평행사변형이 아니다.'이다.

17

$(g \circ f)(x)=g(f(x))$

합성함수의 성질에 따라 $(g \circ f)(3)=g(f(3))$
주어진 합성함수의 대응에서 $f(3)=c$

$\therefore (g \circ f)(3)=g(c)$
주어진 합성함수의 대응에서 $g(c)=5$
$\therefore (g \circ f)(3)=5$

18

유리함수 $y=\dfrac{k}{x-p}+q(k\neq0)$의 그래프
$\Rightarrow y=\dfrac{k}{x}$의 그래프를 x축의 방향으로 p만큼, y축의 방향
으로 q만큼 평행이동한 그래프

유리함수 $y=\dfrac{1}{x-2}-1$의 그래프는 유리함수 $y=\dfrac{1}{x}$의 그
래프를 x축의 방향으로 2만큼, y축의 방향으로 -1만큼 평
행이동한 그래프이므로 $a=2$, $b=-1$이다.
$\therefore a+b=1$

19

서로 다른 n개에서 r개를 택하여 일렬로 나열하는 순열의
수 $\Rightarrow {}_nP_r$

3명의 수학자 사진 중에서 서로 다른 2명의 사진을 택하여
신문의 1면과 2면에 각각 싣는 경우의 수는 선택한 사진의
순서를 생각하며 일렬로 나열한 경우의 수와 같다. 그러므로
구하는 경우의 수는
${}_3P_2=3\times2=6$

20

서로 다른 n개에서 r개를 택하는 조합의 수 $\Rightarrow {}_nC_r$

4가지의 수학 진로 선택 과목 중에서 서로 다른 2과목을 선
택하는 경우의 수는 순서를 생각하지 않고 택하는 조합의 수
와 같다. 그러므로 구하는 경우의 수는
${}_4C_2=\dfrac{4\times3}{2\times1}=\dfrac{12}{2}=6$

영 어

제3교시

정답 및 해설 |

▌정답

01 ③	02 ③	03 ①	04 ①	05 ④
06 ③	07 ②	08 ③	09 ②	10 ③
11 ①	12 ②	13 ①	14 ④	15 ①
16 ②	17 ②	18 ④	19 ④	20 ④
21 ①	22 ②	23 ④	24 ④	25 ③

▌해설

01 **해설** duty는 '의무'라는 뜻이다.
① 갈등 conflict
② 노력 effort
④ 자유 freedom
해석 일요일마다 집에 있는 쓰레기를 버리는 것은 나의 의무이다.
어휘 take out 가지고 나가다, 버리다
trash 쓰레기
on Sundays 일요일마다

02 **해설** depend on은 '의지하다, 의존하다'라는 뜻이다.
① 찾다 look for
② 내리다 get off
④ 비난하다 call down
해석 사람들은 팀으로 일할 때 서로 의존할 필요가 있다.
어휘 need to ~할 필요가 있다
each other 서로

03 **해설** thanks to는 '덕분에'라는 뜻이다.
② 대신에 instead of
③ 불구하고 in spite of
④ 제외하고 except for
해석 저는 당신 덕분에 좋은 사람들을 많이 만났습니다.
어휘 a lot of 많은

04 **해설** 주어진 문장에서 'polite(공손한)'와 'rude(무례한)'는 반의어 관계이다. 마찬가지로 ②, ③, ④는 모두 반의어 관계이나, ①의 'smart(영리한)'와 'wise(현명한)'는 유의

어 관계이다.
② 옳은 – 틀린
③ 안전한 – 위험한
④ 같은 – 다른
해석 어떤 나라에서 공손한 행동이 다른 나라에서는 무례할 수도 있다.
어휘 gesture 몸짓, 동작

05 **해설** ① 날짜 : 2023년 6월 8일(목요일)
② 장소 : 월드컵 경기장
③ 시간 : 오후 7시 30분 – 오후 9시 30분
④ 입장료 : 알 수 없음
해석

> **케이팝 콘서트 2023**
> 세계적으로 유명한 8개의 케이팝 그룹이
> 공연을 합니다!
>
> **날짜** : 2023년 6월 8일(목요일)
> **장소** : 월드컵 경기장
> **시간** : 오후 7시 30분 – 오후 9시 30분

어휘 world-famous 세계적으로 유명한
perform 공연하다

06 **해설** 첫 번째 문장에는 'up'과 함께 사용되어 '일어서다'라는 의미를 갖는 자동사 'stand'가 들어가야 한다. 두 번째 문장에는 '~을 참다[견디다]'라는 의미에서 목적어를 동반하는 타동사 'stand'가 들어가야 한다.
해석 • 우리는 더 좋은 시야를 확보하기 위해 일어서야만 했다.
• 나는 공공의 규칙을 지키지 않는 사람들을 참을 수 없다.
어휘 in order to ~하기 위해서
view 시야, 전망
follow 따르다, 지키다
in public 공공의, 공중의

07 **해설** 첫 번째 문장에는 '어느'라는 의미의 선택 의문문을 만드는 의문사 'which'가 들어가야 한다. 두 번째 문장에는 뒤의 종속절이 사물인 선행사 'a book'을 수식하므로 관계대명사 'which'가 들어가야 한다.

해석 • Jinsu야, 너는 내일 어느 박물관을 방문할 거니?
　　• 사전은 단어에 대한 설명이 있는 책이다.
어휘 museum 박물관
　　dictionary 사전
　　explanation 설명

08
해설 첫 번째 문장에는 '~과 다르다'의 의미의 숙어 'be different from'이 와야 하고, 두 번째 문장에는 '~로부터 나오다'라는 의미의 숙어 'come from'이 와야 한다. 그러므로 빈칸에 공통으로 들어갈 말은 전치사 'from'이다.
해석 • 내 취향은 당신과 다르다.
　　• 영어 단어들은 다양한 출처에서 나온다.
어휘 taste 맛, 기호, 취향
　　wide 넓은
　　a variety of 다양한
　　source 출처, 유래

09
해설 A가 수학 시험에서 A를 받은 비결이 주말에도 늦게까지 잠을 안 자고 매일 수학 공부를 했기 때문이다. 이를 잘 표현한 말이 'no pain, no gain(수고 없이 얻는 것은 없다)'이다.
해석 A : Junho야, 봐봐. 나는 마침내 수학 시험에서 A를 받았어.
　　B : 너는 시험을 정말 잘 봤구나. 비결이 뭐니?
　　A : 나는 매일 수학을 공부했고, 심지어 주말에는 늦게까지 안 잤어.
　　B : 너는 수고 없이 얻는 것은 없다'의 좋은 사례구나.
어휘 finally 드디어, 마침내
　　do well on ~을 잘하다, 잘 보다
　　secret 비밀, 비결
　　stay up late 늦게까지 안 자다
　　example 예, 사례

10
해설 A가 'raining cats and dogs'는 비가 매우 심하게 내리는 것을 의미한다고 말하자, B가 그 표현의 유래가 흥미 있다고 말했다. 그러므로 B의 심정은 '흥미'가 가장 적절하다.
해석 A : 비가 억수같이 내리고 있어.
　　B : 비가 억수같이 내린다고? 그게 무슨 의미인지 얘기해 줄 수 있겠니?
　　A : 그 말은 비가 매우 심하게 내린다는 의미야.
　　B : 정말? 그 표현의 유래가 흥미 있네.
어휘 rain cats and dogs 비가 억수같이 내리다

mean 의미하다
heavily 세게, 심하게
origin 기원, 유래
expression 표현

11
해설 방금 오븐에서 나온 빵을 사고파는 상황이므로, 대화가 이루어진 장소는 제과점이다.
해석 A : 좋은 아침입니다. 무엇을 도와드릴까요?
　　B : 와, 여기 냄새가 정말 좋네요.
　　A : 네, 방금 빵이 오븐에서 나왔어요.
　　B : 이 갓 구운 빵으로 주세요.
어휘 come out of ~에서 나오다
　　oven 오븐
　　freshly 갓~한, 신선하게
　　bake 굽다

12
해설 첫 번째 문장에서 주어 'Smiling(웃는 것)'이 신체에 미치는 유익한 점에 대해 설명하고 있다. 마찬가지로 두 번째 문장에서도 웃음이 주는 유익한 점에 대해 설명하고 있다. 그러므로 지시대명사 'it'가 가리키는 것은 'smiling'이다.
① 친구
③ 나라
④ 운동하는 것
해석 웃는 것은 스트레스를 줄이고 혈압을 낮추어 우리의 신체적 행복에 기여한다. 그것은 또한 좋은 운동을 하는 것과 마찬가지로 기분 좋은 호르몬 양을 증가시킨다. 그리고 무엇보다도, 웃음은 다른 사람들이 우리와 어떻게 관계를 형성하는지에 영향을 미친다.
어휘 reduce 줄이다
　　lower 낮추다
　　blood pressure 혈압
　　contribute to ~에 기여하다
　　physical 육체적인, 신체적인
　　well-being 행복, 잘 사는 것
　　increase 증가시키다
　　amount 양
　　hormone 호르몬
　　in the same way 같은 방식으로, 마찬가지로
　　most of all 무엇보다도
　　influence 영향을 미치다[주다]
　　relate ~와 관련되다, ~와 관계하다

13 **해설** B가 'N 서울 타워'라는 장소를 권하고 있으므로, 빈칸에는 장소를 묻는 질문 내용이 들어가야 한다. 그러므로 'where shall we go first(어디로 먼저 갈까)'가 들어갈 말로 가장 적절하다.

② 직업이 뭐니?

③ 여기에 얼마나 자주 오니?

④ 왜 배우가 되고 싶니?

해석 A : Matt, <u>어디로 먼저 갈까?</u>

B : N 서울 타워는 어때? 타워에서 도시 전체를 볼 수 있어.

A : 그 이후, 서울 성곽을 따라 걷자.

B : 완벽해! 이제 서울을 탐방하자.

어휘 whole 전체의

walk along ~을 따라 걷다

City Wall 성곽

perfect 완벽한

explore 탐험하다, 탐방하다

14 **해설** A가 친구를 많이 사귀는 방법에 대해 묻고 있으므로, 밑줄 친 빈칸에는 'be nice to people around you(주위 사람들에게 친절하게 하는 것)'가 들어갈 말로 가장 적절하다.

① 쉽게 화를 내다

② 지금 주문을 취소하다

③ 예약을 확인하다

해석 A : 더 많은 친구를 사귀려면 어떻게 해야 하나요?

B : <u>주위 사람들에게 친절하게 하는 것</u>이 중요하다.

어휘 make friends 친구를 사귀다

important 중요한

get angry 화를 내다

cancel 취소하다

reservation 예약

15 **해설** 쇼핑 조언 좀 해달라는 A의 물음에 B가 예산을 명심하고, 세일을 한다고 해서 무조건 사지 말 것을 조언하고 있다. 그러므로 대화의 주제는 '현명하게 쇼핑하는 방법'이다.

해석 A : 쇼핑 조언 좀 공유해 줄래?

B : 그럼. 우선 예산을 항상 명심해야 해.

A : 좋은 말이네. 그 밖에는?

B : 또한 세일 한다고 해서 물건들을 막 사지 마.

A : 고마워! 훌륭한 조언이야.

어휘 share 나누다, 공유하다

tip 팁, 조언

first of all 우선

keep in mind 명심하다

budget 예산

on sale 할인 중

16 **해설** 제시문은 조언해 줄 사람을 찾는데 어려움을 겪는 사람들에게 자신의 온라인 지원 단체에 가입해 도움을 받을 것을 권유하고 있다. 그러므로 해당 글을 쓴 목적은 가입을 '권유하기 위해서'이다.

해석 많은 사람들이 조언을 해 줄 사람을 찾는 데 어려움을 겪고 있습니다. 몇몇 개인적인 문제들이 있을 수 있고 부모님이나 친구들에게 그것에 관해 이야기 하고 싶지 않을 수도 있습니다. 저희 온라인 지원 단체에 가입해 보세요. 당신을 도우러 왔습니다.

어휘 have difficulty ~ing ~하는 데 어려움을 겪다

personal 사적인, 개인적인

support 지지, 지원

17 **해설** 제시된 광고문에서 판매하려고 하는 기타가 '중고지만 좋은 상태'라고 하였다. 그러므로 '새것이라 완벽한 상태'라는 ②의 내용은 제시된 광고문의 내용과 일치하지 않는다.

해석

판매합니다
특징 : 6가닥의 줄이 있는 기타입니다.
상태 : 중고지만 상태가 좋습니다.
가격 : 150달러(정가: 350달러)
연락처 : 문의 사항이 있으시면, 014-4365-8704로 전화 주세요.

어휘 feature 특징

string 끈, 줄

condition 상태

used 익숙한, 중고의

original price 정가

18 **해설** 제시문의 마지막 문장에서 그날 사람들은 오후 8시 30분부터 오후 9시 30분까지 전등을 끈다고 설명하고 있다. 그러므로 사람들이 그날 하루 종일 전등을 끈다는 ④의 내용은 제시문의 설명과 일치하지 않는다.

해석 Earth Hour 캠페인에 참여해 보지 않으실래요? 그것은 2007년 호주 시드니에서 시작되었습니다. 근래에, 전 세계 7,000개 이상의 도시들이 참여하고 있습니다. Earth Hour는 3월의 마지막 토요일에 개최됩니다. 그날 사람들은 오후 8시 30분부터 오후 9시 30분까지 전등을 끕니다.

어휘 campaign 캠페인

participate 참여하다

take place 일어나다, 개최되다

turn off 끄다

19 **해설** 첫 문장에서 성공한 사람들이 아침에 시간을 어떻게 보내는지에 관한 최근의 연구를 거론한 뒤, 이후의 문장에서 성공한 사람들의 아침 일상을 자세히 소개하고 있다. 그러므로 제시문의 주제는 '성공한 사람들의 아침 시간 활용 방법'이다.

해석 최근의 연구는 성공한 사람들이 아침에 시간을 어떻게 보내는지 보여 준다. 그들은 일찍 일어나 조용한 시간을 즐긴다. 그들은 규칙적으로 운동을 한다. 게다가, 그들은 그 날 해야 할 일들의 목록을 만든다. 작은 습관들이 성공하는 데 큰 차이를 만들 수 있다.

어휘 recent 최근의

research 연구

successful 성공한

spend 쓰다, 보내다

regularly 규칙적으로

in addition 게다가

difference 차이

towards ~을 향해서

20 **해설** 제시문에서 실수로부터 배우는 과정은 그들을 더 똑똑하게 만든다고 하였고, 그것이 더 나아지기 위한 발걸음이라고 하였다. 그러므로 빈칸에 들어갈 말로는 'mistake(실수)'가 가장 적절하다.

① 사랑

② 나라

③ 마을

해석 자신을 향상시키는 사람들은 그들이 무엇을 잘못했는지 이해하려고 노력하며, 그래서 다음번에 더 잘 할 수 있다. 실수로부터 배우는 과정은 그들을 더 똑똑하게 만든다. 그들에게 모든 <u>실수</u>는 더 나아지기 위한 발걸음이다.

어휘 improve 개선시키다, 향상시키다

do wrong 잘못하다

the next time 다음번

process 과정

mistake 잘못, 실수

get better 더 나아지다

21 **해설** 제시문에서 앵무새는 말을 잘 따라하고, 깃털이 멋있으며, 집에 있는 다른 동물들보다 오래 살기 때문에 글쓴이는 앵무새를 '반려동물'로 기르고 싶다고 하였다.

② 단어

③ 색깔

④ 식물

해석 앵무새를 반려동물로 갖고 싶습니다. 이유를 말씀드리겠습니다. 첫째로, 앵무새는 제 말을 반복할 수 있습니다. 만일 제가 "안녕하세요"라고 말하면, 앵무새도 저에게 "안녕하세요"라고 말할 겁니다. 다음으로, 그것은 아주 멋있고, 다채로운 깃털을 갖고 있고, 그래서 그것을 보는 것만으로도 행복해집니다. 마지막으로, 앵무새는 집에 있는 대부분의 다른 동물들보다도 더 오래 삽니다.

어휘 parrot 앵무새

repeat 반복하다, 되풀이하다

gorgeous 아주 멋진

feather 깃털

22 **해설** 주어진 문장은 'However(하지만)'로 시작하므로, 앞의 문장은 해당 내용과 반대되는 내용이 와야 한다. 주어진 문장이 플라스틱이 환경을 심각하게 오염시킨다며 그것의 단점에 대해 설명하고 있으므로, 앞 문장이 플라스틱의 장점에 대해 설명하고 있는 ②에 들어가는 것이 가장 적절하다.

해석
> 하지만, 유용성에도 불구하고, 플라스틱은 환경을 심각하게 오염시킨다.

플라스틱은 매우 유용한 재료이다. (①) 그것의 유용성은 플라스틱이 싸고, 가볍고, 강하다는 사실에서 비롯된다. (②) 예를 들면, 플라스틱은 수백 년 또는 심지어 수천 년 동안 매립지에 남아 토양 오염을 초래한다. (③) 이 문제에 대한 가장 좋은 해결책은 플라스틱에 대한 친환경적인 대안을 만드는 것이다. (④)

어휘 despite ~에도 불구하고

usefulness 유용성

pollute 오염시키다

severely 심각하게

material 재료

come from ~에서 비롯되다

lightweight 가벼운

remain 남다

landfill 매립지

result in ~을 초래하다

soil pollution 토양 오염

solution 해결책

eco-friendly 친환경적인

alternative 대안

23 **해설** 제시문의 마지막 문장에서 전 세계에서 콩이 어떻게 다양한 방법으로 요리되는 지 배워보자고 제안하고 있으므로, 제시문의 바로 뒤에 이어질 내용은 '콩의 다양한 요리법'이다.

해석 콩은 수천 년 동안 우리와 함께 해 왔다. 그것들은 어디서든지 쉽게 자란다. 더 중요한 것은, 그것들은 단백질이 높고 지방이 낮다는 것이다. 이러한 요인들은 콩을 세계 최고의 슈퍼 푸드 중 하나로 만든다. 이제, 전 세계에서 콩이 어떻게 다양한 방법으로 요리되는지 배워 보자.

어휘 bean 콩

grow 자라다

importantly 중요하게

protein 단백질

fat 지방

factor 요소, 요인

in a variety of 여러 가지의, 다양한

[24~25]

해석 자원봉사는 여러분에게 건강한 정신을 준다. 한 조사에 따르면, 자원봉사자의 96%가 자원봉사를 한 후 더 행복하다고 보고한다. 만일 지역사회에서 다른 사람들을 돕는다면, 여러분 자신에 대해 더 기분이 좋아질 것이다. 그것은 또한 여러분의 평범한 일상생활에 도움을 줄 수 있는 더 많은 에너지를 가지고 살도록 동기를 부여할 수 있다. 그러므로, 여러분은 더 긍정적인 삶의 관점을 갖게 될 것이다.

어휘 volunteering 자원봉사

healthy 건강한

according to ~에 따르면

survey (설문) 조사

volunteer 자원봉사자

community 공동체, 지역사회

motivate 동기를 부여하다

ordinary 평범한

useless 쓸모없는

positive 긍정적인

24 **해설** 제시문은 자원봉사 활동으로 인한 이점에 대해 설명하고 있다. 마지막 문장은 'Therefore(그러므로)'로 시작

하므로 자원봉사 활동으로 인한 앞의 이점들을 고려할 때, '긍정적인(positive)' 삶의 관점을 갖게 됨을 알 수 있다.

① 부끄러운

② 쓸모없는

③ 불행한

25 **해설** 제시문에서 자원봉사를 하면 스스로가 더 기분이 좋아지며, 평범한 일상생활에 동기를 부여하며, 긍정적인 삶의 관점을 갖게 된다고 설명하고 있다. 그러므로 제시문의 주제는 '자원봉사가 주는 이점'이다.

제4교시 사 회

정답 및 해설 |

정답

01 ④	02 ③	03 ③	04 ①	05 ②
06 ②	07 ①	08 ①	09 ②	10 ④
11 ③	12 ③	13 ③	14 ②	15 ③
16 ④	17 ③	18 ①	19 ②	20 ④
21 ③	22 ①	23 ③	24 ③	25 ①

해설

01 국가의 통치 조직과 운영 원리 및 국민의 기본적 인권을 규정한 최고의 법은 헌법으로, 다른 법률이나 법령으로써 변경할 수 없는 한 국가의 최고 법규이다.
① 명령 : 법률에 따라 행정권에 의하여 정립되는 법률의 하위 법
② 법률 : 국회의 의결을 거쳐 대통령이 서명하고 공포함으로써 성립하는 국법
③ 조례 : 지방의 사무를 운영하기 위하여 각 지방자치단체의 의회가 제정하는 법

02 청구권은 국가에 대해 일정한 행위를 요구할 수 있는 권리로, 다른 기본권이 침해되었을 때 이를 구제하도록 요구할 수 있는 권리이다.
① 자유권 : 개인이 국가나 타인으로부터 간섭이나 침해를 받지 않고 자유로운 생활을 영위할 권리
② 참정권 : 국가의 의사 결정에 참여할 수 있는 권리
④ 평등권 : 모든 국민이 법 앞에 평등하고, 성별·종교 또는 사회적 신분 등을 이유로 차별을 받지 않을 권리

03 인간이라면 누구나 누릴 수 있는 기본적인 권리는 인권이다. 인권은 보편성, 천부성, 항구성, 불가침성의 특성을 가지며, 사람이 태어나면서 당연히 가지는 권리이므로 국가나 다른 사람이 함부로 침해할 수 없다.

04 편익은 어떤 선택을 함으로써 얻는 이익이나 만족감을 말한다. 편익에는 물질적이고 금전적인 이익뿐만 아니라 즐거움이나 성취감 같은 비금전적인 것도 포함한다.
② 희소성 : 무한한 인간의 욕구에 비해 그것을 충족시킬 자원의 양이 상대적으로 한정된 것
③ 금융 자산 : 예금, 현금, 주식, 채권, 보험, 펀드 등으로, 부동산이나 상품 등의 실물자산에 대비되는 자산
④ 암묵적 비용 : 자신이 선택하지 않아 포기하여야 하는 기회의 잠재적 비용

05 국가들 사이의 이해관계를 조정하거나 국가 간 분쟁을 중재하는 국제 사회의 행위 주체는 국제기구로, 유럽 연합(EU), 세계 무역 기구(WTO), 경제 협력 개발 기구(OECD) 등이 이에 속한다. 다문화 사회는 다양한 문화를 향유하는 사람들이 함께 생활하는 사회이다.
① 유럽 연합(EU) : 유럽의 정치·경제 통합을 실현하기 위해 설립된 국제기구
③ 세계 무역 기구(WTO) : 국제 무역에 관한 규정과 협정을 관리하고, 무역 분쟁을 해결하기 위해 설립된 국제기구
④ 경제 협력 개발 기구(OECD) : 경제 발전과 세계 무역의 촉진을 위해 설립된 국제기구

06 시장 실패는 시장 기구가 그 기능을 제대로 발휘하지 못하여 시장에서 자원의 배분이 효율적으로 이루어지지 못하는 상태를 말한다.
① 남초 현상 : 한 인구 집단 내에서 남성의 수가 여성의 수를 초과하는 현상
③ 규모의 경제 : 생산량이 증가할수록 평균 생산 단가가 감소하는 현상
④ 소비자 주권 : 소비자가 단순히 소비만 하는 수동적 역할에서 재화의 생산 및 서비스까지 결정하는 권한

07 국가 권력을 입법권, 행정권, 사법권으로 각각 분리하여 국가의 권력 남용을 막고 국민의 기본권을 보장하는 것은 권력 분립 제도이다.
② 사회 보장 제도 : 사회적 위험을 예방하고 치료하기 위한 정부의 입법과 조직적 행정
③ 위헌 법률 심판 : 국회에서 제정한 법률이 헌법에 위반되는지 여부를 헌법 재판소가 심사하는 제도
④ 헌법 소원 심판 : 공권력에 의하여 헌법상 보장된 국민의 기본권이 침해된 경우에 헌법재판소에 제소하여 그 침해된 기본권의 구제를 청구하는 제도

08 공공 부조는 국가가 생활 유지 능력이 없거나 생활이 어려운 국민의 최저 생활을 보장하고 자립을 지원하는 제도이다.

② **재무 설계** : 생애주기별 재무 관련 목표를 세우고 이에 맞춰 자금 준비 등을 계획하고 실천하는 과정

③ **정주 환경** : 인간이 정착하여 살아가고 있는 지역의 주거지와 그 주변 생활 환경

④ **지리적 표시제** : 품질이나 명성 등이 드러나는 지역 상품에 대해 지역 생산품임을 표시하는 제도

09 자산 관리의 3원칙 중 수익성은 원금에 비해 얻을 수 있는 이익의 정도로, 수익성이 높은 금융 자산일수록 위험성이 크므로 여러 상품에 분산하여 투자하는 것이 바람직하다.

> **TIP 자산 관리의 3원칙**
> • **안전성** : 투자한 원금이 손실되지 않고 보장되는 정도
> • **수익성** : 투자를 통해 수익을 얻을 수 있는 정도
> • **유동성** : 필요할 때 쉽고 빠르게 현금으로 전환할 수 있는 정도

10 문화를 우열 관계로 인식하는 태도는 문화 절대주의로 문화 사대주의와 자문화 중심주의가 이에 해당한다.

ㄱ. **문화 상대주의** : 각 문화의 다양성을 인정하고, 문화가 가진 독특한 환경과 역사적 · 사회적 상황에서 다른 문화를 바라보는 태도

ㄴ. **자유 방임주의** : 개인의 경제활동의 자유를 최대한 보장하고, 이에 대한 국가의 간섭을 가능한 한 배제하려는 경제사상 및 정책

ㄷ. **문화 사대주의** : 다른 문화를 더 좋은 것으로 생각하고 자신의 문화를 과소평가하거나 무시하는 태도

ㄹ. **자문화 중심주의** : 자기 문화만을 가장 우수한 것으로 생각하고 다른 문화를 무시하거나 부정하는 태도

11 윤리적 소비는 소비자가 상품이나 서비스 등을 구매할 때 윤리적인 가치판단에 따라 의식적인 선택을 하는 것으로, 지역 농산물의 구매나 공정 무역 커피의 구매 등이 이에 해당한다.

① **뉴딜 정책** : 미국의 루스벨트 대통령이 경제 공황에 대처하기 위하여 시행한 경제 부흥 정책

② **유리 천장** : 여성과 소수민족 출신자들의 고위직 승진을 막는 조직 내의 보이지 않는 장벽

④ **샐러드 볼 이론** : 샐러드처럼 다양한 사회구성원들이 상호 공존하며 각각이 색깔과 향기를 지니고 조화로운 통합을 이룬다는 논리

12 세계 인권 선언(1948)은 제1 · 2차 세계 대전에서의 인권 침해에 대한 반성과 인간의 기본적인 권리 존중을 위해 국제 연합(UN) 총회에서 채택된 선언이다.

① **권리 장전(1689)** : 영국의 명예혁명의 결과로 이루어진 권리 선언

② **바이마르 헌법(1919)** : 독일 바이마르 공화국에서 제정된 민주주의 헌법

④ **미국 독립 선언(1776)** : 영국의 식민지 상태였던 아메리카 합중국이 대내외적으로 독립을 선포한 선언

13 문화 동화는 다른 사회의 문화 요소가 전파되었을 때 기존의 문화 요소가 전파된 문화 요소에 흡수되어 소멸되는 현상이다.

① **문화 갈등** : 서로 다른 문화가 문화 차이로 인해 충돌하거나 적대시하는 현상

② **문화 성찰** : 자신이 속한 문화나 다른 문화를 바람직한 기준에 따라 살피고 인정하는 것

③ **문화 병존** : 둘 이상의 문화가 각자의 고유한 성질을 간직한 채 함께 존재하는 현상

14 한대 기후는 가장 따뜻한 달의 평균 기온이 10℃ 미만인 기후로 툰드라나 빙설 지역 등이 이에 해당한다. 추운 날씨의 영향으로 순록 유목, 털가죽 의복, 폐쇄적 가옥 구조 등의 생활 모습을 보인다.

ㄹ. 통풍을 위한 큰 창문
ㄴ. 이동식 화전 농업 } → 열대 기후

15 지진 해일은 해저에서의 지진, 해저 화산 폭발, 단층 운동 같은 급격한 지각변동 등으로 발생하는 해일이다.

① **가뭄** : 강수량 부족과 대륙 내부의 건조 기후로 인해 땅이 메마르고 물이 부족한 현상

② **폭설** : 비교적 짧은 시간에 많은 양의 눈이 오는 기상 현상

④ **열대 저기압** : 지구의 열대 지역에서 발생하는 저기압으로, 발생 지역에 따라 태풍, 허리케인, 사이클론 등으로 불림

16 ㉠ (석탄) : 18세기 산업 혁명기에 증기기관의 연료와 제철 공업의 원료로 이용된 에너지 자원이다.

㉡ (석유) : 오늘날 가장 많이 사용되는 중요 에너지 자원으로, 자동차 등의 운송수단의 확산으로 수요가 급증하였다.

> **TIP 주요 에너지 자원의 특징**

석탄	• 산업 혁명 이후 증기 기관 연료와 제철 공업 원료로 이용 • 생산지에서 소비하는 경우가 많아 국제적 이동 적음
석유	• 현대 사회 생활 전반에서 가장 중요한 자원 • 자원의 편재성이 매우 큰 편 • 생산지와 소비지의 불일치로 국제적 이동량이 많음

천연가스	• 에너지 효율이 좋고 오염물질이 적음 • 액화 기술의 발달로 생산량과 소비량 증가

17 부르카는 이슬람의 전통 의상이다. 머리부터 발 끝까지를 천으로 감는. 이슬람의 여성 복장 중에서도 가장 폐쇄적이다.
① 게르 : 나무로 만든 뼈대에 가축의 털로 짠 두꺼운 천이나 가죽을 씌운 몽골의 전통 가옥
② 판초 : 천에 중앙에 뚫린 구멍으로 머리를 내어 어깨에 늘어지도록 입는 망토의 일종
④ 마타도르 : 스페인식 투우에서 소에게 최후의 일격을 가하는 역할을 맡은 투우사

18 대도시권은 대도시의 기능과 영향력이 주변 지역으로 확대되면서 형성되는 생활권으로, 집과 직장의 거리가 멀어지는 사람들이 많아진다.
② 누리 소통망(SNS) : 인맥 구축을 목적으로 개설된 커뮤니티형 웹사이트
③ 커뮤니티 매핑 : 커뮤니티와 매핑의 합성어로 집단지성에 기반하는 참여형 지도 제작 활동
④ 지리 정보 시스템(GIS) : 어떤 지역에 관한 지리적 정보를 입력 · 저장 · 처리 · 분석하는 정보 처리 시스템

19 열섬 현상은 도시의 아스팔트 도로와 콘크리트 구조물의 증가로 인해 발생하는 도시 내부의 인공 열을 말한다. 열섬 현상으로 도시 중심부의 기온이 주변 지역보다 높게 나타난다.
① 슬럼 : 어떤 지역의 주거 환경이 나쁜 상태로 쇠퇴하는 현상
③ 빨대 효과 : 대도시가 주변 중소 도시의 인구나 경제력을 흡수하는 대도시 집중 현상
④ 제노포비아 : 외국인 또는 이민족 집단을 혐오 · 배척 · 증오하는 외국인 혐오증

20 인구 분포에 영향을 미치는 요인은 자연적 요인과 사회 · 경제적 요인으로 나눈다. 사막, 온화한 기후, 험준한 산지 등은 자연적 요인에 해당하며 ④의 풍부한 일자리는 사회 · 경제적 요인에 해당한다.

21 카슈미르 분쟁은 인도와 파키스탄의 분리 독립 이후 카슈미르 지역에서 발생하는 인도와 파키스탄 간의 종교 분쟁이다. 카슈미르는 지리적으로 인도와 파키스탄의 중간에 위치한 B 지역에 해당한다.

22 정보화 사회는 컴퓨터와 통신 기술의 발달로 정보의 가치가 중시되고 다양한 정보 교류가 가능해진 사회를 말한다. 정보화로 인해 우리의 생활 공간이 가상 공간까지 확장되었으나, 시공간의 제약이 완전히 사라진 것은 아니다.

23 산업화 사회는 자본과 노동에 의한 제품의 생산을 중심으로 사회나 경제가 운영되고 발전되어 가는 사회로, 도시화가 촉진되고 직업의 다양성이 증가하는 변화를 가져왔다.
ㄱ. 녹지 면적 증가 → 녹지 면적 감소
ㄴ. 농업 중심 사회 형성 → 공업 중심 사회 형성

24 환경 영향 평가는 각종 개발 사업이 시행되기 전에 환경에 미치게 될 영향을 예측하고 평가하여 환경 오염을 줄이려는 방안을 마련하는 제도이다.
① 용광로 정책 : 기존 문화에 이주민의 문화를 흡수하여 단일한 정체성을 이루어야 한다는 문화적 동화주의 정책
② 공적 개발 원조(ODA) : 정부 또는 공공기관의 공적 자원 지원금을 활용한 선진국의 개발도상국 원조
④ 핵 확산 금지 조약(NPT) : 비핵보유국이 새로 핵무기를 보유하는 것과 보유국이 비보유국에 대하여 핵무기를 양여하는 것을 동시에 금지하는 조약

25 그린피스(Greenpeace)는 지구의 환경을 보존하고 세계 평화를 증진시키는 활동을 벌이는 대표적인 비정부 기구이다.
② 브렉시트(Brexit) : 영국(Britain)과 탈출(Exit)의 합성어로, 영국의 유럽연합(EU) 탈퇴를 의미함
③ 국제통화기금(IMF) : 국제 통화와 세계 무역의 안정을 목적으로 설립된 국제 금융 기구
④ 세계 보건 기구(WHO) : 보건 · 위생 분야의 국제적인 협력을 위하여 설립한 UN 전문기구

제5교시

과 학

정답 및 해설 |

▌정답

01 ④	02 ②	03 ④	04 ①	05 ④
06 ②	07 ③	08 ②	09 ④	10 ②
11 ①	12 ④	13 ④	14 ④	15 ④
16 ③	17 ④	18 ①	19 ②	20 ③
21 ①	22 ②	23 ③	24 ③	25 ①

▌해설

01 핵분열 반응을 이용하는 핵발전 연료는 우라늄이다. 핵분열은 우라늄과 같은 무거운 원자핵이 중성자를 흡수하고 원자핵이 쪼개지면서 감소한 생성물의 질량만큼 에너지가 발생한다.

> **TIP 핵분열과 핵융합**
> • **핵분열** : 무거운 원자핵(우라늄)이 중성자를 흡수 → 원자핵이 쪼개짐 → 감소한 생성물의 질량만큼 에너지 발생
> • **핵융합** : 가벼운 원소(수소, 헬륨 등)가 충돌 → 무거운 원소로 바뀜 → 질량 손실만큼 에너지로 전환

02

$$열효율(\%) = \frac{열기관이\ 한\ 일}{열기관에\ 공급된\ 에너지} \times 100$$

열효율은 열기관에 공급한 에너지 중 일로 전환된 비율을 말한다.

$열효율(\%) = \dfrac{열기관이\ 한\ 일}{열기관에\ 공급된\ 에너지} \times 100$에서

$열기관이\ 한\ 일 = \dfrac{열효율 \times 열기관에\ 공급된\ 에너지}{100}$

$= \dfrac{20 \times 100}{100} = 20J$

03 자유 낙하 운동은 물체가 중력만 받을 때, 1초에 속력이 약 9.8m/s씩 증가하며 낙하하는 운동으로, A와 B 구간에서 물체에 작용하는 힘의 방향은 수평과 직각인 연직 방향으로 같다.
① A 구간에서 가속도는 9.8m/s이다.
② B 구간에서 속력은 일정하게 증가한다.
③ C 구간에서도 물체에 중력이 작용한다.

04

$$운동량 = 질량 \times 속도$$

A의 운동량 $= 3kg \times 1m/s = 3kg\,m/s$
A의 운동량과 B의 운동량이 같으므로,
B의 운동량 $= 1kg \times v\,m/s = 3kg\,m/s$
∴ B의 속도(v) $= 3m/s$

05 탄소 나노 튜브는 그래핀이 튜브 형태로 결합된 구조로, 구리보다 열전도율이 뛰어나다. 탄소 나노 튜브는 탄소 6개로 이루어진 육각형들이 서로 연결되어 관 모양을 이루고 있는 신소재이다.

06 염화 나트륨(NaCl)은 이온 결합 물질로 물에 녹아 이온이 되므로 수용액 상태에서 전기가 통한다.
ㄱ. 설탕은 공유 결합 물질이다.
ㄴ. 설탕을 물에 녹여도 이온이 되지 않는다.

> **TIP 공유 결합과 이온 결합**
> • **공유 결합** : 비금속 원소들이 원자들 사이에서 전자쌍을 공유하며 형성되는 화학 결합
> • **이온 결합** : 금속 원소의 양이온과 비금속 원소의 음이온의 전기적 인력으로 형성되는 화학 결합

07 송전선의 저항 때문에 송전선에서 열이 발생하여 전력 손실이 발생하며, 특히 1초 동안에 송전선에서 손실되는 에너지를 전력손실이라고 한다.

08 네온 원자는 옥텟 규칙에 따라 최외각 전자껍질에 8개의 전자가 배치되어 안정한 상태이다. 마찬가지로 산소 원자도 안정한 상태가 되려면 최외각 전자껍질에 현재 6개의 전자가 있으므로 2개의 전자가 추가로 필요하다.

> **TIP 옥텟 규칙**
> • 원자의 최외각 전자껍질에 전자가 최대로 채워질 때 안정함
> • 첫 번째 전자껍질에 최대 2개의 전자가, 두 번째와 세 번째 전자껍질에 최대 8개의 전자가 채워질 수 있음

09 은 이온(Ag^+)이 전자를 얻어 은(Ag)이 된 것은 물질이 산소를 잃거나 전자를 얻는 환원에 해당한다.

① **산화** : 물질이 산소를 얻거나 전자를 잃는 반응

② **연소** : 물질이 산소와 빠르게 반응하여 빛과 열을 내며 타는 현상

③ **중화** : 산과 염기가 반응하여 물과 염이 만들어지는 반응

10 붉은색 리트머스 종이를 푸른색으로 변하게 하는 성질을 가진 것은 염기로, 수용액 상태에서 수산화 이온(OH^-)을 내놓는다. 수산화 칼륨(KOH)은 수용액 상태에서 수산화 이온(OH^-)을 내놓으므로 염기에 해당한다.

① · ③ · ④ HCl, HNO_3, $H_2SO_4 →$ 산

11 수소 이온(H^+)과 수산화 이온(OH^-)의 반응은 산과 염기의 반응으로, 수소 이온(H^+)과 수산화 이온(OH^-)이 1 : 1의 개수비로 중화한다.

12 단백질을 구성하는 기본 단위체는 아미노산이다. 단백질은 근육과 항체, 세포의 원형질, 효소와 호르몬을 구성한다.

① **녹말** : 탄수화물의 일종으로, 여러 개의 포도당이 글루코시드 결합으로 결합된 다당류

② **핵산** : 생명체의 유전 정보를 가지고 있는 생물체의 유전 물질

③ **포도당** : 단맛이 있고 물에 잘 녹으며 환원성이 있는 단당류의 하나

13 하나의 종 내에서 유전자의 다양함으로 인해 나타나는 형질의 다양성을 유전적 다양성이라고 한다.

① **군집** : 여러 개체군이 같은 서식지에 지은 무리

② **개체군** : 일정한 지역에 같은 종의 개체가 지은 무리

④ **생태계 다양성** : 다양한 생물 종들이 공존하고 서로 상호작용하는 것

14 생물이 생명 유지를 위해 생명체 내에서 물질을 분해하거나 합성하는 모든 화학 반응을 물질대사라고 한다.

① **삼투** : 농도가 낮은 용액에서 높은 용액으로 용매가 이동하는 현상

② **연소** : 물질이 산소와 빠르게 반응하여 빛과 열을 내며 타는 현상

③ **확산** : 물질이 높은 농도에서 낮은 농도로 이동하는 현상

15 광합성이 일어나는 식물의 세포 소기관은 엽록체로 포도당을 합성한다.

① **핵** : 유전 물질인 DNA가 있어 세포의 구조와 기능을 결정하고 생명 활동을 조절함

③ **세포막** : 세포를 둘러싸서 세포 안을 주변 환경과 분리, 세포 안팎으로 물질이 출입하는 것을 조절함

④ **미토콘드리아** : 세포호흡이 일어나 세포가 생명 활동을 하는데 필요한 형태의 에너지를 생산함

16

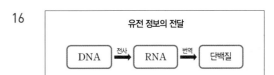

전사는 DNA의 유전 정보를 ㉠(RNA)로 전달하는 과정이며, 번역은 RNA의 유전 정보에 따라 ㉡(단백질)을 합성하는 과정이다.

17 DNA는 두 가닥의 폴리뉴클레오타이드가 나선형으로 꼬여 있는 이중 나선 구조로, 아데닌(A), 구아닌(G), 사이토신(C), 티민(T)의 염기 서열로 유전 정보를 저장한다.

① **지방** : 생명체의 에너지원으로 사용되는 유기 화합물

② **효소** : 생명체에서 화학 반응을 촉진하는 생체 촉매

③ **단백질** : 근육과 항체, 세포의 원형질, 효소와 호르몬을 구성하는 생명체의 주성분

18 생태계의 구성 요소 중 생물적 요인은 생산자, 소비자, 분해자로 구성되므로 A는 생산자이다. 생산자는 생명 활동에 필요한 양분을 스스로 만드는 생물적 요인으로 벼 등의 식물 등이 이에 해당한다.

② · ③ 토끼, 독수리 → 소비자

④ 곰팡이 → 분해자

> **TIP** 생태계의 생물적 요인
>
> • **생산자** : 생명 활동에 필요한 양분을 스스로 만듦 ⑩ 식물, 식물 플랑크톤 등
> • **소비자** : 다른 생물을 섭취하여 양분을 얻음 ⑩ 초식 동물, 육식 동물 등
> • **분해자** : 생물의 배설물과 사체를 분해하여 양분을 얻음 ⑩ 세균, 곰팡이 등

19 공룡이 번성한 것은 중생대이다. 중생대는 대체로 기후가 온난하였으며, 공룡 외에 암모나이트, 파충류, 겉씨식물 등의 생물이 있다.

① **신생대** : 4번의 빙하기, 3번의 간빙기가 있었다. 포유류가 크게 번성하여 포유류의 시대라고도 부른다. 인류가 출현하였고, 화폐석, 매머드, 속씨식물 등의 생물이 있다.

③ **고생대** : 대기권에 오존층이 형성되면서 바다에서 생활하던 생물들이 육상으로 진출하였다. 삼엽충, 필석, 갑주어,

양치식물 등이 번성하였다.

④ **선캄브리아 시대** : 지질시대의 약 85%를 차지하는 가장 긴 시대이며 이 당시의 생물들은 모두 바다에서 살았다. 세포생물, 해조류, 스트로마톨라이트 등의 생물이 있다.

20 지구 내부의 층상 구조 중 액체 상태로 존재하는 부분은 핵의 바깥쪽 부분인 외핵으로 C에 해당한다.
① **A(지각)** : 암석으로 이루어진 지구의 겉 부분으로 고체 상태임
② **B(맨틀)** : 지구 내부의 지각과 외핵 사이에 존재하는 부분으로 고체 상태임
④ **D(내핵)** : 지구의 가장 중심에 위치하며 철과 니켈 등의 고체로 구성됨

21 두 판이 서로 멀어지는 판의 경계를 발산형 경계라 하는데, 이 경계에서는 맨틀 대류의 상승으로 지진과 화산이 잦고 해령이나 열곡대가 발달한다.
② **해구** : 수렴형 경계에서 발생하는 해저지형으로, 심해저에서 움푹 들어간 길고 좁은 부분
③ **호상 열도** : 섬들이 활 모양으로 길게 배열된 지형
④ **변환 단층** : 두 판이 반대 방향으로 어긋나는 보존형 경계에서 볼 수 있는 단층 유형

22 화산 활동이 일어나는 곳은 지권이며, 화산 가스가 방출되는 대기는 기권에 해당한다. 그러므로 화산 활동에 의한 화산 가스가 대기 중에 방출되는 것은 지권과 기권의 상호 작용인 A에 해당한다.

23 무역풍 약화 → 남적도 해류 약화 → 페루 연안의 용승 약화 → 페루 연안의 수온 상승

태평양의 적도 부근에서 부는 무역풍이 몇 년에 한 번씩 약해지면서 남적도 해류의 흐름이 느려져서, 동태평양 적도 해역의 표층 수온이 평상시보다 높아지는 현상은 엘니뇨이다
① **사막화** : 오랜 가뭄 또는 인간의 과도한 개발로 인해 토지가 사막으로 변해가는 현상
② **산사태** : 폭우나 지진, 화산 따위로 산 중턱의 바윗돌이나 흙이 갑자기 무너져 내리는 현상
④ **한파** : 한랭기단이 위도가 낮은 지방으로 몰아닥쳐 급격한 기온의 하강을 일으키는 현상

24 수소 기체 방전관에서 나온 빛의 방출 스펙트럼은 선 스펙트럼으로 가시광선 영역에 속한다. 기체마다 흡수선이 나타나는 위치와 굵기가 다르므로, 스펙트럼을 분석하여 별의 온도,

밀도, 화학 성분 등을 알 수 있다.
ㄷ. 수소와 헬륨은 다른 원소이므로, 다른 위치에 선이 나타난다.

25 질량이 태양 정도인 별의 중심부에서 수소 핵융합이 일어나면 헬륨이 만들어지게 된다. 헬륨이 만들어진 후 헬륨 핵융합으로 탄소 핵이 만들어지게 되고, 그 이후에는 더 이상 핵융합을 하지 않는다. 따라서 ㉠에 해당하는 원소는 헬륨이다.

제6교시 한국사

정답 및 해설 |

정답

01 ③	02 ①	03 ④	04 ②	05 ②
06 ③	07 ②	08 ②	09 ④	10 ①
11 ①	12 ④	13 ①	14 ③	15 ④
16 ③	17 ④	18 ③	19 ②	20 ④
21 ①	22 ②	23 ①	24 ④	25 ④

해설

01 암사동 선사 유적지는 신석기 시대의 대표적인 유적지이다. 신석기 시대에는 가락바퀴를 이용하여 실을 뽑거나, 빗살무늬 토기를 이용하여 음식을 조리하고 저장하였다.
  ① 상평통보 → 조선 시대
  ② 비파형 동검 → 청동기 시대
  ④ 불국사 3층 석탑 → 통일 신라

02 법흥왕은 신라 제23대 왕으로 이차돈의 순교를 계기로 불교를 공인하였으며, 금관가야를 정복한 후 낙동강까지 영토를 확대하였다. 또한 율령을 반포하여 통치 질서를 확립하였다.
  ② 훈민정음 창제 → 조선 세종대왕
  ③ 사심관 제도 실시 → 고려 태조 왕건
  ④ 전민변정도감 설치 → 고려 공민왕

03 일본 도다이사 쇼소인에서 발견된 신라 촌락 문서는 서원경에 속한 촌을 비롯한 4개 촌락의 경제 상황이 기록되어 있다. 신라 촌락 문서는 농민에 대한 노동력 동원과 세금 징수를 위해 작성되었다.
  ① 공명첩 : 나라의 재정을 보충하기 위하여 부유층에게 돈이나 곡식을 받고 팔았던 명예직 임명장
  ② 시무 28조 : 고려 성종 때 최승로가 올린 시무책
  ③ 영남 만인소 : 조선 고종 때 영남 지방의 유생들이 개화정책에 반대하여 올린 상소

04 백제와 고구려가 멸망한 후 신라 문무왕은 매소성 전투에서 당의 군대를 격퇴하고 나·당 전쟁에서 승리하여 삼국 통일을 이룩하였다.
  ① 귀주 대첩 : 10만 대군의 소배압이 이끄는 거란의 3차 침

입에 맞서 강감찬이 귀주에서 거란을 격퇴한 전투
  ③ 봉오동 전투 : 홍범도의 대한 독립군이 중국 지린성의 봉오동에서 간도 지역을 기습한 일본군을 상대로 승리한 전투
  ④ 한산도 대첩 : 임진왜란 때 이순신 장군이 한산도 앞바다에서 학익진 전법을 이용하여 왜군을 격퇴한 전투

05 해동 천태종을 창시한 고려의 승려는 대각국사 의천이다. 그는 교관겸수를 내세워 이론 연마와 실천을 함께 중시하였다.
  ① 김구 : 대한민국 임시 정부를 이끈 독립 운동가로, 한인 애국단을 조직하였고 남한만의 단독 선거에 반대하여 남북 협상에 참여하였다.
  ③ 안중근 : 하얼빈에서 이토 히로부미를 처단하고 동양 평화론을 집필한 독립 운동가이다.
  ④ 전태일 : 서울 동대문 평화시장에서 노동환경 개선과 근로기준법 준수를 외치며 분신한 노동 운동가이다.

06 명성황후가 시해된 을미사변과 단발령의 시행에 대한 반발로 최초의 항일 의병인 을미의병이 일어났다.
  ① 갑신정변 : 김옥균을 중심으로 한 급진개혁파가 우정국 개국 축하연을 이용해 사대당 요인을 살해하고 개화당 정부를 수립하였다.
  ② 병자호란 : 조선이 청의 군신 관계 요구를 거절하자 청이 조선을 침략한 전쟁으로, 인조는 남한산성에서 항전하다 결국 삼전도에서 굴욕적인 강화를 맺었다.
  ④ 무신 정변 : 고려 시대 때 정중부, 이의방 등의 무신들이 문벌 귀족들을 제거하고 정권을 장악한 사건이다.

07 고려 광종은 노비안검법을 시행하여 양인이었다가 불법으로 노비가 된 자를 조사하여 해방시켜 줌으로써 호족과 공신 세력을 견제하였다.
  ① 신문지법 : 일제가 독립운동을 후원하는 신문사를 규제하고 민족 언론을 탄압할 목적으로 제정한 법률이다.
  ③ 치안 유지법 : 공산주의 및 무정부주의 운동을 탄압하기 위해 제정한다고 했으나 사실상 독립 운동에 대한 전반적 탄압을 위해 만들어진 법률이다.
  ④ 국가 총동원법 : 일본이 전쟁을 수행하기 위하여 인적, 물적 자원을 통제하고 동원할 목적으로 제정한 법률이다.

08 홍경래의 난과 임술 농민 봉기가 발발한 1800년대는 풍양 조씨와 안동 김씨 등 소수의 가문이 권력을 독점했던 세도 정치기이다.
① 권문세족의 농장 확대 → 고려 원 간섭기
③ 진골 귀족들이 왕위 쟁탈전 → 신라 하대
④ 황국 신민화 정책의 추진 → 일제 강점기

TIP 세도 정치기
- **순조(1800~1834)** : 정순왕후의 수렴청정, 김조순의 안동 김씨 일파의 세도 정치 전개
- **헌종(1834~1849)** : 헌종의 외척인 조만영, 조인영 등의 풍양 조씨 가문이 득세
- **철종(1849~1863)** : 김문근 등 안동 김씨 세력이 다시 권력 장악

09 고려 시대에는 특수 행정 구역으로 향·소·부곡이 있었는데, 이곳에 거주하는 사람들은 양인임에도 불구하고 과거 응시와 거주 이전에 제한이 있었다. 또한 일반 군현민에 비해 많은 세금을 부담하였다. 향과 부곡에는 주로 농민들이 거주했고, 소에는 주로 수공업이나 광업 종사자들이 거주했다.

10 서원은 조선 시대 사림이 세운 사립 교육 기관으로, 중종 때 주세붕이 설립한 백운동 서원이 시초이다. 선현에 대한 제사와 학문 연구 및 교육을 담당하였다.
② **광혜원** : 우리나라 최초의 근대식 국립 의료 기관
③ **우정총국** : 우리나라 최초의 근대식 우편 업무 담당 기관
④ **경성 제국 대학** : 조선의 민립 대학 설립을 방해하기 위해 일제가 설립한 대학

11 사헌부, 사간원, 홍문관은 조선의 3사로 문필 활동을 통해 언론 기능을 담당하였다. 정사를 비판하고 관리의 비리를 감찰하여 권력의 독점과 부정을 방지하였다.
② **비변사** : 조선 중종 때 외적에 대비하기 위해 처음 설치되었으며, 임진왜란을 거치면서 국정 전반을 총괄하는 국정 최고 기구로 성장함
③ **식목도감** : 법의 제정이나 각종 시행 규정을 다루고 국가 중요 의식을 관장했던 고려의 회의 기관
④ **군국기무처** : 제1차 갑오개혁 때 개혁 추진을 위해 설치된 초정부적 의결 기구

TIP 조선의 삼사
- **사헌부** : 감찰 탄핵 기관, 사간원과 함께 대간을 구성하여 서경권 행사, 수장은 대사헌(종2품)
- **사간원** : 언관(言官)으로서 왕에 대한 간쟁, 수장은 대사간
- **홍문관** : 정치 자문 기관, 경연을 관장, 문필·학술 기관, 수장은 대제학

12 프랑스가 병인박해를 구실로 강화도를 공격한 것은 병인양요이다. 병인양요 당시 양헌수 부대가 정족산성에서 승리하였으나, 프랑스군이 철수하면서 외규장각 도서를 약탈하였다.
① 고려 공민왕은 반원 자주 정책의 일환으로 쌍성총관부를 탈환하고 철령 이북의 땅을 수복하였다.
② 고구려 장수왕의 남진 정책에 대비하여 신라와 백제가 나·제 동맹을 결성하였다.
③ 조선 숙종은 청의 요구로 조선과 청의 경계를 정한 백두산정계비를 건립하였다.

13 동학 농민 운동으로 청·일군이 개입하자 정부는 농민군에 휴전을 제의해 전주 화약이 성립하였다. 이후 동학 농민군은 집강소를 설치하여 탐관오리 처벌, 조세 제도 개혁, 사회적 악습 폐지 등의 폐정 개혁을 추진하였다.
② **성균관** : 조선 시대 최고의 교육 기관
③ **국문 연구소** : 한국어 연구 기관
④ **조선 총독부** : 일제가 설치한 식민 통치 기구

14 순종의 장례일에 맞추어 학생들의 주도로 전개된 시위 운동은 6·10 만세 운동이다. 시위를 준비하는 과정에서 민족주의 세력과 사회주의 세력이 연대하였다.
① **새마을 운동** : 박정희 정부 때의 농촌 근대화를 표방한 범국민적 지역 사회 개발 운동
② **서경 천도 운동** : 고려 인종 때 묘청이 풍수지리설에 근거하여 서경 천도를 주장한 운동
④ **5·18 민주화 운동** : 신군부 세력의 비상 계엄 확대와 무력 진압에 저항하여 일어난 민주화 운동

15 1910년대는 일제의 무단 통치기로, 교사도 제복을 입고 칼을 찼으며, 헌병 경찰 제도를 실시하여 헌병이 경찰 업무를 수행하게 하였다.
① 골품제 → 신라의 신분 제도
② 삼청 교육대 설치 → 전두환 정부
③ 사사오입 개헌 → 이승만 정부

TIP 무단 통치기의 일제 정책
- **헌병 경찰제** : 헌병이 경찰 업무 대행
- **조선 태형령** : 조선인에 대한 태형 처벌
- **토지 조사 사업** : 토지 약탈 및 식민지화에 필요한 재정 수입원 마련
- **회사령** : 회사 설립 허가제를 통한 민족 기업의 성장 억제

16 윤봉길은 일제 강점기의 독립운동가로, 상하이 홍커우 공원에서 열린 일본군 축하 기념식에서 폭탄을 투척하였다. 이를

계기로 중국 국민당 정부가 한국의 독립운동을 적극 지원하였다.
① **일연** : 삼국유사를 편찬한 고려의 승려
② **김유신** : 삼국통일에 공을 세운 신라의 장군
④ **정약용** : 실학 사상을 집대성한 조선 최고의 실학자

17 제1차 세계 대전 후 문화 통치기에 일제는 고도성장과 공업화로 인한 식량 부족과 쌀값 폭등을 우리나라에서의 식량 수탈로 해결하려고 산미 증식 계획을 시행하였다
① **대동법** : 조선 광해군 때 공납의 폐단을 시정히고 전후 농민의 부담을 경감하기 위해 특산물 대신 쌀로 세금을 내도록 한 정책
② **탕평책** : 조선 영조와 정조가 붕당 간 정쟁의 폐단을 막고 정국을 안정시키고자 실시한 정책
③ **의정부 서사제** : 조선 초기 육조의 업무를 의정부를 거쳐 왕에게 올리게 한 제도

18 소파 방정환은 천도교 소년회를 조직하고 어린이날 제정을 주도하는 등 소년 운동을 전개하였다.
① 현량과 시행 → 조선 중종 : 조광조
② 『삼국사기』 저술 → 고려 인종 : 김부식
④ 이토 히로부미 처단 → 대한 제국기 : 안중근

19 국민들의 대통령 직선제 요구를 거부하는 전두한 대통령의 4 · 13 호헌 초치에 맞서 시민들이 호헌 철폐, 독재 타도를 외치며 6월 민주 항쟁이 발발하였고, 이에 전두환 정부는 결국 대통령 직선제 개헌안을 수용하였다(1987).
① 3 · 1 운동 : 일제 강점기 최대 규모의 민족 운동
③ **국채 보상 운동** : 일본에 진 빚을 국민들의 모금으로 갚기 위해 전개된 경제적 구국 운동
④ **금 모으기 운동** : 김대중 정부 때 IMF의 외환 위기 극복을 위해 전 국민이 참여한 금 모으기 운동

20 한국의 임시 민주 정부의 수립과 미 · 소 공동 위원회의 설치 그리고 미 · 영 · 중 · 소에 의한 최고 5년간의 한반도 신탁 통치 등을 결정한 것은 1945년에 개최된 모스크바 3국 외상 회의이다.
① **신민회** : 안창호, 양기탁 등이 국권 회복과 공화 정체의 근대 국가 건설을 목표로 설립한 비밀 결사 단체
② **화백 회의** : 국가의 중대사를 만장일치로 결정한 신라의 귀족 회의 기구
③ **조선 물산 장려회** : 물산 장려 운동을 전개하기 위해 조만식, 이상재 등의 주도로 설립된 단체

21 1950년 6월 25일 북한의 남침으로 발발한 전쟁은 6 · 25 전쟁으로 많은 군인과 민간인이 희생되고 이산가족과 전쟁고아가 발생하였으며 지금까지 남북 분단이 고착화되고 있다. 한편, 강화도 조약은 일본과 맺은 최초의 근대적 조약이자 불평등 조약으로, 조선 측의 포격을 받은 운요호 사건이 원인이 되어 체결되었다.

22 박정희 정부는 베트남에 국군을 파병하고, 7 · 4 남북 공동 성명을 발표하여 '자주, 평화, 민족 대단결'의 민족 통일 3대 원칙을 제시하였다. 또한 장기 십권을 위해 대통령의 권한을 강화한 유신 헌법을 제정하였다.
① 별기군 창설 → 조선 후기 고종
③ 독서삼품과 실시 → 통일 신라 원성왕
④ 한 · 일 월드컵 대회 개최 → 김대중 정부

23 이승만 정부 때에는 미국의 원조 물자를 토대로 제분 · 제당 · 면방직과 같은 삼백 산업 중심의 소비재 산업이 발달하였다. 이 시기에 여당 부통령 후보 당선을 위한 3 · 15 부정 선거가 자행되어 4 · 19 혁명이 촉발되었다

24 1940년에 창설된 한국 광복군은 대한민국 임시 정부의 직할 부대로 총사령관에 지청천, 참모장에 이범석이 취임하였다. 미국 전략 정보국(OSS)과 협력하여 국내 진공 작전을 계획하였으나 일제의 패망으로 실현하지는 못했다.
① **별무반** : 고려 숙종 때 윤관은 신기군, 신보군, 항마군으로 조직된 별무반을 편성하여 여진족의 침입에 대비하였다.
② **삼별초** : 고려 무신 집권기 때 최우는 좌 · 우별초와 신의 군으로 삼별초를 조직하여 몽골의 침입에 대비하였다.
③ **장용영** : 조선 정조는 왕의 친위 부대인 장용영을 설치하고 한양에는 내영, 수원 화성에는 외영을 두었다.

25 김영삼 정부 때에 금융 거래의 투명성을 확보하고자 금융 실명제가 대통령 긴급 명령으로 실시되었다.
① **당백전 발행** : 조선 후기 흥선 대원군은 경복궁 중건에 필요한 재원 마련을 위해 당백전을 발행하였다.
② **방곡령 선포** : 조선 정부는 일본으로의 지나친 곡물 유출을 막기 위해 방곡령을 선포하였다.
③ **진대법 실시** : 고구려의 고국천왕은 을파소의 건의로 백성들에게 곡식을 빌려주는 진대법을 시행하였다.

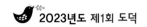

제7교시

도 덕

정답 및 해설 |

정답

01 ①	02 ②	03 ④	04 ②	05 ④
06 ①	07 ②	08 ③	09 ④	10 ③
11 ④	12 ①	13 ④	14 ①	15 ③
16 ②	17 ③	18 ③	19 ①	20 ②
21 ②	22 ③	23 ②	24 ④	25 ①

해설

01 메타 윤리학은 윤리학의 학문적 성립 가능성을 모색하기 위해 도덕적 언어의 의미 분석과 도덕적 추론의 정당성을 검증하기 위한 논리 분석을 주된 목표로 한다.

② **실천 윤리** : 이론 윤리학에서 제공하는 도덕 원리를 토대로 구체적인 윤리 문제를 해결하는 데 초점을 두는 학문

③ **신경 윤리학** : 과학적 측정 방법을 통해 이성과 정서의 역할이 무엇인지 등을 입증함

④ **기술 윤리학** : 도덕 현상과 문제를 명확하게 기술하고, 기술된 현상들 간의 인과 관계를 설명함

02 도가 사상의 창시자로 무위자연을 강조한 중국 춘추 시대의 사상가는 노자이다. 그는 도(道)와 조화를 이루는 삶을 강조한 『도덕경』을 저술하였다.

① **묵자** : 유교의 차별적 사랑을 비판하며 무차별적 사랑을 강조함

③ **순자** : 성악설을 주장하며 예치를 강조함

④ **맹자** : 성선설을 주장하며 왕도 정치를 강조함

03 도덕적 탐구란 도덕적 사고를 통해 도덕적 의미를 새롭게 구성하는 지적 활동으로, 이성적 사고의 과정을 중시하지만 정서적인 측면도 중시한다.

> **TIP** 도덕적 탐구의 특징
> • 현실 문제를 해결할 때 당위적 차원에 주목함
> • 대체로 윤리적 딜레마를 활용한 도덕적 추론으로 이루어짐
> • 정서적 측면을 고려함

04 세상의 모든 존재는 서로 의지한다는 불교의 근본 교리는 연기(緣起)이다. 즉, 모든 존재와 현상은 다양한 원인과 조건에 의해 생겨난다는 것을 의미한다.

① **심재(心齋)** : 마음을 비워서 깨끗이 함

③ **오륜(五倫)** : 유교 윤리의 5가지 핵심 규범

④ **정명(正名)** : 자신이 맡은 직분에 충실함

05 규칙 공리주의는 행위 공리주의의 한계를 극복하기 위해 등장한 사상으로, 어떤 규칙이 최대의 유용성을 산출하는지 판단한 후, 그 규칙에 부합하는 행위를 옳은 행위로 본다.

① **의무론** : 언제 어디서나 우리가 따라야 할 보편타당한 법칙이 존재하며, 우리의 행위가 이 법칙을 따르면 옳고 따르지 않으면 그르다고 판단한다. 의무론의 대표적인 윤리 사상으로는 칸트 윤리와 자연법 윤리가 있다.

② **덕 윤리** : 윤리적으로 옳고 선한 결정을 하려면 유덕한 품성을 길러야 한다는 주장이다.

③ **자연법 윤리** : 모든 인간에게 자연적으로 주어져 있는 보편적인 법으로, 자연의 질서를 따르는 행위는 옳지만 그것을 어기는 행위는 그르다고 본다.

06 과학적 지식을 활용하여 인간이 자연을 정복해야 한다는 자연관은 인간 중심주의이다. 인간 중심주의는 인간만이 직접적인 도덕적 고려의 대상이며 동물이나 식물 등 인간이 아닌 존재는 도덕적 고려의 대상이 아니라고 본다.

② **동물 중심주의** : 동물을 인간을 위한 수단으로 여기는 것에 반대하고 동물의 복지와 권리의 향상을 강조한다.

③ **생명 중심주의** : 모든 생명체는 그 자체로서 가치를 지니므로 도덕적 고려의 범위를 모든 생명체로 확대해야 한다고 본다.

④ **생태 중심주의** : 무생물을 포함한 생태계 전체를 도덕적 고려의 대상으로 보며, 생명 개체에만 초점을 맞추는 개체 중심적인 환경 윤리를 비판한다.

07 시민 불복종은 정의롭지 못한 법과 정책을 변화시키려는 목적을 가지고 의도적으로 법을 위반하는 행위이다. 정당한 시민 불복종의 조건은 공동선을 위해 다수에게 공공적으로 호소하는 행위여야 한다.

① **공정 무역** : 불공정 무역 행위를 규제하고 상품의 전 과정에서 경제 주체들의 이익이 공정하게 분배되도록 하는

2023년 1회

무역
③ **합리적 소비** : 자신의 경제력 내에서 가장 큰 만족을 추구하는 소비
④ **주민 투표제** : 지방자치단체의 중요한 정책사항 등을 주민이 직접 투표로 결정하는 제도

08 과학 기술자는 공익을 추구해야 하며, 자신만의 이익을 위해 연구 결과를 조작해서는 안 된다.

TIP 과학 기술자의 사회적 책임
• 과학 기술의 결과물의 부정적 영향 등을 검토하여 예방적 조치를 해야 함
• 기아나 환경 문제 등 전 지구적인 과제를 해결할 수 있는 과학 기술을 개발해야 함
• 사회적 책임을 실현하기 위한 제도적인 장치를 마련해야 함

09 대중문화의 건전한 발전을 위해 소비자 측면에서는 대중문화를 주체적이고 비판적으로 수용해야 하며, 생산자 측면에서는 건전한 대중문화를 보급하기 위해 노력해야 한다.

10 ㄴ. 무력이나 흡수 통일이 아닌 민주적 절차에 따라 단계적으로 추진해야 한다.
ㄷ. 북한 주민을 화해와 협력의 대상으로 인식하고 남북 교류와 협력을 통해 서로 간에 신뢰를 형성해야 한다.

11 부부는 서로 존중하고 협력해야 하는 동등한 존재임을 인식해야 하며, 성별의 차이에 따른 고정된 성 역할을 절대시해서는 안 된다.

12 비주류 문화를 주류 문화에 녹여서 하나로 통합시켜야 한다는 동화주의의 대표적 이론은 용광로 이론이다.
② **모자이크 이론** : 소수 민족의 문화를 용해시키기 보다는 각 문화를 살려내 화려한 모자이크 패턴을 만드는 다문화주의 이론
③ **샐러드 볼 이론** : 샐러드처럼 다양한 사회구성원들이 상호 공존하며 각각이 색깔과 향기를 지니고 조화로운 통합을 이룬다는 논리
④ **국수 대접 이론** : 국수가 주된 역할을 하고 고명이 부수적인 역할을 하여 맛을 내듯이, 주류 문화와 비주류 문화가 공존해야 한다고 보는 입장

13 롤스(Rawls, J.)는 분배 절차가 공정하면 분배 결과도 공정하다는 절차적 정의를 강조하며, 원초적 입장으로부터 도출된 정의의 원칙을 따를 때 공정한 분배가 실현될 수 있다고 보

았다.

14 칸트(Kant, I.)의 도덕 법칙에 따르면 이성적이고 자율적인 인간은 보편적인 도덕 법칙을 의식할 수 있으며, 그러한 도덕 법칙은 정언 명령의 형식이어야 한다. 정언 명령은 행위의 결과와 상관없이 행위 자체가 선(善)이기 때문에 무조건 수행해야 하는 도덕적 명령을 의미한다.
ㄷ. 칸트의 도덕 법칙은 인간 존엄성의 정신을 강조한다.
ㄹ. 칸트의 도덕 법칙은 도덕성을 판단할 때 행위의 결과보다 동기를 중시한다.

15 태아에 대한 소유권이 임신한 여성에게 있다는 주장은 인공 임신 중절에 대한 찬성의 근거이다. 즉, 여성은 자기 몸에 대한 소유권을 지니며, 태아도 여성의 몸의 일부라고 본다.

TIP 인공 임신 중절의 윤리적 쟁점

찬성 (선택 옹호주의)	• 태아는 인간이 아님 • 여성은 자기 몸에 대한 소유권을 지니며 태아도 여성의 몸의 일부임 • 여성은 자신의 삶을 자율적으로 결정할 수 있음 • 여성은 자기방어와 정당방위의 권리를 지니기 때문에 일정 조건하에서는 낙태할 권리를 지님
반대 (생명 옹호주의)	• 모든 인간 생명은 존엄하고, 태아 역시 인간이므로 보호해야 함 • 잘못이 없는 인간을 해치는 것은 도덕적으로 옳지 않은 일인데 태아는 잘못이 없는 인간임 • 태아는 인간으로 성장할 잠재성을 가지므로 인간으로서 지위를 갖고 있음

16 윤리적 소비는 윤리적 가치 판단에 따라 상품이나 서비스를 구매하고 사용하는 것을 중시하는 소비로, 환경오염을 방지하고 건강한 생태계를 유지하는 소비는 윤리적 소비에 해당한다. 따라서 윤리적 소비를 실천한 학생은 환경 보전을 위해 재활용 종이로 만든 지갑을 산 학생 2이다.

17 예술에 대한 도덕주의는 도덕적 가치가 미적 가치보다 우위에 있으므로, 예술에 대한 윤리적 규제가 필요하다고 본다. 또한 예술의 목적은 도덕적 교훈을 제공하는 것으로 예술의 사회성을 강조한다.
ㄱ · ㄷ **심미주의** : 예술의 가치를 순수하게 미적 추구로만 보는 입장으로, 예술의 자율성만을 강조한다.

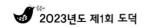

18 바람직한 의사소통을 위해서는 진실에 근거하여 거짓 없는 소통을 해야 하고 대화에 힘써야 한다.

> **TIP 바람직한 소통과 담론 윤리**
> ・소통과 담론에 참여할 수 있는 사람들의 권리를 인정해야 함
> ・대화의 상대방을 존중하는 태도를 지녀야 함
> ・진실에 근거하여 거짓 없는 소통을 해야 하고 대화에 힘써야 함
> ・자신의 오류 가능성을 인정하는 겸허한 태도를 지녀야 함
> ・공적 의사 결정 과정에 적극적으로 참여해야 함

19 전문직은 고도의 전문적 교육과 훈련을 거쳐야만 종사할 수 있는 직업으로, 자신의 직업에 필요한 전문 지식과 기술을 축적해야 할 뿐만 아니라 높은 수준의 직업적 양심과 사회에 대한 책임감을 지닐 수 있도록 노력해야 한다.

20 사이버 폭력은 사이버 공간에서 상대방이 원하지 않는 언어, 이미지 등을 이용하여 정신적·심리적 피해를 주는 행위로, 타인의 명예를 훼손하여 정신적 피해를 주는 것도 사이버 폭력에 해당한다.

21 형벌의 목적을 범죄 예방을 통해 사회 전체의 이익을 증대시키는 것으로 보는 관점은 공리주의이다. 공리주의의 입장에서 사회 전체의 이익이 형벌의 근거가 된다.
　① **국수주의** : 자신의 나라에 대한 우월감으로 자국의 역사, 문화 등이 다른 나라보다 우월한 것이라 믿는 극단적 배타주의
　③ **이기주의** : 자기 자신의 이익만을 꾀하고, 사회 일반의 이익을 염두에 두지 않으려는 태도
　④ **신비주의** : 인간의 정신과 현실에 대한 깊은 이해를 추구하는 사상이나 철학

22 자신의 인간관, 가치관, 세계관 등을 전체적으로 검토하고 반성하는 과정은 윤리적 성찰이다. 증자의 일일삼성(一日三省), 이황의 경(敬), 불교의 참선(參禪), 소크라테스의 산파술 등이 윤리적 성찰을 실천하는 방법에 해당한다.

23 ㉠ **(보수주의)** : 결혼과 출산 중심의 성 관계
　㉡ **(자유주의)** : 자발적인 동의 중심의 성 관계

> **TIP 사랑과 성의 관계**
>
> | 보수주의 | ・결혼과 출산 중심의 성 윤리를 제시
・부부간의 신뢰와 사랑을 전제로 할 때만 도덕적이라고 주장
・혼전 또는 혼외 성관계는 부도덕함 |
> | --- | --- |
> | 중도주의 | ・사랑 중심의 성 윤리를 제시
・사랑을 동반한 성적 관계는 허용될 수 있다고 주장
・사랑이 결부된 성적 관계는 남녀가 육체적·정서적으로 교감할 수 있음 |
> | 자유주의 | ・자발적인 동의 중심의 성 윤리를 제시
・성에 관한 개인의 자유로운 선택을 중시 |

24 기후 변화는 전 지구적 문제로 생태계 교란, 새로운 질병의 유행, 자연재해의 증가 등이 기후 변화로 인한 문제점에 해당하나 ④의 '인류의 안전한 삶 보장'은 기후 변화로 인한 문제점으로 볼 수 없다.

25 국가는 이성적 존재이기 때문에 국제 분쟁은 국제법, 국제기구 등 제도의 개선으로 해결할 수 있다고 보는 국제 관계에 대한 입장은 이상주의이다.
　② **제국주의** : 강력한 군사력을 토대로 정치, 경제, 군사적 지배권을 다른 민족이나 국가로 확장시키려는 패권주의 정책
　③ **현실주의** : 무정부 상태의 국제 관계를 국익과 세력 균형의 관점에서 보는 입장
　④ **지역주의** : 특정 지역의 이익을 도모하거나, 특정 지역의 독자성을 중시하는 정치 형태

정답 및 해설

2023년도

제2회

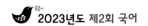

제1교시

국 어

정답 및 해설 |

정답

01 ②	02 ②	03 ③	04 ④	05 ①
06 ①	07 ④	08 ④	09 ①	10 ③
11 ①	12 ④	13 ②	14 ④	15 ②
16 ①	17 ①	18 ②	19 ②	20 ①
21 ②	22 ③	23 ④	24 ③	25 ④

해설

01 전공의와 신경외과장이 '이데마, 만니톨, 엔시드' 등의 전문어를 사용하여 대화하고 있다. 전문어는 학술 또는 기타 전문 분야에서 특별한 의미로 쓰이는 말이다.

02 주신 자료가 너무 어렵다며 선생님을 탓하는 말의 표현을 자료를 잘 이해하지 못하는 자신의 탓으로 돌려 말하고 있다. 이는 공손성의 원리 중 '관용의 격률'이 나타난 발화이다.
① '찬동의 격률'에 해당함
③ '동의의 격률'에 해당함
④ 공손성의 원리에 위배됨

> **TIP 공손성의 원리**
> • **요령의 격률** : 상대방에게 부담이 가는 표현을 최소화하고 상대방의 이익을 극대화하는 것
> • **관용의 격률** : 화자 자신에게 혜택을 주는 표현을 최소화하고 화자 자신에게 부담을 주는 표현은 최대화하는 것
> • **찬동의 격률** : 다른 사람에 대한 비방을 최소화하고 칭찬을 극대화하는 것
> • **겸양의 격률** : 자기 자신에 대한 칭찬은 최소화하고 자신에 대한 비방을 극대화하는 것
> • **동의의 격률** : 자신의 의견과 다른 사람의 의견 사이의 차이점을 최소화하고 자신의 의견과 다른 사람의 의견의 일치점을 극대화하는 것

03 '신라'는 앞 자음 'ㄴ'이 뒤 자음 'ㄹ'의 영향으로 'ㄴ(비음)'이 'ㄹ(유음)'로 바뀌는 유음화가 일어나 조음 방법이 같아졌다.
① 심리[심니] : 뒤 자음 'ㄹ(유음)'이 앞 자음 'ㅁ(비음)'과 조음 방법이 같은 'ㄴ(비음)'으로 바뀌는 비음화가 일어난다.
② 종로[종노] : 뒤 자음 'ㄹ(유음)'이 앞 자음 'ㅇ(비음)'과 조음 방법이 같은 'ㄴ(비음)'으로 바뀌는 비음화가 일어난다.

④ **국물[궁물]** : 앞 자음 'ㄱ(파열음)'이 뒤 자음 'ㅁ(비음)'과 조음 방법이 같은 'ㅇ(비음)'으로 바뀌는 비음화가 일어난다.

04 떠러지다 → 떨어지다
'떨어지다'는 '물체가 작은 폭으로 흔들린다.'는 의미의 '떨다'와 '어떤 현상이나 상태가 이루어지다.'는 의미의 '지다'가 합해진 단어로, 두 개의 용언이 어울려 한 개의 용언이 된 것이다. 그런데 앞말인 '떨다'의 본뜻이 유지되고 있으므로, 한글 맞춤법 제15항에 따라 그 원형을 밝혀 '떨어지다'로 표기하는 것이 올바르다.
① '늘어나다'는 '늘다'의 본뜻이 유지되고 있으므로, 앞말의 원형을 밝혀 '늘어나다'로 표기한 것은 올바르다.
② '드러나다'는 '들다'의 본뜻이 멀어진 경우이므로, 앞말의 원형을 밝히지 않고 '드러나다'로 표기한 것은 올바르다.
③ '돌아가다'는 '돌다'의 본뜻이 유지되고 있으므로, 앞말의 원형을 밝혀 '돌아가다'로 표기한 것은 올바르다.

05 직접 인용 표현을 간접 인용 표현으로 고치려면 화자의 입장에서 인용 부호를 삭제한 후 인칭 대명사, 종결 어미, 인용격 조사 등을 바꾸어야 한다.

> "너의 취미가 뭐야?"라고 → 나의 취미가 뭐냐고

> • **인용 부호** : " " → 삭제
> • **인칭 대명사** : '너' → '나'
> • **종결 어미** : '−야' → '−냐'
> • **인용격 조사** : '라고' → '고'

06 제시문의 주제가 '의약품 개발을 위한 동물 실험 반대'이고 ㉠은 동물 실험을 반대하는 세 번째 근거에 해당한다. 그러므로 ①의 '동물 실험을 대체할 실험 방안이 있다.'가 빈칸에 들어갈 말로 가장 적절하다.
② · ③ · ④ 의약품 개발을 위한 동물 실험에 찬성하는 근거에 해당한다.

07 ㉣ 그리고 → 그러나
과거에는 메모지나 필기구가 없으면 메모가 불편했으나, 지금은 휴대 전화가 있어 쉽게 메모할 수 있다는 내용이 상반되므로 ㉣의 '그리고'는 '그러나'로 바꾸어 쓰는 것이 적절하다.

08 ⓔ의 ':내·히'는 '내ㅎ+이'의 형태로, '히'가 아니라 '이'가 주격 조사이다.
ⓐ '기·픈'은 '깊은'을 소리 나는 대로 이어적기한 표기이다.
ⓑ 'ᄇᆞᄅᆞ매'에 사용된 'ㆍ(아래아)'는 현재 쓰이지 않는 모음이다.
ⓒ '므·른'은 '믈+은'의 형태로, '믈'의 모음 'ㅡ'와 보조사 '은'의 모음 'ㅡ'는 모음 조화에 따른 표기이다.

[09~11]

> **김소월, 「진달래꽃」**
> • 갈래 : 현대시, 자유시, 서정시
> • 성격 : 민요적, 향토적, 애상적
> • 운율 : 7·5조 3음보 율격
> • 주제 : 님에 대한 사랑과 이별의 정한
> • 특징
> − 반어적 표현과 역설적 표현으로 화자의 심리를 강조함
> − 이별의 상황을 가정하여 시상을 전개함
> − 수미상관식 구조로 안정적이고 효과적으로 정서를 전달함

09 설의법은 누구나 다 아는 사실을 의문 형식으로 제시하여 독자가 스스로 결론을 내게 하는 표현법으로, 해당 작품에서는 설의법이 사용되고 있지 않다.
② 종결 어미 '−우리다'를 반복하여 리듬감을 형성하고 있다.
③ '죽어도 아니 눈물 흘리우리다.'라는 반어법을 활용하여 임과의 이별로 인한 시적 화자의 슬픈 감정을 강조하고 있다.
④ 1연과 4연에서 동일 내용을 반복하는 수미상관 구조를 통해 시의 형태적 안정감을 형성하고 있다.

10 ⓐ의 '사뿐히 즈려밟고 가시옵소서.'는 임과 이별하는 상황 속에서도 진달래꽃을 뿌리며 임의 앞길을 축원하는 자기 희생의 모습이 드러나 있다. 이는 임을 향한 헌신적인 사랑의 정서를 표현한 것이다.

11 〈보기〉의 작품이 '아라랑 / 아리랑 / 아라리요'에서 3음보의 율격을 형성하고 있는 것처럼, 해당 작품도 '나 보기가 / 역겨워 / 가실 때에는'에서 3음보의 율격을 형성하고 있다. 그러므로 우리나라 시가 문학의 특징인 3음보의 율격이 두 작품에서 공통으로 나타나고 있다.

[12~13]

> **송순, 「십 년을 경영하여」**
> • 갈래 : 평시조, 정형시, 서정시
> • 성격 : 풍류적, 낭만적, 전원적, 한정적
> • 제재 : 전원생활
> • 주제 : 자연 친화와 안분지족의 삶
> • 특징
> − 근경과 원경이 조화를 이룸
> − 자연을 소유의 대상으로 생각하지 않았던 동양의 자연관이 잘 드러남
> − 의인법과 비유적 표현을 통해 물아일체의 모습을 나타냄

12 세 칸밖에 안 되는 아주 작은 집인 '초려 삼간'을 통해 자연 속에서 소박하게 살고 있는 안분지족의 삶을 엿볼 수 있다.
① 전원생활을 통한 자연 친화적인 삶을 지향하고 있다.
② 임금을 걱정하는 연군가의 모습은 보이지 않는다.
④ 후학 양성에 대한 포부는 드러나 있지 않다.

13 해당 작품의 '강산'은 화자가 병풍처럼 둘러 볼 친화적 '자연'을 의미한다. 마찬가지로 윤선도의 작품 「만흥」에서도 '뫼(산)'는 화자가 멀리 있는 산을 바라보는 것이 임이 오는 반가움만큼이나 좋다고 하였으므로 친화적인 '자연'을 의미한다.

[14~16]

> **김원일, 「도요새에 관한 명상」**
> • 갈래 : 중편 소설, 환경 소설, 가족 소설
> • 성격 : 사실적, 비판적, 생태적
> • 배경 : 시간 − 1970년대 / 공간 − 동진강 유역
> • 시점 : 1인칭 주인공 시점 + 전지적 작가 시점
> • 주제 : 타락한 삶에 대한 비판과 순수한 인간성 회복
> • 특징
> − 등장인물들 각각의 시점으로 서술됨
> − 장면에 따라 서술자의 변화가 드러남
> − 성장 중심의 가치관이 야기한 환경 파괴의 문제를 고발함

14 '병국'이가 '나'에게 "갑자기 떼죽음당하는 게 이상하잖아요? ∼ 이번에는 뭔가 다른 것 같아요."라고 말한 대목에서 '병국'이 새들의 떼죽음에 의혹을 품고 있음을 알 수 있다.
① 아버지인 '나'는 아들인 '병국'의 일로 윤 소령을 만나 '병국'이 하고 있는 환경 오염 실태를 언급하고 있으므로 '나'가 '병국'의 일에 무관심한 것은 아니다.

② '병국'이가 '윤 소령'의 입장을 동정하는 것이 아니라, '윤 소령'이 '병국'이의 입장을 공감하며 이해하고 있다.

③ '나'가 아들인 '병국'이의 행동을 꾸짖고 '윤 소령'에게 미안한 마음을 느끼고 있으나 실망감을 느끼고 있지는 않다.

15 [A]는 '나'가 군 통제 구역을 무단출입하여 군부대에 잡혀 있던 '병국'을 만난 상황으로, '병국'이의 외양 묘사를 통해 '병국'이의 현재 처한 처지와 상황을 보여주고 있다.

16 ㉠의 '그'는 파견 대장인 '윤 소령'을 가리킨다. ㉡의 '그 친구', ㉢의 '이 녀석' 그리고 ㉣의 '너'는 모두 '나'의 아들인 '병국'이를 가리킨다.

[17~19]

작자 미상, 「홍계월전」
• 갈래 : 여성 영웅 소설, 군담 소설
• 성격 : 영웅적, 전기적, 일대기적
• 배경 : 중국 명나라
• 시점 : 전지적 작가 시점
• 주제 : 홍계월의 영웅적 면모와 고난 극복
• 특징
   – 영웅의 일대기 구조
   – 남성보다 우월한 능력을 지닌 여성 영웅
   – 남자 모티프

17 "평국을 누가 여자로 보았으리오? ~ 그 벼슬을 어찌 거두겠는가?"라는 말을 통해 천자가 평국에 대해 긍정적인 평가를 하고 있음을 알 수 있다.

18 '평국'은 여자임에도 불구하고 천자로부터 능력을 인정받고 대원수가 되어 전쟁에 나서게 되었다.

① '여공'은 계월(평국)을 구한 뒤 '평국'이라는 이름을 지어 준 인물이다. 천자는 계월을 대원수로 삼았고, 계월은 '보국'을 중군장으로 삼고자 하였다.

③ '보국'은 부모에게 아내인 '계월'의 지시를 받는 것에 대해 불만을 표출하고 있으므로, '계월'의 권위를 인정하지 않고 있음을 알 수 있다.

④ '여공'은 '보국'의 불만에 계월이를 괄시하다가 좌초한 일이라며, '보국'이 아닌 '계월'의 편을 들어 주고 있다.

19 ㉠의 '상소'는 계월이 자신이 여자임이 밝혀진 후 임금에게 올린 상소로, '임금을 속인 죄를 물어 신첩을 속히 처참하옵소서.'라는 내용을 통해 계월이가 천자를 속인 죄에 대해 벌을 청하고 있음을 알 수 있다.

[20~22]

20 ㄱ. 제시문의 첫 번째 단락에서 치몽에 사는 사람들이 몸과 마음을 다해 손님을 접대하는 구체적인 상황을 예를 들어 설명하고 있다.

ㄴ. 제시문의 두 번째 단락에서 치몽에서 늘 몸을 움직여야만 하는 비슷한 상황들을 열거하고 있다.

21 ㉠에서 의미하는 '이 나라에서의 삶'은 텔레비전으로 보고, 인터넷으로 검색하고, 카메라로 찍는 삶이 아니라 몸을 움직여 직접 만들고 경험하는 삶이라고 하였다. 그러므로 ②의 '대중 매체를 통해 놀이를 즐기는 삶'은 '이 나라에서의 삶'과 거리가 멀다.

22 부탄 사람들은 노는 듯 일하고 일하듯 논다고 하였으므로, ㉡에는 '각 부분이 서로 밀접하게 관련을 가지고 있어서 떼어 낼 수 없는'의 의미를 지닌 '유기적'이 들어갈 말로 가장 적절하다.

① **대립적** : 의견의 처지, 속성 따위가 서로 반대되거나 모순되는

③ **일시적** : 짧은 한 때

④ **수동적** : 스스로 움직이지 않고 다른 것의 작용을 받아 움직이는

[23~25]

23 제시문은 컵라면에 숨어 있는 과학적 원리를 객관적이고 **과학적인 사실에 근거하여 설명하고 있으나, 구체적인 통계 자료를 활용하고 있지는 않다.**

① 면발의 '표면적'과 컵라면의 '대류 현상' 등에서 과학 용어를 사용하여 설명하고 있다.

② 첫 번째 단락의 마지막 문장에서 '컵라면을 먹을 때마다 3분이 얼마나 긴 시간인지를 새삼 깨닫는다.'라는 내용을 통해 대상과 관련된 경험을 제시하고 있다.

③ 첫 번째 단락에서는 라면을 국수나 우동과 대조하여 설명하고 있고, 두 번째와 세 번째 단락에서는 컵라면을 봉지 라면과 대조하여 설명하고 있다.

24 제시문의 두 번째 단락에 컵라면의 면발이 봉지 라면에 비해 더 가늘거나 납작한 이유는 면발의 표면적을 넓혀 뜨거운 물

에 더 많이 닿게 하기 위해서라고 서술되어 있다. 그러므로 면발이 납작해지면 뜨거운 물에 닿는 표면적이 넓어짐을 알 수 있다.

① 밀가루에는 전분 외에 단백질을 포함한 다른 성분도 들어 있다고 하였으므로, 컵라면의 면발이 단백질과 전분으로만 이루어진 것이 아님을 알 수 있다.

② 한 번 튀겨서 익힌 것은 국수나 우동이 아니라 라면이다.

④ 면에 순수한 전분의 비율을 높이면 그 만큼 알파화가 많이 일어난다고 하였으므로, 면에 전분 외에 다른 성분의 비율을 높이면 알파화가 널 일어난다.

25 제시문을 통해 알 수 있는 ㉠의 이유는 뜨거운 물의 대류 현상을 원활하게 하여 물을 계속 끓이지 않아도 면이 고르게 익도록 하기 위해서이다.

제2교시

수 학

정답 및 해설 |

정답

01 ③	02 ②	03 ①	04 ③	05 ②
06 ④	07 ④	08 ①	09 ④	10 ③
11 ②	12 ②	13 ①	14 ②	15 ③
16 ②	17 ①	18 ②	19 ④	20 ①

해설

01
$$A+2B=2x^2+x+2(x^2-1)$$
$$=2x^2+x+2x^2-2$$
$$=4x^2+x-2$$

02
항등식일 때, 양변의 동류항의 계수는 같으므로
$(x-2)^2=x^2-4x+a$에서
$x^2-4x+4=x^2-4x+a$
$\therefore a=4$

03

> 다항식 $f(x)$를 $x-a$로 나누었을 때의 나머지 $\Rightarrow f(a)$

주어진 다항식을 $f(x)$라 놓으면
$f(x)=x^3-3x+7$
나머지 정리에 의해
다항식 $f(x)$를 $x-1$로 나눈 나머지는 $f(1)$
$f(1)$을 주어진 다항식에 대입하면
$f(1)=(1\times 1^3)-(3\times 1)+7=1-3+7$
$\therefore f(1)=5$

04

> $a^3+3a^2b+3ab^2+b^3=(a+b)^3$

인수분해 공식에 따라
$x^3+9x^2+27x+27=(x+3)^3$
$(x+a)^3=(x+3)^3$
$\therefore a=3$

05
$i(2+i)=a+2i$
$2i+i^2=a+2i$
$i^2=-1$이므로 $2i-1=a+2i$
$\therefore a=-1$

TIP 복소수의 상등

두 복소수 $a+bi$, $c+di$(단, a, b, c, d는 실수)에 대하여
① $a+bi=c+di \Leftrightarrow a=c$, $b=d$
② $a+bi=0 \Leftrightarrow a=0$, $b=0$

06

> $x^2-(\alpha+\beta)x+\alpha\beta=0$
> $\Rightarrow x^2-($두 근의 합$)x+($두 근의 곱$)=0$

x^2의 계수가 1인 이차방정식 $x^2-6x+a=0$에서 상수 a는 두 근의 곱이다.
두 수 2, 4를 근으로 한다고 하였으므로,
$a=2\times 4=8$

07
주어진 범위의 그래프에서
$x=2$일 때 → 최댓값 5
$x=0$일 때 → 최솟값 1
그러므로 이차함수 $y=-x^2+4x+1$의 최댓값은 5이다.

08
사차방정식 $x^4-3x^2+a=0$의 한 근이 2이라고 했으므로
$f(2)=0$
$x^4-3x^2+a=0$에 $x=2$를 대입하면
$2^4-3\times 2^2+a=0$, $16-12+a=0$
$\therefore a=-4$

09
연립부등식 $\begin{cases} x+2y=10 & \cdots \ominus \\ x^2+y^2=a & \cdots \ominus \end{cases}$

$x=2$, $y=b$를 ⊙에 대입하면
$x+2y=2+2b=10$, $2b=8$ $\therefore b=4$
$x=2$, $y=4$를 ⊙에 대입하면
$x^2+y^2=2^2+4^2=a$ $\therefore a=20$
따라서 $a+b=20+4=24$

10

> 판별식 $D>0$일 때, $f(x)\le 0$의 해
> $\Rightarrow \alpha\le x\le\beta$

이차부등식 $(x+1)(x-4)\le 0$의 해는
$\alpha=-1$, $\beta=4$이므로
$-1\le x\le 4$

11

> 좌표평면 위의 두 점 $A(x_1, y_1)$, $B(x_2, y_2)$에 대하여 $\overline{AB}$를 $m:n(m>0, n>0)$으로 내분하는 점 P의 좌표
> $\Rightarrow P\left(\dfrac{mx_2+nx_1}{m+n}, \dfrac{my_2+ny_1}{m+n}\right)$

좌표평면 위의 두 점 $A(-1, 1)$, $B(2, 4)$에 대하여 선분 AB를 를 $1:2$로 내분하는 점 P의 좌표는
$P\left(\dfrac{mx_2+nx_1}{m+n}, \dfrac{my_2+ny_1}{m+n}\right)$에서
$P\left(\dfrac{1\times2+2\times-1}{1+2}, \dfrac{1\times4+2\times1}{1+2}\right)=\left(\dfrac{0}{3}, \dfrac{6}{3}\right)$
$\therefore P(0, 2)$

12

> • 두 직선이 서로 수직일 때 기울기의 곱 $\Rightarrow -1$
> • 점 (x_1, y_1)을 지나고 기울기가 m인 직선의 방정식
> $\Rightarrow y-y_1=m(x-x_1)$

두 직선이 서로 수직일 때 기울기의 곱은 -1이므로
직선 $y=x+2$에 수직인 직선의 기울기는 -1
기울기가 -1이고 점 $(4, 0)$을 지나는 직선의 방정식은
$y-y_1=m(x-x_1)$에서
$y-0=-1(x-4)$
$\therefore y=-x+4$

13

> 중심 좌표가 (a, b)이고 x축에 접하는 원의 방정식
> $\Rightarrow (x-a)^2+(y-b)^2=b^2$

중심 좌표가 $(3, 1)$이고 x축에 접하는 원의 방정식은
$(x-a)^2+(y-b)^2=b^2$에서
$(x-3)^2+(y-1)^2=1^2$
$(x-3)^2+(y-1)^2=1$

14

> 점 (x, y)를 $y=x$에 대하여 대칭이동한 점의 좌표
> $\Rightarrow (y, x)$

점 $(2, 3)$을 직선 $y=x$에 대하여 대칭이동한 점의 좌표는 (y, x)에서 $(3, 2)$이다. 즉, x, y의 좌표가 서로 바뀐다.

15

> $A\cap B=\{x|x\in A \text{ 그리고 } x\in B\}$

$A\cap B$는 두 집합 A와 B에 모두 속하는 원소들의 집합이다.
$A=\{1, 3, 6\}$, $B=\{3, 5, 6\}$이므로
$\therefore A\cap B=\{3, 6\}$

16 전체집합 U의 원소 중에서 조건이 참이 되는 모든 원소의 집합을 진리집합이라 한다.

'x는 짝수이다.'가 조건이므로,
전체집합 $U=\{1, 2, 3, 4, 5, 6\}$에서 짝수인 원소는 2, 4, 6이다.
따라서 조건을 만족하는 진리집합은 $\{2, 4, 6\}$이다.

17

> 역함수의 성질 : $f^{-1}(a)=b$이면 $f(b)=a$

주어진 함수 $f:X \rightarrow Y$에서 $f(1)=c$
역함수의 성질에 따라 $f^{-1}(a)=b$이면 $f(b)=a$
$\therefore f^{-1}(c)=1$

18

> $y=\sqrt{a(x-m)}+n(a\neq0)$의 그래프는 $y=\sqrt{ax}$의 그래프를 x축의 방향으로 m만큼, y축의 방향으로 n만큼 평행이동한 그래프이다.

무리함수 $y=\sqrt{x-a}+b$의 그래프가 무리함수 $y=\sqrt{x}$의 그래프를 x축의 방향으로 1만큼, y축의 방향으로 4만큼 평행이동한 그래프이므로 $a=1$, $b=4$이다.
$\therefore a+b=5$

19 입구에서 쉼터를 거쳐 전망대까지 길을 따라 가는 경우의 수는 동시에 일어나는 사건이므로, 곱의 법칙에 따라
$4\times2=8$(가지)이다.
그러므로 경우의 수는 8이다.

> **TIP** 경우의 수
> • **합의 법칙** : 사건 A와 B가 일어나는 경우의 수가 각각 m, n이고, 두 사건 A, B가 동시에 일어나지 않을 때, 사건 A 또는 사건 B가 일어나는 경우의 수 $\Rightarrow m+n$
> • **곱의 법칙** : 사건 A가 일어나는 경우의 수가 m이고, 그 각각의 경우에 일어나는 경우의 수가 n일 때, 두 사건 A, B가 동시에 일어나는 경우의 수 $\Rightarrow m\times n$

20

> 서로 다른 n개에서 r개를 택하는 조합의 수 $\Rightarrow {}_nC_r$

6종류의 과일 중에서 서로 다른 2종류의 과일을 선택하는 경우의 수는 순서를 생각하지 않고 택하는 조합의 수와 같다.
그러므로 구하는 경우의 수는
$${}_6C_2=\frac{6\times5}{2\times1}=\frac{30}{2}=15$$

제3교시

영 어

정답 및 해설 |

▌정답

01 ④	02 ③	03 ③	04 ④	05 ②
06 ④	07 ①	08 ③	09 ③	10 ②
11 ①	12 ①	13 ④	14 ④	15 ④
16 ①	17 ④	18 ③	19 ③	20 ②
21 ①	22 ②	23 ④	24 ②	25 ④

▌해설

01 **해설** knowledge는 '지식'이라는 뜻이다.
   ① 균형 balance
   ② 목표 aim, goal
   ③ 우정 friendship
   해석 책을 읽는 것은 지식을 얻는 좋은 방법이다.

02 **해설** give up은 '포기하다'라는 뜻이다.
   해석 그녀는 어려움을 겪더라도 그녀의 꿈을 결코 포기하지 않을 것이다.
   어휘 even if 비록 ~일지라도
   difficulty 고난, 어려움

03 **해설** For example은 '예를 들면'이라는 뜻이다.
   해석 많은 동물들이 장난감을 가지고 노는 것을 좋아한다. 예를 들면, 개들은 공을 가지고 노는 것을 즐긴다.
   어휘 animal 동물
   play with ~와 놀다

04 **해설** 주어진 문장에서 'spring(봄)'은 'season(계절)' 중의 하나로, 하위어–상위어 관계이다. 마찬가지로 ①, ②, ③은 모두 하위어–상위어 관계이나, ④의 'shoulder(어깨)'와 'country(나라)'는 아무런 관계가 없다.
   ② 사과 – 과일
   ③ 간호사 – 직업
   ④ 삼각형 – 모양
   해석 봄은 아름다운 꽃과 따뜻한 날씨 때문에 내가 가장 좋아하는 계절이다.
   어휘 favorite 가장 좋아하는

warm 따뜻한
weather 날씨

05 **해설** ① 날짜 : 2023년 9월 10일(일)
   ② 장소 : 알 수 없음
   ③ 활동 내용 : 다양한 종류의 치즈 맛보기와 치즈 케이크 굽기
   ④ 입장료 : 10,000원

   해석

치즈 박람회
• **날짜** : 2023년 9월 10일(일)
• **활동** :
– 다양한 종류의 치즈 맛보기
– 치즈 케이크 굽기
• **입장료** : 10,000원

   어휘 fair 박람회
   activity 활동
   taste 맛이 나다
   various 다양한, 여러 가지의
   entrance 입구, 입장
   fee 요금

06 **해설** 첫 번째 문장에는 '발표하다'라는 의미를 갖는 동사 'present'가 들어가야 하고, 두 번째 문장에는 '현재'라는 의미의 명사 'present'가 들어가야 한다.
   ① 자라다
   ② 지다
   ③ 잊다
   해석 • 당신의 프로젝트를 수업 중에 발표할 준비가 되었나요?
   • 과거에 대한 걱정은 그만두고 현재를 사세요.
   어휘 be ready to ~할 준비가 되다
   stop ~ing ~하는 것을 멈추다[그만두다]
   worry about ~관해 걱정하다

07 **해설** 「how + 형용사/부사」는 '얼마나 ~한/하게'의 의미이며, 이 때 how는 정도를 나타내는 의문사이다. 첫 번째 문장의 'how many~?'는 '얼마나 많은'의 의미로 사용되었고, 두 번째 문장의 'how far~?'는 '얼마나 먼'의

의미로 사용되었다.

해석 • John, 아시아에는 <u>얼마나</u> 많은 나라가 있습니까?
　　　• 그는 그곳이 여기서 <u>얼마나</u> 멀리 떨어져 있는지 모른다.

어휘 country 나라
　　　far (거리가) 먼

---

08 **해설** 첫 번째 문장의 focus on은 '～에 집중하다'는 의미이고, 두 번째 문장의 put on은 '～을 입다'는 의미이다. 따라서 빈칸에 공통으로 들어갈 말은 전치사 on이다.

해석 • 그는 게임을 하는 대신 공부에 집중해야 한다.
　　　• 입고 벗기 쉬운 재킷을 가져오세요.

어휘 instead of ～대신에
　　　take off 벗다

---

09 **해설** 성격을 묻는 A의 질문에 B가 신중한 편이라고 답했으므로, 밑줄 친 "Look before you leap."의 의미는 ③의 '행동하기 전에 더 신중하게 생각해라.'이다.

해석 A : 당신의 성격을 어떻게 설명하시겠습니까, 수미 씨?
　　　B : 저는 신중한 편입니다. 저는 이런 말을 따르려고 노력합니다. "<u>뛰기 전에 조심하세요.</u>"
　　　A : 아, 당신은 어떤 일을 하기 전에 신중하게 생각하시는군요.

어휘 describe 묘사하다, 설명하다
　　　personality 개성, 성격
　　　tend to ～하는 경향이 있다, ～하는 편이다
　　　saying 말, 격언, 속담
　　　leap 뛰다, 도약하다
　　　carefully 조심히, 신중하게

---

10 **해설** A가 헤드폰을 반품하고 싶은 이유가 소리가 충분히 크게 나지 않아서 헤드폰이 만족스럽지 않기 때문이다. 그러므로 대화를 통해 알 수 있는 A의 심정은 '불만'이다.

해석 A : 이 헤드폰을 반품하고 싶습니다.
　　　B : 왜요? 어떤 문제가 있나요?
　　　A : 소리가 만족스럽지 않아요. 소리가 충분히 크게 나지 않습니다.

어휘 return 반환하다, 반품하다
　　　be satisfied with ～에 만족하다
　　　loud (소리가) 큰
　　　enough 충분한

---

11 **해설** 사람들이 많은 피자 식당에서 주문을 하고 있으므로,

대화가 이루어지는 장소는 '식당'이다.

해석 A : 이 식당에는 사람들이 정말 많네요.
　　　B : 맞아요. 이 곳은 피자로 유명해요.
　　　A : 그래요. 주문을 좀 합시다.

어휘 be known for ～로 유명하다
　　　order 주문하다

---

12 **해설** 제시문의 글쓴이는 『그리스와 로마 신화』라는 책을 읽고 있는데, 그것이 서양 예술에 관해 더 많이 이해하게 한다고 하였으므로, 밑줄 친 it이 가리키는 것은 'book(책)'이다.
　　　② 연필
　　　③ 언어
　　　④ 암호

해석 요즘 나는 『그리스와 로마 신화』라는 책을 읽고 있다. 그 책은 매우 흥미롭고 상상력을 북돋아 준다. 더욱이, 신화는 서양 문화의 근원이기 때문에 <u>그것은</u> 서양 예술에 관해 더 많이 이해하게 한다.

어휘 these days 요즘
　　　myth 신화
　　　encourage 북돋다, 격려하다
　　　imagination 상상력
　　　moreover 더욱이, 게다가
　　　western 서양의
　　　source 원천, 근원
　　　culture 문화

---

13 **해설** B가 걷기보다 자전거 타는 것을 더 좋아한다고 했으므로, 빈칸에는 둘 중 하나를 고르는 선택의문문과 어울리는 말이 들어가야 한다. 그러므로 빈칸에는 ③의 '어떤 종류의 운동을 더 좋아하니'가 들어갈 말로 가장 적절하다.
　　　① 어디서 차를 빌릴 수 있니
　　　② 공연은 언제 시작하니
　　　③ 왜 영어를 배우고 싶니

해석 A : 자전거를 타는 것과 걷기 중 <u>어떤 종류의 운동을 더 좋아하니</u>?
　　　B : 나는 걷기보다 자전거 타는 것을 더 좋아해.
　　　A : 왜 그것을 좋아하는데?
　　　B : 내 생각에 자전거를 타는 것이 더 많은 칼로리를 소모하기 때문이야.

어휘 cycling 자전거 타기
　　　A rather than B B보다 A
　　　burn 태우다, 소모하다
　　　calorie 열량, 칼로리

rent 빌리다, 임대하다

prefer ~을 더 좋아하다[선호하다]

14 **해설** A가 다른 사람들을 존중할 수 있는 방법에 대해 묻고 있으므로, B에 들어갈 말은 'a good listener(남의 말을 잘 들어주는 사람)'와 호응하는 말인 ④가 가장 적절하다.

① 영화를 보다

② 이 가방을 교환하다

③ 다음 거리에서 좌회전하다

해석 A : 어떻게 우리가 다른 사람들을 존중할 수 있을까?

　　B : 다른 사람들이 말할 때 주의 깊게 들어야 한다고 생각해.

　　A : 그 때문에 네가 남의 말을 잘 들어주는 구나.

어휘 respect 존경, 존중

That's why 그 때문에~, 그 이유로~

a good listener 남의 말을 잘 들어주는 사람

exchange 바꾸다, 교환하다

15 **해설** 코알라가 나무를 껴안고 있는 이유가 궁금하다는 A의 물음에 B가 더위를 식히기 위해서라고 답하고 있다. 그러므로 ③의 '코알라가 나무를 껴안고 있는 이유'가 대화의 주제로 가장 적절하다.

해석 A : 저는 나무에 있는 코알라를 볼 때마다, 왜 그처럼 나무를 껴안는지 궁금해요.

　　B : 코알라는 더위를 식히기 위해 나무를 껴안습니다.

　　A : 오, 말이 되네요. 호주는 매우 더운 기후지요.

어휘 whenever ~할 때마다

koala 코알라

wonder 궁금해 하다

hug 껴안다

cool down 식히다

make sense 타당하다, 말이 되다

Australia 호주

climate 기후

16 **해설** 제시문은 호텔 예약을 확인하기 위해 쓴 이메일이다. 그러므로 ③의 '확인하려고'가 글을 쓴 목적으로 가장 적절하다.

해석 저는 예약을 확인하기 위해 이 메일을 보냅니다. 저는 귀 호텔에 2박으로 가족 객실을 예약했습니다. 우리는 성인 2명과 아이 1명입니다. 12월 22일 오후에 도착할 예정입니다. 답장을 기다리겠습니다.

어휘 confirm 확인하다

reservation 예약

book 예약하다

adult 어른, 성인

arrive 도착하다

look forward to ~을 학수고대하다

reply 답변, 답장

17 **해설** 경기 안내문의 마지막 줄에 비가 온다면 대회는 취소된다고 했으므로, '비가 와도 경기가 진행된다.'는 ④의 설명은 안내문의 내용과 일치하지 않는다.

해석

> **테니스 경기**
> - 초보자만 참가할 수 있습니다.
> - 오전 10시에 시작해서 오후 5시에 끝납니다.
> - 점심은 제공되지 않습니다.
> - 비가 오면, 대회는 취소됩니다.

어휘 competition 대회, 경기

beginner 초보자

participate 참가[참여]하다

serve 제공하다

cancel 취소하다

18 **해설** 제시문의 두 번째 문장에서 참가자들은 아픈 아이들을 위한 돈을 모으기 위해 달린다고 하였으므로, '멸종 위기 동물을 돕기 위해 모금을 한다.'는 ③의 설명은 제시문의 내용과 일치하지 않는다.

해석 Santa Fun Run은 매년 12월에 개최된다. 참가자들은 산타 복장을 입고 5킬로미터를 달린다. 그들은 아픈 아이들을 위한 돈을 모으기 위해 달린다. 여러분은 모든 연령대의 산타들이 걷고 뛰는 것을 볼 수 있다.

어휘 be held 개최되다

participant 참가자

costume 복장

raise (자금 · 사람을) 모으다

19 **해설** 제시문은 외로움에 고통 받을 때 다른 사람들과 감정을 공유하고, 긍정적인 행동을 취하라고 설명하고 있다. 그러므로 ③의 '외로움에 대처하는 방법'이 제시문의 주제로 가장 적절하다.

해석 여러분은 외로움에 고통 받습니까? 그런 경우, 여러분의 감정을 부모님, 선생님 혹은 상담사와 공유하는 것이 도움이 될 수 있습니다. 여러분이 부정적인 감정을 극복하기 위해 긍정적인 행동을 취하는 것 또한 중요합니다.

어휘 suffer from ~로 고통 받다
loneliness 외로움
in such cases 그런 경우
share A with B A를 B와 공유하다
counselor 고문, 상담사
take actions 조치를 취하다
positive 긍정적인
overcome 이기다, 극복하다
negative 부정적인

20

해설 제시문에서 잠을 잘 때 목과 척추가 펴지기 때문에 등을 대고 눕는 것이 잠을 자기 위한 가장 좋은 자세라고 설명하고 있다. 그러므로 빈칸에 들어갈 말로는 ②의 'position(자세)'이 가장 적절하다.
① 글자
③ 감정
④ 인구

해석 대부분의 사람들에게, 잠을 자기 위한 가장 좋은 <u>자세</u>는 등을 대고 눕는 것이다. 등을 대고 자면, 목과 등의 통증이 덜할 것이다. 그 이유는 잠을 잘 때 목과 척추가 펴지기 때문이다.

어휘 on one's back 등을 대고 누워, 반듯이 누워
pain 고통, 통증
spine 척추
straight 똑바른, 펴지는
letter 글자, 문자
position 태도, 자세
emotion 감정
population 인구, 주민

21

해설 제시문은 문제를 해결하기 위한 방법을 3단계로 나누어 설명하고 있다. 그러므로 빈칸에는 앞의 'problem(문제)'과 호응하는 동사 'solve(해결하다)'가 들어갈 말로 가장 적절하다.
② 춤추다
③ 기부하다
④ 약속하다

해석 여기 여러분의 문제를 <u>해결하기</u> 위한 몇 가지 단계가 있다. 첫째, 필요한 모든 정보를 모아서 다양한 해결책을 찾아야 한다. 둘째, 가능한 최선의 해결책을 선택한 후 실행에 옮긴다. 마지막으로, 그 결과를 평가한다. 나는 이러한 단계가 여러분에게 도움이 될 거라고 확신한다.

어휘 various 다양한
solution 해결책

gather 모으다
necessary 필요한
put into action 실행에 옮기다, 실천하다
at the end 마지막으로
evaluate 평가하다
donate 기증하다, 기부하다

22

해설 주어진 문장이 'Instead(대신)'로 시작하므로, 앞 문장은 주어진 문장과 반대되는 내용이 와야 한다. 또한 ③의 문장에서 이런 '가벼운 대화'는 주어진 문장의 '가벼운 대화'를 가리키는 것이므로, 주어진 문장은 ②에 들어가는 것이 가장 적절하다.

해석 대신, 우리는 날씨 혹은 교통과 같은 덜 심각한 것들에 대한 가벼운 대화를 시작한다.

여러분이 누군가를 처음 만났을 때, 어떻게 대화를 시작하는가? (①) 우리는 보통 처음에 우리의 인생 이야기를 서로에게 말 하지 않는다. (②) 이런 가벼운 대화는 잡담이라고 불린다. (③) 그것은 우리가 편안함을 느끼고 서로를 더 잘 알 수 있도록 도와준다. (④) 그것은 어색한 분위기를 깨는 좋은 방법이다.

어휘 instead 대신에
casual 가벼운, 평상시의
conversation 대화
serious 심각한
traffic 교통
be referred to ~로 언급되다, 불리다
small talk 한담, 잡담
comfortable 편안한
get to ~하게 되다
break the ice 어색한 분위기를 깨다

23

해설 제시문의 후반부에서 영어 속담을 더 쉽게 기억하기 위한 전략 중 하나는 그것들의 기원에 관해 배우는 것이라며 몇 가지 예를 살펴보자고 제안하고 있다. 그러므로 제시문의 바로 뒤에 이어질 내용은 '영어 속담의 기원에 관한 예시'이다.

해석 영어 속담은 모국어 사용자가 아닌 사람들에게는 이상하게 보일 수 있고 그들이 배우고 기억하는 것은 매우 어려울 수 있다. 영어 속담을 더 쉽게 기억하기 위한 한 가지 전략은 그것들의 기원에 관해 배우는 것이다. 몇 가지 예를 살펴보자.

어휘 proverb 속담
strange 이상한
non-native 모국어 사용자가 아닌

remember 기억하다
strategy 계획, 전략
origin 유래, 기원
example 예시, 사례

[24~25]

해석 독서 감상문은 책에 대한 독자의 견해입니다. 감상문을 쓸 때, 책에 대한 간단한 요약이나 설명으로 시작하세요. 그런 다음 당신이 그것을 좋아하는지 안 좋아하는지 그리고 왜 그런지에 대한 당신의 <u>견해</u>를 진술하세요.

어휘 review 비평, 감상문
opinion 의견, 견해
brief 짤막한, 간단한
summary 요약
description 묘사, 설명
state 말하다, 진술하다
flight 비행
gesture 몸짓, 제스처
architecture 건축

24 **해설** 제시문의 첫 문장에서 독서 감상문은 책에 관한 독자의 견해라고 하였다. 그러므로 감상문을 쓸 때 책에 대한 간단한 요약이나 설명으로 시작한 후 자신의 견해를 진술하라고 쓰는 것이 타당하다. 따라서 빈칸에는 ②의 'opinion(견해)'이 들어갈 말로 가장 적절하다.
① 비행
③ 몸짓
④ 건축

25 **해설** 제시문은 독서 감상문을 쓰는 요령에 대해 단계별로 설명하고 있다. 그러므로 ④의 '독서 감상문 쓰는 법'이 제시문의 주제로 가장 적절하다.

제4교시

사 회

정답 및 해설 |

2023년 2회

▌정답

01 ③	02 ③	03 ①	04 ②	05 ①
06 ④	07 ①	08 ②	09 ③	10 ④
11 ③	12 ④	13 ①	14 ④	15 ④
16 ①	17 ②	18 ④	19 ④	20 ②
21 ②	22 ①	23 ③	24 ③	25 ④

▌해설

01 행복한 삶을 실현하기 위한 조건 중 내적으로 성찰하고 옳은 일을 실천하는 것을 통해 개인의 만족감과 행복감을 얻는 것은 도덕적 실천이다.

> **TIP 행복한 삶을 실현하기 위한 조건**
> • 정주 환경
> • 경제적 안정
> • 시민 참여가 활성화되는 민주주의의 실현
> • 도덕적 실천과 성찰하는 삶

02 사회 복지 제도란 질병, 실업, 빈곤, 재해 등 다양한 사회적 위험에서 벗어나 인간다운 삶을 살 수 있도록 지원하는 제도를 말하는데, 공공 부조, 사회 보험, 사회 서비스 등이 이에 해당된다.
① 선거 제도 : 민주주의의 꽃이라 불리며, 투표를 통해 대표자를 선출하는 제도
② 권력 분립 제도 : 국가 권력을 나누어 각각 다른 기관에 분담시켜 서로 견제 · 균형하게 함으로써 국민의 자유와 권리를 보장하려는 제도
④ 헌법 소원 심판 제도 : 공권력의 행사 또는 불행사로 헌법상 보장된 국민의 기본권이 침해되는 경우에 국민이 헌법재판소에 자신의 기본권을 구제하여 줄 것을 청구하는 제도

03 법치주의는 행정은 의회에서 제정한 법률에 의거하여 행하여야 한다는 원칙으로, 국민의 기본권을 제한하거나 국민에게 의무를 부과할 때에는 의회에서 제정된 법률에 근거해야 함을 의미한다.
② 인권 침해 : 인간의 기본적 인권을 침해하는 일

③ 준법 의식 : 법을 잘 준수하고자 하는 자세
④ 시민 불복종 : 정의롭지 못한 법 또는 정부 정책을 변혁시키려는 목적으로 행해지는 의도적인 위법 행위

04 자산 관리의 원칙 중 안전성은 투자한 자산의 가치가 온전하게 보전될 수 있는 가능성의 정도를 의미한다. 자산 관리의 3원칙에는 안전성과 더불어 수익성, 유동성이 있다.

05 문화 변동은 문화가 새로운 문화 요소의 등장이나 다른 문화와의 교류 · 접촉을 통해 상호 작용하면서 변화하는 현상으로, 내재적 요인으로는 발견, 발명 등이 있다.
ㄷ. 문화 동화 : 다른 사회의 문화 요소가 전파되었을 때 기존의 문화 요소가 전파된 문화 요소에 흡수되어 소멸되는 현상
ㄹ. 문화 전파 : 문화 변동의 외재적 요인(직접 전파, 간접 전파, 자극 전파)

06 사회적 소수자는 특정 사회나 국가의 지배적 가치와 기준을 달리한다는 이유로 차별받거나 불평등한 대우를 받는 사람을 말한다. 따라서 자신들이 차별받는 집단의 구성원이라는 인식이 존재한다.
① 사회에서 차별 대우를 받는다.
② 다양한 기준에 의해 규정된다.
③ 노인, 여성, 비정규직 근로자, 북한 이탈 주민 등도 해당된다.

07 근로 3권에는 단결권, 단체 교섭권, 단체 행동권이 있으며, 근로자들이 근로 조건의 향상을 위하여 자주적으로 노동조합이나 그 밖의 단결체를 조직 · 운영하거나 그에 가입하여 활동할 수 있는 권리는 단결권이다.

> **TIP 근로 3권**
> • **단결권** : 근로자들이 목적성과 자주성을 기초로 하여 단체를 결성할 수 있는 권리
> • **단체 교섭권** : 근로자 대표들이 사용주와 교섭할 수 있는 권리
> • **단체 행동권** : 근로자들이 노동쟁의행위를 할 수 있는 권리

08 보편 윤리란 시대와 사회를 초월하여 모든 사람이 존중하고 따라야 할 행위 원칙이므로, 시장 실패의 사례로 볼 수 없다.
① 불완전 경쟁 : 독점적 경쟁과 과점 등 완전 경쟁의 조건을 만족하지 않는 시장
③ 외부 효과 발생 : 경제 주체의 경제 활동이 다른 경제 주체에게 의도하지 않은 이익을 주거나 의도하지 않게 피해를 주는데도 이에 대해 아무런 경제적 대가를 치르거나 받지 않는 것
④ 공공재의 공급 부족 : 공공재의 공급을 시장 기능에만 맡겨 둘 경우 사회에 필요한 만큼 충분히 공급되지 않는 것

09 자문화 중심주의는 자기 문화만을 가장 우수한 것으로 생각하고 다른 문화를 무시하거나 부정하는 태도이며, 문화 사대주의는 다른 문화를 더 좋은 것으로 생각하고 자신의 문화를 과소평가하거나 무시하는 태도이다. 그러므로 두 문화 모두 문화의 상대성을 인정하지 않고 특정 문화를 기준으로 다른 문화를 평가하는 공통적 특징이 있다.
① · ② · ④ → 문화 상대주의

10 헌법 제37조는 국민의 기본권 보장과 관련된 내용으로, 국민의 기본권은 국가 안전보장 · 질서 유지 또는 공공복리를 위하여 필요한 경우에 한하여 법률로써 제한할 수 있으며, 제한하는 경우에도 자유와 권리의 본질적인 내용을 침해할 수 없다.
① 대도시권 형성 : 대도시의 기능과 영향력이 주변 지역으로 확대되면서 형성되는 생활권
② 직업 분화 촉진 : 직업이 분화되고 전문성이 증가하면서 직업이 다양해지는 현상
③ 윤리적 소비 실천 : 소비자가 상품이나 서비스 등을 구매할 때 윤리적인 가치판단에 따라 의식적인 선택을 하는 소비 형태

11 세계화로 인해 선진국과 상대적으로 경쟁력이 뒤처진 개발 도상국 간 소득 격차가 확대됨에 따라 국가 간 빈부 격차가 심화될 수 있다.
① 사생활 침해 : 자신의 의사와 상관없이 개인 정보가 다른 사람에게 공개되어 피해를 받는 현상
② 인터넷 중독 : 일상생활과 인간관계를 외면하고 가상 세계에 지나치게 몰두하는 행동
④ 문화 다양성 보장 : 각각의 사회와 집단이 가지는 문화의 다양성을 존중하고 보장하는 것

12 국가들 사이의 이해관계를 조정하거나 국가 간 분쟁을 중재하는 국제 사회의 행위 주체는 정부 간 국제기구로, 유럽 연합(EU), 세계 무역 기구(WTO), 경제 협력 개발 기구(OECD) 등이 이에 속한다.
① 국가 : 일정한 영토와 구성원 그리고 주권에 의한 하나의 통치조직을 가지고 있는 사회집단
② 다국적 기업 : 생산비 절감, 해외 시장의 확대, 무역 규제 완화를 위해 다른 나라에 생산 공장을 건설하거나 지사를 설립 · 운영하는 기업
③ 자유 무역 협정(FTA) : 특정 국가 간의 상호 무역증진을 위해 물자나 서비스 이동을 자유화시키는 협정

13 정보 격차는 정보기기, 양질의 정보 확보, 정보를 다루는 능력을 보유한 사람과 그렇지 못한 사람 사이에 사회적 · 경제적 격차가 심화되는 현상이다.
② 규모의 경제 : 생산량이 증가할수록 평균 생산 단가가 감소하는 현상
③ 문화의 획일화 : 한 지역의 문화적 특성이 다른 지역에서도 유사하거나 동일하게 나타남으로써 세계 문화가 점차 비슷해지는 현상
④ 지역 이기주의 : 자신이 살고 있는 지역의 이익만을 추구하려는 태도

14 건조 기후 지역은 연 강수량이 500mm 이하인 지역으로 유목과 오아시스 농업이 발달하였다. 또한 주민들은 지붕이 평평한 흙벽돌집에서 생활한다.
ㄱ. 순록 유목 → 한대 기후 지역
ㄴ. 고상식 가옥 → 열대 기후 지역

15 여름철 장마나 태풍 등 집중 호우에 의한 하천의 범람으로 발생하는 자연재해 현상은 홍수이다.
① 가뭄 : 강수량 부족과 대륙 내부의 건조 기후로 인해 땅이 메마르고 물이 부족한 현상
② 지진 : 지구 내부의 에너지가 지표로 나와 땅이 갈라지며 흔들리는 현상
④ 화산 : 지하 깊은 곳에서 있던 마그마가 지각의 갈라진 틈을 뚫고 분출하는 현상

16 도시화는 도시 인구 비율이 증가하고 주민의 생활양식이 도시적으로 변화하는 현상을 말한다.
② 남초 현상 : 한 인구 집단 내에서 남성의 수가 여성의 수를 초과하는 현상
③ 유리 천장 : 여성과 소수민족 출신자들의 고위직 승진을 막는 조직 내의 보이지 않는 장벽
④ 지리적 표시제 : 품질이나 명성 등이 드러나는 지역 상품에 대해 지역 생산품임을 표시하는 제도

TIP 도시화 과정

초기 단계	산업화 이전의 농업 사회, 주민의 대부분이 농촌에 거주
가속화 단계	산업화가 진행되면서 도시 인구 급증. 도시 문제 발생
종착 단계	도시 인구 증가율 둔화, 서비스업 중심, 역도시화(U턴 현상) 발생

17 생태 통로는 도로나 댐 등의 건설로 야생동물이 서식지를 잃는 것을 방지하기 위하여 야생동물이 지나다니도록 만든 인공 통로이다.

① **열섬** : 도시의 아스팔트 도로와 콘크리트 구조물의 증가로 인해 발생하는 도시 내부의 인공 열

③ **외래 하천** : 사막 등 건조기후 지역의 하천 중, 강수량이 풍부한 다른 기후 지역에서 발원하여 연중 마르지 않고 흐르는 하천

④ **업사이클링** : 단순 재활용의 차원을 넘어서 새로운 가치를 창출하는 제품으로 재탄생시키는 일

18 힌두교는 인도의 브라만교가 민간신앙과 융합하여 발전한 인도의 대표적 종교로, 소를 신성시하여 소고기 식용을 금기시한다.

ㄱ. 메카를 성지로 한다.
ㄷ. 무함마드를 유일신으로 믿는다.
} → 이슬람교

19 석유 수출국 기구(OPEC)는 중동 산유국을 중심으로 석유 자원의 수출을 통하여 자국의 경제적 이익을 추구하기 위해 결성된 국제 기구이다.

① **브렉시트(Brexit)** : 영국(Britain)과 탈출(Exit)의 합성어로, 영국의 유럽연합(EU) 탈퇴를 의미함

② **공적 개발 원조(ODA)** : 정부 또는 공공기관의 공적 자원 지원금을 활용한 선진국의 개발도상국 원조

③ **국제 통화 기금(IMF)** : 국제 통화와 세계 무역의 안정을 목적으로 설립한 국제 금융 기구

20 남중국해는 중국의 남쪽에 위치한 바다로, 중국, 타이완, 베트남, 필리핀, 말레이시아 및 브루나이 등 6개국이 석유와 천연가스 지대를 두고 영유권 갈등이 발생하고 있는 지역이다.

① **북극해** : 지구 온난화로 북극해의 빙하가 녹아 개발 가능성이 높아지면서 미국, 러시아, 캐나다 등이 석유와 천연가스 지대를 두고 분쟁이 심화된 지역

③ **카스피해** : 러시아, 카자흐스탄, 우즈베키스탄, 투르크메니스탄, 이란, 아제르바이잔 등 6개국이 천연자원을 두고 영유권 분쟁이 일어난 지역

④ **쿠릴 열도** : 전략적 군사 요충지 및 자원 확보를 둘러싼 러시아와 일본 간의 갈등 지역

21 B(아프리카 문화권)는 사하라 사막 이남의 중·남부 아프리카 일대로, 열대 기후 지역에 속한다. 다양한 부족이 분포하고 부족 단위의 공동체 문화와 토속 신앙이 발달하였다.

① **A(유럽 문화권)** : 산업 혁명의 발상지이며 일찍 산업화를 이룬 세계 경제의 중심지로 크리스트교 문화가 발달함

③ **C(오세아니아 문화권)** : 오스트레일리아와 뉴질랜드 및 태평양 제도의 문화권으로, 영국계 중심의 유럽인들의 이주로 개신교를 신봉하고 영어를 사용함

④ **D(앵글로아메리카 문화권)** : 미국, 캐나다 중심의 세계 최대 경제 지역으로, 주로 영어를 사용하는 다인종·다문화 국가임

22 슬로시티는 공해 없는 자연 속에서 전통문화와 자연을 잘 보호하면서 자유로운 옛 농경시대로 돌아가자는 느림의 삶을 추구하는 국제 운동이다.

② **플랜테이션** : 유럽 식민지배 이후 유럽의 자본과 기술, 유리한 기후, 원주민의 노동력이 결합한 농업 형태

③ **환경 파시즘** : 생태계와 환경을 보호한다는 명분으로 전체주의를 정당화하는 사상

④ **차티스트 운동** : 보통선거를 바탕으로 한 의회민주주의의 실시를 요구하며 영국에서 벌어졌던 최초의 노동자 운동

23 총인구 가운데 65세 이상 인구의 비율이 7% 이상인 사회를 고령화 사회라 한다. 이를 해결하기 위한 정책에는 정년 연장, 노인 복지 시설 확충, 노인 연금 제도 확대 등이 있다.

ㄱ. **의무 투표제 시행** : 헌법이나 선거법을 통해 모든 국민이 의무적으로 투표에 참여할 것을 규정함으로써 투표를 권리가 아닌 의무로 정한 제도

ㄹ. **산아 제한 정책 시행** : 높은 출산율을 억제하고자 출산율을 계획적으로 조절하는 정책

24 공정 무역은 불공정 무역 행위를 규제하고 개발도상국에서 생산된 제품에 정당한 가격을 지급하여 생산자가 경제적으로 자립할 수 있도록 해 주는 무역 방식이다.

① **과점** : 어떤 상품을 두 개 이상의 소수 기업이 공급하는 시장 형태

② **독점** : 어떤 상품을 오직 하나의 기업만이 공급하는 시장 형태

④ **거점 개발** : 경제활동의 기반이 갖추어진 기존의 중심지를 개발 거점으로 선정한 후 집중적으로 산업을 육성하여 그

성장 효과를 주변 지역으로 확산시켜 지역 전체의 경제 성
장을 달성하려는 방법

25 온실가스 배출권 거래제는 정부가 온실가스를 배출하는 사업
장을 대상으로 연단위 배출권을 할당하여 할당범위 내에서
배출할 수 있도록 하고, 여분 또는 부족분의 배출권에 대해서
는 사업장 간 거래를 허용하는 제도이다.
① **전자 상거래** : 온라인상에서 상품을 사고파는 행위
② **쓰레기 종량제** : 쓰레기 발생량에 대해 배출자부담의 원칙
을 적용해 쓰레기에 대한 가격 개념을 도입한 제도
③ **빈 병 보증금제** : 주류나 음료의 판매가격에 공병 값을 포
함해 소비자에게 판매한 후 소비자가 공병을 소매점에 반
환할 때, 보증금을 환급해 주는 제도

제5교시

과 학

정답 및 해설 |

2023년 2회

■ 정답

01 ②	02 ③	03 ④	04 ②	05 ②
06 ④	07 ②	08 ④	09 ④	10 ③
11 ①	12 ①	13 ③	14 ③	15 ①
16 ②	17 ②	18 ④	19 ④	20 ①
21 ①	22 ③	23 ③	24 ①	25 ④

■ 해설

01 조력발전은 밀물과 썰물 때의 바다 높이 차이를 이용하여 전기 에너지를 생산하는 발전 방식이다.
① **핵발전** : 핵분열로 발생한 에너지를 이용한 발전 방식
③ **풍력 발전** : 바람의 힘을 이용해 전기를 생산하는 방식
④ **화력 발전** : 석탄, 석유, 천연가스 등을 연소시켜 전기를 얻는 방식

02
$$충격량 = 힘 \times 시간$$

충격량은 물체의 운동을 변화시키는 물리량을 말한다.
충격량 $=$ 힘 $\times$ 시간 $= 10N \times 5s$
$\therefore$ 충격량 $= 50N \cdot s$

03 막대자석을 코일 속에 넣었다 뺐다 하면 코일의 도선에 전류가 유도되어 검류계의 바늘이 움직이는 것은 전자기 유도 현상 때문이다. 전자기 유도는 도체의 주변에서 자기장을 변화시켰을 때 전압이 유도되어 전류가 흐르는 현상이다.
① **대류** : 기체나 액체와 같이 유동성이 있는 유체 내에서 일어나는 열전달 방법
② **삼투** : 농도가 낮은 용액에서 높은 용액으로 용매가 이동하는 현상
③ **초전도** : 매우 낮은 온도에서 전기저항이 0에 가까워지는 현상

04 자유 낙하 운동은 물체가 중력만 받을 때, 1초에 속력이 약 9.8m/s씩 증가하며 낙하하는 운동으로 속력이 일정하게 증가한다. 그러므로 속력과 시간이 정비례하는 ②의 그래프가 옳다.

05
$$열효율(\%) = \frac{열기관이\ 한\ 일}{열기관에\ 공급된\ 에너지} \times 100$$

열효율은 열기관에 공급한 에너지 중 일로 전환된 비율을 말한다. 문제에서 1000J의 열에너지를 흡수한 후 600J의 열에너지를 방출하였으므로,
$$열효율(\%) = \frac{(1000J - 600J)}{1000J} \times 100 = \frac{400J}{1000J} \times 100$$
$\therefore$ 열효율 $= 40\%$

06 ㄱ. 신재생 에너지는 화석 연료보다 친환경적이기 때문에 환경 오염 문제를 유발하지 않는다.
ㄴ. 신재생 에너지에는 태양 에너지, 지열 에너지, 해양 에너지, 바이오 에너지 등이 있다.
ㄷ. 신재생 에너지는 고갈되지 않는 친환경 에너지이므로, 인류 문명의 지속 가능한 발전을 위해 개발이 필요하다.

07 원자가 전자는 원자의 전자 배치 중 가장 바깥 전자 껍질에 들어 있는 전자로, 원자가 전자가 4개인 것은 ②이다.
① 원자가 전자 → 3개
③ 원자가 전자 → 5개
④ 원자가 전자 → 6개

08 염화 나트륨($NaCl$)은 나트륨(Na)이 전자를 잃어 양이온 Na^+가 되고, 염소(Cl)가 전자를 얻어 음이온 Cl^-가 된 후 양이온과 음이온이 정전기적 인력에 의해 형성된 이온 결합 물질이다.

09 주기율표는 원소를 원자 번호 순서대로 나열하고, 성질이 비슷한 원소끼리는 같은 세로줄에 오도록 배열한 표이다. 제시된 주기율표에서 D의 원자 번호가 18번으로 가장 크다.
A : 1주기 1족 → 원자 번호 1
B : 2주기 2족 → 원자 번호 4
C : 2주기 17족 → 원자 번호 9
D : 3주기 18족 → 원자 번호 18

> **TIP** 주기율표
> • **주기** : 가로줄로 7개의 주기가 있음
> • **족** : 세로줄로 18개의 족이 있음. 같은 족끼리는 화학적 성질이 비슷함

10 제시된 분자 모형에서 알 수 있는 것처럼 메테인(CH_4)은 탄소(C) 원자 1개와 수소(H) 원자 4개로 이루어져 있다. 그러므로 메테인의 탄소 원자와 수소 원자의 개수비는 1:4이다.

11 제시된 화학 반응식에서 산소를 잃어 환원되는 반응 물질은 산화 철로, 반응 전 Fe_2O_3가 산소를 잃어 반응 후 Fe가 된다. 즉, 반응 물질은 화학 반응식에서 화살표를 기준으로 왼쪽에 있는 물질이다.

12 중화 반응은 산과 염기가 반응하여 물과 염이 만들어지는 반응을 말한다. 그림에서 수산화 나트륨(NaOH)이 물과 만나면 이온화되어 Na^+와 OH^-를 생성한다. 그러므로 이온 ㉠은 OH^-이다. 또한 묽은 염산의 H^+와 수산화 나트륨 수용액의 OH^-가 만나 물(H_2O)이 된다.

13 핵산은 생명체의 유전 정보를 가지고 있는 유전 물질로, 세포에서 유전 정보를 저장하거나 전달하는 역할을 한다.
① 물 : 생명체를 구성하는 성분 중 가장 많은 양을 차지하는 물질
② 지질 : 기본 단위는 지방산, 글리세롤으로 에너지원으로 이용되거나 세포막의 성분이 됨
④ 탄수화물 : 우리 몸속에서 가장 먼저 쓰이는 주 에너지원으로, 포도당, 녹말 등이 이에 해당됨

14 세포 호흡이 일어나 생명 활동에 필요한 에너지를 생산하는 세포 소기관은 C(미토콘드리아)이다.
① A(리보솜) : 작은 알갱이 모양의 세포 소기관으로 단백질을 합성함
② B(핵) : 유전 물질인 DNA가 있어 세포의 구조와 기능을 결정하고 생명 활동을 조절함
④ D(소포체) : 리보솜에서 합성한 단백질을 골지체나 세포의 다른 곳으로 운반함

15 확산은 물질이 높은 농도에서 낮은 농도로 이동하는 현상을 말한다. 그림에서 물질 A가 세포막을 통해 농도가 높은 쪽에서 낮은 쪽으로 이동하는 방법은 확산이다.
② 합성 : 원소나 간단한 화합물이 더 복잡한 조직물질로 형성되는 것
③ 이화 : 에너지를 방출하며 복잡한 분자를 단순한 화합물로 분해하는 것
④ 복제 : 자연 상태의 생물 개체가 자신과 동일한 개체를 생산하는 것

16 효소는 생명체에서 화학 반응을 촉진하는 생체 촉매로, 반응물과 결합하여 활성화 에너지를 낮추어 화학 반응이 빠르게 일어나게 한다. 그림에서 효소가 있을 때의 활성화 에너지는 B이고, 효소가 없을 때의 활성화 에너지는 A이다.

17 (가)는 DNA의 유전 정보를 RNA로 전달하는 과정인 전사이며, 염기 ㉠은 DNA에서 C와 상보적 결합을 하는 G이다.

> **TIP** 전사와 번역
> - 전사 : DNA의 유전 정보를 RNA로 전달하는 과정
> - 번역 : RNA의 유전 정보에 따라 단백질을 합성하는 과정

18 생태계 평형이 유지되고 있는 생태계의 먹이 그물에서 개체 수가 가장 많은 생물은 생산자이다. 생산자는 생명 활동에 필요한 양분을 스스로 만드는 생물적 요인으로, 제시된 먹이 그물에서는 옥수수가 이에 해당한다. 뱀, 쥐, 메뚜기는 모두 소비자이다.

19 생물 다양성은 생태계 내에 존재하는 생물의 다양한 정도를 의미하며 유전적 다양성, 종 다양성, 생태계 다양성을 포함한다.
① 초원 : 반건조 기후 지역의 초지대
② 개체군 : 일정한 지역에 같은 종의 개체가 지은 무리
③ 외래종 : 외국으로부터 자연적 혹은 인위적으로 유입되어 들어온 생물

20 빅뱅 우주론은 우주가 초고온, 초고밀도 상태의 한 점에서 폭발하여 팽창함에 따라 온도와 밀도가 감소하여 저온, 저밀도 상태의 현재 우주가 되었다는 이론이다. 우주가 팽창하는데 우주의 총 질량이 일정하므로, 우주의 평균 밀도는 감소하고, 평균 온도는 낮아진다.
ㄱ. 우주의 크기 → 증가
ㄴ. 우주의 평균 밀도 → 감소
ㄷ. 우주의 평균 온도 → 감소

21 온실 효과는 대기 중 온실 기체의 증가로 온실 효과가 커져서 지구의 평균 기온이 상승하는 현상이다. 온실 효과를 일으키는 대표적인 기체들로는 이산화 탄소, 메테인, 수증기, 오존 등이 있다.

22 별 중심부에서 모든 핵융합 반응이 끝나면 별의 중심부로 갈수록 무거운 물질로 구성되므로, A~D 중 가장 무거운 원소가 생성된 곳은 C이다.

23 습곡 산맥은 수렴형 경계에서 발생하는 지형으로, 두 판이 충돌하면서 높이 솟아올라 형성된 산맥이다.

① **해령** : 대양에 위치한 큰 해저 산맥

② **열곡** : 두 개의 단층 사이에서 생성된 폭이 좁고 긴 골짜기

④ **변환 단층** : 두 판이 반대 방향으로 어긋나는 보존형 경계에서 볼 수 있는 단층 유형

24 대기 중의 이산화 탄소가 있는 곳은 기권이며, 바닷물은 수권이다. 그러므로 대기 중의 이산화 탄소가 바닷물에 녹아 들어가는 것은 기권과 수권의 상호작용에 해당한다.

TIP 지구 시스템

지권	바깥쪽으로부터 지각−맨틀−외핵−내핵으로 구분됨
수권	혼합층−수온 약층−심해층 순으로 깊어지며 해수, 빙하, 지하수, 하천수 등으로 분포됨
기권	대류권−성층권−중간권−열권 순으로 올라감
생물권	지권, 수권, 기권에 걸쳐 분포
외권	기권 바깥의 태양계 천체, 별, 은하 등을 모두 포함

25 지질 시대 중 기간이 가장 짧은 시대는 신생대로, 매머드와 같은 포유류가 크게 번성하여 포유류의 시대라고도 부른다. 인류의 조상이 출현한 것도 이 시대이다.

① **선캄브리아 시대** : 지질시대의 약 85%를 차지하는 가장 긴 시대이며 이 당시의 생물들은 모두 바다에서 살았다. 세포생물, 해조류, 스트로마톨라이트 등의 생물이 있다.

② **고생대** : 대기권에 오존층이 형성되면서 바다에서 생활하던 생물들이 육상으로 진출하였다. 삼엽충, 필석, 갑주어, 양치식물 등이 번성하였다.

③ **중생대** : 대체로 기후가 온난하였으며, 공룡 외에 암모나이트, 파충류, 겉씨식물 등의 생물이 번성하였다.

제6교시

한국사

정답 및 해설 |

정답

01 ③	02 ①	03 ②	04 ③	05 ④
06 ④	07 ①	08 ③	09 ①	10 ①
11 ④	12 ④	13 ③	14 ①	15 ②
16 ①	17 ①	18 ④	19 ③	20 ①
21 ④	22 ④	23 ③	24 ②	25 ①

해설

01 청동기 시대에는 사유 재산의 개념이 등장하면서 빈부의 차이와 계급의 분화가 발생하였다. 또한 청동기 문화를 바탕으로 우리 역사 최초의 국가인 고조선이 건국되었다. 청동기 시대의 대표적인 유물에는 비파형 동검 외에 고인돌, 반달 돌칼 등이 있다.

02 통일 신라의 신문왕은 국학을 설립하여 유학 교육을 진흥시키고 지방 행정 조직인 9주 5소경을 완비하였다. 또한 관리들에게 관료전을 지급하고 귀족의 경제 기반이었던 녹읍을 폐지하였다.
  ② 장수왕 : 고구려 광개토 대왕의 아들로 수도를 평양으로 옮기고 남진 정책을 추진하였으며, 백제의 수도 한성을 함락하였다.
  ③ 근초고왕 : 고구려의 평양성을 공격하고 마한의 나머지 세력을 정복하여 백제 최대의 영토를 확보하는 등 백제의 전성기를 이끌었다.
  ④ 광개토 대왕 : 활발한 영토 확장으로 고구려의 전성기를 이끌었으며, 영락이라는 독자적인 연호를 사용하였다. 또한 신라에 침입한 왜를 토벌하였다.

TIP 통일 신라 신문왕
  • 김흠돌의 난을 평정하고 왕권 강화
  • 군사 조직인 9서당과 지방 행정 조직인 9주 5소경 완비
  • 관료전 지급 및 녹읍 폐지
  • 유학 교육을 위하여 국학 설립

03 고려 인종 때 김부식 등이 왕명을 받아 편찬한 삼국사기는 현존하는 우리나라 최고의 역사서로 본기, 열전 등 기전체 형식으로 서술되었다.

① 경국대전 : 세조 대에 편찬을 시작하여 성종 대에 완성 및 반포된 조선 시대의 기본 법전
③ 조선책략 : 청나라 외교관인 황준헌이 러시아의 남하정책에 대비하기 위해 조선, 일본, 청국의 외교정책에 대해 서술한 책
④ 팔만대장경 : 몽골이 침입하자 이를 부처의 힘으로 극복하기 위해 강화도에 대장도감을 설치하여 간행한 대장경판

04 공민왕은 반원 자주 정책에 따라 쌍성총관부를 공격하여 원에 빼앗긴 철령 이북의 땅을 되찾았다.
  ① 장용영 설치 → 조선 정조
  ② 금관가야 정복 → 신라 법흥왕
  ④ 치안 유지법 제정 → 일제 강점기

05 의정부 서사제는 조선 세종 때 왕권과 신권의 조화를 추구하여 육조의 업무를 의정부를 거쳐 왕에게 올리게 한 제도이다.
  ① 골품제 : 신라의 신분 제도
  ② 6조 직계제 : 의정부를 거치지 않고 6조에서 직접 왕에게 보고하도록 한 제도
  ③ 헌병 경찰제 : 헌병이 경찰 업무를 담당하게 한 일제 강점기 제도

06 함경도 덕원부사 정현석과 주민들이 힘을 합쳐 설립한 최초의 근대적 사립학교는 원산 학사로, 외국어와 자연 과학 등 근대 학문과 무술을 가르쳤다(1883).
  ① 태학 → 고구려 유학 교육 기관
  ② 국자감 → 고려 시대 국립 교육 기관
  ③ 성균관 → 조선 시대 최고의 국립대학

07 조선 후기 순조, 헌종, 철종 3대에 걸쳐 60여 년 동안 왕의 외척 가문인 안동 김씨, 풍양 조씨 등의 소수 가문이 권력을 장악한 정치 형태는 세도 정치이다.
  ① 도병마사 : 중서문하성과 중추원의 고위 관리들이 모여 국가의 중대사를 의논했던 고려 시대 최고의 의사 결정 기구
  ③ 무신 정권 : 고려 시대 때 정중부, 이의방 등의 무신들이 문벌 귀족들을 제거하고 세운 정권
  ④ 동북 공정 : 중국 동북부(만주)에 있었던 나라들이 중국

의 역사라고 주장하는 정부 주도의 수정주의적 역사 왜곡 시도

08 대구에서 시작된 국채 보상 운동은 일본에 진 빚을 국민들의 모금으로 갚기 위해 전개된 경제적 구국 운동으로, 대한매일 신보 등 언론사가 후원하면서 전국적으로 확산되었다.

① 형평 운동 : 갑오개혁으로 신분이 해방된 뒤에도 오랜 관습 속에 차별을 받던 백정들의 신분 해방 운동

② 북벌 운동 : 병자호란 이후 조선 효종 때 조선을 도운 명에 대한 의리를 내세우며 청에 당한 치욕을 갚자고 추진한 운동

④ 서경 천도 운동 : 고려 인종 때 묘청이 풍수지리설에 근거하여 서경 천도를 주장한 운동

09 을사늑약은 일본이 대한 제국을 강압하여 체결한 조약으로, 대한 제국의 외교권을 빼앗고 이토 히로부미를 초대 통감으로 한 통감부를 설치하였다(1905).

② 헌의 6조 : 독립협회가 개최한 관민공동회에서 결의한 6개조의 국정 개혁안

③ 남북 협상 : 남한만의 단독정부 수립에 반대하는 김구 · 김규식 등이 평양에서 북한 측 정치 지도자들과 통일 정부 수립을 위해 참석한 협상

④ 간도 협약 : 일본이 간도의 영유권에 대해 청나라와 맺은 협약

10 일본이 명성황후를 시해한 을미사변 이후 김홍집 내각이 근대적 개혁 운동인 을미개혁을 추진하였는데, 이 때 단발령을 시행하고 태양력을 사용하였다.

ㄷ. 노비안검법 : 고려 광종이 양인이었다가 불법으로 노비가 된 자를 조사하여 해방시키기 위해 시행한 법

ㄹ. 독서삼품과 : 통일 신라 원성왕이 인재 등용을 위해 시행한 관인 선발 제도

> **TIP** 을미개혁의 내용
>
> • 종두법 실시 • 소학교 설립
> • 태양력 사용 • 우편 제도 실시
> • 연호 건양 사용 • 단발령 실시
> • 군제의 개편

11 병인양요와 신미양요의 결과 흥선 대원군은 종로를 비롯한 전국 각지에 척화비를 건립한 후 통상 수교 거부 정책을 시행하였다.

① 서희 : 거란의 1차 침입 때 거란의 소손녕과 외교 담판을 벌여 강동 6주를 확보한 고려의 외교관

② 안향 : 원으로부터 고려에 성리학을 최초로 소개한 고려의 유학자

③ 정약용 : 실학 사상을 집대성한 조선 최고의 실학자

12 이승만 정부 때 여당 부통령 후보인 이기붕의 당선을 위한 3 · 15 부정 선거가 자행되어 4 · 19 혁명이 촉발되었다(1960).

① 아관 파천 : 명성황후가 시해된 을미사변으로 신변에 위협을 느낀 고종이 러시아 공사관으로 거처를 옮긴 사건

② 위화도 회군 : 명나라의 요동을 공략하기 위해 출정했던 이성계가 위화도에서 회군한 사건

③ 국내 진공 작전 : 대한민국 임시 정부의 한국 광복군이 미국 전략 정보국(OSS)과 협력하여 일본과의 정규전을 준비한 작전 계획

13 고종은 통리기무아문을 설치하고 그 아래 12사를 두어 신문물 수용과 부국강병 도모 등의 개화 정책을 추진하였다 (1880).

① 집현전 : 조선 세종 때 궁중에 설치한 학문 연구 기관

② 교정도감 : 고려 무신 집권기 때의 국정 총괄 기구

④ 동양 척식 주식회사 : 일제가 대한제국의 토지와 자원을 수탈할 목적으로 설치한 식민지 착취기관

14 일제는 조선에서 회사를 설립할 경우 조선 총독부의 허가를 받도록 규정한 회사령을 공포하여 한국인의 회사 설립을 억제하였다.

② 균역법 : 조선 영조 때 군역의 부담을 줄이기 위해 1년에 군포 2필을 부담하던 것을 1필로 경감한 정책

③ 공명첩 : 나라의 재정을 보충하기 위하여 부유층에게 돈이나 곡식을 받고 팔았던 명예직 임명장

④ 대동법 : 조선 광해군 때 공납의 폐단을 시정하고 전후 농민의 부담을 경감하기 위해 특산물 대신 쌀로 세금을 내도록 한 정책

15 청산리 대첩은 김좌진이 이끄는 북로 군정서와 홍범도의 대한 독립군을 중심으로 한 독립군 연합 부대가 백운평과 어랑촌 등지에서 일본군을 크게 격파한 전투이다(1920).

① 병자호란 : 조선이 청의 군신 관계 요구를 거절하자 청이 조선을 침략한 전쟁

③ 한산도 대첩 : 임진왜란 때 이순신 장군이 한산도 앞바다에서 학익진 전법을 이용하여 왜군을 격퇴한 전투

④ 황토현 전투 : 동학 농민 운동 당시 농민군이 전북 정읍 황토현 일대에서 관군을 무찌르고 첫 승리를 거둔 전투

2023년 2회

16 민족 자결주의와 2·8 독립 선언의 영향을 받아 1919년에 일어난 일제 강점기 최대의 민족 운동은 3·1 운동이다.
② **제주 4·3 사건** : 제주도에서 남한만의 단독 선거에 반대하는 세력을 진압한다는 명분하에 무고한 사람들이 희생된 사건
③ **금 모으기 운동** : 김대중 정부 때 IMF의 외환 위기 극복을 위해 전 국민이 참여한 금 모으기 운동
④ **부·마 민주 항쟁** : 박정희 정부의 유신 독재에 항거하여 부산과 마산에서 촉발된 반정부 시위

17 민립 대학 설립 운동은 조선 총독부가 대학 설립 요구를 묵살하자 이상재를 중심으로 대학을 설립하기 위해 전개한 모금 운동이다.
① **만민 공동회** : 독립 협회가 개최한 우리나라 최초의 근대적 민중 대회
② **서울 진공 작전** : 정미의병 당시 의병 연합군인 13도 창의군이 서울에 주둔한 일본군을 몰아내기 위해 전개한 작전
③ **토지 조사 사업** : 일제가 조선의 토지를 약탈하기 위해 실시한 대규모 토지 조사 사업

18 미·소 공동 위원회는 모스크바 삼국 외상회의의 결정에 따라 미국과 소련이 한국의 임시 정부 수립을 목적으로 설치한 단체이다.
① **신간회** : 사회주의 세력과 민족주의 세력이 합작하여 결성한 항일 운동 단체
② **조선 형평사** : 백정들의 신분 해방과 사회적 처우 개선을 목적으로 설립된 단체
③ **국민 대표 회의** : 대한민국 임시 정부가 앞으로 나아갈 방향을 결정하기 위해 상하이에서 개최한 독립운동 계파간의 회의

19 일제는 민족 말살 통치기에 한국인을 전쟁에 동원하고자 국가 총동원령을 내렸다. 또한 황국 신민 서사 암송, 궁성 요배, 신사 참배를 강요하고 한국인의 성과 이름도 일본식으로 바꾸는 등 우리 민족의 전통과 뿌리를 말살하려 하였다.
① **호포제** : 흥선 대원군이 실시한 군역 제도로, 양반과 상민의 구분 없이 집집마다 군포를 내도록 한 세금 제도
② **금융 실명제** : 금융 거래의 투명성을 확보하고자 김영삼 정부 때 대통령 긴급 명령으로 전격 시행된 금융 제도
④ **4·13 호헌 조치** : 제5공화국 대통령 전두환이 일체의 개헌 논의를 중단하고 현행 헌법을 유지시킨 조치

20 김구는 대한민국 임시 정부를 이끈 독립 운동가로, 한인 애국단을 조직하였고 남한만의 단독 선거에 반대하여 남북 협상

에 참여하였다. 주요 저서로 『백범일지』가 있다.
① **궁예** : 후고구려를 건국한 왕
③ **박제가** : 『북학의』를 저술한 조선 후기의 실학자
④ **연개소문** : 정변을 일으켜 권력을 장악한 고구려의 대막리지

21 반민족 행위 처벌법은 제헌 국회에서 친일 행위를 한 이들을 처벌하고 공민권을 제한하기 위해 마련한 법이다.
① **시무 28조** : 고려 성종 때 최승로가 올린 시무책
② **미쓰야 협정** : 한국 독립군을 탄압하기 위하여 일본 총독부 경무국장 미쓰야와 만주의 군벌 장쭤린이 맺은 조약
③ **남북 기본 합의서** : 노태우 정부 때 남북한이 화해 및 불가침, 교류협력 등에 관해 공동 합의한 기본 문서

22 신군부의 비상계엄 확대와 무력 진압에 5·18 민주화 운동이 발발하였고, 시위 과정에서 시민군이 자발적으로 조직되었다. 현재 5·18 민주화 운동 관련 기록물은 유네스코 세계 기록 유산으로 등재되어 있다.
① **갑신정변** : 김옥균을 중심으로 한 급진개혁파가 우정국 개국 축하연을 이용해 사대당 요인을 살해하고 개화당 정부를 수립한 정변
② **교조 신원 운동** : 동학의 창시자로 처형된 최제우의 억울함을 풀고 포교의 자유를 인정받고자 동학교도들이 전개한 운동
③ **물산 장려 운동** : 일제 강점기인 1920년대에 국산품을 사용하여 우리 민족 경제의 자립을 이루자는 운동

23 북한의 남침으로 6·25 전쟁이 발발하자 맥아더 장군의 인천 상륙 작전을 계기로 국군과 유엔군은 전세를 역전시키고 서울을 수복하였으나, 중공군의 개입으로 1·4 후퇴한 후 정전 협정이 체결되었다.
① **임진왜란** : 조선 선조 때 일본의 도요토미 정권이 조선을 침략하여 발발한 전쟁
② **귀주 대첩** : 10만 대군의 소배압이 이끄는 거란의 3차 침입에 맞서 강감찬이 귀주에서 거란을 격퇴한 전투
④ **쌍성보 전투** : 지청천의 한국 독립군과 중국의 호로군이 연합하여 만주 쌍성보에서 일본군에 승리한 전투

24 박정희 정부 시기에 베트남 전쟁에 국군을 파병하였고, 장기 집권을 위해 대통령의 권한을 강화한 유신 헌법을 제정하였다.
ㄴ. **전주 화약 체결** : 동학 농민 운동 당시 농민군이 전주를 점령하고 정부와 맺은 조약
ㄹ. **서울 올림픽 개최** : 노태우 정부 때에 동서 양 진영 160개 국이 참가한 제24회 하계 올림픽 대회

25 러·일 전쟁 중에 일본이 자국 영토로 불법 편입한 지역은
    독도이다. 제2차 세계대전 종전 후 연합국 최고사령관 총사
    령부는 연합국 최고 사령관 각서 제677호를 통해 독도를 일
    본의 통치·행정 범위로부터 제외시켰다.

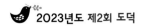

제7교시

도 덕

정답 및 해설 |

▌정답

01 ③	02 ①	03 ③	04 ④	05 ①
06 ④	07 ④	08 ②	09 ③	10 ②
11 ②	12 ①	13 ③	14 ①	15 ③
16 ④	17 ③	18 ②	19 ①	20 ②
21 ④	22 ①	23 ④	24 ②	25 ④

▌해설

01 도덕적 행위의 근거가 되는 보편적 원리의 정립을 주된 목표로 하는 윤리학은 규범 윤리학이다.
① **진화 윤리학** : 이타적 행동 및 성품과 관련된 도덕성은 자연 선택을 통해 진화한 결과라고 주장함
② **기술 윤리학** : 도덕 현상과 문제를 명확하게 기술하고, 기술된 현상들 간의 인과 관계를 설명함
④ **메타 윤리학** : 윤리학의 학문적 성립 가능성을 모색하기 위해 도덕적 언어의 의미 분석과 도덕적 추론의 정당성을 검증하기 위한 논리를 분석함

02 군자는 유교의 이상적 인간상으로, 도덕적 수양과 사회적 실천을 통해 이상적 인격에 도달한 사람을 말한다.
② **보살** : 불교의 이상적 인간상으로, 중생을 깨달음의 세계로 인도하는 구도자이다.
③ **진인** : 도가의 이상적 인간상으로, 도를 깨쳐 깊은 진리를 깨달은 사람을 말한다.
④ **철인** : 플라톤의 이상 국가에서 지혜의 덕목을 갖춘 통치자를 의미한다.

03 사이버 폭력은 가상 공간에서 익명성을 이용한 비윤리적 행위로 악성 댓글, 허위 사실 유포, 해킹 등으로 타인에게 정신적, 물질적 피해를 주는 행위이다.
① **기후 정의** : 기후 변화의 원인과 영향이 초래하는 비윤리적이고 정의롭지 못한 점을 인식하고 그것을 줄이기 위한 사회 운동
② **절대 빈곤** : 생활의 기본적 필수품을 획득할 수 없어 최저의 생활수준도 유지하지 못하는 상태
④ **윤리적 소비** : 윤리적 가치 판단에 따라 상품이나 서비스를 구매하고 사용하는 것을 중시하는 소비

04 윤리적 성찰은 자신의 인간관, 가치관, 세계관 등을 전체적으로 검토하고 반성하는 과정이다. 이 과정에서 권위가 있는 이론이라고 해서 비판 없이 무조건 수용하는 것이 아니라, 보편적 규범에 의해 비판하고 수용ㆍ개선해야 한다.

05 덕 윤리는 의무, 규칙, 혹은 행위의 결과보다는 도덕 행위자의 품성과 덕을 강조하는 규범 윤리학의 접근법으로, 도덕적 실천 가능성을 강조하고 공동체의 전통과 역사를 중시한다.
② **담론 윤리** : 언어를 매개로 의사소통하는 과정에서 상호 이해에 도달하고, 이를 토대로 도덕 규범의 타당성을 정당화하는 절차가 중시되는 윤리적 관점
③ **의무론 윤리** : 도덕성을 판단할 때 행위의 결과보다 동기, 의무 의식을 강조하는 윤리 관점
④ **공리주의 윤리** : 가치 판단의 기준을 유용성과 행복의 증대에 두는 윤리적 관점

06 개인 정보의 공개는 사람들의 알 권리를 충족시킬 수 있지만 인격권의 침해로도 이어질 수도 있으므로, 정보의 생산자들은 알 권리만을 우선해서는 안 된다.

07 가족은 혼인과 혈연 및 입양 등으로 이루어진 공동체로, 시대 정신에 맞는 전통 가족 윤리는 계승해야 한다.

> **TIP 가족 간의 바림직한 윤리**
> • **부부유별(夫婦有別)** : 오륜(五倫)의 하나로 남편과 아내의 역할에는 구별이 있음
> • **부부상경(夫婦相敬)** : 부부는 서로 공경해야 한다는 의미
> • **부자유친(父子有親)** : 부모와 자녀 사이에는 친애가 있어야 함
> • **부자자효(父慈子孝)** : 부모는 자녀를 사랑하고 자녀는 부모에게 효도해야 함
> • **형우제공(兄友弟恭)** : 형은 아우를 사랑하고 아우는 형을 공경해야 함

08 쾌고 감수 능력은 쾌락과 고통을 느낄 수 있는 능력을 말하는데, 싱어(Singer, P.)는 공리주의에 기초하여 도덕적 고려의 기준을 쾌고 감수 능력의 유무로 보고, 쾌고 감수 능력을 갖고 있는 동물의 이익도 평등하게 고려되어야 한다고 주장했다.
① **정보 처리 능력** : 현재 존재하거나 저장된 정보를 조작하

거나 혹은 새로운 정보를 창조하는 능력

③ **도덕적 탐구 능력** : 도덕적 사고를 통해 도덕적 의미를 새롭게 구성하는 지적 활동 능력

④ **비판적 사고 능력** : 어떤 기준에 근거하여 주장이나 행동, 신념 등의 옳고 그름을 판단하는 사고 능력

09 고대 그리스의 철학자인 플라톤은 소크라테스의 제자로 이데 아론을 주장하였다. 플라톤은 이데아를 지향하는 삶을 이상 적인 삶으로 보았으며, 이데아를 인식한 철학자가 통치하는 국가를 정의로운 국가로 보았다.

① **로크** : 영국의 경험주의 철학자로, 백지설과 사회계약론을 주장하였다.

② **베이컨** : 영국의 경험론의 창시자로, 관찰과 실험을 통한 귀납적 방법론을 체계적으로 제시하였다.

④ **엘리아데** : 루마니아의 종교학자로, 종교 현상을 넘어 인 간의 본질적인 성스러움을 말한 종교현상학을 주장하 였다.

10 양성평등은 성별에 따라 서로 차별하지 않고 남녀 모두의 인 권을 동등하게 보장하는 것을 말한다.

① **성폭력** : 성을 매개로 가해지는 신체적, 언어적, 심리적 폭력

③ **인종 차별** : 인종 집단에 따라 행동 특성의 차이나 우열이 존재한다는 신념이나 이에 기반한 행위

④ **지역 갈등** : 둘 이상의 지역에서 여러 가지 이해관계가 상 충되어 나타나는 갈등

11 정언 명령은 행위의 결과와 상관없이 행위 자체가 선(善)이기 때문에 무조건 수행해야 하는 도덕적 명령을 의미한다.

① **가치 전도** : 높은 가치보다 낮은 가치를 추구하는 태도

③ **책임 전가** : 자기가 져야 할 책임을 고의적으로 남에게 미 루는 태도

④ **가언 명령** : 어떤 목적을 달성하기 위한 수단으로서 내리 는 조건부 명령

12 안락사는 불치병으로 극심한 고통을 겪고 있는 환자의 요구 에 따라 의료진이 인위적으로 생명을 단축하는 행위이다. ① 의 '인간답게 죽을 권리는 없다.'는 안락사의 반대 논거에 해 당한다.

TIP 안락사에 대한 찬성 · 반대 입장

찬성	• 환자의 자율성과 삶의 질을 중시함 • **공리주의적 관점** : 치유 불가능한 환자에게 과다한 경비를 사용하는 것은 환자와 가족에게 경제적으로 큰 부담이며, 환자 본인에게 심리적, 신체적 고통을 주는 것이기 때문에 사회 전체의 이익에 부합하지 않음
반대	• 모든 인간의 생명은 존엄, 인간은 자신의 죽음을 인 위적으로 선택할 권리를 갖고 있지 않음 • **자연법 윤리와 의무론적 관점** : 인간의 죽음을 인위 적으로 앞당기는 행위는 자연의 질서에 어긋날 뿐만 아니라 생명의 존엄성을 훼손하는 일임

---

13 성품과 행실이 깨끗하고 맑으며 탐욕이 없는 것을 청렴이라 고 하며, 특히 공직자에게 강조되는 바람직한 직업 윤리 의식 이다.

① **경쟁 의식** : 남과 겨루어 이기거나 앞서려는 생각

② **패배 의식** : 성공이나 승리에 대한 자신감이 없어서, 미리 패배를 예상하거나 일을 쉽게 포기하려는 생각

④ **특권 의식** : 사회 · 정치 · 경제적으로 특별한 권리를 누리 고자 하는 태도

14 윤리적 상대주의는 절대적이고 보편적인 윤리 규범은 존재하 지 않으며 윤리적 가치는 시대와 장소에 따라 상대적이라고 보는 관점이다.

② **윤리적 이기주의** : 인간은 마땅히 자기 이익을 위해 행동 해야 한다고 보는 관점

③ **윤리적 절대주의** : 모든 문화에 보편타당하게 적용될 수 있는 도덕 원리가 존재한다고 보는 관점

④ **윤리적 의무주의** : 결과가 아닌 도덕 법칙 준수 여부로 행 동을 평가해야 한다고 보는 관점

15 다문화 사회에서는 문화적 배경이 다른 사람들이 차별 없이 그들의 문화적 정체성을 유지하며 살아갈 수 있도록 해야 한 다. 그러므로 자신의 주관이나 문화적 정체성을 버리는 것 은 바람직한 문화적 정체성을 유지하기 위한 관점으로 볼 수 없다.

TIP 다문화를 받아들이는 자세

• 문화적 역동성을 증진하여 문화 발전을 도모함
• 문화적 배경이 다른 사람들이 차별 없이 그들의 문화적 정체성을 유지하며 살아갈 수 있도록 해야 함
• 다문화에 대한 존중과 관용의 자세가 필요

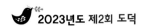

16 원효는 포용과 존중의 중요성을 강조하여 모든 종파와 사상을 분리시켜 고집하지 말고, 더 높은 차원에서 하나로 종합해야 한다는 화쟁 사상을 주장하였다.

① **겸애 사상** : 모든 사람을 똑같이 사랑하고 이롭게 하여야 한다는 묵자의 사상

② **덕치 사상** : 도덕에 의한 교화를 정치의 기본으로 삼는 공자의 사상

③ **무위 사상** : 자연법칙에 따라 행하고 인위적인 작위를 하지 않을 것을 강조한 노자의 사상

17 부정부패 행위는 개인의 권리를 침해하여 올바른 시민 의식의 형성을 어렵게 만들고, 사회적 비용의 낭비로 사회 발전을 저해할 수 있다.

ㄱ. 부정부패 행위는 국외 자본의 국내 투자를 어렵게 만든다.

ㄹ. 부정부패 행위는 국민 간 위화감을 조성하여 사회 통합을 어렵게 만든다.

18 노직은 자유 지상주의적 입장에서 개인의 소유권을 보호하고 존중하는 것을 정의로 보고, 국가의 강제적 소득 재분배를 개인의 권리를 침해하는 심각한 문제로 보았다.

① **홉스** : 이기적 존재인 인간이 자신의 생명과 재산을 보호하기 위해 국가를 만들었다고 주장한 사회계약론자

③ **벤담** : 최대 다수의 최대 행복을 주장한 공리주의자

④ **왈처** : 사회적 가치는 다양한 삶의 영역에서 각기 다른 기준에 따라 분배되어야 한다는 다원적 평등 분배의 원칙을 제시함

19 유전자 치료는 체세포 또는 생식 세포 안에 정상 유전자를 넣어 질병을 치료하는 방법으로, 유전적 질병으로 인한 고통 해소는 유전자 치료의 찬성 근거이다.

TIP 유전자 치료에 대한 찬성·반대 입장

찬성	• 병의 유전을 막아 다음 세대의 병을 예방 가능 • 의학적으로 유용(유전병 퇴치 등) • 유전 질환을 물려주지 않으려는 부모의 자율적 선택 존중 • 새로운 치료법의 개발로 경제적 효용 가치 산출
반대	• 미래 세대의 동의 여부 불확실 • 의학적으로 불확실, 임상적으로 위험 • 인간의 유전자를 조작하려는 우생학을 부추길 수 있음 • 고가의 치료비로 인해 그 혜택이 일부 사람에게 치중될 수 있음

20 분단 비용은 남북한이 분단으로 인해 부담하는 유무형의 비용으로 국방비, 외교적 경쟁 비용, 이념적 갈등과 대립, 소모

적 성격의 비용 등이 이에 해당한다.

① **기본 소득** : 국가가 국민들에게 최소한의 인간다운 삶을 누리도록 조건 없이 지급하는 소득

③ **과시 소비** : 부를 과시하는 것을 의식하면서 행하는 소비

④ **통일 편익** : 남북한이 통일로 인하여 얻게 되는 모든 이익

21 소수자 우대 정책은 차별받아 온 사람들에게 고용이나 교육 등 다양한 측면에서 직간접적으로 혜택을 제공함으로써 사회적 이익의 공정한 분배를 실현하려는 제도이다.

① **청탁 금지법** : 부정 청탁, 금품 등의 수수를 근절하여 공직 사회에 대한 국민의 신뢰를 확보하기 위한 법

② **생물 다양성 협약** : 생물종의 멸종을 방지하기 위해 생물의 다양성을 포괄적으로 보존하고 지속적으로 이용하는 것을 목적으로 마련된 협약

③ **지속 가능한 개발** : 미래 세대가 그들의 필요를 충족시킬 수 있는 가능성을 손상시키지 않는 범위에서 현재 세대의 필요를 충족시키는 개발

22 현실주의는 무정부 상태의 국제 관계를 국익과 세력 균형의 관점에서 보는 입장으로, 국가의 힘을 키워서 세력 균형을 유지해야 분쟁을 막을 수 있다고 본다.

② **구성주의** : 국가 간 긍정적인 상호 작용을 통해 분쟁을 해결할 수 있다고 보는 관점

③ **이상주의** : 국가는 이성적 존재이기 때문에 국제 분쟁은 국제법, 국제기구 등 제도의 개선으로 해결할 수 있다고 보는 관점

④ **도덕주의** : 일반적으로 도덕적 가치 또는 도덕적 의미를 기본적으로 중시하는 관점

23 시민 불복종은 정의롭지 못한 법이나 정부 정책을 변혁시키려는 목적으로 행하는 의도적인 위법 행위로, 부당한 법을 어김으로써 받게 되는 처벌을 감수한다. 즉, 시민 불복종은 기존 법체계를 존중하므로 기존 사회 질서와 헌법 체계 전체를 부정하는 것은 시민 불복종의 특징으로 볼 수 없다.

TIP 시민 불복종의 정당화 조건

• **행위 목적의 정당성** : 공공의 이익을 위해 실시되어야 한다.

• **비폭력성** : 파괴적인 방법을 자제하고 평화적인 방법을 사용한다.

• **처벌의 감수** : 부당한 법을 어김으로써 받게 되는 처벌을 감수한다.

• **최후의 수단** : 합법적인 수단과 노력 후에 마지막 수단으로 채택된다.

• **양심적 행위** : 비록 위법일지라도 양심적이고 도덕적인 동기를 지니고 있어야 한다.

24 갈퉁(Galtung, J.)이 주장한 평화는 적극적 평화로 직접적 폭력뿐 아니라 문화적 폭력과 구조적 폭력까지 모두 제거된 평화를 말한다. 이에 반하여 소극적 평화는 전쟁, 테러, 범죄, 폭행과 같은 직접적이고 물리적인 폭력이 없는 평화를 말한다.

25 생태 중심주의 자연관은 무생물을 포함한 생태계 전체를 도덕적 고려의 대상으로 보며, 생명 개체에만 초점을 맞추는 개체 중심적인 환경 윤리를 비판한다.
  ① **인간 중심주의** : 인간을 가장 가치 있는 존재로 여기고, 인간과 자연의 관계에서 인간의 이익이나 행복을 먼저 고려하는 관점이다.
  ② **동물 중심주의** : 동물을 인간을 위한 수단으로 여기는 것에 반대하고 동물의 복지와 권리의 향상을 강조한다.
  ③ **생명 중심주의** : 모든 생명체는 그 자체로서 가치를 지니므로 도덕적 고려의 범위를 모든 생명체로 확대해야 한다고 본다.

2023년 2회

정답 및 해설

2022년도

제1회

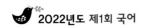

제1교시

국 어

정답 및 해설 |

정답

01 ④	02 ③	03 ③	04 ③	05 ④
06 ①	07 ②	08 ②	09 ①	10 ②
11 ③	12 ④	13 ①	14 ③	15 ①
16 ①	17 ②	18 ②	19 ①	20 ④
21 ①	22 ②	23 ①	24 ④	25 ②

해설

01 민우에게 막무가내로 색연필을 요구하는 준수의 말은 지금 색연필을 써야 하는 민우의 상황을 무시하고 기분을 상하게 하는 말하기 문제점을 보이고 있다. 그러나 준수의 말에 민우가 이해하지 못하는 관용 표현이 사용되고 있지는 않다.

02 [A]에서 은희는 "그런 어려움이 있구나."라고 상대방의 처지에 공감을 하고 있다. 그러면서도 춤 동작은 우리가 도와주겠다고 대안을 제시한 후, "이번 주만이라도 강당을 우리가 쓰도록 해 주면 좋겠어."라고 자신의 요구 사항을 전달하고 있다.

03 받침 'ㅁ, ㅇ' 뒤에 연결되는 'ㄹ'이 [ㄴ]으로 발음되는 것은 비음화 현상에 해당된다. 강릉, 담력, 항로는 모두 'ㅁ, ㅇ' 뒤에 'ㄹ'이 연결되므로 비음화 현상에 따라 각각 [강능], [담ː녁], [항ː노]로 발음된다. 그러나 송년은 'ㅁ, ㅇ' 뒤에 'ㄴ'이 연결되므로 비음화 현상에 따라 발음되지 않는다.

> **TIP 표준 발음법**
>
> **제19항** 받침 'ㅁ, ㅇ' 뒤에 연결되는 'ㄹ'은 [ㄴ]으로 발음한다.
> 담력[담ː녁], 침략[침ː냑], 강릉[강능], 항로[항ː노], 대통령[대ː통녕]
>
> **[붙임]** 받침 'ㄱ, ㅂ' 뒤에 연결되는 'ㄹ'도 [ㄴ]으로 발음한다.
> 막론[막논 → 망논], 백리[백니 → 뱅니], 협력[협녁 → 혐녁], 십리[십니 → 심니]

04 ①·②·④는 문장의 주체를 높이는 주체 높임법에 해당한다. 주체 높임법은 ①의 '들으신다', ②의 '주무신다', ④의 '드시고'처럼 보통 선어말어미인 '-시-'로 실현된다. 그러나 ③은 말하는 이가 문장의 객체를 높이는 객체 높임법에 해당한다.

> **TIP 높임법**
>
> • **상대 높임** : 듣는 이를 높이거나 낮추는 높임 표현
> • **주체 높임** : 서술의 주체를 높이는 표현으로, 보통 선어말어미 '-시-'로 실현
> • **객체 높임** : 말하는 이가 문장의 객체를 높이는 표현

05 ㉣의 '거시라'는 소리나는 대로 적은 이어적기에 해당한다. '거시라'를 끊어적기로 표현하면 '것이라'가 되어야 한다.

> **TIP 한글 표기법**
>
> • **이어적기** : 소리나는 대로 적은 표음적 표기법으로, 중세 국어에 사용됨
> • **끊어적기** : 여러 형태소가 연결될 때 그 각각을 음절이나 성분 단위로 밝혀 적음

06 다리다 → 달이다
'다리다'는 '옷이나 천 따위의 주름이나 구김을 펴고 줄을 세우기 위하여 다리미나 인두로 문지르다'는 뜻이므로, '약재 따위에 물을 부어 우러나오도록 끓이다'라는 의미인 '달이다'로 고쳐 써야 한다.

07 "봄날처럼 따뜻한 말씨, 보석처럼 빛나는 세상!"은 '봄날처럼'과 '보석처럼'에서 '처럼'을 사용하여 비유법 중 직유법을 사용하고 있고, 앞뒤의 구가 대구를 이루며 '고운 말을 사용하자'는 주제를 잘 드러내고 있다.

08 ㉡의 '그러나'는 앞의 내용과 뒤의 내용이 상반될 때 쓰는 접속 부사이다. 해당 문장에서 한지는 바람이 잘 통하고 습도 조절이 잘된다고 하였고, 반면에 양지는 바람이 잘 통하지 않고 습기를 잘 흡수하지 못한다고 하였으므로, '그러나'를 그대로 사용해야 한다.

[09~11]

> 윤동주, 「자화상」
> • **갈래** : 자유시, 서정시
> • **성격** : 고백적, 성찰적
> • **제재** : 우물 속에 비친 자신의 모습

• 주제 : 자아 성찰과 암울한 현실 속 자신에 대한 애증
• 특징
  – 시상 전개에 따라 화자의 정서와 인식이 변화함
  – 열거법, 반복법, 점층법 등의 표현 방식을 사용함
  – '–ㅂ니다'로 끝나는 구어체를 사용하여 산문적으로 표현함

09 해당 작품에서는 설의적 표현을 사용하여 비판적 인식을 드러내고 있지는 않다. 설의적 표현은 누구나 다 아는 사실을 짐짓 의문형식으로 제시하여 독자가 스스로 결론을 내리게 하는 표현법을 말한다.

10 2연에는 우물 속의 평화로운 정경이 묘사되어 있으나, 비정한 현실에 분노하고 있는 시적 화자의 모습은 나타나 있지 않다.

11 ㉠에는 식민지 현실에 저항하지 못하고 안주해 있는 자신에 대한 부끄러움과 원망이 담겨 있다.

[12–14]

양귀자, 「마지막 땅」
• 갈래 : 현대 소설, 단편 소설, 세태 소설, 연작 소설
• 성격 : 세태적, 일상적, 비판적
• 배경 : 시간 – 1980년대 / 공간 – 원미동
• 시점 : 전지적 작가 시점
• 제재 : 땅을 둘러싼 강 노인과 원미동 사람들의 갈등
• 주제 : 자본주의적 도시화의 세태와 땅의 가치에 대한 인식
• 특징
  – 원미동 사람들의 소박한 삶을 사실감 있게 드러냄
  – 1980년대 원미동이라는 구체적 배경을 바탕으로 평범한 사람들의 일상적인 삶을 다룸

12 '자그마한 체구에 검은 테 안경을 쓰고, 머리는 기름 발라 착 달라붙게 빗어 넘긴 박 씨의 면상을 보는 일이 강 노인으로서는 괴롭기 짝이 없었다.'에서 박 씨의 외양 묘사를 통해 강 노인이 박 씨를 못마땅하게 여기고 있음을 알 수 있다.
  ① 해당 작품은 전지적 작가 시점으로 작품 밖 서술자가 등장인물의 행동과 태도는 물론 심리까지 묘사하고 있다.
  ② 대화를 통해 인물 간 갈등 과정을 드러내고 있다.
  ③ 원미동이라는 구체적 배경을 바탕으로 평범한 사람들의 일상적인 삶을 다루고 있다.

13 '아직도 유 사장 마음은 이 땅에 있는 모양이니께 금액이야 영감님 마음에 맞게 잘 조정해 보기로 하고, 일단 결정해 뿌리시요!'라고 박 씨가 말한 대목에서 유 사장이 강 노인의 땅을 마음에 두고 있음을 알 수 있다.
  ② '우리사 셋방이나 얻어 주고 소개료 받는 것으로도 얼마든지 살 수 있지라우.'라는 고흥댁의 말에서 고흥댁이 소개료를 받지 못했거나 생활고를 겪고 있지 않다는 내용을 짐작할 수 있다.
  ③ '팔팔 올림픽 전에 북에서 쳐들어올 확률이 높다고 신문 방송에서 떠들어 쌓으니 이삼천짜리 집들도 매기가 뚝 끊겼다 이 말입니다.'라는 말을 통해 신문 방송의 영향으로 집을 사려는 분위기가 누그러져있음을 알 수 있다.
  ④ '얼굴만 마주쳤다 하면 땅을 팔아 보지 않겠느냐고 은근히 회유를 거듭하더니 지난 겨울부터는 임자가 나섰다고 숫제 집까지 찾아와서 온갖 감언이설을 다 늘어놓는 박 씨였다.'라는 대목을 통해 박 씨가 땅을 팔지 않으려는 강 노인을 끈질기게 설득하고 있음을 알 수 있다.

14 박 씨가 ㉡을 통해 유 사장이 동네 발전에 애쓴 것을 언급하며 강 노인에게 땅을 팔 것을 회유하고 있다.

[15–16]

월명사, 「제망매가」
• 갈래 : 향가
• 성격 : 서정적, 애상적, 추모적
• 제재 : 누이의 죽음
• 주제 : 누이의 죽음으로 인한 슬픔과 극복 의지
• 특징
  – 누이의 죽음을 자연 현상에 비유함
  – 10구 향가의 정제된 형식미와 서정성이 드러남
  – 불교의 윤회 사상을 바탕으로 슬픔을 종교적으로 승화함

15 해당 작품은 10구체 향가로, 9~10행이 시상을 고양시키고 마무리하는 낙구이다. 9행의 낙구는 감탄사 '아아'로 시작하며 시상을 집약하는 기능을 한다.
  ② 10구체 향가는 행으로 이루어져 있으나, 연으로 구분된 것은 아니다.
  ③ 후렴구는 고려 가요의 특징이다.
  ④ 세 부분의 첫 어절이 각각 '생사, 어느, 아이'로 모두 2음절로 시작된다.

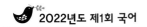

16 ㉠에서 화자는 죽은 누이를 미타찰에서 다시 만날 것을 기약하며 슬픔을 극복하고 있다. 즉, 화자는 대상과의 재회를 염원하고 있다.

[17~19]

작자 미상, 「심청전」
• **갈래** : 윤리 소설, 설화 소설, 판소리계 소설
• **성격** : 교훈적, 환상적, 비현실적
• **배경** : 시간 – 중국 송나라 말 / 장소 – 황주 도화동
• **시점** : 전지적 작가 시점
• **주제** : 부모에 대한 지극한 효심
• **특징**
　– 유교적 덕목인 '효'를 강조함
　– 유·불·선 사상이 복합적으로 드러남
　– 현실 세계를 중심으로 펼쳐지는 전반부와 환상적인 이야기 중심의 후반부로 내용이 구분됨

17 '사당'은 조상의 신주를 모시고 제사를 지내던 집이므로, 심청이가 사당에 들어가 하직 인사를 한 대상은 아버지가 아니라 조상이다.
① 심청은 공양미 삼백 석에 인당수 제물로 팔려 간다며 자신이 떠나야 하는 까닭을 아버지에게 밝혔다.
③ 심 봉사는 '못 가리라, 못 가리라' 말하며 자신을 위해 제물이 되려는 심청의 결정을 만류하였다.
④ 심청은 '조상 제사를 끊게 되오니 사모하는 마음을 이기지 못하겠습니다.'라고 말하며 자신이 떠난 후 조상의 제사를 지내지 못하는 것을 안타까워하고 있다.

18 심청이가 수레를 타고 가는 심 봉사의 꿈은 '심청이는 저 죽을 꿈인 줄 짐작하고'에서 심청의 앞날에 일어날 일을 암시한다.

19 '참말이냐, 참말이냐?', '못 가리라, 못 가리라', '마라 마라, 못하리라' 등의 반복적인 표현을 통해 자신을 위해 제물로 팔려 가는 심청을 만류하는 심 봉사의 안타까운 심정을 드러내고 있다.

① 설의적 표현이 사용되었으나 삶의 희망을 드러내기 위한 것이 아니라 심청의 결정을 만류하기 위한 것이다.
② 의인화 된 표현은 나타나 있지 않다.
③ 심 봉사가 딸이 공양미 삼백 석에 인당수의 제물로 팔려 간다는 사실에 슬퍼하고 있을 뿐, 슬픔을 웃음으로 승화하

고 있지는 않다.

[20~22]

20 제시문은 서두에서 밝힌 것처럼 글을 읽는 다양한 방법에 대해 소개하고 있다. 그러나 서로 다른 읽기 방법을 절충하여 새로운 읽기 방법을 보여 주고 있지는 않다.
① 글을 읽을 때 소리를 내는지의 여부, 글을 읽는 속도, 글을 읽는 범위 등의 기준에 따라 읽기 방법을 제시하고 있다.
② 음독, 묵독, 속독 등 다양한 읽기 방법의 개념을 설명하고 있다.
③ '차를 우려내듯 여유롭게 음미하며 읽는 것을 미독(味讀)이라고 한다.'에서 비유적 표현을 통해 읽기 방법을 설명하고 있다.

21 ㉠의 앞 문장에서는 대체로 묵독을 사용한다고 하였고, 뒤 문장에서는 음독이 사용되기도 한다며 앞뒤 문장의 내용이 서로 상반된다. 그러므로 ㉠에는 역접의 접속 부사 '그러나'가 들어갈 말로 가장 적절하다.

22 ㉮ 대강의 내용을 먼저 빠르게 보는 읽기 방법은 '속독'이다.
㉯ 목차를 보고 필요한 부분을 찾아 읽는 방법은 '발췌독'이다.
• **통독** : 글 전체를 처음부터 끝까지 훑어 읽는 방법
• **지독** : 뜻을 새겨 가며 글을 천천히 읽는 방법

[23~25]

23 ㄱ. 제시문은 하버드 대학교 심리학과 연구자들의 실험 사례를 통해 '무주의 맹시'라는 개념을 설명하고 있다.
ㄴ. 제시문의 첫 번째 단락에서 '도대체 이들은 왜 고릴라를 보지 못했을까?'라는 질문을 통해 독자의 호기심을 유발하고 있다.

24 제시문의 마지막 단락에서 뇌의 많은 영역이 시각이라는 감각에 배정되어 있음에도 눈으로 받아들이는 모든 정보를 보이는 그대로 뇌가 빠짐없이 처리하기는 어렵다고 설명하고 있다. 그러므로 실험 참가자들이 고릴라를 보지 못한 이유는 눈으로 들어오는 모든 정보를 처리하기 어려운 뇌의 특성 때문이다.

25 ㉢의 '손상'은 '병이 들거나 다침'을 의미한다. '자기도 모르는 사이에 물건 따위를 잃어버림'을 뜻하는 단어는 '분실'이다.

제2교시

수 학

▌정답

01 ④	02 ②	03 ③	04 ③	05 ④
06 ①	07 ③	08 ①	09 ②	10 ③
11 ④	12 ②	13 ④	14 ④	15 ③
16 ①	17 ①	18 ③	19 ②	20 ①

▌해설

01
$$A+B=(x^2+2x)+(2x^2-1)$$
$$=(x^2+2x^2)+(2x-1)$$
$$=3x^2+2x-1$$

02
항등식일 때, 양변의 동류항의 계수는 같으므로
$(x+1)(x-1)=x^2+a$에서
$x^2-1=x^2+a$
$\therefore a=-1$

03
다항식 $(x^3-2x^2-x+5)\div(x-1)$을 조립제법을 이용하여 풀면,

```
 1 | 1   -2   -1    5
   |      1   -1   -2
몫 →  1   -1   -2  | 3  → 나머지
```

그러므로 몫은 x^2-x-2이다.

04
$$a^3-3a^2b+3ab^2-b^3=(a-b)^3$$

인수분해 공식에 따라
$x^3-9x^2+27x-27=(x-3)^3$
$(x-a)^3=(x-3)^3$
$\therefore a=3$

05
$2-i+i^2=a-i$
$2+i^2=a-i+i$
$i^2=-1$이므로 $2-1=a$
$\therefore a=1$

06
$$x^2-(\alpha+\beta)x+\alpha\beta=0$$
$$\Rightarrow x^2-(\text{두 근의 합})x+(\text{두 근의 곱})=0$$

x^2의 계수가 1인 이차방정식 $x^2+3x-4=0$에서 두 근을 α, β라 할 때, $\alpha+\beta$는 두 근의 합이다.
근과 계수의 관계에 의해
$x^2-(\alpha+\beta)x+\alpha\beta=x^2+3x-4$
$\therefore \alpha+\beta=-3$

07
주어진 범위의 그래프에서
$x=2$일 때 → 최댓값 5
$x=0$일 때 → 최솟값 -3
그러므로 이차함수 $y=x^2+2x-3$의 최댓값은 5이다.

08
삼차방정식 $x^3-2x+a=0$의 한 근이 2라고 했으므로,
$f(2)=0$
$x^3-2x+a=0$에 $x=2$를 대입하면
$2^3-2\times2+a=0$, $8-4+a=0$
$\therefore a=-4$

09
$$\begin{cases} x+y=3 & \cdots ㉠ \\ x^2-y^2=a & \cdots ㉡ \end{cases}$$
$x=2$, $y=b$를 ㉠에 대입하면
$x+y=2+b=3$, $\therefore b=1$
$x=2$, $y=1$을 ㉡에 대입하면
$x^2-y^2=2^2-1^2=a$ $\therefore a=3$
따라서 $a+b=3+1=4$

10
$$\text{판별식 } D>0\text{일 때, } f(x)\leq0\text{의 해}$$
$$\Rightarrow \alpha\leq x\leq\beta$$

이차부등식 $(x+3)(x-1)\leq0$의 해는
$\alpha=-3$, $\beta=1$이므로
$-3\leq x\leq1$

11
좌표평면 위의 두 점 $A(x_1, y_1)$, $B(x_2, y_2)$에 대하여
$\overline{AB}$의 중점의 좌표는 AB를 $1:1$로 내분하는 점이다.
$$\Rightarrow M\left(\frac{x_1+x_2}{2}, \frac{y_1+y_2}{2}\right)$$

좌표평면 위의 두 점 A(1, 2), B(3, −4)에 대하여 선분 AB의 중점의 좌표는

$$M\left(\frac{x_1+x_2}{2}, \frac{y_1+y_2}{2}\right)$$에서

$$M\left(\frac{1+3}{2}, \frac{2-4}{2}\right)$$

$$\therefore M(2, -1)$$

12

> 두 직선이 서로 평행할 때 ⇒ 기울기는 같다.

두 직선이 평행할 때 두 직선의 기울기는 같으므로
$y=-2x+5$에서 구하는 직선의 기울기는 -2
또, 구하는 직선이 $(0, 1)$을 지나므로 y절편은 1이다.
그러므로 구하는 직선의 방정식은 $y=-2x+10$이다.

13

> 중심 좌표가 (a, b)이고 반지름의 길이기 r인 원의 방정식
> ⇒ $(x-a)^2+(y-b)^2=r^2$

중심 좌표가 $(2, 1)$이고 반지름의 길이가 3인 원의 방정식은
$(x-a)^2+(y-b)^2=r^2$에서
$(x-2)^2+(y-1)^2=3^2$
$(x-2)^2+(y-1)^2=9$

14

> 점 (x, y)를 원점에 대하여 대칭이동한 점의 좌표
> ⇒ $(-x, -y)$

점 $(-2, 1)$을 원점에 대하여 대칭이동한 점의 좌표는
$(-x, -y)$에서 $(2, -1)$이다. 즉, x, y의 좌표가 부호만 바뀐다.

15

$A=\{1, 3, 4, 5\}$, $B=\{2, 4\}$이므로
$A-B=\{1, 3, 5\}$

16

> 명제 $p \to q$의 역 ⇒ $q \to p$

명제 $p \to q$의 역은 $q \to p$이므로,
명제 '정삼각형이면 이등변삼각형이다.'의 역은
'이등변삼각형이면 정삼각형이다.'이다.

17

> 역함수의 성질 : $f^{-1}(a)=b$이면 $f(b)=a$

주어진 함수 $f:\mathrm{X}\to\mathrm{Y}$에서
$f^{-1}(4)=k$이면 역함수의 성질에 따라 $f(k)=4$
주어진 그림에서 함숫값 4를 갖는 x의 값은 1이므로
$f(1)=4$
$$\therefore f^{-1}(4)=1$$

18

> $y=\sqrt{a(x-m)}+n(a\neq0)$의 그래프는 $y=\sqrt{ax}$의 그래프를 x축의 방향으로 m만큼, y축의 방향으로 n만큼 평행이동한 그래프이다.

무리함수 $y=\sqrt{x-a}+b$의 그래프가 무리함수 $y=\sqrt{x}$의 그래프를 x축의 방향으로 2만큼, y축의 방향으로 3만큼 평행이동한 그래프이므로 $a=2, b=3$이다.
$$\therefore a+b=5$$

19

> 서로 다른 n개에서 r개를 택하여 일렬로 나열하는 순열의 수 ⇒ $_nP_r$

여행 순서를 정하는 경우의 수는 선택한 사진의 순서를 생각하며 일렬로 나열한 경우의 수와 같다.
그러므로 구하는 경우의 수는
$_3P_3=3!=3\times2\times1=6$

20

> 서로 다른 n개에서 r개를 택하는 조합의 수 ⇒ $_nC_r$

4종류의 꽃 중에서 서로 다른 3종류의 꽃을 선택하는 경우의 수는 순서를 생각하지 않고 택하는 조합의 수와 같다. 그러므로 구하는 경우의 수는
$$_4C_3=\frac{4\times3\times2}{3\times2\times1}=\frac{24}{6}=4$$

제3교시

영 어

정답 및 해설 |

정답

01 ①	02 ②	03 ②	04 ③	05 ①
06 ③	07 ①	08 ④	09 ④	10 ①
11 ①	12 ③	13 ④	14 ③	15 ②
16 ①	17 ④	18 ③	19 ④	20 ③
21 ②	22 ④	23 ④	24 ②	25 ③

해설

01 해설 'behavior'는 '행동'이라는 뜻이다.
② 규칙 rule
③ 감정 feeling
④ 신념 belief
해석 아이들에게, 좋은 행동을 장려하는 것은 중요하다.
어휘 important 중요한
encourage 격려하다, 장려하다

02 해설 'put off'는 '미루다, 연기하다'라는 뜻이다.
해석 그녀는 폭우 때문에 여행을 연기해야만 했다.
어휘 put off 미루다, 연기하다
trip 여행
heavy rain 큰 비, 폭우

03 해설 'Besides'는 '게다가, 뿐만 아니라'는 뜻이다.
① 마침내 finally
③ 그러나 however
④ 예를 들면 for example
해석 많은 온라인 수업이 무료이다. 게다가 언제 어디서나 볼 수 있다.
어휘 online lessons 온라인 수업
free of charge 무료로, 공짜로
besides 게다가, 뿐만 아니라
anytime and anywhere 언제 어디서나

04 해설 주어진 문장에서 'full(가득한)'과 'empty(비어 있는)'는 반의어 관계이다. 마찬가지로 ①, ②, ④는 모두 반의어 관계이나, ③의 'tiny(아주 작은)'와 'small(작은)'은 유의

어 관계이다.
① 높은 – 낮은
② 더운 – 추운
④ 빠른 – 느린
해석 어떤 사람들은 잔이 반쯤 찼다고 말하는 반면, 다른 사람들은 그것이 반쯤 비었다고 말한다.
어휘 full 가득한, 충분한
empty 비어 있는
tiny 아주 작은[적은]
fast 빠른

05 해설 ① 참가 자격 : 알 수 없음
② 행사 날짜 : 2022년 4월 22일
③ 행사 장소 : 주민 센터
④ 행사 내용 : 중고 물품 교환, 100% 천연 샴푸 만들기
해석

행복한 지구의 날 행사
언제 : 2022년 4월 22일
어디서 : 주민 센터
하는 일 : •중고 물품 교환
•100% 천연 샴푸 만들기

어휘 Community Center 지역 복지관, 주민 센터
exchange 교환하다, 맞바꾸다
used things 중고 물품들
natural 자연의, 천연의

06 해설 첫 번째 문장에는 교통수단인 'train'과 함께 사용되어 '내리다'라는 의미를 갖는 동사 'leave'가 들어가야 한다. 두 번째 문장에는 'book'과 함께 '놓다[두라]'라는 의미를 갖는 동사 'leave'가 들어가야 한다.
① 열다
② 배우다
④ 믿다
해석 •기차에서 내릴 때는, 모든 소지품을 반드시 챙기세요.
•책을 읽은 후에는 탁자 위에 놓아두세요.
어휘 make sure 반드시 ~하다
belongings 소지품

07

해설 첫 번째 문장은 의문문으로 '무엇을'에 해당하는 의문사 'what'이 들어가야 한다. 두 번째 문장에는 타동사 know의 목적어로써 명사절을 이끄는 접속사 'what'이 들어가야 한다.

해석 • Minsu야, 이번 주말에 뭐 할 거니?
   • 아무도 정확히 무슨 일이 일어났는지 모른다.

어휘 exactly 정확하게
   happen 발생하다, 일어나다

08

해설 첫 번째 문장에는 '~으로 가득 차 있다'의 의미의 숙어 'be filled with'가 와야 하고, 두 번째 문장에는 '~에 만족하다'라는 의미의 숙어 'be satisfied with'가 와야 한다. 그러므로 빈칸에 공통으로 들어갈 말은 전치사 'with'이다.

해석 • 아빠의 마음은 나에 대한 사랑으로 가득 차 있다.
   • Alice는 그녀의 공연에 만족했다.

어휘 performance 실행, 공연

09

해설 A가 수학 문제를 같이 풀어보자고 하였고 B가 이에 좋은 생각이라며 동의하였다. 그러므로 'Two heads are better than one(혼자보다는 두 명이 함께 생각하는 것이 낫다)'은 이에 어울리는 속담이다.

해석 A : Junho야, 뭐 하고 있니?
   B : 이 수학 문제를 풀려고 하는데, 너무 어려워.
   A : 같이 풀어보자.
   B : 좋은 생각이야. 두 사람의 머리가 한 사람 보다는 낫지.

어휘 solve 풀다, 해결하다
   math problem 수학 문제
   difficult 어려운
   figure out ~을 이해하다, 알아내다
   better than ~보다 나은

10

해설 B가 영어 말하기 대회에서 1등을 차지하여 인생에서 가장 행복한 날이라고 하였으므로, B의 심정은 ①의 '행복'이다.

해석 A : 영어 말하기 대회의 결과가 나왔니?
   B : 응, 방금 나왔어.
   A : 그래서, 어떻게 됐니?
   B : 내가 1등상을 탔어. 내 인생에서 가장 행복한 날이야.

어휘 result 결과
   speech contest 말하기 대회
   first prize 1등상

11

해설 B가 은행 계좌를 개설하고 싶다고 하자 A가 양식을 작성해 달라고 하는 것으로 보아, 해당 대화가 이루어진 장소는 은행이다.

해석 A : 좋은 아침입니다. 어떻게 도와드릴까요?
   B : 안녕하세요, 은행 계좌를 개설하고 싶은데요.
   A : 알겠습니다. 이 양식을 작성해 주세요.
   B : 감사합니다. 바로 할 게요.

어휘 bank account 은행 계좌
   fill out 작성하다
   form 양식

12

해설 Michael은 지역 신문에서 기자를 모집한다는 광고를 보았고, 그것이 그가 항상 꿈꾸었던 직업이므로 지원하기로 결심했다. 그러므로 밑줄 친 'it'가 가리키는 것은 'reporter(기자)'이다.
   ① 배우
   ② 선생님
   ④ 디자이너

해석 어느 날, Michael은 지역 신문에서 기자 모집 광고를 보았다. 그것은 그가 항상 꿈꾸었던 직업이다. 그래서 그는 그 직업에 지원하기로 결심했다.

어휘 advertisement 광고
   reporter 기자
   local 지방의, 지역의
   make up one's mind ~을 결심하다
   apply for ~에 지원하다

13

해설 외국인에게 한국어를 가르칠 거라는 B의 대답에 A가 좋은 마음으로 자원 봉사를 하라고 조언하고 있다. 그러므로 빈칸에 들어갈 말로는 ④의 '너는 어떤 종류의 자원 봉사 활동을 할 예정이니?'가 가장 적절하다.
   ① 네 생일이 언제니?
   ② 지난주 금요일에 뭘 했니?
   ③ 한국 음식에 대해 어떻게 생각하니?

해석 A : 너는 어떤 종류의 자원 봉사 활동을 할 예정이니?
   B : 나는 외국인에게 한국어를 가르칠 거야.
   A : 잘 됐네. 좋은 마음으로 자원 봉사를 해야만 한다는 것을 기억해.
   B : 명심할 게.

어휘 foreigner 외국인
   remember 기억하다
   volunteer 자발적인, 자원 봉사하다
   keep in mind 명심하다

14 **해설** 어느 동아리에 가입할지 결정했냐는 A의 물음에 대한
답변에는 동아리 이름이 들어가야 한다. 그러므로 빈칸
에는 ③의 '나는 댄스 동아리에 가입하기로 결정했어.'
가 들어갈 말로 가장 적절하다.
① 나는 한국을 떠나 캐나다로 갔어.
② 나는 어제 의사에게 진찰 받으러 갔어.
④ 나는 지난 밤 저녁에 스파게티를 먹었어.

해석 A : 너는 올해 어느 동아리에 가입할지 결정했니?
B : <u>나는 댄스 동아리에 가입하기로 결정했어.</u>

어휘 decide 결심하다, 결정하다
join 가입하다
spaghetti 스파게티

15 **해설** A가 컴퓨터 작업으로 인해 피곤한 눈을 돌보는 방법에
대해 조언을 구하자, 의사인 B가 충분한 수면과 비타민
이 많은 과일과 야채를 먹을 것을 추천하고 있다. 그러
므로 ③의 '눈 건강을 돌보는 방법'이 대화의 주제로 가
장 적절하다.

해석 A : 의사 선생님, 하루 종일 컴퓨터로 일을 하느라 눈이
피곤해요. 어떻게 눈을 돌볼 수 있을까요?
B : 눈이 쉬도록 충분히 잠을 자야만 해요.
A : 알겠습니다. 그 밖에 어떤 것을 추천해 주시겠어
요?
B : 비타민이 많은 과일과 야채를 드세요.

어휘 tired 지친, 피곤한
look after 돌보다
make sure 확실하게 하다
enough 충분한
recommend 추천하다
lots of 많은
vitamin 비타민

16 **해설** 관리 사무소에서 오후 1시부터 2시까지 전기가 끊길 예
정이라고 공지하고 있다. 그러므로 ③의 '공지하려고'
가 글을 쓴 목적으로 가장 적절하다.

해석 관리 사무소에서 안내 말씀드립니다. 어제 알려 드린
대로 오늘 오후 1시부터 2시까지 전기가 끊길 예정입니
다. 불편을 드려 죄송합니다. 이해 부탁드립니다.

어휘 announcement 발표, 알림
management office 관리 사무소
inform 알리다
electricity 전기
inconvenience 불편
understanding 이해

17 **해설** 안내문의 마지막 줄에 방문객은 사진을 찍을 수 있다
고 하였으므로, '모든 사진 촬영은 금지된다.'는 ④의
설명은 안내문의 내용과 일치하지 않는다.

해석

> **세익스피어 박물관**
>
> **시간**
> • 매일 개장 : 오전 9시 ~ 오후 6시
>
> **입장료**
> • 성인 : 12달러
> • 학생 및 어린이 : 8달러
> • 10인 이상 단체 10% 할인
>
> **사진 촬영**
> • 방문객은 사진을 찍을 수 있습니다.

어휘 museum 박물관
daily 매일
admission 입장, 입장료
adult 어른, 성인
discount 할인
take photograph 사진을 찍다

18 **해설** 제시문에서 참가자들은 개인으로만 대회에 참가할 수
있다고 하였다. 그러므로 '그룹 참가가 가능하다'는 ③
의 설명은 제시문의 내용과 일치하지 않는다.

해석 2022년 과학 발표 대회는 2022년 5월 20일에 개최될
것입니다. 주제는 지구 온난화입니다. 참가자들은 개인
으로만 대회에 참가할 수 있습니다. 발표는 10분을 초
과해서는 안 됩니다. 보다 자세한 내용은 교무실에서
이 선생님을 만나세요.

어휘 presentation 발표
be held 열리다, 개최되다
topic 주제
global warming 지구 온난화
contestant 참가자
participate in ~에 참가하다
individual 개인
information 정보
teachers' office 교무실

19 **해설** 제시문은 화재나 지진 등의 비상사태에서 취해야 할
조치에 대해 설명하고 있다. 그러므로 ④의 '비상사태
발생 시 대처 방법'이 제시문의 주제로 가장 적절하다.

해석 비상사태에서 취해야 할 적절한 조치에 대해 알려 드
리겠습니다. 첫째, 불이 났을 때에는 엘리베이터를 타
는 대신 계단을 이용하세요. 둘째, 지진이 발생한 경우
에는 공터로 가서 무너질 수도 있는 큰 빌딩으로부터

멀리 떨어지세요.

어휘 appropriate 적당한, 적절한

action 행동, 조치

emergency situation 응급 상황, 비상사태

instead of ~대신에

in the case of ~의 경우에

earthquake 지진

open area 공지, 공터

stary away from ~로부터 멀리 떨어지다

20 **해설** 제시문은 예약을 해 놓고 나타나지 않는 노쇼 고객들을 줄이기 위한 방법에 대해 소개하고 있다. 첫째는 보증금을 요청하고, 둘째는 예약 확인 전화를 하라는 내용이므로, 빈칸에는 ③의 'confirm(확인하다)'가 들어갈 말로 가장 적절하다.

① 요리하다

② 잊다

④ 상상하다

해석 요즘, 많은 사람들이 식당을 예약 해놓고 나타나지 않는다. 여기 식당들이 노쇼 손님을 줄이기 위한 몇 가지 조언들이 있다. 첫째, 보증금을 요청해라. 만일 손님이 나타나지 않으면, 그들은 돈을 손해 볼 것이다. 둘째, 예약을 확인하기 위해 전날 손님에게 전화를 해라.

어휘 reservation 예약

show up 나타나다

reduce 줄이다

no-show customer 노쇼 고객(예약해 놓고 나타나지 않는 손님)

ask for ~을 요구[요청]하다

deposit 보증금

21 **해설** 제시문은 기상 예보관들이 날씨 상황을 관찰하고 날씨 패턴에 관한 지식을 이용해 강우량, 풍속, 폭풍 경로들을 예측한다고 설명하고 있다. 그러므로 ②의 'predict(예측하다)'가 빈칸에 들어갈 말로 가장 적절하다.

① 무시하다

③ 위반하다

④ 협상하다

해석 기상 예보관들은 강우량, 풍속, 그리고 폭풍의 경로를 예측한다. 그렇게 하기 위해, 그들은 날씨 상황을 관찰하고 날씨 패턴에 관한 지식을 이용한다. 현재의 증거와 과거의 경험에 근거하여, 그들은 날씨가 어떻게 될지를 결정한다.

어휘 weather forecaster 기상 예보관

amount 양

path 경로

in order to ~하기 위해서

observe 관찰하다

knowledge 지식

based on ~에 근거하여

current 현재의

evidence 증거

experience 경험

decide 결심하다, 결정하다

ignore 무시하다

predict 예상하다, 예측하다

violate 위반하다

negotiate 협상하다

22 **해설** 주어진 글의 'this problem(이 문제)'은 ④ 앞의 문장에서 말한 '비누가 비싸다'는 문제를 가리킨다. 또한 주어진 글은 자원 봉사 단체들이 만든 비누를 필요한 나라에 기부하자는 해결책을 제시하고 있다. 그러므로 주어진 문장은 ④에 들어가는 것이 가장 적절하다.

해석

> 이 문제를 극복하기 위해, 비누를 자원 봉사 단체들이 만들고 그것을 필요로 하는 나라들에 기부되게 할 수 있다.

(①) 비누로 손을 씻는 것은 질병의 확산을 막는 데 도움이 된다. (②) 사실, 서아프리카와 중앙아프리카에서만 비누로 손을 씻는 것을 매년 약 50만 명의 생명을 구할 수 있었다. (③) 하지만, 문제는 비누가 이 지역에서 비싸다는 것이다. (④) 이러한 방법으로, 우리는 더 많은 생명을 구하도록 도울 수 있다.

어휘 overcome 극복하다

volunteer group 자원 봉사 단체

donate 기부하다

prevent 막다

spread 확산

disease 병, 질병

in fact 사실

about 약, 대략

half a million 50만

expensive 비싼

region 지역

23 **해설** 제시문의 마지막 문장에서 인구 노령화 시대에 맞는 몇 가지 직업 선택을 추천하겠다고 제안하고 있다. 그

러므로 제시문의 바로 뒤에 이어질 내용은 '노령화 시
대를 위한 직업 추천'이다.

해석 미래에, 많은 나라들이 인구 노령화 문제를 갖게 될 것
입니다. 점점 더 많은 노인들이 생길 것입니다. 이것은
인구 노령화와 관련된 일자리 수요가 있을 것이라는
의미입니다. 그래서 직업을 생각할 때, 이러한 변화를
고려해야만 합니다. 이제, 저는 인구 노령화 시대에 맞
는 몇 가지 직업 선택을 추천하겠습니다.

어휘 future 미래

aging population 인구 노령화

related to ~에 관련된

in demand 수요가 있는

consider 고려하다

recommend 추천하다

choice 선택

[24~25]

해석 당신은 꽃이 우리에게 건강상의 많은 이점을 제공한다는
사실을 알고 있는가? 예를 들어 장미꽃 냄새는 스트레스
수준을 <u>줄이는</u> 데 도움을 줄 수 있다. 또 다른 예는 라벤
더이다. 라벤더는 당신이 수면에 문제가 있다면 도움이 된
다고 알려져 있다. 이것들은 꽃들이 어떻게 우리 건강에
도움을 주는지에 대한 두 가지 사례에 불과하다.

어휘 provide A with B A에게 B를 제공하다

benefit 이점

for example 예를 들면

have trouble ~ing ~하는 데 어려움을 겪다

insist 고집하다, 주장하다

reduce 줄이다

trust 신뢰하다

admire 찬양하다, 존경하다

24 **해설** 제시문에서 꽃이 주는 첫 번째 이점으로 장미 향기가
스트레스를 줄여준다고 설명하고 있다. 그러므로 빈칸
에는 ②의 'reduce(줄이다)'가 들어갈 말로 가장 적절
하다.
① 주장하다
③ 신뢰하다
④ 존경하다

25 **해설** 제시문은 꽃이 우리의 건강에 도움을 주는 두 가지 사
례를 들어 설명하고 있다. 그러므로 ③의 '꽃이 건강에
주는 이점'이 제시문의 주제로 가장 적절하다.

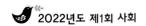

제4교시

사 회

정답 및 해설 |

정답

01 ②	02 ②	03 ①	04 ④	05 ③
06 ④	07 ①	08 ④	09 ③	10 ②
11 ④	12 ④	13 ③	14 ②	15 ④
16 ①	17 ③	18 ③	19 ②	20 ②
21 ①	22 ③	23 ④	24 ④	25 ③

해설

01 민주 국가에서 국민의 정치적 의사가 잘 반영되기 위해서는 시민 참여가 활성화되는 민주주의가 실현되어야 한다. 민주주의가 성숙한 나라일수록 구성원의 행복감도 높으므로, 참여 중심의 정치 문화는 행복한 삶을 실현하기 위한 조건에 해당한다.
① 과밀화된 주거 환경 → 정주 환경
③ 타인을 위한 무조건적인 희생 → 타인에 대한 이타심
④ 분배를 지양한 경제적 효율성 → 분배의 지향

02 참정권은 국가의 의사 결정 과정에 참여할 권리로, 선거권, 국민 투표권, 공무 담임권 등이 이에 해당한다.
① 자유권
③ 청구권
④ 평등권

03 국가 기관 간의 견제와 균형을 통한 권력 남용을 방지하기 위해 국가 권력을 서로 다른 국가 기관이 나누어 행사하도록 한 제도는 권력 분립 제도이다.
② **계획 경제 제도** : 한 나라 경제운영이 국가의 통일적 의사에 따라 계획적으로 시행되는 사회주의 경제 제도
③ **시장 경제 제도** : 시장에서 자유 경쟁을 통해 상품의 생산·교환·분배·소비의 모든 경제 활동이 이루어지는 제도
④ **헌법 소원 심판 제도** : 공권력에 의하여 헌법상 보장된 국민의 기본권이 침해된 경우에 헌법재판소에 제소하여 그 침해된 기본권의 구제를 청구하는 제도

04 시민 불복종은 정의롭지 못한 법과 정책을 변화시키려는 목적을 가지고 의도적으로 법을 위반하는 행위로, 양심적이고 비폭력적이며 공공성을 가져야 한다.

05 사용자와 분쟁이 발생한 경우 근로자들이 주장을 관철하기 위해 업무의 정상적인 운영을 저해할 수 있는 권리는 단체 행동권이다. 근로 3권에는 단체 행동권 외에 단결권과 단체 교섭권이 있다.
① **청원권** : 국민이 국가기관에 대하여 문서로써 어떤 희망사항을 청원할 수 있는 기본권
② **재판권** : 법원이 소송 사건을 해결하기 위하여 재판할 수 있는 권한
④ **공무 담임권** : 국민이 모든 국가기관과 공공단체의 공직에 취임하여 공무를 담당할 수 있는 권리

06 시장 실패는 시장 기구가 그 기능을 제대로 발휘하지 못하여 시장에서 자원의 배분이 효율적으로 이루어지지 못하는 상태로, 독과점 문제와 공공재의 공급 부족 등이 이에 해당한다.
ㄱ. **기회비용** : 어떤 선택으로 인해 포기된 기회들 가운데 가장 큰 가치
ㄴ. **규모의 경제** : 생산량이 증가할수록 평균 생산 단가가 감소하는 현상

07 유동성은 필요할 때 쉽고 빠르게 현금으로 전환할 수 있는 정도를 의미하며 '환금성'이라고도 한다. 자산 관리의 3원칙에는 유동성 외에 안전성, 수익성이 있다.
② **안전성** : 투자한 원금이 손실되지 않고 보장되는 정도
③ **수익성** : 투자를 통해 수익을 얻을 수 있는 정도
④ **보장성** : 어떤 일이 어려움 없이 이루어지도록 조건을 마련하여 보호하거나 보증함

08 대공황을 계기로 1930년대에 등장한 수정 자본주의는 국가가 민간 경제에 개입하여 문제를 해결해야 한다는 주장이다. 미국은 수정 자본주의에 입각한 뉴딜 정책을 통해 대공황을 극복하였다.
ㄷ. 절대 왕정의 중상주의로 인해 발달 → 상업 자본주의
ㄹ. 개인의 경제적 자유를 최대한 보장 → 산업 자본주의

09 도움이 필요한 국민에게 노인 돌봄, 장애인 활동 지원, 가사·간병 방문 지원 등 비금전적인 서비스를 제공하는 사회

복지 제도는 사회 서비스이다.

① **공공 부조** : 국가가 생활 유지 능력이 없거나 생활이 어려운 국민의 최저 생활을 보장하고 자립을 지원하는 제도

② **사회 보험** : 국민이 미래에 직면할 수 있는 사회적 위험에 대비하여, 국가나 국민의 건강과 생활 보전을 목적으로 보험방식에 의하여 사전에 대비하는 제도

④ **적극적 우대 조치** : 인종이나 경제적 신분간 갈등을 해소하고 과거의 잘못을 시정하기 위해 특혜를 주는 사회 제도

10 정의의 실질적 기준 중 기본적 필요를 충족하기 힘든 사회적 약자를 보호하기 위한 분배는 필요에 따른 분배이다. 그러므로 ㉠에 들어갈 말은 '필요'이다.

> **TIP** **정의의 실질적 기준**
>
> • **능력을 기준으로 하는 분배** : 개인이 지닌 잠재력과 재능 등에 따라 분배 예 능력 중심의 사원 선발, 잠재력과 재능을 보고 학생을 선발하는 입시 제도
>
> • **업적을 기준으로 하는 분배** : 업적과 기여에 비례하여 분배 예 판매 우수 사원의 성과급 지급, 성적 우수자의 장학금 지급
>
> • **필요를 기준으로 하는 분배** : 사람들의 필요를 기준으로 분배 예 실업 수당 제도, 장애인 고용 촉진 제도, 저소득층 교육비 지원 제도

11 산신각이나 재즈 음악처럼 기존의 문화 요소와 새로 전파된 다른 사회의 문화 요소의 상호 작용으로 이전의 두 문화 요소와는 다른 새로운 제3의 문화가 나타나는 현상을 문화 융합이라 한다.

① **발명** : 이전에 없던 문화 요소와 원리를 새롭게 만들어 내는 것

② **발견** : 이미 존재하고 있었으나 알려지지 않은 문화 요소나 원리를 찾아내는 것

③ **문화 소멸** : 문화 동화 현상으로 인해 기존의 문화 요소가 소멸되고 외래 문화만 살아남는 현상

12 인류의 보편적 가치에 어긋나는 식인 풍습, 명예 살인 등의 문화까지도 해당 사회에서 고유한 의미와 가치가 있다는 이유로 인정하는 태도는 극단적 문화 상대주의이다.

① **문화 절대주의** : 문화의 다양성과 상대성을 부정하는 태도

② **문화 사대주의** : 다른 문화를 더 좋은 것으로 생각하고 자신의 문화를 과소평가하거나 무시하는 태도

③ **자문화 중심주의** : 자기 문화만을 가장 우수한 것으로 생각하고 다른 문화를 무시하거나 부정하는 태도

13 국제 비정부 기구(NGO)는 국제 사회의 보편적 가치와 관련된 다양한 활동을 하는 국제 사회의 행위 주체로, 그린피스,

국경 없는 의사회, 유니세프 등이 이에 속한다.

① **정당** : 정치적 견해를 같이 하는 사람들이 모인 단체

② **국가 원수** : 국가의 최고 지도자이자 외국에 대해서는 국가를 대표하는 주체

④ **정부 간 국제기구** : 국가들 사이의 이해관계를 조정하거나 국가 간 분쟁을 중재하는 국제 사회의 행위 주체

14 인간과 자연환경이 조화를 이루며 공생하는 관계는 생태 중심주의로, 모든 생명체가 자연의 일부이며 자연의 가치를 인정하고 존중하는 관점이다.

① **인간 중심주의** : 인간을 가장 가치 있는 존재로 여기고, 인간과 자연의 관계에서 인간의 이익이나 행복을 먼저 고려하는 관점

③ **개인주의 가치관** : 국가와 사회보다 개인의 이익과 가치를 우선하는 태도

④ **이분법적 세계관** : 인간과 자연을 분리하여 바라보는 관점으로, 인간을 자연보다 우월하고 고귀한 존재로 보며 자연으로부터 독립된 존재라고 여김

15 도시화는 도시 인구 비율이 증가하고 주민의 생활양식이 도시적으로 변화하는 현상으로, 1차 산업 종사자 비율보다 2 · 3차 산업 종사자 비율이 더 증가했다.

16 정보화는 정보가 중심이 되어 가치를 만들어 내는 사회경제로, 전자 상거래와 원격 근무가 활성화되고 누리 소통망(SNS)을 통해 정치 참여의 기회가 확대된 것은 정보화의 결과이다.

② **공정 무역** : 불공정 무역 행위를 규제하고 상품의 전 과정에서 경제 주체들의 이익이 공정하게 분배되도록 하는 무역

③ **윤리적 소비** : 소비자가 상품이나 서비스 등을 구매할 때 윤리적인 가치판단에 따라 의식적인 선택을 하는 소비 형태

④ **공간적 분업** : 기업이 성장하며 기업의 본사, 연구소, 공장 등이 각각의 기능을 수행하는 데 적합한 지역을 찾아 지리적으로 분산되는 것

17 겨울이 길고 몹시 추운 날씨에 해당하는 지역은 C(한대 기후 지역)이다. 한대 기후는 가장 따뜻한 달의 평균 기온이 10℃ 미만인 기후로 툰드라나 빙설 지역 등이 이에 해당한다. 추운 날씨의 영향으로 순록 유목, 털가죽 의복, 폐쇄적 가옥 구조 등의 생활 모습을 보인다.

① **A(건조 기후 지역)** : 연강수량이 500mm 미만의 사막과 스텝 기후 지역

② B(온대 기후 지역) : 사계절이 뚜렷하고 기후가 온난하며, 강수량도 적당하여 사람이 살기에 적당한 기후 지역
④ D(열대 기후 지역) : 적도 인근의 연중 고온다습하고 강수량이 2,000mm 이상인 열대 우림 및 사바나 기후 지역

18 태양광, 풍력, 연료 전지, 지열 등 기존의 석유, 석탄, 천연가스 등의 연료를 변환하여 이용하거나 햇빛, 물, 바람 등을 이용하는 에너지는 신·재생 에너지이다.
① 사물 인터넷 : 인터넷을 기반으로 모든 사물을 연결하여 정보를 상호 소통하는 지능형 기술 및 서비스
② 브렉시트(Brexit) : 영국(Britain)과 탈출(Exit)의 합성어로, 영국의 유럽연합(EU) 탈퇴를 의미함
④ 지리 정보 시스템(GIS) : 어떤 지역에 관한 지리적 정보를 입력·저장·처리·분석하는 정보 처리 시스템

19 지진은 지구 내부의 에너지가 지표로 나와 땅이 갈라지며 흔들리는 현상으로, 판과 판의 경계에서 자주 발생한다.
① 가뭄 : 강수량 부족과 대륙 내부의 건조 기후로 인해 땅이 메마르고 물이 부족한 현상
③ 황사 : 봄철에 중국 내륙에서 발생한 흙먼지와 모래먼지가 편서풍을 타고 이동하는 현상
④ 산성비 : 수소이온 농도(pH)가 5.6 미만인 산성화된 비

20 힌두교는 수많은 신들을 섬기는 인도의 대표적 종교로, 소를 신성시하여 소고기 식용을 금기시한다. 또한 힌두교인들은 갠지스강을 성스러운 강으로 여겨 죄를 씻기 위해 그곳에 모인다.
① 유대교 : 유일신 여호와를 섬기는 유대인의 민족 종교
③ 이슬람교 : 알라를 유일신으로 믿는, 무함마드가 창시한 종교
④ 크리스트교 : 예수 그리스도의 삶과 가르침에 바탕을 둔 세계 최대의 종교

21 ㉠ (편재성) : 자원이 일부 지역에 치우쳐 분포하여 생산자와 소비자가 일치하지 않는 자원의 특성
㉡ (자원 민족주의) : 자원 보유국이 자원을 무기로 삼아 이익을 극대화하려는 태도

TIP 자원의 특성
• **희소성** : 무한한 인간의 욕구에 비해 자원은 유한함
• **유한성** : 매장량이 한정되어 고갈 위험이 있음
• **편재성** : 일부 지역에 치우쳐 분포하며, 생산자와 소비자가 일치하지 않음
• **가변성** : 자원의 가치는 시대와 장소, 경제 상황, 기술 발달 등에 따라 달라짐

22 특정 지역이 그 지역의 고유한 전통이나 특성을 살려 세계적인 가치를 갖는 현상을 지역화라 하며, 지리적 표시제, 장소 마케팅, 지역 브랜드화 등이 대표적 사례이다.
① 교외화 : 도시의 인구나 기능, 시설 등이 대도시 주변 지역으로 확산되는 현상
② 도시화 : 도시 인구 비율이 증가하고 주민의 생활양식이 도시적으로 변화하는 현상
④ 산업화 : 농업 중심의 사회가 공업 중심의 사회로 변하는 현상

23 이스라엘과 주변 이슬람교 국가들 간의 민족·종교·영토 등의 문제가 얽힌 분쟁 지역은 팔레스타인이다. 팔레스타인은 공화국으로 서아시아의 레반트 지역에 위치해 있다.
① 난사 군도 : 남중국해 유전 지대의 영유권을 둘러싼 중국, 타이완, 필리핀, 브루나이, 말레이시아 등의 분쟁 지역
② 쿠릴 열도 : 전략적 군사 요충지 및 자원 확보를 둘러싼 러시아와 일본 간의 갈등 지역
③ 카슈미르 : 인도(힌두교)와 파키스탄(이슬람교) 간의 종교 분쟁 지역

24 ㉠ (고령화) : 총인구 가운데 65세 이상 노인 인구의 비율이 증가하는 현상을 고령화라 하며, 이를 해결하기 위한 정책에는 정년 연장, 노인 복지 시설 확충, 노인 연금 제도 확대 등이 있다.
㉡ (저출산) : 합계출산율이 인구 대체가 가능한 수준(평균 2.1명)을 밑도는 현상을 저출산이라 하며, 이를 해결하기 위한 정책에는 출산과 양육 지원, 양성 평등을 위한 고용 문화 확산 등이 있다.

25 몬트리올 의정서는 오존층 파괴물질의 규제에 관한 국제협약이고, 파리 기후 변화 협약은 지구 온난화 등의 기후변화 대응과 온실 가스 감축 방안을 담은 국제적인 기후 변환 협약이다. 따라서 이들 두 조약의 체결 목적은 국제 환경 문제의 해결이다.

제5교시

과 학

정답 및 해설 |

정답

01 ④	02 ③	03 ①	04 ③	05 ②
06 ④	07 ③	08 ②	09 ①	10 ③
11 ①	12 ④	13 ④	14 ④	15 ①
16 ②	17 ②	18 ④	19 ④	20 ①
21 ②	22 ①	23 ④	24 ④	25 ②

해설

01 특정 온도 이하에서 전기 저항이 0이 되는 물질을 초전도체라 한다. 초전도 현상이 나타날 때 외부 자기장에 반자성을 띄는 마이스너 효과가 나타나 자석 위에 뜰 수 있다.

02 태양광 발전은 태양의 빛에너지를 광전효과를 이용하여 전기에너지로 바꿔주는 태양전지를 이용하는데, 친환경적이기는 하나 날씨의 영향을 받는 단점이 있다.
ㄷ. 우라늄을 연료로 사용한다. → 핵발전

03 수평 방향으로 던진 물체는 수평 방향으로 등속 운동을 하므로 ㉠은 5(%)이다. 또한 연직 방향 속도는 중력 가속도가 10%이므로 1초일 때 10%, 2초일 때 20%, 3초일 때 30%가 되므로 ㉡은 30(%)이다.
∴ ㉠+㉡=5+30=35(%)

04 자석을 코일 속에 넣었다 뺐다 하면 코일의 도선에 전류가 유도되어 검류계의 바늘이 움직이는 것은 전자기 유도 현상 때문이며, 발전기는 이러한 현상을 이용한 것이다.
ㄴ. 자석의 위치에 따라 검류계의 바늘이 반대 방향으로도 움직인다.

05

충격량=힘×시간

충격량은 물체의 운동을 변화시키는 물리량으로 운동량의 변화량과 같다. 처음 운동량은 $3kg×4$%$=12kg·$%이고, 물체가 벽에 정지했을 때의 운동량은 $0kg·$%이다.
∴ 충격량 $= 12N·s$

06

연료 전지 : 화학 에너지 → 전기 에너지

연료 전지는 수소와 산소의 화학 반응으로 생성된 화학 에너지를 전기 에너지로 바꾸는 장치이다.

07 소금 즉, 염화나트륨(NaCl)을 구성하는 알칼리 금속 원소는 나트륨(Na)이다. 알칼리 금속은 주기율표에서 1족에 속하는 원소들이다.
① 수소 → 1족의 비금속 원소
② 질소 → 15족 원소
④ 아르곤 → 18족 원소

> **TIP** 알칼리 금속
> • 주기율표에서 1족에 한다.
> • 리튬(Li), 나트륨(Na), 칼륨(K) 등

08 산화는 물질이 산소를 얻거나 전자를 잃는 반응으로, 제시된 화학 반응식에서 Cu는 CU^{2+}가 되어 전자를 잃어버리므로 산화가 된다.
① Ag^+ → 환원
③ Ag → 생성물
④ Cu^{2+} → 생성물

09 염산(HCl), 황산(H_2SO_4), 아세트산(CH_3COOH) 등의 산은 수용액 상태에서 수소 이온(H^+)을 내놓는 물질이다.

> **TIP** 산성의 특성
> • 이온화하여 수소 이온(H^+)을 내놓고 전류를 흐르게 한다.
> • 금속과 반응하여 수소 기체가 발생한다.
> • 탄산칼슘과 반응하여 이산화탄소가 발생한다.
> • 신맛이 나는 과일, 식초, 탄산 음료 등이다.

10 플루오린 원자(F)의 전자는 9개이고, 가장 바깥 전자 껍질에 들어 있는 전자의 개수는 7개이다. 원자의 전자 배치 중 가장 바깥 전자 껍질에 들어 있는 전자를 원자가 전자라고 한다.

11 수소(H_2)의 연소 반응을 나타낸 화학 반응식에서 반응 전과 반응 후의 원자의 종류와 수는 같아야 한다. 그러므로 반응 후에 산소 원자가 2개이므로, ㉠에는 O_2가 들어가야 한다.

12 주기율표는 원소를 원자 번호 순서대로 나열하고, 성질이 비슷한 원소끼리는 같은 세로줄에 오도록 배열한 표이다. 제시된 주기율표에서 B와 D 원소가 17족 원소들로 화학적 성질이 비슷하다.

13 효소는 생명체에서 화학 반응을 촉진하는 생체 촉매로, 반응물과 결합하여 활성화 에너지를 낮추어 화학 반응이 빠르게 일어나게 한다.
  ① 물 : 생명체를 구성하는 성분 중 가장 많은 양을 차지하는 물질
  ② 녹말 : 탄수화물의 일종으로, 여러 개의 포도당이 글루코시드 결합으로 결합된 다당류
  ④ 셀룰로스 : 고등식물 세포벽의 주성분으로 목질부의 대부분을 차지하는 다당류로 섬유소

14 세포막은 인지질 2중층과 막단백질로 구성되어 있다. 산소는 인지질 2중층을 직접 통과하고, 포도당은 막단백질을 통해 이동한다.

15 A(핵)는 유전 물질인 DNA가 있어 세포의 구조와 기능을 결정하고 생명 활동을 조절한다.
  ② B(리보솜) : 작은 알갱이 모양의 세포 소기관으로 단백질을 합성함
  ③ C(소포체) : 리보솜에서 합성한 단백질을 골지체나 세포의 다른 곳으로 운반함
  ④ D(세포막) : 세포를 둘러싸서 세포 안을 주변 환경과 분리, 세포 안팎으로 물질이 출입하는 것을 조절함

16 지각을 구성하는 물질 중 규산염(SiO_4) 광물은 규소(Si)와 산소(O)가 결합된 규산염 사면체 구조이다. 따라서 ㉠에 해당하는 원소는 규소(Si)이다.

17
  • 지하수가 있는 곳은 수권이고, 석회 동굴은 지권이다. 그러므로 지하수의 용해 작용으로 석회 동굴이 형성된 것은 지구 시스템 중 수권과 지권의 상호작용이다.
  • 파도는 수권이고, 해안선은 지권이다. 그러므로 파도의 침식 작용으로 해안선의 모양이 변한 것은 지구 시스템 중 수권과 지권의 상호작용이다.

18 생태계의 구성 요소 중 소비자는 다른 생물을 섭취하여 양분을 얻는 요인이고, 생산자는 생명 활동에 필요한 양분을 스스로 만드는 요인이다. ㉠은 생산자이므로 ④의 식물 플랑크톤이 이에 해당한다.

① · ② · ③ 멸치, 상어, 오징어 → 소비자

19 생물 다양성은 생태계 내에 존재하는 생물의 다양한 정도를 의미하는데, 자연적 또는 인위적 위협 요인으로 개체 수가 크게 줄고 있거나 근래에 멸종할 우려가 있는 종을 멸종 위기종으로 지정하여 보호하는 것은 생물 다양성을 보존하기 위한 노력으로 적절하다.

20 태양 질량의 10배 이상인 별은 초거성으로, 수소 핵융합이 일어나 헬륨이 생성된 후 점차 무거운 원소가 생성되어 층상 구조를 이루게 되며 마지막에는 중심부인 ㉠에 철이 생성된다.

21 판게아가 분리되고 다양한 공룡이 번성한 것은 중생대이다. 중생대는 대체로 기후가 온난하였으며, 공룡 외에 암모나이트, 파충류, 겉씨식물 등의 생물이 있다.
  ① 선캄브리아 시대 : 지질시대의 약 85%를 차지하는 가장 긴 시대이며 이 당시의 생물들은 모두 바다에서 살았다. 세포생물, 해조류, 스트로마톨라이트 등의 생물이 있다.
  ② 고생대 : 대기권에 오존층이 형성되면서 바다에서 생활하던 생물들이 육상으로 진출하였다. 삼엽충, 필석, 갑주어, 양치식물 등이 번성하였다.
  ④ 신생대 : 4번의 빙하기, 3번의 간빙기가 있었다. 포유류가 크게 번성하여 포유류의 시대라고도 부른다. 인류가 출현하였고, 화폐석, 매머드, 속씨식물 등의 생물이 있다.

22 핵산의 한 종류로 염기에 아데닌(A), 구아닌(G), 사이토신(C), 유라실(U)을 가지는 물질은 RNA이다. RNA는 유전자 정보를 전달하거나 유전자의 발현을 조절한다.
  ② 지방 : 생명체의 에너지원으로 사용되는 유기 화합물
  ③ 단백질 : 근육과 항체, 세포의 원형질, 효소와 호르몬을 구성하는 생명체의 주성분
  ④ 탄수화물 : 우리 몸속에서 가장 먼저 쓰이는 주 에너지원으로, 포도당, 녹말 등이 이에 해당됨

23 생태계 다양성은 특정한 지역 또는 지구 전체에 존재하는 생태계의 다양한 정도를 뜻한다. 사막, 숲, 갯벌, 습지, 바다 등의 다양한 서식 환경에서 다양한 생물 종들이 공존하고 서로 상호작용하는 것을 의미한다.
  ① 내성 : 환경 조건의 변화에 견딜 수 있는 생물의 성질
  ② 개체군 : 일정한 지역에 같은 종의 개체가 지은 무리
  ③ 분해자 : 생물의 배설물과 사체를 분해하여 양분을 얻는 생물적 요인

24 맨틀 대류가 일어나고, 지권 전체 부피의 대부분을 차지하는
부분은 B(맨틀)이다. 맨틀의 대류로 인해 지진이나 화산이 발
생한다.
① A → 지각
③ C → 외핵
④ D → 내핵

25 수소(H)가 헬륨(He)으로 바뀌는 수소 핵융합 반응은 4개의
수소 원자핵이 융합하여 1개의 헬륨 원자핵을 만든다. 그러
므로 헬륨 원자핵 1개가 생성될 때 융합하는 수소 원자핵의
개수는 4개이다.

2022년 1회

제6교시

한국사

정답 및 해설 |

정답

01 ③	02 ①	03 ④	04 ④	05 ①
06 ②	07 ③	08 ④	09 ④	10 ③
11 ②	12 ③	13 ②	14 ③	15 ①
16 ②	17 ④	18 ①	19 ③	20 ②
21 ④	22 ①	23 ②	24 ③	25 ①

TIP 권문세족과 신진 사대부의 비교

비교	권문세족	신진 사대부
배경	무신 집권기 성장한 가문	공민왕의 개혁 정치 때 성장한 세력
출신	문벌 귀족	지방 향리
분파	친원파	친명파
성향	보수적, 귀족적	진취적, 개혁적
사상	유학 사상, 불교 신봉	성리학 수용, 실천주의

해설

01 탁자식 고인돌은 청동기 시대의 대표적인 무덤 양식으로, 비파형 동검과 함께 만주와 한반도 북부에 집중적으로 분포한다.
① 구석기 시대 → 주먹도끼, 슴베찌르개
② 신석기 시대 → 가락바퀴, 빗살무늬 토기
④ 철기 시대 → 세형 동검, 철제 농기구

02 몸소 아미타 신앙을 전개하여 불교 대중화의 길을 개척한 신라의 승려는 원효이다. 그는 '모든 것이 한마음에서 나온다'는 일심 사상을 바탕으로 종파들 간의 사상적 대립을 조화시키고, 여러 종파의 사상을 융합하는 화쟁 사상을 주장하였다.
② 일연 : 삼국유사를 저술한 고려의 승려
③ 김부식 : 삼국사기를 저술한 고려의 문신
④ 정약용 : 실학사상을 집대성한 조선 최고의 실학자

03 고려 말 권문세족의 부정부패를 비판하고, 성리학을 수용하여 불교의 폐단을 시정하는 등 사회 모순을 개혁하고자 한 정치 세력은 신진 사대부이다.
① 6두품 : 신라의 신분 제도인 골품제의 신분 계급 중 하나로, 신라 하대에 반신라 세력으로 변모함
② 보부상 : 조선 후기 장시를 중심으로 활동한 봇짐장수와 등짐장수
③ 독립 협회 : 서재필이 창립한 한국 최초의 근대적 사회 정치 단체

04 임오군란은 구식 군대가 신식 군대인 별기군과의 차별에 반발하여 선혜청과 일본 공사관을 공격하면서 발발한 사건이다.
① 평양 천도 → 고구려 장수왕의 남진 정책
② 신사 참배 강요 → 일제의 민족 말살 통치 정책
③ 금의 군신 관계 요구 → 병자호란

05 일본의 전국시대를 통일한 도요토미 히데요시가 조선을 침략한 전쟁은 임진왜란으로, 당시 이순신이 이끄는 수군이 해전에서 일본군에 여러 차례 승리하면서 초반의 불리한 전세를 역전시켰다.
② 살수 대첩 : 고구려를 침략한 수 나라 군대를 을지문덕이 살수에서 크게 격파한 전투
③ 만적의 난 : 고려 무신 집권기에 최충헌의 노비 만적이 중심이 되어 일으킨 노비 해방운동
④ 봉오동 전투 : 홍범도의 대한 독립군이 중국 지린성의 봉오동에서 간도 지역을 기습한 일본군을 상대로 승리한 전투

06 광해군은 방납의 폐단을 바로잡고 전후 농민의 부담을 경감시키기 위해 현물 대신 토지 결수에 따라 쌀로 공납을 징수하는 대동법을 시행하였다.
① 골품제 : 신라의 신분 제도
③ 단발령 : 조선 말 을미개혁의 하나로 상투를 자르게 한 명령
④ 진대법 : 고구려 고국천왕 때 을파소의 건의로 시행된 춘대추납의 빈민 구휼 제도

TIP 대동법의 시행

- 광해군의 명으로 경기도에 한하여 시행
- 공물 대신 토지 결수에 따라 차등 과세
- 종래 현물 징수에서 쌀로 공납을 납부
- 선혜청에서 대동법의 관리 및 운영 담당
- 관허 상인인 공인의 등장
- 상품 화폐 경제의 발달

07 신미양요의 결과 흥선 대원군은 척화교서를 내리고 종로를 비롯한 전국 각지에 서양과의 통상을 거부한다는 내용의 ⊙ (척화비)를 건립하였다.

① **규장각** : 조선 정조 때 설치된 왕실의 학문 연구 기관
② **독립문** : 독립 협회가 조선과 대한제국의 독립을 기념하기 위해 기존의 영은문이 있던 자리에 건립한 문
④ **임신서기석** : 신라의 두 화랑이 유교 경전의 학습과 인격 도야, 국가에 대한 충성 등을 맹세한 비문

08 운요호 사건을 계기로 최초의 근대적 조약이자 불평등 조약인 강화도 조약이 일본과 체결되었다(1876). 이 조약의 체결로 부산 외 인천과 원산의 항구가 개항되었고, 해안 측량권과 영사 재판권이 인정되었다.

① **간도 협약** : 일본이 간도의 영유권에 대해 청나라와 맺은 협약
② **전주 화약** : 동학 농민 운동 당시 농민군이 전주를 점령하고 정부와 맺은 조약
③ **톈진 조약** : 갑신정변 후 조선에 군대 파병 시 사전 통보를 내용으로 일본과 청이 맺은 조약

09 고려 시대 몽골의 침입을 부처의 힘으로 물리치고자 제작한 문화유산은 현재 경남 합천사에 보관되어 있는 팔만대장경으로, 고려의 뛰어난 목판 인쇄술을 보여주고 있다.

① **석굴암** : 통일 신라 때 인공으로 축조한 석굴 사원
② **경국대전** : 세조 대에 편찬을 시작하여 성종 대에 완성 및 반포된 조선 시대의 기본 법전
③ **무령왕릉** : 충남 공주의 송산리 고분군에 위치한 백제 무령왕의 무덤

10 일본이 러·일 전쟁에서 승리하자 을사늑약이 강제로 체결되어 대한 제국의 외교권이 박탈되었으며, 통감부가 설치되고 이토 히로부미가 초대 통감으로 부임하였다(1905).

① **삼별초** : 고려 무신 집권기 때 설치된 최씨 무신 정권의 사병 부대로, 몽골의 침입 때 항쟁
② **집현전** : 조선 세종 때 궁중에 설치한 학문 연구 기관

④ **화랑도** : 씨족 공동체의 전통을 가진 신라의 청소년 집단

11 독도는 우리나라에서 가장 동쪽에 위치한 섬으로, 조선 숙종 때 동래의 어민인 안용복은 일본에 2차례 건너가 울릉도와 독도가 조선의 영토임을 확인받고 돌아왔다. 또한 대한 제국은 칙령 제41호를 통해 울릉도를 군으로 승격시키고 독도를 관할하게 하였다.

① **진도** : 배중손이 이끈 삼별초의 대몽항쟁 근거지
③ **벽란도** : 고려의 국제 무역항
④ **청해진** : 장보고가 완도에 설치한 무역 기지

12 1885년에 선교가 알렌(Allen)의 제안으로 설립된 우리나라 최초의 근대식 병원은 광혜원이다. 광혜원은 후에 제중원으로 개칭되었으며, 현재는 세브란스 병원으로 잘 알려져 있다.

① **서원** : 조선의 사립 교육 기관
② **향교** : 고려와 조선의 국립 지방 교육 기관
④ **성균관** : 고려와 조선의 국립 교육 기관

13 갑오개혁으로 신분이 해방된 뒤에도 오랜 관습 속에 차별을 받던 백정들이 조선 형평사를 조직하고 사회적으로 평등한 대우를 요구하는 형평 운동을 전개하였다.

① **병인박해** : 흥선 대원군에 의한 최대 대규모의 천주교 박해 사건
③ **거문도 사건** : 갑신정변 이후 조·러 수호 통상 조약이 체결되자 영국군이 러시아를 견제하기 위해 거문도를 불법 점령한 사건
④ **서경 천도 운동** : 고려 인종 때 묘청이 풍수지리설에 근거하여 서경 천도를 주장한 운동

14 1910년대 일제의 식민 지배 방식은 무단 통치이다. 이 시기에 일제는 헌병이 경찰의 업무를 대행하게 하고, 조선 태형령을 실시하여 한국인을 탄압하였으며, 학교 교원에게도 제복을 입히고 칼을 차게 하였다.

① **선대제** : 조선 후기에 수공업자가 상인에게 자금과 원료를 미리 받아 제품을 생산하는 방식
② **기인 제도** : 지방 호족의 자제를 중앙에 인질로 둔 고려 태조의 호족 통합 정책
④ **나·제 동맹** : 고구려 장수왕의 남진 정책에 대비하여 신라 눌지왕과 백제 비유왕이 맺은 동맹

15 3·1 운동 당시 민족 대표 33인 명의의 독립 선언서가 발표됨으로써 거족적인 만세 시위가 전개되었다. 이때 천안에 있는 아우내 장터에서 유관순 열사가 태극기를 나누어주며 독립 만세 운동을 전개하였다.

② **무신 정변** : 고려 시대 때 정중부, 이의방 등의 무신들이 문벌 귀족들을 제거하고 정권을 장악한 사건

③ **이자겸의 난** : 고려 인종 때 왕실 외척인 이자겸이 일으킨 난

④ **임술 농민 봉기** : 조선 철종 때 삼정의 문란과 백낙신의 탐학으로 진주 농민들이 봉기한 민란

16 청산리 대첩은 김좌진이 이끄는 북로 군정서와 홍범도의 대한 독립군을 중심으로 한 독립군 연합 부대가 백운평과 어랑촌 등지에서 일본군을 크게 격파한 전투이다.

① **명량 대첩** : 정유재란 당시 이순신이 명량의 울돌목에서 13척의 배로 왜의 수군을 대파한 전투

③ **홍경래의 난** : 조선 후기 세도 정치기에 수탈과 서북민에 대한 지역 차별에 반발하여 홍경래가 일으킨 난

④ **6·10 만세 운동** : 일제의 수탈과 식민 교육에 대한 반발로, 순종의 장례일에 학생들이 주도한 만세 시위 운동

17 일제는 민족 말살 통치기에 국가 총동원법을 공포하여 인적·물적 자원을 수탈하였으며, 지원병제와 징병제로 청년을 침략 전쟁에 투입하였다. 또한 근로 정신대와 일본군 '위안부' 등으로 한국 여성을 강제 동원하였다.

① **정미의병** : 일제의 정미 7조약(한·일 신협약)에 따른 고종의 강제 퇴위와 군대 해산에 반발하여 일어난 의병 봉기

② **금융 실명제** : 금융 거래의 투명성을 확보하고자 김영삼 정부 때 대통령 긴급 명령으로 전격 시행된 금융 제도

③ **서울 올림픽** : 노태우 정부 때에 동서 양 진영 160개국이 참가한 제24회 하계 올림픽 대회

18 남북 협상은 1948년에 남한만의 단독정부 수립에 반대하는 김구·김규식 등이 평양에서 북한 측 정치 지도자들과 통일 정부 수립을 위해 참석한 협상이다.

② **아관 파천** : 명성황후가 시해된 을미사변으로 신변에 위협을 느낀 고종이 러시아 공사관으로 거처를 옮긴 사건

③ **우금치 전투** : 동학 농민 운동 당시 농민군이 서울로 북진하다 공주 우금치에서 관군 및 일본군과 벌인 전투

④ **쌍성총관부 공격** : 고려 공민왕이 반원 자주 정책에 따라 쌍성총관부를 공격하여 원에 빼앗긴 철령 이북의 땅을 되찾은 전투

19 1919년 3·1 운동을 계기로 대한민국 임시 정부가 중국 상하이에서 수립되었다. 이후 충칭으로 이동한 후 대한민국 임시 정부의 직할 부대인 한국 광복군을 창설하여 대일 선전 포고를 하고, 미국 전략 정보국(OSS)과 협력하여 국내 진공 작전을 준비하였다.

① **9산선문** : 신라 말에 유행한 선종의 9개 종파

② **급진 개화파** : 조선 말 갑신정변을 주도하고 개화당 정부를 수립한 정치 세력

④ **동양 척식 주식회사** : 일제가 대한제국의 토지와 자원을 수탈할 목적으로 설치한 식민지 착취기관

20 이승만 정부 때 제헌 국회에서 일제 강점기 친일 행위를 한 친일파 청산을 목적으로 반민족 행위 처벌법이 시행되었다.

① **과거제 실시** : 고려 광종 때 인재를 등용하기 위해 한림학사 쌍기의 건의로 과거 제도를 시행하였다.

③ **황무지 개간** : 보안회는 일제의 황무지 개간권 요구에 대한 지속적인 반대 운동을 벌여 일제의 황무지 개간권 요구를 저지하였다.

④ **방곡령 시행** : 조선 정부는 일본으로의 지나친 곡물 유출을 막기 위해 방곡령을 선포하였다.

21 북한의 남침으로 6·25 전쟁이 발발하자 맥아더 장군의 인천 상륙 작전을 계기로 국군과 유엔군은 전세를 역전시키고 서울을 수복하였으나, 중공군의 개입으로 1·4 후퇴한 후 정전 협정이 체결되었다.

① **녹읍 폐지** : 통일 신라 신문왕 때 관리에게 관료전을 지급하고 귀족의 경제 기반이던 녹읍을 폐지하였다.

② **후삼국 통일** : 고려 태조 왕건은 신라의 항복을 받고 후백제를 격파하여 후삼국을 통일하였다.

③ **자유시 참변** : 간도 참변으로 인해 자유시로 이동한 대한 독립 군단은 적색군의 무장 해제 요구에 저항하다 공격을 받아 세력이 약화되었다.

22 자유당 정권의 3·15 부정선거 규탄 시위에 대한 유혈 진압에 항거하여 4·19 혁명이 발발하였으며, 국민들의 요구에 굴복하여 이승만 대통령이 하야하였다.

② **제주 4·3 사건** : 제주도에서 남한만의 단독 선거에 반대하는 세력을 진압한다는 명분하에 무고한 사람들이 희생된 사건

③ **12·12 사태** : 전두환·노태우 등의 신군부 세력이 계엄령을 선포하고 통치권을 장악한 사건

④ **5·18 민주화 운동** : 신군부 세력의 비상 계엄 확대와 무력 진압에 저항하여 일어난 민주화 운동

23 박정희 정부 때에 자립 경제 구축을 위한 제1차 경제 개발 5개년 계획이 추진되었고, 농촌 근대화를 표방한 범국민적 지역사회 개발운동인 새마을 운동이 추진되었다. 또한 이 시기에 서울 동대문 평화시장에서 피복공장 재단사로 일하던 노동운동가 전태일이 근로 기준법 준수를 외치며 분신하였고,

신민당 당사에서 폐업에 항의하는 YH 무역 노동자들의 농성을 강경 진압한 YH 사건이 발발하였다.

24 국민들의 대통령 직선제 요구를 거부하는 전두환 대통령의 4·13 호헌 조치에 맞서 시민들이 호헌 철폐, 독재 타도를 외치며 6월 민주 항쟁이 발발하였고, 이에 전두환 정부는 결국 6·29 선언을 통해 대통령 직선제 개헌안을 수용하였다.

① **집강소 설치** : 동학 농민군이 일본과 청의 개입으로 정부와 전주 화약을 맺은 후 개혁을 위해 집강소를 설치하였다.

② **정전 협정 체결** : 소련이 유엔 대표를 통해 휴전을 제의하자 미국이 이를 받아들이고 중국과 북한에 휴전 회담을 제의함으로써 6·25 전쟁이 중단되는 정전 협정이 체결되었다.

③ **노비안검법 실시** : 고려 광종은 노비안검법을 시행하여 양인이었다가 불법으로 노비가 된 자를 조사하여 해방시켜 줌으로써 호족과 공신 세력을 견제하였다.

25 외환 위기란 김영삼 정부 때인 1997년에 우리나라 경제가 위기에 빠지면서 국제 통화 기금(IMF)에 구제 금융을 요청한 것을 말한다.

② **베트남 파병** : 박정희 정부 때에 미국의 요청에 따라 국군의 전력 증강과 차관 원조를 약속받고 베트남 전쟁에 참전한 사건

③ **원산 총파업** : 원산 노동 연합회의 소속 노동자와 일반 노동자들이 합세하여 노동 조건 개선을 요구하며 전개한 1920년대 최대의 파업 투쟁

④ **서울 진공 작전** : 정미의병 당시 의병 연합군인 13도 창의군이 서울에 주둔한 일본군을 몰아내기 위해 전개한 작전

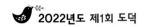

제7교시

도 덕

정답 및 해설 |

▌ 정답

01 ②	02 ④	03 ②	04 ①	05 ②
06 ④	07 ①	08 ③	09 ②	10 ①
11 ③	12 ①	13 ④	14 ①	15 ④
16 ③	17 ①	18 ③	19 ①	20 ④
21 ②	22 ③	23 ④	24 ③	25 ④

▌ 해설

01 기술 윤리학은 도덕적 관습 또는 풍습에 대한 묘사나 객관적 서술을 주된 목표로 하는 윤리학이다. 기술 윤리학은 도덕 현상과 문제를 명확하게 기술하고, 기술된 현상들 간의 인과 관계를 설명한다.
① **규범 윤리학** : 도덕적 행위의 근거가 되는 보편적 원리의 정립을 주된 목표로 하는 윤리학
③ **메타 윤리학** : 도덕적 언어의 의미 분석과 도덕적 추론의 정당성을 검증하여 윤리학의 학문적 성립 가능성을 모색하는 윤리학
④ **실천 윤리학** : 이론 윤리학에서 제공하는 도덕 원리를 토대로 구체적인 윤리 문제를 해결하는 데 초점을 두는 윤리학

02 칸트는 언제 어디서나 우리가 따라야 할 보편타당한 법칙이 존재하며, 우리의 행위가 이 법칙을 따르면 옳고 따르지 않으면 그르다고 판단한다. 이처럼 칸트의 의무론은 보편적 윤리의 확립과 인간 존엄성을 중시한다.
① 가언 명령의 형식을 중시한다. → 정언 명령의 형식을 중시한다.
② 행위의 동기보다는 결과를 강조한다. → 행위의 결과보다는 동기를 강조한다.
③ 공리의 원리에 따른 행동을 강조한다. → 의무에 따른 행동을 강조한다.

03 윤리적 소비는 소비자가 상품이나 서비스 등을 구매할 때 윤리적인 가치판단 따라 의식적인 선택을 하는 소비로, 생태계의 보존을 생각하거나 노동자의 인권과 복지를 고려한다.

04 맹자가 인간의 본성은 본래 선하다는 성선설을 뒷받침하기 위해 인간의 네 가지 마음인 사단(四端)을 제시하였다. 사단에는 측은지심, 수오지심, 사양지심, 시비지심이 있다.
② **삼학(三學)** : 불도를 수행하는 자가 반드시 닦아야 할 세 가지 근본 수행인 계학(戒學), 정학(定學), 혜학(慧學)
③ **정명(正名)** : 자신이 맡은 직분에 충실함
④ **삼독(三毒)** : 불교에서 깨달음에 장애가 되는 근본적인 세 가지 번뇌인 탐욕(貪慾), 진에(瞋恚), 우치(愚癡), 줄여서 탐(탐욕), 진(분노), 치(무지)라고 함

> **TIP** **맹자의 사단(四端)**
> • **측은지심(惻隱之心)** : 불쌍하고 가엾게 여기는 마음
> • **수오지심(羞惡之心)** : 불의를 부끄러워하고 미워하는 마음
> • **사양지심(辭讓之心)** : 양보하고 공경하는 마음
> • **시비지심(是非之心)** : 옳고 그름을 분별하는 마음

05 역할 교환 검사는 상대와 입장을 바꾸어 판단하는 도덕 원리 검사 방법으로, 도덕 원리가 다른 사람의 처지에서도 받아들여질 수 있는지 다른 사람의 입장을 취해보고 검토한다.
① **포섭 검사** : 선택한 도덕 원리를 더 일반적인 상위의 도덕 원리에 포함시켜 판단하는 방법
③ **반증 사례 검사** : 상대가 제시한 도덕 원리에 반대되는 사례를 제시해 보는 방법
④ **사실 판단 검사** : 도덕 원리 검사 방법과 관련이 없음

06 종교 간 갈등을 극복하기 위해서는 종교의 자유를 인정하고 타 종교에 대해 관용의 태도를 가져야 한다. 또한 종교 간에 적극적으로 대화하고 협력해야 한다.

07 프롬이 주장한 사랑의 4요소 중 존경은 지배하고 소유하는 것이 아니라 상대를 있는 그대로 보는 것이다.

> **TIP** **프롬: 사랑의 4요소**
> • **존경** : 사랑하는 사람을 있는 그대로 받아들이며 존경하는 것
> • **책임** : 사랑하는 사람의 요구를 배려하면서 자신의 행동에 책임을 지는 것
> • **이해** : 사랑하는 사람을 올바로 이해하는 것
> • **보호** : 사랑하는 사람을 보살피고 돌보는 것

08 시민 불복종은 정의롭지 못한 법과 정책을 변화시키려는 목적을 가지고 의도적으로 법을 위반하는 행위이다. 시민 불복종은 개인의 이익만을 위해서가 아니라, 공공의 이익을 위해 실시되어야 한다.

09 "으뜸이 되는 선(善)은 물과 같다."며 자연법칙에 따라 행하고 인위적인 작위를 하지 않을 것을 강조한 노자의 사상은 무위(無爲)이다.
① **충서(忠恕)** : 참된 마음을 바탕으로 다른 사람의 마음을 헤아리는 것
③ **열반(涅槃)** : 번뇌가 소멸된 상태 또는 완성된 깨달음의 세계를 의미하는 불교 교리
④ **효제(孝弟)** : 부모에 대한 효도와 형제에 대한 우애

10 정보 공유를 강조하는 입장은 모든 저작물이 인류가 생산한 정보와 지식을 활용하여 구성된 공공재이며 정보를 공유할 때 정보의 질적인 발전이 가능하다고 주장한다. 그런 의미에서 정보에 대한 자유로운 접근을 허용해야 하며, 정보를 공동의 이익을 위해서 사용해야 한다.

11 자연법은 모든 인간에게 자연적으로 주어져 있는 보편적인 법으로, 자연의 질서를 따르는 행위는 옳지만 그것을 어기는 행위는 그르다고 본다. 자연법 윤리는 "선을 행하고 악을 피하라."는 핵심 명제를 강조한다.
① **배려 윤리** : 도덕 판단에 있어 관계, 책임, 사랑, 동정심 등의 특성을 강조하는 접근 방법
② **담론 윤리** : 합리적 대화와 의사소통을 통해 문제를 해결하려는 접근 방법
④ **이기주의** : 자기 자신의 이익만을 꾀하고, 사회 일반의 이익을 염두에 두지 않으려는 태도

12 요나스가 과학 기술 시대의 새로운 윤리적 관점으로 제시한 책임 윤리는 인간뿐만 아니라 생태계까지, 또한 현 세대뿐만 아니라 미래 세대까지 고려하여 인간의 행위에 대한 책임을 강조하는 윤리적 관점이다.

13 생명 중심주의는 모든 생명체는 그 자체로서 내재적 가치를 지니므로 도덕적 고려의 범위를 모든 생명체로 확대해야 한다고 보는 입장이다.
① · ③ 인간중심주의 관점
② 생태 중심주의 관점

14 중국 춘추시대의 사상가로 유교를 체계화 한 사상가는 공자

이다. 그는 도덕성의 회복을 위해 인(仁)과 예(禮)의 실천을 강조하였다.
② **장자** : 만물의 평등함과 정신의 자유로움을 강조함
③ **순자** : 성악설을 주장하며 예치를 강조함
④ **묵자** : 유교의 차별적 사랑을 비판하며 무차별적 사랑을 강조함

15 우대 정책은 차별받아 온 사람들에게 고용이나 교육 등 다양한 측면에서 직간접적으로 혜택을 제공함으로써 사회적 이익의 공정한 분배를 실현하려는 제도이다. 음식점 원산지 표시 제도는 공정한 거래 질서를 확립하고 소비자의 알 권리를 보장하기 위한 제도로, 우대 정책과는 거리가 멀다.
① · ② · ③ 지역 균형 선발 제도, 장애인 의무 고용 제도, 농어촌 특별 전형 제도는 불평등을 바로잡아 실질적인 기회의 평등을 보장하기 위한 제도로 우대 정책에 해당한다.

16 기업가는 법적 테두리 내에서 건전하게 이윤을 추구해야 하며, 근로자의 역할을 인정하고 권리자의 권리를 보호해야 한다. 또한 소비자에게 양질의 서비스와 제품을 제공해야 하며, 사회적 책임을 다하여 공익 가치 실현에 기여해야 한다.

> **TIP** **기업가 윤리**
> • 건전한 이윤 추구
> • 사회적 책임을 다하여 공익 가치 실현
> • 소비자에게 양질의 제품 제공
> • 노동자의 권리 보장

17 싱어(Singer, P.)는 동물도 즐거움과 고통을 느낄 수 있는 능력을 갖고 있으므로 동물의 이익도 평등하게 고려되어야 한다고 주장한다. 따라서 동물 실험은 동물에게 고통을 주기 때문에 기본적으로 반대하며, 동물의 고통을 무시하는 행위는 '종 차별주의'라고 비판하였다.

18 공리주의 윤리는 가치 판단의 기준을 유용성과 행복의 증대에 두는 윤리적 관점으로, ① · ② · ④는 공리주의의 관점이다. 이와 달리 ③의 '결과와 상관없이 무조건적 의무에 따르는 행위'는 칸트의 의무론적 관점 및 자연법 윤리에 해당한다.

19 ㉠ **윤회(輪廻)** : 중생은 죽어도 다시 태어나 생이 반복된다고 하는 석가모니의 사상은 윤회이다.
㉡ **기(氣)** : 장자는 삶과 죽음을 기가 모이고 흩어지는 것으로 보면서, 자연적이고 필연적인 과정으로 이해하였다.
• **해탈(解脫)** : 불교에서 말하는 고뇌와 속박, 고통으로부터

2022년 1회

해방된 경지
- **오륜(五倫)** : 유교에서 말하는 사람이 지켜야 할 다섯 가지 도리

20 롤스는 고통 받는 사회를 질서 정연한 사회가 되도록 돕는 것을 해외 원조의 목적으로 보았다.
① 롤스는 해외 원조를 국제 사회의 일원이 되도록 돕는 것으로 보았다.
② 롤스는 해외 원조를 단순한 자선이 아니라 의무로 보았다.
③ 롤스는 고통 받는 사회에 살고 있는 사람을 위한 해외 원조를 실천할 의무가 있다고 보았다.

21 도덕주의는 미적 가치와 윤리적 가치의 관련성을 강조한 예술 관점으로, 예술의 목적은 도덕적 교훈을 제공하는 것으로 예술의 사회성을 강조한다.

22 법적 질서보다 개인의 이익을 우선시하는 태도는 사회 통합을 어렵게 만드는 저해 요인이다.

23 국수 대접 이론은 국수가 주된 역할을 하고 고명이 부수적인 역할을 하여 맛을 내듯이, 주류 문화와 비주류 문화가 공존해야 한다고 보는 다문화 이론이다.
① **용광로 이론** : 다양한 물질들이 용광로에서 용해되어 하나로 만들어지듯이, 다양한 문화를 섞어 하나의 문화로 탄생시키는 동화주의의 대표적 이론
② **동화주의 이론** : 이주민의 문화와 같은 소수 문화를 주류 문화에 적응시키고 통합하려는 다문화 이론
③ **샐러드 볼 이론** : 샐러드처럼 다양한 사회구성원들이 상호 공존하며 각각이 색깔과 향기를 지니고 조화로운 통합을 이룬다는 논리

24 하버마스는 소통과 담론의 윤리로 대화 당사자들이 자유롭고 평등하게 참여할 것을 주문하였다.
① 상대방이 이해할 수 있는 언어로 표현해야 한다.
② 어떤 참여자도 자유롭게 의사를 표현할 수 있어야 한다.
④ 누구든지 원하는 바를 표현하고 의사결정에 참여할 수 있다.

25 통일 편익은 남북한이 통일로 인하여 얻게 되는 모든 이익으로, 통일 직후에만 발생하는 단기적 이익이 아니라 통일 이후에도 지속적으로 발생한다.

정답 및 해설

2022년도

제2회

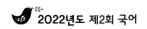

제1교시

국 어

정답 및 해설 |

▌정답

01 ④	02 ③	03 ④	04 ①	05 ②
06 ①	07 ③	08 ④	09 ①	10 ①
11 ③	12 ②	13 ④	14 ②	15 ①
16 ③	17 ④	18 ③	19 ③	20 ①
21 ④	22 ①	23 ③	24 ②	25 ④

▌해설

01 영준은 어제 친구랑 싸운 정우의 기분을 고려하여 '그랬구나. 마음이 복잡하겠네.'라고 말하며 정우의 마음에 공감하는 말을 하고 있다. 또한 '괜찮아질 거야.'라고 말하며 정우를 위로하고 있다.

02 겸양의 격률은 자기 자신에 대한 칭찬은 최소화하고 자신에 대한 비방을 극대화하는 표현이다. 나래는 '부족한 점이 많았는데'라고 말하며 자신에 대한 칭찬을 최소화하는 겸양의 발언을 보이고 있다.

03 표준 발음법 제17항은 구개음화와 관련된 조항으로, 받침 'ㄷ, ㅌ(ㄾ)'이 형식 형태소인 조사나 접미사의 모음 'ㅣ'와 결합될 때 나타난다. 그런데 '밭이랑'은 '밭'과 '이랑'의 합성어로, 이때 '이랑'은 실질적 의미를 가지는 실질 형태소이기 때문에 구개음화가 일어나지 않는다. 그러므로 '밭이랑'은 [바치랑]이 아니라 [반니랑]으로 발음된다.
① 끝이[끄치] : 받침 'ㅌ'이 모음 'ㅣ'와 결합하여 'ㅊ'이 되는 구개음화가 일어나 [끄치]로 발음된다.
② 굳이[구지] : 받침 'ㄷ'이 모음 'ㅣ'와 결합하여 'ㅈ'이 되는 구개음화가 일어나 [구지]로 발음된다.
③ 여닫이[여다지] : 받침 'ㄷ'이 모음 'ㅣ'와 결합하여 'ㅈ'이 되는 구개음화가 일어나 [여:다지]로 발음된다.

04 한글 맞춤법 제53항에서 'ㄹ'로 시작하는 어미는 된소리로 소리가 나더라도 소리 나는 대로 적지 않는다고 되어 있다. 그러므로 'ㄹ' 뒤에서 된소리로 발음되는 어미의 표기는 예사소리로 적어야 하므로 '갈게'는 올바른 표기이다.
② 웬지 → 왠지

'왠지'는 '왜인지'가 줄어든 말로 '왜 그런지 모르게 또는 뚜렷한 이유도 없이'라는 의미로 쓰인다. '웬지'는 '왠지'의 잘못된 표기이다.
③ 어떻해 → 어떻게
'어떻해'는 어떤 모양이나 이유 또는 감정이나 상태를 나타내는 상황에 쓰는 '어떻게'로 고쳐 써야 옳다.
④ 덥든지 → 덥던지
'덥든지'는 과거에 한 행동에 대하여 생각하거나 추측할 때 쓰는 '-던지'를 사용하여 '덥던지'로 고쳐 써야 옳다. '-든지'는 어느 것이든 선택될 수 있음을 나타낼 때 사용한다.

05 (가)에서 설명하는 시제는 현재로, 현재 시제는 동사에 선어말 어미 '-ㄴ/는-'을 붙여 표현한다. ㉠의 '내린다'는 동사 '내리다'의 어간 '내리-'에 선어말 어미 '-ㄴ-'을 붙여 현재 시제를 나타낸 것이고, ㉢의 '웃는다'는 동사 '웃다'의 어간 '웃-'에 선어말 어미 '-는-'을 붙여 현재 시제를 나타낸 것이다.
㉡ 근심하던 → 과거 시제
동사 '근심하다'의 어간 '근심하-'에 관형사형 어미 '-던'을 붙여 과거 시제를 나타낸 것이다.
㉣ 없겠다 → 미래 시제
형용사 '없다'의 어간 '없-'에 선어말 어미 '-겠-'을 붙여 미래 시제를 나타낸 것이다.

[06~07]

06

| (가) I. 처음 → (나) 1문단 |
| (가) II. 중간 1. → (나) 2문단 |
| (가) II. 중간 2. → (나) 3문단 |
| (가) III. 끝 → (나) 4문단 |

(가)의 'II. 중간 2.'는 (나)의 3문단에 해당한다. 3문단의 내용이 1950년대부터 2000년대에 이르기까지 시대의 흐름에 따라 떡볶이가 어떻게 변모하고 있는지를 설명하고 있다. 그러므로 ⓐ에 들어갈 내용으로 ①의 '시대에 따른 떡볶이의 변모 과정'이 가장 적절하다.

07 '달렸지만'에서 '-지만'은 앞 내용과 반대되는 내용을 말할 때 쓰는 연결 어미이다. 그런데 해당 문장은 앞 내용과 반대되는 설명이 아니므로, ㉢의 '달렸는데'를 '달렸지만'으로 고

쳐 쓰는 것은 적절하지 않다.

① 2문단은 떡볶이의 유래인 조선 시대 궁중 떡볶이에 대해 설명하고 있는데, ㉠은 조선 시대의 궁중 요리인 신선로에 대해 언급하고 있으므로 삭제한다.

② 해당 문장의 주어 '가스가'와 호응하기 위해서는 피동 표현인 '공급되기'로 바꾸는 것이 적절하다.

④ '뿐'은 조사이므로 체언인 '입맛'과 붙여 써야 적절하다.

08 ㉣의 '뿌메'는 첫 글자 '뿌'에 두 개의 자음이 쓰였다. 이를 어두 자음군이라 한다. 그러므로 '단어의 첫머리에 한 개의 자음만 올 수 있었다.'는 ④의 설명은 적절하지 않다.

㉠ '내'는 '나'에 주격 조사 'ㅣ'가 결합하여 '내가'라는 의미로 사용되었다.

㉡ '字 · 쫑 · 롤'은 모두 양성 모음 'ㆍ'를 사용하여 모음 조화를 잘 지키고 있다.

㉢ '수 · 빙'에는 현대 국어에 쓰이지 않는 순경음 비읍인 'ㅸ'이 사용되었다.

[09~11]

> **정호승, 「슬픔이 기쁨에게」**
> • 갈래 : 자유시, 서정시
> • 성격 : 교훈적, 비판적, 의지적
> • 제재 : 기쁨, 슬픔
> • 주제 : 이기적인 삶에 대한 반성과 더불어 사는 삶의 추구
> • 특징
> – 역설적 표현을 활용하여 주제를 효과적으로 드러냄
> – 추상적 개념을 의인화하여 말을 건네는 방식으로 시상을 전개함
> – 특정 음운과 어미 및 4음보 등을 반복하여 운율을 형성함

09 '사랑보다 소중한 슬픔'이라는 역설적 표현을 활용하여 이기적인 삶에 대한 반성과 더불어 사는 삶의 중요성을 드러내고 있다.

10 시적 화자는 소외된 이웃을 외면하고 자신의 이익만을 추구하는 이기적인 모습을 비판하는 동시에 소외된 약자를 배려하며 평등한 존재로 바라봄으로써 '이웃과 더불어 사는 삶'을 강조하고 있다.

11 ㉢의 '너'는 시적 화자가 타인에 대한 사랑, 연민, 배려를 이야기하고자 하는 청자이다. 반면에 ㉠의 '할머니', ㉡의 '동사자', ㉣의 '사람들'은 모두 고통스럽고 소외된 삶을 살아가는

사회적 약자들로, 화자가 연민하고 관심을 보이는 대상이다.

[12~14]

> **박완서, 「엄마의 말뚝 2」**
> • 갈래 : 중편 소설, 연작 소설, 전후 소설
> • 성격 : 자전적, 회고적, 사실적
> • 배경 : 시간 – 6·25 전쟁 당시와 현재 / 공간 – 서울
> • 시점 : 1인칭 주인공 시점
> • 주제 : 전쟁의 상처와 분단 문제의 극복 의지
> • 특징
> – 세 편의 연작으로 되어 있는 소설 중의 한 편임
> – 현재 시점에서 과거를 회상하는 역순행적 구성임

12 해당 작품은 현재 시점에서 과거를 회상하는 역순행적 구성으로 이루어져 있다. 작품 속 주인공 '나'는 6·25 전쟁 당시 죽은 오빠를 화장했던 과거를 회상하며 인물의 상황을 서술하고 있다.

13 '어머니는 오빠를 죽게 한 것이 자기 죄처럼'에서 '오빠'의 죽음을 자신의 탓이라고 생각하는 사람은 '올케'가 아니라 '어머니'임을 알 수 있다.

14 어머니가 너무도 엄청난 것과의 싸움을 시도하는 대상은 어머니를 짓밟고 모든 것을 빼앗아 간, 어머니가 도저히 이해할 수 없는 분단이란 괴물을 의미하므로, ㉠은 '분단의 비극에 맞서려는 어머니의 의지'로 볼 수 있다.

[15~16]

> **황진이, 「동짓달 기나긴 밤을」**
> • 갈래 : 평시조, 서정시
> • 성격 : 감상적, 낭만적, 연정가
> • 제재 : 임에 대한 연모의 정
> • 주제 : 임에 대한 기다림과 사랑
> • 특징
> – 추상적 개념을 구체적으로 형상화하여, 참신하게 표현함
> – 음성상징어를 통하여 우리말의 묘미를 살림

15 눈에 보이지 않는 추상적 대상인 '동짓달 기나긴 밤'을 '허리를 베어 내어', '서리서리 넣었다가', '굽이굽이 펴리라'처럼 시각화하여 구체적으로 표현하고 있다.

16 시적 화자는 임이 없는 '동짓달 기나긴 밤'의 한 허리를 베어
내어 사랑하는 임이 오신 날 밤 굽이굽이 펼치며 임과 함께
더 많은 시간을 보내기를 소망하고 있다.
① 임에 대한 원망보다는 그리움의 정서가 담겨 있다.
② 임이 부재한 상황은 나타나 있으나, 자책의 장면은 나타나
있지 않다.
④ 화자는 임이 없는 현재의 삶에 만족하고 있지는 않다.

[17~19]

이규보, 「이옥설」
• 갈래 : 설(說), 한문 수필
• 성격 : 교훈적, 유추적, 경험적
• 제재 : 행랑채를 수리한 일
• 주제 : 잘못을 알고 고쳐 나가는 자세의 필요성
• 특징
  – '체험-깨달음'의 내용 구조
  – 유추의 방식으로 깨달음을 확장시킴

17 해당 작품은 글쓴이가 퇴락한 행랑채의 수리 과정에서 얻은
실생활의 체험을 토대로, 사람과 나라의 정사도 즉시 고쳐 나
가는 자세가 필요하다는 교훈을 전달하고 있다.

18 ㉠는 잘못된 것을 알고도 고치지 않고 미루는 태도로, ㉡의
잘못을 알고도 곧 고치지 않은 것과 ㉢의 백성에게 심한 해
가 될 것을 머뭇거리고 개혁하지 않는 것은 둘 다 잘못된 것
을 바로 고치지 않는 ㉠의 태도에 해당한다.

19 '까마귀 날자 배 떨어진다.'라는 속담은 아무 관계 없이 한 일
이 공교롭게도 때가 같아 어떤 관계가 있는 것처럼 의심을
받게 됨을 비유적으로 이르는 말이다. 그러므로 나쁜 습관을
바로 고쳐야 한다는 제시문의 주제와는 연관성이 없다.
① '쇠뿔도 단김에 빼라.' → 어떤 일이든지 하려고 생각했으
  면 한창 열이 올랐을 때 망설이지 말고 곧 행동으로 옮겨
  야 함을 비유적으로 이르는 말
② '호미로 막을 것을 가래로 막는다.' → 적은 힘으로 충분히
  처리할 수 있는 일에 쓸데없이 많은 힘을 들이는 경우를
  비유적으로 이르는 말
④ '가랑비에 옷 젖는 줄 모른다.' → 아무리 사소한 것이라도
  그것이 거듭되면 무시하지 못할 정도로 크게 됨을 비유적
  으로 이르는 말

[20~22]

20 제시문은 전통적 주거 형태와 아파트로 대표되는 오늘날의
주거 형태의 대조를 통해 사적 관계를 형성하는 공동의 영역
에 차이가 있음을 드러내고 있다.

21 제시문의 마지막 문장을 통해 아파트는 주택의 형태나 외관
만 보면 모두 같은 공간에 사는 유사한 집단처럼 보이지만,
그 주민들은 생활 모습을 공유하고 있지 않음을 알 수 있다.
① 1문단에서 '사이 공간'은 통행을 목적으로 하는 공간이라
  기보다 주민들 사이에 사적 관계를 형성하는 공동의 영역
  임을 알 수 있다.
② 2문단에서 과거에는 공동의 영역에서 이웃과 친밀한 사회
  적 관계를 형성했음을 알 수 있다.
③ 5문단에서 아파트는 '사이 공간'의 부재로 인해 이웃과 친
  해질 기회가 사라졌음을 알 수 있다.

22 사람들이 매일 두 공간 사이를 오가며 그곳에서 다양한 일을
경험한 원인이 과거에는 개인이 생활하는 집과 일을 하는 장
소가 멀리 떨어져 있지 않았기 때문이므로, 앞의 내용이 뒤의
내용의 원인이나 근거, 조건 따위가 될 때 쓰는 접속 부사 '그
래서'가 ㉠에 들어갈 말로 가장 적절하다.

[23~25]

23 제시문의 세 번째 문단에서 인간에게는 감정과 의지가 있기
때문에 인공지능이 마침내 인간의 의식 현상을 구현해 낸다
고 하더라도 인간과 인공지능은 여전히 구분될 것이라고 하
였다. 그러므로 '인공지능이 인간의 의식 현상을 구현하면 인
간과 인공지능은 구분될 수 없다.'는 ③의 설명은 제시문의
내용과 일치하지 않는다.
① 1문단의 '생각하는 기계가 축복이 될지 재앙이 될지는 알
  수 없으나'를 통해 알 수 있다.
② 2문단에서 인공지능을 통제할 방법으로 입법적 차원과 기
  술적 차원의 두 가지 측면을 제시하고 있다.
④ 3문단에서 인류의 역사와 문명은 결핍과 고통에서 느낀
  감정을 동력으로 발달해 온 고유의 생존 시스템이라고 언
  급한 부분에서 알 수 있다.

24 ㉡의 '통제'는 일정한 방침이나 목적에 따라 행위를 제한하거
나 제약하는 것을 의미한다. '힘으로 으르고 협박함'을 뜻하
는 단어는 '위협'이다.

25 제시문의 세 번째 문단에서 언급된 기계에 가르칠 수 없는 인간 고유의 속성인 유연성과 창의성을 발휘하여 인공지능 시대에 대응하는 것이 인공지능 시대 우리가 가야 할 사람의 길로 가장 적절하다.

제2교시
수 학

정답 및 해설 |

정답

01 ③	02 ③	03 ④	04 ①	05 ②
06 ④	07 ③	08 ②	09 ④	10 ①
11 ②	12 ②	13 ③	14 ①	15 ④
16 ④	17 ①	18 ③	19 ④	20 ②

해설

01
$$A-B=(2x^2+x)-(x+1)$$
$$=2x^2+x-x-1$$
$$=2x^2-1$$

> **TIP 다항식의 덧셈과 뺄셈**
> • **다항식의 덧셈** : 괄호를 먼저 풀고 동류항끼리 모아서 계산한다.
> • **다항식의 뺄셈** : 빼는 식의 각 항의 부호를 바꾸어 더한다.

02 항등식일 때, 양변의 동류항의 계수는 같으므로
$x^2+ax-2=x^2+5x+b$에서
$a=5, b=-2$
$\therefore a+b=3$

03
> 다항식 $f(x)$를 $x-a$로 나누었을 때의 나머지 $\Rightarrow f(a)$

주어진 다항식을 $f(x)$라 놓으면
$f(x)=x^3+3x+4$
나머지 정리에 의해
다항식 $f(x)$를 $x-1$로 나눈 나머지는 $f(1)$
$f(1)$을 주어진 다항식에 대입하면
$f(1)=(1\times 1^3)+(3\times 1)+4=1+3+4$
$\therefore f(1)=8$

04
> $$a^3+3a^2b+3ab^2+b^3=(a+b)^3$$

인수분해 공식에 따라
$x^3+6x^2+12x+8=(x+2)^3$
$(x+a)^3=(x+2)^3$
$\therefore a=2$

05 복소수 $3-2i$의 켤레복소수는 $3+2i$이므로
$3+ai=3+2i$에서 $a=2$

06
> $$x^2-(\alpha+\beta)x+\alpha\beta=0$$
> $$\Rightarrow x^2-(\text{두 근의 합})x+(\text{두 근의 곱})=0$$

x^2의 계수가 1인 이차방정식 $x^2+5x+4=0$에서 두 근을 α, β라 할 때, $\alpha\beta$는 두 근의 곱이다.
근과 계수의 관계에 의해
$x^2-(\alpha+\beta)x+\alpha\beta=x^2+5x+4$
$\therefore \alpha\beta=4$

07 주어진 범위의 그래프에서
$x=1$일 때 → 최댓값 3
$x=-1$일 때 → 최솟값 -1
그러므로 이차함수 $y=-(x-1)^2+3$의 최댓값은 3이다.

08 삼차방정식 $x^3+ax^2-3x-2=0$의 한 근이 1이라고 했으므로, $f(1)=0$
$x^3+ax^2-3x-2=0$에 $x=1$를 대입하면
$1^3+a\times 1^2-3\times 1-2=0$, $1+a-3-2=0$
$\therefore a=4$

09
$\begin{cases} x+y=4 & \cdots \text{㉠} \\ x^2-y^2=a & \cdots \text{㉡} \end{cases}$
$x=3, y=b$를 ㉠에 대입하면
$x+y=3+b=4$, $\therefore b=1$
$x=3, y=1$을 ㉡에 대입하면
$x^2-y^2=3^2-1^2=a$ $\therefore a=8$
따라서 $a+b=8+1=9$

10 $|x-3|\leq 3$을 풀면
$-3\leq x-3\leq 3$
부등식의 각 변에 3을 더하면
$-3+3\leq x-3+3\leq 3+3$
$\therefore 0\leq x\leq 6$
해를 수직선 위에 나타낸 주어진 그림에서
$a=0$

11

좌표평면 위의 두 점 $A(x_1, y_1)$, $B(x_2, y_2)$에 대하여 $\overline{AB}$의 중점의 좌표는 AB를 1:1로 내분하는 점이다.
$$\Rightarrow M\left(\frac{x_1+x_2}{2}, \frac{y_1+y_2}{2}\right)$$

좌표평면 위의 두 점 $A(-3, -2)$, $B(1, 4)$에 대하여 선분 AB의 중점의 좌표는

$M\left(\frac{x_1+x_2}{2}, \frac{y_1+y_2}{2}\right)$에서

$M\left(\frac{-3+1}{2}, \frac{-2+4}{2}\right)$

$\therefore M(-1, 1)$

12

• 두 직선이 서로 수직일 때 기울기의 곱 $\Rightarrow -1$
• 점 (x_1, y_1)을 지나고 기울기가 m인 직선의 방정식
  $\Rightarrow y-y_1=m(x-x_1)$

두 직선이 서로 수직일 때 기울기의 곱은 -1이므로 직선 $y=x-1$에 수직인 직선의 기울기는 -1

기울기가 -1이고 점 $(0, 3)$을 지나는 직선의 방정식은

$y-y_1=m(x-x_1)$에서

$y-3=-1(x-0)$, $y-3=-x$

$\therefore y=-x+3$

13

중심 좌표가 (a, b)이고 반지름의 길이기 r인 원의 방정식
$$\Rightarrow (x-a)^2+(y-b)^2=r^2$$

중심 좌표가 $(3, -1)$이고 반지름의 길이가 r인 원의 방정식은

$(x-a)^2+(y-b)^2=r^2$에서

$(x-3)^2+(y+1)^2=r^2$

원점을 지나므로 $x=0$, $y=0$을 대입하면

$(0-3)^2+(0+1)^2=r^2$, $\therefore r^2=10$

따라서 구하는 원의 방정식은

$(x-3)^2+(y+1)^2=10$

14

점 (x, y)를 x축의 방향으로 a만큼, y축의 방향으로 b만큼 평행이동한 점의 좌표 $\Rightarrow (x+a, y+b)$

점 $(3, 4)$를 x축의 방향으로 -1만큼, y축의 방향으로 -3만큼 평행이동한 점의 좌표는 $(x+a, y+b)$에서

$x=3$, $y=4$ 그리고 $a=-1$, $b=-3$을 대입하면

$(3-1, 4-3)$

$\therefore (2, 1)$

15

차집합의 원소의 개수
$$\Rightarrow n(A-B)=n(A)-n(A\cap B)$$

$A=\{1, 2, 3, 4\}$, $B=\{3, 4, 6\}$이므로

$A-B=\{1, 2\}$

$\therefore n(A-B)=4-2=2$

16

명제 $p \rightarrow q$의 대우 $\Rightarrow \sim q \rightarrow \sim p$

명제 $p \rightarrow q$의 대우는 $\sim q \rightarrow \sim p$이므로,

명제 '$x=2$이면 $x^3=8$이다.'의 대우는

'$x^3 \neq 8$이면 $x \neq 2$이다.'이다.

17

역함수의 성질 : $f^{-1}(a)=b$이면 $f(b)=a$

함수 $f: X \rightarrow Y$에서 $f^{-1}(a)=b$이면 $f(b)=a$이므로

$f^{-1}(5)=k$이면 $f(k)=5$

따라서 함숫값 5를 갖는 x의 값은 1이므로 $f(1)=5$

$\therefore f^{-1}(5)=1$

18

유리함수 $y=\frac{k}{x-p}(k \neq 0)$의 그래프
$\Rightarrow y=\frac{k}{x}$의 그래프를 x축의 방향으로 p만큼 평행이동한 그래프

유리함수 $y=\frac{1}{x-1}$의 그래프는 유리함수 $y=\frac{1}{x}$의 그래프를 x축의 방향으로 1만큼 평행이동한 그래프이다.

$\therefore a=1$

19

서로 다른 n개에서 r개를 택하여 일렬로 나열하는 순열의 수 $\Rightarrow {}_n P_r$

서로 다른 4점의 작품에서 3점의 작품을 택하여 일렬로 나열하는 경우의 수는 ${}_n P_r$에서

${}_4 P_3=4 \times 3 \times 2=24$

20

서로 다른 n개에서 r개를 택하는 조합의 수 $\Rightarrow {}_n C_r$

5개의 방과 후 프로그램에서 서로 다른 3개의 프로그램을 선택하는 경우의 수는 ${}_n C_r$에서

${}_5 C_3=\frac{5 \times 4 \times 3}{3 \times 2 \times 1}=\frac{60}{6}=10$

제3교시

영 어

정답 및 해설 |

정답

01 ②	02 ③	03 ①	04 ③	05 ①
06 ②	07 ④	08 ②	09 ④	10 ②
11 ②	12 ①	13 ③	14 ③	15 ②
16 ①	17 ④	18 ③	19 ④	20 ①
21 ③	22 ③	23 ④	24 ①	25 ④

해설

01 **해설** confidence는 '자신감'이라는 뜻이다.
　　① 논리력 logicality
　　③ 의구심 doubt
　　④ 창의력 creativity
해석 영어를 잘 하기 위해서는 자신감을 가질 필요가 있다.
어휘 need to ~할 필요가 있다

02 **해설** deal with는 '처리하다'라는 뜻이다.
　　① 생산하다 produce
　　② 연기하다 postpone
　　④ 확대하다 expand
해석 그 나라는 식량 부족 문제를 처리해야만 했다.
어휘 shortage 부족
　　problem 문제

03 **해설** as a result는 '그 결과'라는 뜻이다.
　　② 사실은 in fact
　　③ 예를 들면 for example
　　④ 불행하게도 unfortunately
해석 햇빛이 창문을 통해 들어오고 그 결과, 집은 따뜻하게 된다.
어휘 sunlight 햇빛
　　come in through ~을 통해 들어오다
　　warm 따뜻한

04 **해설** 주어진 문장에서 'bitter(맛이 쓴)'와 'sweet(달콤한)'은 반의어 관계이다. 마찬가지로 ①, ②, ④는 모두 반의어 관계이나, ③의 'fine(괜찮은)'과 'good(좋은)'은 유의어

관계이다.
　　① 새로운 – 오래된
　　② 깨끗한 – 더러운
　　④ 쉬운 – 어려운
해석 인내는 쓰지만, 그 열매는 달다.
어휘 patience 인내, 참을성
　　bitter (맛이) 쓴
　　sweet 달콤한

05 **해설** ① 날짜 : 알 수 없음
　　② 장소 : 김치 박물관
　　③ 행사 내용 : 김치 만드는 법 배우기와 다양한 김치 맛보기
　　④ 입장료 : 5,000원
해석

> **김치 축제**
> 장소 : 김치 박물관
> 행사 내용 :
> 　－ 김치 만드는 법 배우기
> 　－ 다양한 김치 맛보기
> 입장료 : 5,000원
> 오셔서 한국 전통 음식을 맛보세요!

어휘 festival 축제
　　museum 박물관
　　taste 맛보다
　　various 다양한, 여러 가지의
　　traditional 전통적인

06 **해설** 첫 번째 문장에는 약속 장소에서 '만나다'라는 의미로 자동사 'meet'가 들어가야 한다. 두 번째 문장에는 '~을 충족시키다'라는 의미에서 목적어를 동반하는 타동사 'meet'가 들어가야 한다.
　　① 다이빙하다
　　③ 입다
　　④ 발생하다
해석 • 2시에 식당 앞에서 만나자.
　　• 호텔 지배인은 손님들의 요구를 충족시키기 위해 최선을 다했다.
어휘 in front of ~앞에

hotel manager 호텔 지배인
do one's best 최선을 다하다
need 요구

nervous 긴장한
perfectly 완전히, 완벽하게
safe 안전한

07 **해설** 첫 번째 문장은 의문문으로 '언제'라는 의미의 의문사 'when'이 들어가야 한다. 두 번째 문장에서는 'you feel bad'가 완전한 문장이므로 때를 나타내는 부사절을 이끄는 종속접속사 'when'이 들어가야 한다.

해석 • Jim, 언제 집에 올 거니?
• 기분이 나쁠 때 음악을 듣는 것은 도움이 될 수 있다.

어휘 helpful 도움이 되는

08 **해설** 첫 번째 문장에는 '무엇을 도와드릴까요?'의 관용 표현 'What can I do for you?'가 와야 하고, 두 번째 문장에는 '~을 기다리다'라는 의미의 숙어 'wait for'가 와야 한다. 그러므로 빈칸에 공통으로 들어갈 말은 전치사 'for'이다.

해석 • 어서 오세요. 오늘은 무엇을 도와드릴까요?
• 나는 버스를 기다리는데 거의 한 시간을 보냈다.

어휘 spend (돈을) 쓰다, (시간을) 보내다
almost 거의

09 **해설** 밑줄 친 'A journey of a thousand miles starts with a single step.'은 천리 길도 한 걸음부터라는 속담으로, 어려운 일도 일단 시작해야 이룰 수 있다는 의미이다.

해석 A : 어려운 아이들을 돕기 위해 무언가를 하고 싶어.
B : 훌륭해. 무슨 좋은 생각이 있니?
A : 내 헌 옷을 팔아서 그 돈을 아이들에게 쓸 거야. 하지만 쉽지는 않겠지.
B : 걱정하지 마. 천리 길도 한 걸음부터야.

어휘 in need 궁핍한, 어려움에 처한
old clothes 헌 옷
journey 여행, 여정
single 단 하나의

10 **해설** 번지 점프를 앞둔 B가 아주 안전하다는 A의 말에도 여전히 불안해하고 있다. 그러므로 B의 심정은 ②의 '불안'이 가장 적절하다.

해석 A : 번지 점프 하는 게 이번이 처음이니?
B : 응, 그래. 그래서 나는 정말 떨려.
A : 번지 점프는 아주 안전해. 괜찮아 질 거야.
B : 나도 그렇게 들었지만, 그것을 하고 싶은지 아직도 확실하지 않아.

어휘 bungee jumping 번지 점프

11 **해설** 집에 놓을 식탁을 찾고 있다는 A의 말에 B가 두 가지 다른 모델을 보여주겠다고 제안한다. 그러므로 해당 대화가 이루어지는 장소는 가구점이다.

해석 A : 안녕하세요. 우리 집에 놓을 식탁을 찾고 있어요.
B : 이쪽으로 오세요. 어떤 형태를 원하세요?
A : 전 둥근 것이 좋습니다.
B : 알겠습니다. 두 가지 다른 모델을 보여드릴게요.

어휘 look for ~을 찾다
dinner table 식탁
this way 이쪽으로
round 둥근
different 다른

12 **해설** 첫 문장에서 'donation(기부)'에 대해 소개하고 있고, 그것은 여러 형태를 취하며 자연 재해로 고통 받는 사람들에게 주어지는 돈, 음식, 의료 서비스도 될 수 있다고 하였다. 그러므로 지시대명사 it가 가리키는 것은 'donation(기부)'이다.
② 자연
③ 사람들
④ 괴로움

해석 기부는 대개 친절하고 좋은 마음의 목적으로 행해진다. 그것은 여러 형태를 취할 수 있다. 예를 들면, 그것은 자연 재해로 고통을 받는 사람들에게 주어지는 돈, 음식, 의료 서비스일 수도 있다.

어휘 donation 기부
good-hearted 좋은 마음의
purpose 목적
form 형태
medical care 의료 돌봄, 의료 서비스
suffer from ~로 고통받다
natural disaster 자연 재해

[13~14]

13 **해설** Mary가 생일이어서 B가 핸드폰 케이스를 사주자고 제안하고 있고, A는 커피 머그잔을 사주자고 다시 제안하고 있다. 그러므로 빈칸에는 '그녀에게 선물을 사 주는 건 어때?'가 들어갈 말로 가장 적절하다.
① 무엇에 쓰는 거야?
② 어디서 샀어?

④ 방과 후에 보통 무엇을 하니?

해석 A : Mary의 생일이 다가오고 있어. <u>그녀에게 선물을 사주는 건 어때?</u>

B : 좋은 생각이야. 그녀에게 핸드폰 케이스를 주는 건 어때?

A : 그녀는 얼마 전 새 것을 샀어. 커피 머그잔은 어때?

B : 완벽해! 그녀는 커피 마시는 것을 좋아해.

어휘 coffee mug 커피 머그잔

perfect 완벽한

14 **해설** 'for a living'은 생계를 위해 하는 일을 의미하므로 A의 질문은 직업을 묻는 것이다. 그러므로 빈칸에는 '저는 고등학생들을 가르칩니다.'가 들어갈 말로 가장 적절하다.

① 저는 여름보다 겨울이 더 좋아요.

② 그건 제가 원하던 게 아니에요.

④ 해변에 도착하려면 1시간이 걸릴 거예요.

해석 A : 무슨 일을 하세요?

B : <u>저는 고등학생들을 가르칩니다.</u>

어휘 for a living 먹고 살기 위해, 생계 수단으로

prefer A to B B보다 A를 좋아하다

get to ~에 도착하다

15 **해설** 직업에 대한 경험을 쌓을 수 방법을 묻는 A의 물음에 B가 직업 체험 프로그램에 참여할 것을 조언하고 있다. 그러므로 대화의 주제는 '진로 선택을 위한 조언'이다.

해석 A : 내가 미래에 어떤 직업을 갖고 싶은지 모르겠어.

B : 다방면에서 경험을 쌓는 건 어때?

A : 음…. 어떻게 그렇게 할 수 있지?

B : 직업 체험 프로그램에 참가하는 건 어때? 그건 틀림없이 도움이 될 거야.

어휘 career 직업

in the future 장차, 미래에

experience 경험

in different ares 여러 분야에서, 다방면에서

participate in ~에 참여하다

16 **해설** 제시문은 공원 방문객들에게 쓰레기통에 쓰레기를 넣어줄 것을 당부하고 있다. 그러므로 해당 글을 쓴 목적은 '요청하기 위해서'이다.

해석 공원에 있는 쓰레기통에 쓰레기를 넣어줄 것을 요청드립니다. 몇몇 방문객들의 부주의한 행동 때문에 우리는 공원을 깨끗하게 유지하는 데 어려움을 겪고 있습니다. 여러분의 협조가 필요합니다. 감사합니다.

어휘 trash can 쓰레기통

have difficulty in ~ing ~하는 데 어려움을 겪다

careless 부주의한

behavior 행동

cooperation 협력, 협조

17 **해설** 캠프 안내문의 마지막 문장에서 모든 아이들은 매일 수영복과 점심을 챙겨 와야 한다고 안내하고 있다. 그러므로 '매일 점심이 제공된다.'는 ④의 설명은 제시문의 내용과 일치하지 않는다.

해석

> **여름 스포츠 캠프**
>
> – 7~12세의 어린이를 위한 재미있고 안전한 스포츠 프로그램
>
> – 8월 1일부터 8월 7일까지
>
> – 배드민턴, 농구, 축구, 수영
>
> *모든 아이들은 매일 수영복과 점심을 챙겨 와야 합니다.

어휘 fun 즐거운, 재미있는

safe 안전한

swim suit 수영복

18 **해설** 제시문에서 학생 기자들이 기사를 평가할 것이라고 하였으므로, '담당 교사가 기사를 평가한다.'는 ③의 설명은 제시문의 내용과 일치하지 않는다.

해석 우리 학교 신문 기자를 찾고 있습니다. 관심이 있으신 분은 학교생활에 관한 기사 세 편을 제출해 주세요. 각 기사는 500단어 이상이어야 합니다. 우리 학생 기자들이 당신의 기사를 평가할 것입니다. 마감일은 9월 5일입니다.

어휘 reporter 기자

submit 제출하다

article 기사

evaluate 평가하다

deadline 마감일

19 **해설** 첫 문장에서 제스처는 나라마다 다른 의미를 가질 수 있다고 거론한 뒤, 이후의 문장에서 OK 표시를 예로 들어 나라마다 그 제스처가 어떻게 다른지 소개하고 있다. 그러므로 제시문의 주제는 '국가별 제스처의 의미 차이'이다.

해석 제스처는 나라마다 다른 의미를 가질 수 있다. 예를 들면, OK 표시는 많은 나라에서 "좋아요" 혹은 "괜찮아요"를 의미한다. 그러나 동일한 제스처가 프랑스에서

는 "제로(0)"를 의미한다. 프랑스 사람들은 아무것도 없
다고 말하고 싶을 때 그것을 사용한다.

어휘 gesture 몸짓, 제스처

meaning 의미

sign 사인, 표시

same 같은, 동일한

[20~21]

20 해설 제시문에서 화석 연료들을 이용한 발전소들은 대기를
오염시키고 환경에 영향을 미치므로 지구를 살리기 위
해 에너지 효율이 높은 제품을 사용하자고 제안하고
있다. 그러므로 빈칸에 들어갈 말로는 'environment(환
경)'가 가장 적절하다.

② 물질

③ 제품

④ 무게

해석 많은 발전소들이 석탄이나 가스와 같은 화석 연료들을
태움으로써 에너지를 생산한다. 이것은 대기 오염을 유
발하고 환경에 영향을 미친다. 그러므로 에너지 효율이
높은 제품들을 선택함으로서 에너지를 덜 사용하도록
노력해라. 그것이 지구를 구하는 데 도움을 줄 수 있다.

어휘 power plant 발전소

produce 생산하다

burn 태우다

fossil fuel 화석 연료

coal 석탄

air pollution 대기 오염

influence 영향을 미치다

efficient 효율적인

product 제품

21 해설 제시문에서 인터넷은 편리함을 주기도 하지만 개인 정
보를 쉽게 도난당할 수도 있으므로 이를 보호하기 위
한 몇 가지 방법들을 소개하고 있다. 그러므로 빈칸에
들어갈 말로는 'protect(보호하다)'가 가장 적절하다.

① 취소하다

② 파괴하다

④ 환불하다

해석 인터넷은 우리의 삶을 더욱 편리하게 해준다. 우리는
인터넷에서 청구서를 지불하고 쇼핑을 할 수 있다. 하
지만 개인 정보가 온라인에서 쉽게 도용될 수 있다. 개
인 정보를 보호할 수 있는 방법들이 있다. 첫째, 강력한
비밀번호를 설정해라. 둘째, 알지 못하는 링크를 클릭
하지 마라.

어휘 convenient 편리한

pay 지불하다

bill 청구서

personal information 개인 정보

easily 쉽게

password 암호, 비밀번호

unknown 알려지지 않은

22 해설 주어진 문장은 'But(그러나)'로 시작하므로, 앞의 문장
은 해당 내용과 반대되는 내용이 와야 한다. 주어진 문
장이 요즘 지도들이 사진으로 만들어졌기 때문에 더욱
정확하다고 했으므로, 앞 문장이 부정확한 정보를 가
지고 있었다고 설명한 ③에 들어가는 것이 가장 적절
하다.

해석 | 그러나 요즘 지도들은 사진으로 만들어졌기 때문에
더욱 정확하다.

(①) 수천 년 전에 사람들은 새로운 장소에 갔을 때
지도를 만들었다. (②) 그들은 땅이나 동굴 벽에 지
도를 그렸는데, 종종 부정확한 정보를 가지고 있었다.
(③) 이러한 사진들은 비행기나 위성에서 촬영되었다.

어휘 nowadays 요즘

accurate 정확한

be made from ~로부터 만들어지다

photograph 사진

thousands of 수천의

cave 동굴

incorrect 부정확한

satellite 위성

23 해설 제시문의 마지막 문장에서 미안하다고 말할 때 고려
해야 할 세 가지 사항을 제안한다고 하였으므로, 제시
문의 바로 뒤에 이어질 내용은 '사과할 때 고려해야 할
것들'이다.

해석 때때로 우리는 의도하지 않더라도 다른 사람의 감정을
상하게 한다. 그럴 때, 우리는 사과할 필요가 있다. 그
렇다면 어떻게 제대로 사과를 해야 할까? 여기 당신이
미안하다고 말할 때 고려해야 할 세 가지가 있다.

어휘 sometimes 가끔, 때때로

hurt 상하게 하다

even if 비록 ~일지라도

mean 의미하다, 의도하다

apologize 사과하다

properly 적절하게, 제대로

consider 고려하다

[24~25]

해석 많은 사람들이 잠자는 데 어려움을 겪고 있어서 충분한 수면을 취하지 못한다. 그것은 고혈압처럼 건강에 해로운 영향을 미칠 수 있다. 만일 여러분이 이 규칙들을 따른다면, 수면 문제를 예방할 수 있다. 첫째, 밤에 카페인이 있는 음료를 마시지 마라. 둘째, 잠자리에 들기 전에 스마트폰을 사용하지 않도록 해라. 이것들은 여러분이 쉽게 잠들도록 도와줄 것이다.

어휘 have trouble ~ing ~하는 데 어려움을 겪다

fall asleep 잠들다

effect 영향

high blood pressure 고혈압

prevent 막다, 예방하다

caffeine 카페인

harmful 해로운

helpful 도움이 되는

positive 긍정적인

calming 차분한, 평온한

24   **해설** 제시문에서 충분한 수면을 취하지 못하는 것은 고혈압처럼 건강에 안 좋은 영향을 미치는 것이므로, 빈칸에 들어갈 말로는 'harmful(해로운)'이 가장 적절하다.

② 도움이 되는

③ 긍정적인

④ 평온한

25   **해설** 제시문은 잠자는 데 어려움을 겪고 있는 사람들을 위해 수면 문제를 예방하기 위한 두 가지 규칙을 제안하고 있다. 그러므로 제시문의 주제로 ④의 '수면 문제를 예방하는 방법'이 가장 적절하다.

제4교시

사 회

정답 및 해설 |

■ 정답

01 ③	02 ②	03 ③	04 ③	05 ④
06 ②	07 ①	08 ②	09 ④	10 ②
11 ①	12 ④	13 ④	14 ④	15 ①
16 ③	17 ④	18 ②	19 ④	20 ②
21 ①	22 ①	23 ②	24 ④	25 ①

■ 해설

01 정주 환경은 인간이 정착하여 살아가고 있는 지역의 주거지와 그 주변 생활 환경을 말한다. 질 높은 정주 환경을 위한 조건에는 안락한 주거 환경, 기본적인 위생 시설, 교육과 의료 혜택을 누릴 수 있는 시설 등이 포함된다.

02 인권은 인간이라면 누구나 누릴 수 있는 기본적인 권리로, 국가나 다른 사람이 침해할 수 없으며 타인에게 양도할 수도 없는 불가침성의 특성을 갖는다.

> **TIP** 인권의 특성
> • **천부성** : 하늘이 준 것이라는 의미로 태어나면서부터 갖게 되는 권리라는 것
> • **불가침성** : 국가나 다른 사람이 침해할 수 없으며 남에게 양도할 수도 없다는 것
> • **보편성** : 인종, 성별, 종교, 사회적 신분 등과 관계없이 누구에게나 보장되어야 한다는 것
> • **항구성** : 특정 기간에 박탈당하지 않고 영구히 보장된다는 것

03 자문화 중심주의는 자기 문화만을 가장 우수한 것으로 생각하고 다른 문화를 무시하거나 부정하는 태도이다. 자문화 중심주의는 자기 문화에 대한 자부심을 높일 수 있지만, 타 문화를 배척하는 태도로 이어질 수 있다.
① **문화 사대주의** : 다른 문화를 더 좋은 것으로 생각하고 자신의 문화를 과소평가하거나 무시하는 태도
② **문화 상대주의** : 각 문화의 다양성을 인정하고, 문화가 가진 독특한 환경과 역사적·사회적 상황에서 다른 문화를 바라보는 태도
④ **극단적 문화 상대주의** : 인류의 보편적 가치에 어긋나는 문화까지도 고유한 의미와 가치가 있다고 인정하는 태도

04 인종, 성별, 장애, 종교, 사회적 출신 등을 이유로 다른 사회 구성원으로부터 소외와 차별을 받는 사람들을 사회적 소수자라고 하며 장애인, 이주 외국인, 노인, 여성, 비정규직 근로자, 북한 이탈 주민 등이 이에 해당한다.
① **소호(SOHO)** : 보통 컴퓨터와 정보기술의 발달 덕분에 가능해진 소규모 개인 사업
② **바우처** : 일정한 조건을 갖춘 사람이 교육, 주택, 의료 따위의 복지 서비스를 이용할 때 정부가 비용을 대신 지급하거나 보조하기 위하여 내놓은 지불 보증서
④ **사물인터넷** : 인터넷을 기반으로 모든 사물을 연결하여 정보를 상호 소통하는 지능형 기술 및 서비스

05 헌법 재판소는 법원의 제청에 의한 법률의 위헌 여부 심판과 법률이 정하는 헌법 소원에 관한 심판 등을 관장하는 헌법 재판 기관이다.
① **정당** : 정치적 견해를 같이 하는 사람들이 모인 단체
② **행정부** : 국가의 삼권(입법, 행정, 사법) 중 행정권을 행사하는 집행 기구
③ **지방 법원** : 제1심 법원으로서 심판권을 행사하는 하급 법원

06 기회비용은 어떤 것을 선택함으로써 포기하게 되는 대안 중 가장 가치가 큰 것으로 명시적 비용과 암묵적 비용으로 구성된다. 명시적 비용은 회계적 비용으로 실제로 지출한 비용을 의미하고, 암묵적 비용은 실제 지불하지는 않았지만 선택한 대안에 따른 포기 비용을 말한다.
① **편익** : 어떤 경제적 선택을 함으로써 얻는 이익이나 만족감
③ **매몰비용** : 이미 지출되어 회수가 불가능한 비용
④ **물가 지수** : 물가의 움직임을 알아보기 쉽게 수치로 표현한 지표

07 공공재는 모든 사람이 대가를 지불하지 않고 공동으로 이용할 수 있는 재화나 서비스로 국방, 철도, 도로, 항만, 공원, 가로등, 치안 서비스 등이 이에 해당한다.
② **비교 우위** : 국제 무역에서 한 나라가 생산하는 특정한 상품이 상대국과의 모든 교류 상품들에 비해 더 낮은 비용으로 생산되어 생산 효율성 면에서 우위를 차지하는 것
③ **외부 효과** : 경제 주체의 경제 활동이 다른 경제 주체에게

의도하지 않은 이익을 주거나 의도하지 않게 피해를 주는 데도 이에 대해 아무런 경제적 대가를 치르거나 받지 않는 것

④ **기업가 정신** : 기업의 본질인 이윤 추구와 사회적 책임의 수행을 위해 기업가가 마땅히 갖추어야 할 자세나 정신

08 주식회사가 사업 자금 조달을 위해 발행하는 증서는 주식으로, 시세차익과 배당수익을 통해 이익을 실현할 수 있다.

① **대출** : 돈이나 물건 등을 빌려 주는 일

③ **국민연금** : 대한민국에서 보험의 원리를 도입하여 만든 사회보험(공적연금)의 일종

④ **정기예금** : 예금주가 일정 금액을 일정 기간 동안 금융 기관에 맡기고 정한 기한 내에는 찾지 않겠다는 약속으로 하는 예금

09 사회 보험은 국민 건강 보험, 고용 보험, 국민연금 등 국민이 미래에 직면할 수 있는 사회적 위험에 대비하여, 국가나 국민의 건강과 생활 보전을 목적으로 보험방식에 의하여 사전에 대비하는 제도이다.

① **개인 보험** : 사회 개개인이 각자의 생명 · 재산 · 배상 책임 등에 관한 경제적 보장을 위하여 임의로 이용하는 모든 종류의 보험

② **공공 부조** : 국가가 생활 유지 능력이 없거나 생활이 어려운 국민의 최저 생활을 보장하고 자립을 지원하는 제도

③ **기초 연금** : 노후에 최소한의 기본적인 생활을 유지할 수 있도록 매달 일정액의 연금을 지급하는 제도

10 발명은 문화 변동의 내재적 요인 중 하나로, 이전에 없던 문화 요소와 원리를 새롭게 만들어 내는 것이다.

① **발견** : 이미 존재하고 있었으나 알려지지 않은 문화 요소나 원리를 찾아내는 것

③ **간접 전파** : 책, 신문, TV, 인터넷과 같은 매개체를 통하여 문화 요소가 전파되는 현상

④ **직접 전파** : 다른 문화에 속해있는 사람들과 접촉 및 교류하는 과정에서 문화 요소가 직접적으로 전파되는 현상

11 ⊙ 증가 / ⓒ 감소

규모의 경제는 일부 재화 및 서비스 생산의 경우에는 생산량이 증가할수록 평균비용이 감소하는 현상을 말한다.

12 샐러드 볼 정책은 샐러드처럼 다양한 사회구성원들이 상호공존하며 각각이 색깔과 향기를 지니고 조화로운 통합을 이루도록 하는 다문화 정책이다.

① **뉴딜 정책** : 미국의 루스벨트 대통령이 경제 공황에 대처

하기 위하여 시행한 경제 부흥 정책

② **셧다운 정책** : 청소년의 인터넷 게임 중독을 예방하기 위해 16세 미만의 청소년에게 심야 시간의 인터넷 게임 제공을 제한하는 제도

③ **용광로 정책** : 기존 문화에 이주민의 문화를 흡수하여 단일한 정체성을 이루어야 한다는 문화적 동화주의 정책

13 자유주의적 정의관은 자유 경쟁을 통해 공정하게 획득한 개인의 권리와 이익을 중시하는 정의관으로 국가와 사회보다 개인을 우선시하며, 개인을 독립적이고 자율적인 존재로 본다. 또한 개인의 자유를 가장 소중한 가치로 여긴다. ④의 '국가가 개인의 삶의 목적과 방식을 결정하는 것'은 공동체주의적 정의관이다.

14 '지구의 허파'라 불리는 열대림 지역은 브라질의 아마존강 유역(D)이다. 최근에는 무분별한 열대림 개발로 동식물의 서식지가 파괴되어 생물 종 다양성이 감소하는 등 심각한 환경 문제가 발생하고 있다.

A(건조 기후 지역) : 연강수량이 500mm 미만의 사막과 스텝 기후 지역

B · C(냉대 기후 지역) : 러시아와 미국 알래스카 등 겨울이 길고 추우며 침엽수림이 발달한 지역

15 도시화는 도시에 거주하는 사람들과 도시 수가 빠르게 증가하면서 도시적 생활 양식과 도시 경관이 확대되는 현상을 말한다. 도시화로 인해 상업 시설, 인공 건축물, 지표의 포장 면적 등은 증가하나 농경지와 녹지 면적 등은 감소한다.

16 이슬람교는 무함마드가 창시한 종교로 알라를 유일신으로 믿는다. 메카는 이슬람교의 성지이며, 모스크는 이슬람교의 예배당이다.

① **불교** : 인도의 석가모니가 창시한 후 동양 여러 나라에 전파된 종교

② **힌두교** : 인도의 브라만교가 민간신앙과 융합하여 발전한 인도의 대표적 종교

④ **크리스트교** : 예수 그리스도의 삶과 가르침에 바탕을 둔 세계 최대의 종교

17 열대 기후 지역은 적도 인근의 연중 고온다습하고 강수량이 2,000mm 이상인 열대 우림 및 사바나 기후 지역으로, 주민들은 얇고 간편한 의복이나 헐렁한 옷차림으로 통풍이 잘 되는 창문이 큰 개방적 가옥 구조에서 생활한다.

ㄱ. 순록 유목 → 한대 기후 지역

ㄴ. 오아시스 농업 → 건조 기후 지역

18 북극해는 지구 온난화로 빙하가 녹아 개발 가능성이 높아지면서 미국, 캐나다, 러시아, 덴마크, 노르웨이 등이 석유와 천연가스 지대를 두고 분쟁이 심화되는 지역이다.
　① **기니만** : 서아프리카 연안 지역으로 대규모 유전이 발견되면서 앙골라, 카메룬, 콩고, 가봉, 나이지리아 등의 국가들 사이에서 분쟁이 끊이지 않는 지역
　③ **남중국해** : 중국의 남쪽에 위치한 바다로, 중국, 타이완, 베트남, 필리핀, 말레이시아 및 브루나이 등 6개국이 석유와 천연가스 지대를 두고 영유권 갈등이 발생하고 있는 지역
　④ **카슈미르** : 인도(힌두교)와 파키스탄(이슬람교) 간의 종교 분쟁 지역

19 지속 가능한 발전이란 미래 세대가 그들의 필요를 충족시킬 수 있는 가능성을 손상시키지 않는 범위에서 현재 세대의 필요를 충족시키는 발전을 말한다.
　① **유비쿼터스** : 사용자가 컴퓨터나 네트워크를 의식하지 않고 장소에 상관없이 자유롭게 네트워크에 접속할 수 있는 환경
　② **플랜테이션** : 유럽 식민지배 이후 유럽의 자본과 기술, 유리한 기후, 원주민의 노동력이 결합한 농업 형태
　③ **성장 거점 개발** : 성장 잠재력이 높은 지역을 집중적으로 투자하고 개발하여 성장의 효과가 주변 지역까지 파급되도록 개발하는 방식

20 생태 도시는 브라질의 쿠리치바, 스웨덴의 예테보리 등 사람과 자연 혹은 환경이 조화되며 공생할 수 있는 도시의 체계를 갖춘 도시를 말한다.
　① **슬럼** : 어떤 지역의 주거 환경이 나쁜 상태로 쇠퇴하는 현상
　③ **성곽 도시** : 읍성이라고도 불리는 성곽으로 둘러싸인 도시
　④ **고산 도시** : 해발고도 2,000m 이상의 높은 산지에 발달한 도시

21 ㉠ **(인간 중심주의 자연관)** : 인간을 가장 가치 있는 존재로 여기고, 인간과 자연의 관계에서 인간의 이익이나 행복을 먼저 고려하는 관점이다. 자연을 영혼이 없는 물질로 보고, 인간이 마음대로 이용하고 지배할 수 있는 대상으로 간주한다.
　㉡ **(생태 중심주의 자연관)** : 무생물을 포함한 생태계 전체를 도덕적 고려의 대상으로 보는 관점이다. 모든 생명체가 자연의 일부이며, 인간도 자연을 구성하는 일부이다.

22 ㉠의 석유는 오늘날 가장 많이 사용되는 화석 에너지 자원으로, 자동차 등의 운송수단의 확산으로 수요가 급증하였다.
　② 18세기 산업 혁명의 원동력이 된 에너지 자원은 석탄이다.
　③ ㉠(석유)은 ㉡(태양광)에 비해 고갈 위험이 높다.
　④ ㉡(태양광)은 ㉠(석유)보다 세계 에너지 소비 비중이 낮다.

23 합계출산율이 인구 대체가 가능한 수준(평균 2.1명)을 밑도는 현상을 저출산이라 하며, 이를 해결하기 위한 정책에는 양육 및 보육 시설 확충, 육아 비용 지원 및 가족 친화적 문화 확산 등이 있다.
　① **열섬** : 도시의 아스팔트 도로와 콘크리트 구조물의 증가로 인해 발생하는 도시 내부의 인공 열
　③ · ④ **사생활 침해 및 개인 정보 유출** : 자신의 의사와 상관없이 개인 정보가 다른 사람에게 공개되어 피해를 받는 현상

24 ㉠ **(태풍)** : 강한 바람과 많은 비를 동반하여 피해를 주는 열대 저기압으로 지역에 따라 허리케인, 사이클론 등으로도 불린다.
　㉡ **(지진)** : 지구 내부의 에너지가 지표로 나와 땅이 갈라지며 흔들리는 현상으로, 주로 지각판의 경계에서 발생한다.

25 국제연합(UN)은 국제 평화를 목적으로 설립된 정부 간 국제기구로, 주권 국가들을 구성원으로 하고 있으며, 다양한 국제 사회의 문제를 조정하는 역할을 한다.
　② **그린피스** : 지구의 환경을 보존하고 세계 평화를 증진시키는 활동을 벌이는 대표적인 비정부 기구
　③ **다국적 기업** : 생산비 절감, 해외 시장의 확대, 무역 규제 완화를 위해 다른 나라에 생산 공장을 건설하거나 지사를 설립 · 운영하는 기업
　④ **국경 없는 의사회** : 의료 지원의 부족, 무력 분쟁, 전염병, 자연재해 등으로 인해 생존의 위협에 처한 사람들을 위해 긴급구호 활동을 펼치는 국제 비정부 기구

과 학

제5교시

정답 및 해설 |

■ 정답

01 ②	02 ③	03 ①	04 ③	05 ③
06 ④	07 ②	08 ②	09 ④	10 ①
11 ①	12 ②	13 ④	14 ④	15 ④
16 ②	17 ③	18 ④	19 ③	20 ③
21 ②	22 ①	23 ③	24 ①	25 ②

■ 해설

01 수평 방향으로 던져진 공에는 힘이 작용하지 않으므로 등속 운동을 한다.
① 수평 방향으로 던져진 공은 등속 운동을 하므로 속력이 일정하다.
③ 연직 아래 방향의 속력은 중력의 영향을 받아 계속 증가한다.
④ 연직 아래 방향으로 중력의 힘이 계속 작용한다.

02

> 운동량의 변화량(충격량)=나중 운동량-처음 운동량

충격량은 물체의 운동을 변화시키는 물리량을 말한다.
충격량은 운동량의 변화량과 같으므로,
운동량의 변화량=나중 운동량-처음 운동량에서
$4kg \cdot ℀ - 1kg \cdot ℀ = 3kg \cdot ℀$
∴ 충격량 $= 3(N \cdot s)$

03

> 열효율(%)$=\dfrac{\text{열기관이 한 일}}{\text{열기관에 공급된 에너지}} \times 100$

열효율은 열기관에 공급한 에너지 중 일로 전환된 비율을 말한다.
열효율(%)$=\dfrac{\text{열기관이 한 일}}{\text{열기관에 공급된 에너지}} \times 100$
$=\dfrac{40J}{200J} \times 100 = 20(\%)$

04 변전소는 발전소에서 생산된 전기를 선로를 통해 송전받아 전압을 변환시켜 배전하는 시설로, 송전선의 저항 때문에 송전선에서 열이 발생하여 전기 에너지의 일부가 손실된다.
ㄴ. 송전 전압을 낮추면 전력 손실을 줄일 수 있다. → 송전

전압을 높이면 전력 손실을 줄일 수 있다.

05 핵발전은 핵분열에서 발생하는 열에너지를 이용하는 발전 방식으로, 발전 과정에서 방사성 폐기물이 발생하는 문제점이 있다.
ㄷ. 발전 과정에서 배출되는 이산화 탄소의 양이 화력 발전보다 많다. → 발전 과정에서 이산화 탄소는 거의 배출되지 않는다.

06 태양광 발전은 태양전지의 광전효과를 이용하여 태양의 빛에너지를 전기에너지로 바꿔주는 발전 방식이다. 태양광 발전은 친환경적이기는 하나 날씨의 영향을 받는 단점이 있다.
① **수력 발전** : 물의 낙차를 이용하여 전기를 생산하는 방식
② **풍력 발전** : 바람의 힘을 이용해 전기를 생산하는 방식
③ **화력 발전** : 석탄, 석유, 천연가스 등을 연소시켜 전기를 얻는 방식

07 주기율표는 원소를 원자 번호 순서대로 나열하고, 성질이 비슷한 원소끼리는 같은 세로줄에 오도록 배열한 표이다. 주기율표의 가로줄은 같은 주기의 원소에 해당하므로, (가)와 (나)는 같은 주기이다.
① (가)는 1번족이고 (나)는 17번족으로 다른 족이다.
③ 원자 번호는 (가)가 (나)보다 작다.
④ (가)는 금속 원소, (나)는 비금속 원소이다.

08 염화 나트륨($NaCl$)은 나트륨 이온(Na^+)과 염화 이온(Cl^-)이 결합하여 생성된 이온 결합 물질로, 물에 녹으면 양이온과 음이온으로 나누어진다.
ㄱ. 공유 결합 물질이다. → 이온 결합 물질이다.
ㄴ. 고체 상태에서 전기가 잘 흐른다. → 액체 상태에서 전기가 잘 흐른다.

09 그래핀은 탄소 원자가 육각형 벌집 모양으로 배열된 평면 구조로, 전기 전도성이 있고 강철보다 단단하면서도 잘 휘어진다.
ㄱ. 규소(Si) 원자로 이루어져 있다. → 탄소(C) 원자로 이루어져 있다.

10 MgO은 마그네슘(Mg)과 산소(O_2)가 화학 반응을 하여 얻
게 되는 생성물로, 화학 반응식의 오른쪽에 표기된다.
② 반응물의 종류는 1가지이다. → 반응물은 마그네슘(Mg)
과 산소(O_2) 2가지이다.
③ Mg은 환원된다. → Mg는 산소를 얻어 산화된다.
④ O_2는 전자를 잃는다. → O_2는 전자를 얻는다.

11 산성 물질은 물에 녹아 수소 이온(H^+)을 내놓는 물질이다.
염산(HCl)은 물에 녹아 수소 이온(H^+)을 내놓으므로 산성
물질이다. 산성 물질에는 염산(HCl) 외에 황산(H_2SO_4), 아
세트산(CH_3COOH) 등이 있다.
② · ③ · ④ KOH, NaOH, $Ca(OH)_2$는 모두 물에 녹아
OH^-를 내놓는다.

12 단백질을 구성하는 기본 단위체는 포도당이 아니라 아미노산
이다. 단백질은 단위체인 아미노산이 펩타이드 결합으로 연
결된 물질로, 항체의 주성분이며 세포막의 구성 성분이다.

13 빛에너지를 흡수하여 포도당을 합성하는 광합성 작용이 일어나
는 곳은 D(엽록체)로 식물 세포에만 있는 세포 소기관이다.
① A → 핵
② B → 리보솜
③ C → 세포벽

14 물질대사는 생물이 생명 유지를 위해 생명체 내에서 일어나는
모든 화학 반응으로 세포 호흡도 물질대사에 속한다. 또한 효
소는 생체 촉매로 물질대사에서 반응 속도를 변화시킨다.
ㄴ. 에너지의 출입이 일어나지 않는다. → 에너지의 출입이
일어난다.

15
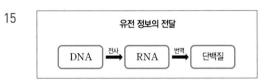

| 유전 정보의 전달 |
| DNA → (전사) → RNA → (번역) → 단백질 |

㉠ A → U / ㉡ G → C
DNA의 유전 정보를 RNA로 전달하는 과정은 전사이다.
DNA의 유전 정보가 RNA로 전사될 때 DNA의 염기 A
와 G는 각각 RNA의 U와 C로 전사된다.

16 유전적 다양성은 하나의 종 내에서 유전자의 다양함으로 인
해 나타나는 형질의 다양성으로, 개체군 내에 존재하는 유전
자의 변이가 다양한 정도를 말한다.
ㄱ. 종 다양성은 동물뿐만 아니라 모든 생물 종에서 나타난다.

ㄴ. 생태계 다양성은 다양한 생물 종들이 공존하고 서로 상호
작용하는 것으로 종 다양성에도 영향을 준다.

17 사막여우는 더운 날씨 때문에 열을 몸 밖으로 내보내기 좋게
귀가 큰 반면에, 북극여우는 추운 날씨 때문에 몸 속의 열을
빼앗기지 않기 위해 귀가 작고 짧다. 이것은 생물이 온도라는
환경 요인에 적응하여 진화한 것이다.

18 생태 피라미드에서 에너지, 개체 수, 생물량 모두 생산자 →
1차 소비자 → 2차 소비자 → 3차 소비자 순서를 따라 감소
한다. 그러므로 상위 영양 단계로 갈수록 에너지 양은 줄어
든다.
① 식물은 생산자에 해당한다.
② 생물량이 가장 많은 것은 생산자이다.
③ 초식동물은 1차 소비자에 해당한다.

19 별의 진화 과정에서 헬륨의 핵융합 반응으로 탄소가 생성된
다. 또한 초신성 폭발로 철보다 무거운 원소가 생성된다.
ㄷ. 질량이 태양과 비슷한 별의 중심에서는 헬륨의 핵융합으
로 탄소 핵이 만들어지며, 그 이후에는 더 이상의 핵융합
을 하지 않아 철이 생성되지 않는다.

20 식물은 생물권에 속하고 이산타 탄소는 기권에 속한다. 그
러므로 식물이 이산화 탄소를 대기로부터 흡수하는 과정에
서 상호작용하는 지구 시스템의 구성 요소는 생물권과 기권
이다.

21 삼엽충이 번성한 시기는 고생대이다. 이 시기에는 대기권에
오존층이 형성되면서 바다에서 생활하던 생물들이 육상으로
진출하였다. 삼엽충 외에 필석, 갑주어, 양치식물 등이 번성
하였다.
① A(선캄브리아 시대) : 지질시대의 약 85%를 차지하는 가
장 긴 시대이며 이 당시의 생물들은 모두 바다에서 살았다.
세포생물, 해조류, 스트로마톨라이트 등의 생물이 있다.
③ C(중생대) : 대체로 기후가 온난하였으며, 공룡 외에 암모
나이트, 파충류, 겉씨식물 등의 생물이 번성하였다.
④ D(신생대) : 4번의 빙하기, 3번의 간빙기가 있었다. 포유
류가 크게 번성하여 포유류의 시대라고도 부른다. 인류가
출현하였고, 화폐석, 매머드, 속씨식물 등의 생물이 있다.

22 A는 암석으로 구성되어 있는 지각 표층부인 암석권이다.
② B는 맨틀이다. → 대륙 지각이다.
③ C는 유동성이 없다. → 연약권으로 유동성 고체이다.

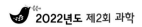

④ D는 대륙 지각이다. → 해양 지각이다.

23   A는 혼합층으로 바람에 의해 해수가 잘 섞인다. B는 수온약
      층으로 대류 현상이 거의 일어나지 않아 안정된 층이다.
      ㄷ. A에서가 C에서보다 낮다. → 수온은 심해층인 C에서 가
      장 낮다.

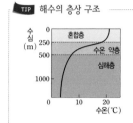

> **TIP** 해수의 층상 구조
>
> • **혼합층** : 해양의 표층에서 흡수
>   된 태양 복사에너지가 바람에
>   의한 혼합작용으로 깊이에 따른
>   수온이 일정한 층
> • **수온약층** : 수온이 높은 혼합층
>   과 수온이 낮은 심해층 사이에
>   서 수온이 급격이 낮아지는 층
> • **심해층** : 수온약층의 아래에 깊이에 따른 수온의 변화가 거의 없
>   는 층

24   빅뱅 우주론은 우주가 초고온, 초고밀도 상태의 한 점에서 폭
      발하여 팽창함에 따라 온도와 밀도가 감소하여 저온, 저밀도
      상태의 현재 우주가 되었다는 이론이다. 우주가 팽창하는데
      우주의 총 질량이 일정하므로, 우주의 평균 밀도는 감소하고,
      우주의 온도가 낮아진다.
      ㄴ. 수소 원자핵이 먼저 만들어진 후 원자핵에 전자가 결합하
      여 수소 원자가 만들어졌다.
      ㄷ. 수소가 헬륨으로 바뀌는 수소 핵융합 반응으로 수소 원자
      핵이 융합하여 헬륨 원자핵이 만들어졌다.

25   지구 온난화로 인해 지구 표면의 평균 온도가 상승하면서 지
      구의 빙하 및 영구동토층이 녹아내리고 이로 인해 해수면의
      평균 높이가 상승하였다.
      ㄱ. 지구의 평균 기온 하강 → 지구의 평균 기온 상승
      ㄷ. 대륙 빙하의 분포 면적 증가 → 대륙 빙하의 분포 면적
      감소

제6교시 한국사

정답 및 해설 |

정답

01 ①	02 ④	03 ③	04 ①	05 ④
06 ④	07 ①	08 ①	09 ①	10 ④
11 ③	12 ②	13 ③	14 ②	15 ①
16 ②	17 ③	18 ②	19 ①	20 ④
21 ③	22 ③	23 ①	24 ②	25 ④

해설

01 구석기 시대의 대표적인 뗀석기는 주먹도끼로 사냥을 하거나 가죽을 벗기는 용도로 사용되었다.
② 이불병좌상 → 발해
③ 비파형 동검 → 청동기 시대
④ 빗살무늬 토기 → 신석기 시대

02 4세기 말 즉위한 고구려 광개토 대왕은 활발한 영토 확장으로 고구려의 전성기를 이끌었다. 또한 '영락'이라는 독자적인 연호를 사용하였으며 신라에 침입한 왜를 격퇴하기도 하였다.
① 세종 → 조선의 왕
② 고이왕 → 백제의 왕
③ 공민왕 → 고려의 왕

03 도병마사는 고위 관리들이 모여 국가의 중대사를 의논했던 의사 결정 기구로, 식목도감과 함께 고려의 독자적인 정치 기구이다. 원 간섭기에는 도평의사사로 그 명칭과 권한이 변경되었다.
① 집사부 : 왕명을 수행하고 중요한 기밀업무 등을 처리한 신라의 최고 행정 기구
② 정당성 : 선조성, 중대성과 함께 3성을 이루었던 발해의 국정 총괄 기구
④ 군국기무처 : 제1차 갑오개혁 때 개혁 추진을 위해 설치된 초정부적 의결 기구

04 조선 성종은 집현전을 계승하여 홍문관을 설치하고 경연을 활성화하였다. 또한 세조 때 편찬을 시작한 조선의 기본 법전인 경국대전을 완성·반포하였다.
② 기인 제도 실시 → 고려 태조 왕건

③ 삼청 교육대 운영 → 전두환 정부
④ 전민변정도감 설치 → 고려 공민왕

05 경주 석굴암은 경상북도 토함산에 인공으로 축조한 석굴 사원으로, 불국토의 이상 세계를 표현한 통일 신라 시대의 대표적 건축물이다.
① 경복궁 : 태조 이성계가 조선을 건국한 후 한양으로 천도하면서 창건한 궁으로, 임진왜란 때 소실된 것을 흥선 대원군이 중건함
② 무령왕릉 : 충남 공주의 송산리 고분군에 위치한 백제 무령왕의 무덤
③ 수원 화성 : 조선 정조가 자신의 정치적 이상을 실현하기 위해 건립한 성

06 세종대왕은 집현전 학자들과 독창적인 문자인 훈민정음을 창제하였다.
① 서원 정리 : 흥선 대원군은 국가 재정을 좀먹고 백성을 수탈하며 붕당의 온상이던 서원을 정리하였다.
② 당백전 발행 : 흥선 대원군은 경복궁 중건에 필요한 재원 마련을 위해 당백전을 발행하였다.
③ 호포제 시행 : 흥선 대원군이 실시한 군역 제도로, 양반과 상민의 구분 없이 집집마다 군포를 내도록 하였다.

07 상평통보는 조선 후기에 주조된 화폐로, 상품 화폐 경제의 발달로 전국적으로 유통되면서 물품 구입이나 세금 납부 수단으로 사용되었다.
① 호패 : 조선 시대 16세 이상의 남자들이 신분을 증명하기 위해 몸에 차고 다니던 패
② 명도전 : 중국의 춘추 전국 시대에 사용되던 청동 화폐
④ 독립 공채 : 대한민국 임시 정부가 독립운동 자금을 마련하기 위해 국외 거주 동포들에게 발행한 공채

08 고려 시대에는 몽골의 침입 때 강화도로 수도를 옮겨 반몽정권을 수립하였고, 조선시대에는 병인박해로 인해 프랑스가 강화도를 공격하면서 병인양요가 발발하였다.

09 독립신문은 1896년 서재필이 창간한 근대적 민간 신문으로 독립협회의 기관지이다. 민중 계몽을 위해 순한글로 발행되

었으며 외국인을 위해 영문판도 함께 제작되었다.

② **동아일보** : 일제 강점기인 문화 통치기에 발행된 신문으로, 손기정 선수의 가슴에 있던 일장기를 삭제하고 게재하였고, 농촌 계몽 운동인 브나로드 운동을 전개하였다.

③ **조선일보** : 일제 강점기인 문화 통치기에 발행된 신문으로, 문자 보급 운동을 추진하였다.

④ **한성순보** : 박영효 등 개화파가 창간하여 박문국에서 발간한 최초의 근대식 신문이다.

10　동학 농민 운동 당시 녹두장군 전봉준이 농민군을 이끌고 황토현 전투에서 첫 승리를 거두었다.

① **거중기** : 정약용이 수원 화성 축조시 사용한 운반 기계

② **신민회** : 안창호와 양기탁이 국권 회복과 공화정체의 국민 국가 건설을 목적으로 설립한 비밀 결사 단체

③ **천리장성 축조** : 고구려의 연개소문이 당의 침입에 대비해 축조한 장성 또는 고려 강감찬이 거란의 침입에 대비해 축조한 장성

11　1907년 1,300만 원에 달하는 대한 제국의 빚을 갚기 위해 서상돈 등이 대구에서 시작한 국권 회복 운동은 국채 보상 운동이다.

① **새마을 운동** : 박정희 정부 때의 농촌 근대화를 표방한 범국민적 지역 사회 개발 운동

② **위정척사 운동** : 조선 말기에 성리학 이외의 모든 종교와 사상을 사학으로 보고 배격하는 운동

④ **서경 천도 운동** : 고려 인종 때 묘청이 풍수지리설에 근거하여 서경 천도를 주장한 운동

12　8·15 광복 후 5·10 총선거가 남한 단독으로 실시되고 이승만을 초대 대통령으로 하는 대한민국 정부가 수립되었다.

① **기묘사화** : 조선 중종 때 조광조의 급격한 개혁에 대한 반발로 사림 세력이 훈구 세력에 의해 숙청된 사건

③ **오페르트 도굴 사건** : 독일 상인 오페르트가 통상을 거부당하자 흥선 대원군의 아버지인 남연군의 묘를 도굴하다 발각된 사건

④ **6·15 남북 공동 선언 발표** : 김대중 정부 때 평양에서 최초로 개최된 남북 정상회담 후 발표된 공동 선언문

13　토지 조사 사업은 1910년대 일제가 조선의 토지를 약탈하기 위해 시행한 경제 정책으로, 토지 소유권자가 정해진 기간 내에 직접 신고하여 소유지로 인정받는 신고주의 원칙에 따라 진행되었다.

① **균역법** : 조선 영조 때 군역의 부담을 줄이기 위해 1년에 군포 2필을 부담하던 것을 1필로 경감한 정책

② **노비안검법** : 고려 광종이 양인이었다가 불법으로 노비가 된 자를 조사하여 해방시키기 위해 시행한 법

④ **경부 고속 국도 개통** : 박정희 정부 때에 서울과 부산을 연결하는 경부 고속 도로 개통

14　1927년 비타협적 민족주의자들과 사회주의자들이 협력하여 창립한 단체는 신간회로, 광주 학생 항일 운동이 일어나자 신간회 중앙 본부가 진상 조사단을 파견하였다.

① **삼별초** : 고려 무신 집권기 때 설치된 최씨 무신 정권의 사병 부대로, 몽골의 침입 때 항쟁

③ **통신사** : 임진왜란 이후 에도 막부의 국교 재개 요청으로 일본에 파견한 사신

④ **화랑도** : 씨족 공동체의 전통을 가진 신라의 청소년 집단

15　1919년에 일어난 일제 강점기 최대 규모의 민족 운동은 3·1 운동이다. 3·1운동으로 인해 일제는 통치 방식을 무단 통치에서 문화 통치로 바꾸었고, 대한민국 임시 정부가 중국 상하이에 수립되었다.

② **제주 4·3 사건** : 제주도에서 남한만의 단독 선거에 반대하는 세력을 진압한다는 명분하에 무고한 사람들이 희생된 사건

③ **임술 농민 봉기** : 조선 철종 때 삼정의 문란과 백낙신의 탐학으로 진주 농민들이 봉기한 민란

④ **12·12 군사 반란** : 전두환·노태우 등의 신군부 세력이 계엄령을 선포하고 통치권을 장악한 사건

16　갑오개혁 때 김홍집 친일 내각은 군국기무처를 설치하고 신분제 폐지, 공사 노비법 혁파 등의 개혁을 추진하였다.

① 고려 숙종 때 윤관은 여진족의 침입에 대비하기 위해 별무반을 창설하였다.

③ 병인양요와 신미양요의 결과 흥선 대원군은 종로를 비롯한 전국 각지에 척화비를 건립하고 통상 수교를 거부하였다.

④ 조선 후기 순조, 헌종, 철종 3대에 걸쳐 60여 년 동안 왕의 외척 가문인 안동 김씨, 풍양 조씨 등의 소수 가문이 권력을 장악하는 세도 정치가 전개되었다.

17　민족 말살 정치기에 일제는 황국 신민화 정책을 통해 황국 신민 서사 암송, 창씨개명, 신사 참배, 궁성 요배 등을 강요하였다.

① **골품제 실시** : 신라의 신분 제도

② **사사오입 개헌** : 이승만 정부 때 사사오입의 논리로 대통령 중임 제한 철폐 개헌안을 불법 통과시킨 것

④ **사심관 제도 시행** : 고려 태조 왕건이 호족을 출신 지역의

지방관으로 임명한 제도

18 박정희 정부 때 서울 동대문 평화시장에서 전태일이 노동환경을 개선하고 근로 기준법을 준수하라며 분신하였다.

① 모스크바 3국 외상 회의에서 한국의 신탁 통치가 결정되자 신탁 통치를 반대하는 운동이 전개되었다.

③ 병자호란 이후 조선을 도운 명에 대한 의리를 내세우며 군사력을 강화하여 청을 정벌하자는 북벌 운동이 전개되었다.

④ 동학의 창시자로 처형된 교조 최제우의 억울함을 풀고 포교의 자유를 인정받고자 동학교도들이 교조 신원 운동을 전개하였다.

19 김영삼 정부 때 대통령 긴급 명령으로 금융 실명제를 실시하고 지방 자치제를 전면적으로 시행하였으나, 우리나라 경제가 위기에 빠지면서 국제 통화 기금(IMF)에 구제 금융 지원을 요청하였다.

20 1943년 카이로 회담에서 미 · 영 · 중 정상들이 모여 전후 처리를 논의하면서 한국의 독립을 처음으로 약속하였다.

① 팔관회 : 고려 시대에 불교를 통해 민심을 수습하고 왕실의 안전을 도모하기 위해 거행된 불교 행사

② 화백 회의 : 국가의 중대사를 만장일치로 결정한 신라의 귀족 회의 기구

③ 만민 공동회 : 독립 협회가 개최한 우리나라 최초의 근대적 민중 대회

21 5 · 18 민주화 운동은 1980년 신군부의 계엄령 확대와 휴교령에 반대하여 광주에서 일어난 시민 저항 운동이다. 현재 5 · 18 민주화 운동 관련 기록물은 유네스코 세계 기록 유산으로 등재되어 있다.

① 자유시 참변 : 간도 참변으로 인해 자유시로 이동한 대한 독립 군단이 적색군의 무장 해제 요구에 저항하다 공격을 받은 사건

② 6 · 10 만세 운동 : 일제의 수탈과 식민지 교육에 대한 반발로, 순종의 장례일에 학생들이 주도한 만세 시위 운동

④ 제너럴 셔먼호 사건 : 대동강에 침입하여 통상을 요구하며 행패를 부리던 미국 상선 제너럴 셔먼호를 박규수와 평양 관민들이 불태운 사건

22 나철이 단군 신앙을 내세우며 창시한 대종교는 항일 무장 단체인 중광단을 조직하여 독립운동을 전개하였다. 중광단은 3 · 1 운동 직후 만주 지역의 북로 군정서로 개편하여 청산리 대첩에서 항일 투쟁을 전개하였다.

23 북한의 남침으로 6 · 25 전쟁이 발발하자 맥아더 장군의 인천 상륙 작전을 계기로 국군과 유엔군은 전세를 역전시키고 서울을 수복하였으나, 중공군의 개입으로 1 · 4 후퇴한 후 정전 협정이 체결되었다.

② 명량 대첩 : 정유재란 당시 이순신이 명량의 울돌목에서 13척의 배로 왜의 수군을 대파한 전투

③ 무신 정변 : 고려 시대 때 정중부, 이의방 등의 무신들이 문벌 귀족들을 제거하고 정권을 장악한 사건

④ 아관 파천 : 명성황후가 시해된 을미사변으로 신변에 위협을 느낀 고종이 러시아 공사관으로 거처를 옮긴 사건

24 1919년 만주에서 김원봉이 결성한 의열단은 무장 투쟁과 민중의 직접 혁명을 주장한 신채호의 조선 혁명 선언을 활동 지침으로 삼았다.

① 별기군 : 1881년에 설립된 조선 최초의 신식 군대

③ 교정도감 : 고려 무신 집권기 때의 국정 총괄 기구

④ 조선어 학회 : 이윤재, 최현배 등이 조선어 연구회를 계승하여 조직한 국어 연구 단체

25 박정희 정부 때에 7 · 4 남북 공동 성명을 발표하여 '자주, 평화, 민족 대단결'의 민족 통일 3대 원칙을 제시하였다.

① 시무 28조 : 고려 성종 때 최승로가 올린 시무책

② 전주 화약 : 동학 농민 운동 당시 농민군이 전주를 점령하고 정부와 맺은 조약

③ 4 · 13 호헌 조치 : 제5공화국 대통령 전두환이 일체의 개헌 논의를 중단하고 현행 헌법을 유지시킨 조치

2022년 2회

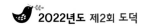

제7교시

도 덕

정답 및 해설 |

▌정답

01 ③	02 ②	03 ③	04 ②	05 ①
06 ①	07 ④	08 ②	09 ③	10 ③
11 ④	12 ②	13 ③	14 ②	15 ①
16 ④	17 ②	18 ②	19 ④	20 ③
21 ①	22 ③	23 ①	24 ②	25 ②

▌해설

01 실천 윤리학은 이론 윤리학에서 제공하는 도덕 원리를 토대로 구체적인 윤리 문제를 해결하는 데 초점을 두는 윤리학으로 생명 윤리, 정보 윤리, 환경 윤리 등이 이에 해당한다.
① **기술 윤리학** : 도덕 현상과 문제를 명확하게 기술하고, 기술된 현상들 간의 인과 관계를 설명함
② **메타 윤리학** : 윤리학의 학문적 성립 가능성을 모색하기 위해 도덕적 언어의 의미 분석과 도덕적 추론의 정당성을 검증하기 위한 논리를 분석함
④ **진화 윤리학** : 이타적 행동 및 성품과 관련된 도덕성은 자연 선택을 통해 진화한 결과라고 주장함

02 칸트(Kant, I.)의 의무론에 따르면 이성적이고 자율적인 인간은 보편적인 도덕 법칙을 의식할 수 있으며, 그러한 도덕 법칙은 정언 명령의 형식이어야 한다. 정언 명령은 행위의 결과와 상관없이 행위 자체가 선(善)이기 때문에 무조건 수행해야 하는 도덕적 명령을 의미한다.
① **밀** : 쾌락의 질적 차이를 주장한 공리주의 사상가
③ **플라톤** : 소크라테스의 제자로 이데아론을 주장한 고대 그리스의 철학자
④ **데카르트** : 정신과 물질의 철저한 이원론, 기계론적 자연관 등에 의해서 근대과학의 이론적 틀을 최초로 확립한 사상가

03 도가는 무위자연(無爲自然)의 삶을 강조하고 이를 통해 이상적인 인간인 지인(至人)과 진인(眞人)으로 거듭 날 것을 강조한 사상이다.
① **유교** : 공자를 시조로 하는 중국의 대표적 사상
② **불교** : 석가모니의 가르침을 따르는 종교

④ **법가** : 법치주의를 내세운 중국의 사상

04 동물 실험 과정에서 동물이 부당하게 고통을 겪고 있다는 주장은 동물 실험을 반대하는 관점에 해당한다. 반면에, 동물 실험은 신약 개발을 위해 반드시 필요하다는 주장과 동물은 인간의 이익을 위해 사용되는 수단에 불과하다는 주장은 동물 실험을 찬성하는 관점에 해당한다.

05 공리주의는 옳은 행위를 결정하는 기준이 유용성의 원리라고 본다. 유용성의 원리란 행위의 결과가 모든 사람의 쾌락이나 행복을 증가 또는 감소시키는 정도에 따라 어떤 행위를 승인하거나 부인하는 원리를 말한다.
② 공리주의는 행위의 결과를 중시한다.
③ 공리주의는 행위자 내면의 품성보다 행위의 효용을 강조한다.
④ 공리주의는 개인의 행복 추구보다 사회 전체의 행복 추구를 중시한다.

06 성과 사랑은 결부할 필요가 없으며, 결혼을 하지 않아도 성적 관계가 가능하다는 관점은 자유주의이다. 자유주의는 성에 대한 개인의 자유로운 선택을 중시한다.
② **보수주의** : 성적 관계는 부부간의 신뢰와 사랑을 전제로 할 때만 도덕적이며, 혼전 또는 혼외 성관계는 부도덕한 것으로 본다.
③ **도덕주의** : 성과 사랑의 관계에서 도덕주의 관점은 논의 대상이다.
④ **중도주의** : 사랑을 동반한 성적 관계는 허용될 수 있다고 본다.

07 국가는 기본적으로 시민들의 생명과 안전을 지키고 질서를 유지해야 하며 인간답고 행복한 삶을 보장해야 한다. 또한 시민들의 다양한 정치적 견해와 요구를 경청해야 한다.

08 생태 중심주의의 대표적인 사상가 레오폴드는 '대지는 자연의 모든 존재가 서로 그물망처럼 얽혀 있는 생명 공동체'라는 대지 윤리를 주장하였다. 이는 인간을 동식물, 물, 바위 등과 함께 거대한 대지 공동체의 구성원으로 바라봐야 한다는 입장이다.

09 ③의 '응보적 정의 실현을 위한 수단'은 사형 제도의 찬성 근거이며, 나머지 ① · ② · ④는 사형 제도의 반대 근거이다.

> **TIP 처벌에 관한 응보주의 관점**
> • 타인에게 해악을 준 사실만을 처벌의 근거로 본다.
> • 처벌의 경중을 범죄의 해악 정도에 비례하여 정해야 한다.

10 윤리적 성찰은 자신의 정체성과 가치관 등을 도덕적 관점에서 깊이 있게 반성하고 살피는 과정으로, 어른들의 말씀을 무조건 비판 없이 받아들이는 것은 윤리적 성찰에 해당하지 않는다.
　① 증자의 일일삼성(一日三省)
　② 유교의 거경(居敬)　　　　　⇒ 윤리적 성찰의
　④ 소크라테스의 산파술　　　　　실천 방법

11 정약용은 목민관이 지녀야 할 덕목으로 검소함과 사사로운 이익을 추구하지 않는 청렴을 강조했다. 청렴은 성품과 행실이 깨끗하고 맑으며 탐욕이 없는 것을 의미하는 말로, 특히 공직자에게 강조되는 직업윤리 의식이다.

12 과학 기술을 비윤리적이고 비인간적인 것이라고 보는 것은 과학 기술 혐오주의에 해당한다.
　① · ③ · ④ → 과학기술 지상주의

> **TIP 과학 기술 지상주의와 혐오주의**
>
> | 과학 기술 지상주의 | 과학기술의 긍정적인 측면을 강조하여 과학기술이 사회의 모든 문제를 해결해 줄 수 있다고 보는 입장 |
> | --- | --- |
> | 과학 기술 혐오주의 | 과학기술의 부정적인 측면을 강조하여 과학기술의 가치를 인정하지 않고 거부하는 입장 |

13 통일 편익은 남북한이 통일로 인하여 얻게 되는 모든 이익으로, 통일 직후에만 발생하는 단기적 이익이 아니라 통일 이후에도 지속적으로 발생한다.

14 예술 지상주의는 예술의 자율성을 옹호하는 '순수 예술론'을 지지하며, 예술을 위한 예술을 주장한다.
　① · ③ · ④ **예술 도덕주의** : 도덕적 가치가 미적 가치보다 우위에 있으므로, 예술에 대한 윤리적 규제가 필요하다고 본다. 또한 예술의 목적은 도덕적 교훈을 제공하는 것으로 예술의 사회성을 강조한다.

15 안락사는 불치병으로 극심한 고통을 겪고 있는 환자의 요구에 따라 의료진이 인위적으로 생명을 단축하는 행위인데, 이를 허용하는 문제는 생명의 존엄성과 관련하여 심각한 윤리적 문제를 발생시킬 수 있으므로 윤리적 쟁점이 된다.

16 분배의 결과보다는 분배를 위한 공정한 순서나 방법을 강조하는 관점은 절차적 정의로, 공정한 과정을 통해 발생한 결과는 정당하다는 정의관이다.
　① **결과적 정의** : 능력에 따라 일하고 결과에 따라 몫을 얻는 것
　② **교정적 정의** : 잘못이 있을 때는 공정하게 처벌하고 피해가 발생했을 때는 합당하게 배상하여 정의를 실현하는 것
　③ **산술적 정의** : 다른 사람에게 해를 끼친 경우 그만큼 보상해 주고, 이익을 준 경우 그만큼 받아야 하는 것

17 시민 불복종은 정의롭지 못한 법과 정책을 변화시키려는 목적을 가지고 의도적으로 법을 위반하는 행위로 소로의 세금 납부 거부나 간디의 소금법 폐지 행진 등이 이에 해당한다.

18 벤담은 '최대 다수의 최대 행복'을 도덕 원리로 제시한 영국의 공리주의 철학자이다.
　① **레건** : 칸트의 의무론에 기초하여 동물 권리론을 주장한 미국의 철학자
　③ **아퀴나스** : 자연법 윤리를 주장한 중세의 철학자
　④ **매킨타이어** : 현대 공동체주의 윤리와 덕 윤리를 대표하는 스코틀랜드 철학자

19 잊힐 권리는 정보 주체가 온라인상에서 개인이 원하지 않는 자신의 정보에 대해 삭제 또는 확산 방지를 요구할 수 있는 권리를 의미한다.

20 공자가 제시한 모두가 더불어 잘 사는 사회는 대동 사회이다. 대동 사회는 인륜(人倫)이 실현된 사회로서 누구에게나 기본적인 삶이 보장되는 도덕 공동체이다.
　① **공산 사회** : 생산수단이 소수 지배계급의 사적 소유에 속하는 것이 아니라 사회 전체의 공유로 귀속되는 사회
　② **소국과민** : 작은 나라에 적은 백성, 즉 문명의 발달이 없는 무위와 무욕의 이상 사회
　④ **철인 통치 국가** : 지혜의 덕목을 갖춘 통치자인 철인(哲人)이 다스리는 플라톤의 이상 국가

2022년 2회

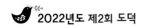

21 (가) **합리적 소비** : 자신의 경제력 내에서 가장 큰 만족을 추
    구하는 소비
    (나) **윤리적 소비** : 윤리적 가치 판단에 따라 상품이나 서비스
    를 구매하고 사용하는 것을 중시하는 소비
    • **과시적 소비** : 부를 과시하는 것을 의식하면서 행하는 소비

22 불교에서 죽음은 생, 노, 병과 더불어 대표적인 고통이며, 현
    실의 세계로부터 벗어나 또 다른 세계로 윤회하게 됨을 의미
    한다.
    ① 죽음 이후의 또 다른 세계가 존재한다.
    ② 죽음을 통해 영혼은 이데아의 세계로 들어간다고 보는 것
    은 플라톤의 죽음관이다.
    ④ 죽음이 개별 원자로 흩어져 영원히 소멸된다고 보는 것은
    에피쿠로스의 죽음관이다.

    TIP **서양 사상가들의 죽음에 대한 견해**

플라톤	육체에 갇혀 있는 영혼이 죽음을 통해 영원불변한 이데아의 세계로 들어감
에피쿠로스	영원불멸한 원자가 잠시 모인 것이 삶이며, 그것이 다시 흩어지는 것이 죽음임
하이데거	죽음에 대한 자각을 통해 삶을 더욱 의미 있고 가치 있게 살 수 있음
야스퍼스	죽음은 인간이 피할 수 없는 한계 상황임

23 장인 정신은 자기 일에 긍지를 가지고 평생 전념하거나 한
    가지 기술에 정통하려고 노력하는 정신을 말한다. 결국 장인
    은 자신의 직업에 자부심을 가지고 사회적 책임을 다하려는
    직업의식을 소유한 사람이라 할 수 있다.
    ② **특권 의식** : 사회 · 정치 · 경제적으로 특별한 권리를 누리
    고자 하는 태도
    ③ **비판 의식** : 사물의 옳고 그름을 판단하여 밝히거나 잘못
    된 점을 지적하려는 의식
    ④ **관용 정신** : 다양성이 보장되는 민주 사회에서 자기와 다
    른 사람의 이질성을 받아들이고 용인하는 능동적이고 개
    방적인 자세

24 국가 간의 힘의 논리를 통한 세력 균형보다 소통과 대화를
    중시하는 관점은 이상주의이다. 현실주의는 무정부 상태의
    국제 관계를 국익과 세력 균형의 관점에서 보는 입장으로, 국
    가의 힘을 키워서 세력 균형을 유지해야 분쟁을 막을 수 있
    다고 본다.
    ㉠ 현실주의
    ㉢ · ㉣ 이상주의

25 공직자는 국가 기관이나 공공 단체의 일을 보는 직책이나 직
    무를 맡은 사람으로 국민을 위해 봉사하는 자세를 가져야
    한다.
    ① 사익보다 공익을 우선시해야 한다.
    ③ 생계유지에 필요한 기본적인 재화, 재산은 소유할 수 있다.
    ④ 학연, 혈연, 지연에 기반한 개인적인 청탁은 모두 거절해
    야 한다.

정답 및 해설

2021년도

제1회

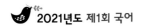

제1교시

국 어

정답 및 해설 |

정답

01 ④	02 ①	03 ③	04 ③	05 ②
06 ④	07 ④	08 ④	09 ①	10 ①
11 ②	12 ①	13 ③	14 ②	15 ③
16 ③	17 ②	18 ①	19 ④	20 ④
21 ③	22 ②	23 ②	24 ③	25 ③

해설

01 고객이 먼저 수리 기사에게 꼼꼼하게 수리해 주어 편리하게 사용할 수 있게 되었다며 솜씨를 칭찬해 주었다. 수리 기사는 고객님 말씀 덕분에 제가 더 힘이 난다며 서로 좋은 말을 주고받고 있으므로, 자기가 남에게 말이나 행동을 좋게 하여야 남도 자기에게 좋게 한다는 말을 의미하는 '가는 말이 고와야 오는 말이 곱다.'라는 속담이 어울린다.

① 모기도 모이면 천둥소리 난다 : 힘없고 미약한 것이라도 많이 모이면 큰 힘을 낼 수 있다는 말

② 사촌이 땅을 사면 배가 아프다 : 남이 잘되는 것을 기뻐해 주지는 않고 오히려 질투하고 시기하는 경우를 비유적으로 이르는 말

③ 털어서 먼지 안 나는 사람 없다 : 누구나 다 조그마한 허물은 가지고 있다는 말

02 지난번 너의 말에 상처를 받았다는 은영에게 소윤은 말로는 미안하다고 하면서 표정은 기분 나쁜 표정을 짓고 있다. 또한 정말로 잘못했다고 진심으로 사과하고 있는 것이 아니라 '내가 잘못했다고 치자.'라고 말하여 은영을 더욱 화나게 하고 있으므로 소윤은 진정성 없는 사과를 하는 문제점을 가지고 있다.

03 제시된 표준 발음법 규정은 어간 받침 'ㄴ(ㄵ), ㅁ(ㄻ)'뒤에 결합되는 어미의 첫소리와 관련된 규정이다. ③의 '옮기고'는 '옮-'에 사동의 접미사 '-기-'가 붙은 형태이므로 이때는 된소리로 발음하지 않고 [옴기다]로 발음해야 한다.

① 앉지[안찌]

② 안고[안꼬]

④ 감고서[감꼬서]

> **TIP** 표준어 규정 제24항

어간 받침 'ㄴ(ㄵ), ㅁ(ㄻ)' 뒤에 결합되는 어미의 첫소리 'ㄱ, ㄷ, ㅅ, ㅈ'은 된소리로 발음한다.

예 신고[신:꼬] 껴안다[껴안따] 앉고[안꼬] 얹다[언따] 삼고[삼:꼬] 더듬지[더듬찌] 닮고[담:꼬] 젊지[점:찌]

다만, 피동, 사동의 접미사 '-기-'는 된소리로 발음하지 않는다.

예 안기다 감기다 굶기다 옮기다

04 남의 행동을 입어서 행하여지는 동작을 일컬어 피동 표현이라고 하는데, ③의 '업었다'는 피동 표현이 아닌 '업다'의 과거형으로 볼 수 있다.

① **잡혔다** : 잡- + -히- + -었다

② **풀렸다** : 풀- + -리- + -었다

④ **사용된다** : 사용 + 된다

> **TIP** 피동 표현의 방법

- 용언 + -이-, -하-, -리-, -기-

  예 먹다 → 먹히다, 물다 → 물리다

- 용언 + -어지다

  예 나누다 → 나누어지다

- 피동의 뜻을 더하는 '되다'

  예 확정하다 → 확정되다

05 음료를 높일 수는 없으므로 '음료 나오셨습니다'는 잘못된 표현이다. '여기 주문하신 음료 나왔습니다.'라고 해야 옳은 표현이다.

06 'ㅁ·ᄎᆞᆷ:내제·ㅄ·들시·러펴·디:몯ㅎᆶ ㉣ ·노·미하·니·라'는 '마침내 제 뜻을 능히 펴지 못하는 사람이 많으니라'라는 뜻인데, 여기서 ㉣의 '노미'는 사람을 의미하는 '놈'으로 끊어 적기가 아닌 이어 적기로 표기하였다.

07 본론은 잊힐 권리를 법적으로 허용해야 하는 이유에 대해 설명하고 있으므로 ㉠에는 온라인 공간에서 개인 정보가 잊혀지지 않을 경우 발생할 수 있는 문제 또는 피해에 대한 내용이 와야 한다. 그러므로 개인 정보가 지워지지 않고 온라인 공간에 남아 지속적인 노출이 되게 되면 정신적 피해를 줄 수 있다는 ④가 ㉠에 들어갈 내용으로 가장 적절하다.

08 주어진 글에서는 칭찬을 잘할 줄 아는 사람은 많은 사람들의 사랑과 존경을 받는다고 하였으므로 ⓔ에는 어떤 목적을 지닌 행위에 의하여 보람이나 좋은 결과가 드러나는 것을 의미하는 효과적이 그대로 쓰이는 것이 적절하다. 권위적이란, 권위를 내세우는 것을 의미하므로 부정적 느낌을 주기 때문에 ⓔ에 들어가기 적절하지 않다.

[09~11]

김수영, 「눈」
• **갈래** : 자유시, 서정시
• **성격** : 비판적, 참여적, 상징적
• **제재** : 눈
• **주제** : 순수하고 정의로운 삶의 소망과 부정적 현실 극복 의지
• **특징**
　– '눈'과 '기침(가래)'의 이미지가 대립 구조를 보임
　– 추상적인 관념을 구체적인 대상에 빗대어 감각적으로 형상화함
　– 동일한 문장의 반복과 변형을 통해 점층적으로 시상을 전개함

09 이 시에서는 '눈은 살아 있다'와 '기침을 하자'라는 시구를 반복하여 사용함으로써 운율감을 형성하고 시적 의미를 강조하고 있다.
　② 이미 알고 있는 사실을 의문형으로 제시하는 표현기법인 설의적 표현은 이 시에서 사용되지 않았다.
　③ 문장을 명사형이 아닌 서술형으로 끝내고 있다.
　④ 미각적 심상은 사용되지 않았다.

10 이 시에서 '눈'은 순수하고 순결한 생명력, 양심 등을 의미한다.

11 화자는 기침을 하고 가래를 뱉는 행위를 통해 독재정권이라는 부정한 시대적 현실과 불의에 저항하려 하고 있다.

[12~14]

황석영, 「삼포 가는 길」
• **갈래** : 단편소설, 사실주의 소설
• **성격** : 현실 비판적, 사실적
• **배경**
　– 시간적 배경 : 1970년대의 겨울날
　– 공간적 배경 : 공사장에서 철도역까지의 여로
• **시점** : 전지적 작가 시점
• **주제**
　– 고향 상실과 소외의 쓸쓸한 삶
　– 산업화 과정에서 소외된 하층민들의 애환과 연대 의식
• **특징**
　– 여로 소설의 구조를 통해 주제를 형상화함
　– 대화나 행동 묘사를 주로 사용하여 사실적이고 극적인 효과를 냄

12 이 글에서는 세 사람(영달, 정 씨, 백화)의 대화를 통해 인물들이 처한 상황을 나타내고 있다.
　② 이 글에서는 영웅적 인물에 대해 표현하고 있지 않다.
　③ 비현실적인 소재가 쓰였다는 설명은 적절하지 않다.
　④ 작품 밖 서술자가 서술하고 있으며 서로 불신하는 현실을 비판한다는 설명은 적절하지 않다.

13 ⓒ은 백화와 잘 해보라는 정 씨의 말에 대한 영달의 대답이다.

14 영달과 정 씨는 삼포로 가고 백화는 그들과 함께 가지 않는데, [가]에서 백화가 개찰구로 가다가 다시 돌아와 본명을 말하는 모습, 눈이 젖은 모습 등을 통해 두 사람과의 헤어짐을 아쉬워하고 있음을 알 수 있다.

[15~16]

윤선도 「오우가」
- **갈래** : 연시조(6수), 평시조
- **성격** : 예찬적, 찬미적, 자연친화적
- **제재** : 물, 돌, 소나무, 대나무, 달
- **주제** : 다섯 자연물의 덕에 대한 예찬
- **구성**
  - 제1수 : 오우에 대한 소개
  - 제2수 : 깨끗하고 그치지 않는 물에 대한 예찬
  - 제3수 : 변함없는 바위에 대한 예찬
  - 제4수 : 곧은 뿌리를 가진 소나무에 대한 예찬
  - 제5수 : 사계절 푸르른 대나무에 대한 예찬
  - 제6수 : 과묵한 달에 대한 예찬
- **특징**
  - 다섯 자연물을 벗으로 의인화하여 그것들의 특징을 예찬함
  - 물아일체와 자연친화 사상이 나타남
  - 설의법과 의인법의 표현이 두드러짐
  - 다섯 자연물의 관습적 상징성을 인간의 덕목으로 드러냄

15 제1수에서 '두어라', 제2수에서 '조코도', 제4수에서 '구천의'
로 모두 종장의 첫 음보가 3음절이다.
① 유사하게 반복되는 후렴구는 쓰이지 않았다.
③ 기승전결의 구조를 띠고 있지 않다.
④ 오우가는 3장 6구 45자 내외의 정형시이며, 3(4) · 4조를
기본으로 한 4음보 율격을 사용하고 있다.

16 이 작품은 물, 바위, 소나무, 대나무, 달을 의인화하여 벗으
로 칭하며 구름, 바람, 꽃, 풀, 잎 등과 비교하며 사대부들이
추구하던 윤리적 가치를 예찬하는 글이다. 그러므로 ⊙~@
중 깨끗하며 변함이 없는 성질을 나타내는 © 물이 가장 적
절하다.

[17~19]

정약용, 「수오재기」
- **갈래** : 기(記), 한문 수필
- **성격** : 자성적, 회고적
- **주제** : 나를 지키는 것의 중요성
- **구성**
  - 기 : '수오재'라는 이에 대한 의문 제기
  - 승 : 나를 지켜야 하는 이유
  - 전 : 본질적 자아(나)를 소홀히 했던 삶에 대한 반성
  - 결 : 수오재기를 쓰게 된 내력
- **특징**
  - 경험과 깨달음을 통한 글쓴이의 인식 변화가 나타남
  - 대상에 대한 의문으로부터 깨달음을 얻기까지의 과정이 제
    시됨

17 이 글은 글쓴이가 자신의 경험(큰형님이 서재에 붙인 '수오
재'라는 이름에 대한 사연)을 통해 깨달음을 얻는 기(記) 또는
한문 수필에 해당한다.

18 ©, ©, @는 누가 훔쳐가거나 없앨 수 없는 것이므로 지키지
않아도 괜찮은 것이지만, ⊙ '나'는 잃어버리기 쉬우므로 지
켜야 하는 것에 해당된다.

19 글쓴이는 '수오재'라는 이름에 대해 의문을 가지다가 '나'를
잃어버리지 않도록 잘 지켜야 함을 깨닫는다. '나'는 유혹이
나 위협에 잃어버리기 쉬우며 한번 떠나가면 돌아올 줄 모르
는 것이기 때문이다.

> **TIP** '나'의 의미
>
> 본성을 의미하며 특히 '본질적인 나'를 잃지 않도록 굳게 지켜야 한
> 다고 말하고 있다.

[20~22]

> 김정수, 「바닷속 미세 플라스틱의 위협」
> • 갈래 : 기사문
> • 성격 : 성찰적, 비판적
> • 주제 : 미세 플라스틱의 문제점과 해결책
> • 특징
>   – 미세 플라스틱의 생성과정 및 현황과 문제점을 사실적으로
>   서술함
>   – 미세 플라스틱 문제에 대한 관심과 대책을 촉구함

20 이 글은 과학 잡지 『사이언스』나 한국 해양 과학 기술원의 실험 결과 등을 인용하여 미세 플라스틱이 증가하고 있으며 이는 인간에게도 위협이 될 수 있음을 주장하고 있다.

21 3문단에서 나노 크기까지 쪼개진 발포 스티렌은 인간의 주요 장기는 물론 뇌 속까지 침투할 수 있으며 내장을 제거하지 않은 채 먹는 수산물을 통해 이들의 체내에서 미처 배출되지 못한 미세 플라스틱을 함께 섭취할 수도 있다고 하였다. 이때 미세 플라스틱은 인간에게도 위협이 될 수 있다고 하였으므로 유해물질이 모두 인간의 몸 밖으로 배출된다는 내용은 윗글과 일치하지 않는다.
  ① 1문단에서 미세 플라스틱이 사람들의 눈길을 끌기 시작한 것은 오래되지 않았다고 하였다.
  ② 2문단에서 플라스틱은 바다로 흘러들어 간 후에는 물속에 녹아 있는 다른 유해 물질을 끌어당긴다고 하였다.
  ④ 2문단에서 먹이 사슬 과정에서 농축된 미세 플라스틱의 독성 물질은 해양 생물의 생식력을 떨어뜨릴 수 있다고 하였다.

22 ㉠에서 쓰인 '끌다'는 남의 관심 따위를 쏠리게 한다는 의미로 쓰였으므로 관심을 끈다는 의미로 사용된 ②가 적절하다.
  ① 바닥에 댄 채로 잡아당기다.
  ③ 바퀴 달린 것을 움직이게 하다.
  ④ 시간이나 일을 늦추거나 미루다.

23 윗글은 "어떻게 살 것인가?"라는 질문에 대한 답을 세 가지 (신나게 살기, 의미 있게 살기, 몰두하며 살기)로 나누어 제시하고 있다.

24 ©의 접근하다는 가까이 다가가다. 친밀하고 밀접한 관계를 가진다는 뜻이다.

25 2문단에서 즐거운 삶을 살라고는 하였지만. 3문단에서 감각적인 즐거움은 덜하더라도 원대한 목표를 위해 헌신하는 것 또한 매우 의미 있는 삶이라고 하였으므로 즐거움만을 위해 사는 삶이 의미 있는 삶이라고 볼 수 없다.
  ① 1문단에서 "어떻게 살 것인가?"라는 질문에 쉽게 답을 내릴 수 있는 사람은 없다고 하였다.
  ② 2문단에서 신나게 살기에 대해 설명하며 우리가 꿈꾸는 삶 중에 하나는 죽는 순간까지 장난기를 잃지 않는 것이라고 하였다.
  ④ 4문단에서 가끔 무언가에 미친 듯이 몰두하는 경험은 우리의 삶을 좀 더 긍정적인 방향으로 안내한다고 하였다.

제2교시

수 학

정답 및 해설 |

▌정답

01 ④	02 ②	03 ②	04 ①	05 ④
06 ④	07 ③	08 ①	09 ①	10 ①
11 ④	12 ②	13 ③	14 ②	15 ③
16 ④	17 ①	18 ①	19 ②	20 ③

▌해설

01 $A=x^2+1$, $B=x+2$이므로
$$A+B=(x^2+1)+(x+2)$$
$$=x^2+x+3$$

02 x에 대한 항등식은 x에 어떤 값을 넣어도 언제나 성립하는 등식을 뜻하므로 좌변과 우변의 식이 같아야 한다.
주어진 식 $x^2+ax+2=x^2+3x+b$를 보면 좌변에서 x의 계수가 a, 우변에서 x의 계수가 3이므로 $a=3$, 좌변에서 상수항은 2, 우변에서 상수항은 b이므로 $b=2$이다.
$$\therefore a+b=3+2=5$$

> **TIP 항등식의 성질**
>
> 다음 식이 x, y에 대한 항등식일 때,
> - $ax+b=0 \Leftrightarrow a=0$, $b=0$
> - $ax^2+bx+c=0 \Leftrightarrow a=0$, $b=0$, $c=0$
> - $ax^2+bx+c=a'x^2+b'x+c' \Leftrightarrow a=a'$, $b=b'$, $c=c'$
> - $ax+by+c=0 \Leftrightarrow a=0$, $b=0$, $c=0$

03 $f(x)=2x^2+4x-3$이라 하면
$f(x)$를 $(x-1)$로 나누었을 때 나머지는 $f(1)$이므로
$$f(1)=2\times 1^2+4\times 1-3$$
$$=2+4-3$$
$$=3$$

> **TIP 나머지정리**
>
> - x에 대한 다항식 $f(x)$를 일차식 $x-a$로 나누었을 때의 나머지를 R이라고 하면, $R=f(a)$
> - x에 대한 다항식 $f(x)$를 일차식 $ax+b$로 나누었을 때의 나머지를 R이라고 하면, $R=f\left(-\dfrac{b}{a}\right)$

04 다항식 x^3-2^3을 인수분해하면 다음과 같다.
$$x^3-2^3=(x-2)(x^2+2x+2^2)$$
$$=(x-2)(x^2+2x+4)$$
$$\therefore a=2$$

> **TIP 인수분해 기본공식**
>
> - $ma+mb-mc=m(a+b-c)$
> - $a^2+2ab+b^2=(a+b)^2$
> $a^2-2ab+b^2=(a-b)^2$
> - $a^2-b^2=(a+b)(a-b)$
> - $x^2+(a+b)x+ab=(x+a)(x+b)$
> - $acx^2+(ad+bc)x+bd=(ax+b)(cx+d)$
> - $a^3+3a^2b+3ab^2+b^3=(a+b)^3$
> $a^3-3a^2b+3ab^2-b^3=(a-b)^3$
> - $a^3+b^3=(a+b)(a^2-ab+b^2)$
> $a^3-b^3=(a-b)(a^2+ab+b^2)$

05 복소수가 있는 등식을 만족하려면 실수부분은 실수부분끼리, 허수부분은 허수부분끼리 같으면 된다.
그러므로 $(x-2)+yi=1+4i$에서
$(x-2)=1$, $yi=4i$를 만족하면 되므로
$$x=3, y=4$$

06 이차방정식 $x^2-3x+2=0$의 두 근을 α, β라고 하면 근과 계수의 관계에 의하여 $\alpha\beta=2$이다.

> **TIP 근과 계수와의 관계**
>
> - $ax^2+bx+c=0(a\neq 0)$의 두 근이 α, β이면
> $\alpha+\beta=-\dfrac{b}{a}$, $\alpha\beta=\dfrac{c}{a}$
> - $ax^3+bx^2+cx+d=0(a\neq 0)$의 세 근이 α, β, γ이면
> $\alpha+\beta+\gamma=-\dfrac{b}{a}$, $\alpha\beta+\beta\gamma+\gamma\alpha=\dfrac{c}{a}$, $\alpha\beta\gamma=-\dfrac{d}{a}$

07 $-1\leq x\leq 2$일 때, 이차함수 $y=-x^2+5$의 그래프를 보면 $x=0$일 때 최댓값 5를 가진다.

2021년 1회

TIP 이차함수의 최대 · 최소

$y=ax^2+bx+c=a(x-m)^2+n$ $(a\leq x\leq\beta)$에서 꼭짓점의 x좌표가 제한된 범위에 포함될 때

- $a>0$이면 $x=m$에서 최솟값 n이고 $f(a),f(\beta)$ 중 큰 값이 최댓값이다.
- $a<0$이면 $x=m$에서 최댓값 n이고 $f(a),f(\beta)$ 중 작은 값이 최솟값이다.

08 삼차방정식의 한 근이 2이므로

$x=2$를 대입했을 때 방정식을 만족해야 한다.

따라서 $2^3-2\times2^2+2a+4=0$이므로

$8-8+2a+4=0$

$\therefore a=-2$

09 연립부등식 $\begin{cases}3x>6 & \cdots ㉠\\ x<10-x & \cdots ㉡\end{cases}$을 풀면

㉠은 $x>2$, ㉡은 $x<5$이므로

연립부등식의 해는 $2<x<5$이다.

$\therefore a=5$

10 $|x+1|\leq2$는 $-2\leq x+1\leq2$, $-3\leq x\leq1$이므로 상수 $a=1$이다.

TIP 절댓값 기호를 포함한 일차부등식의 풀이

- $|x|<a$ $(a>0)$의 해 : $-a<x<a$
  원점으로부터의 거리가 a보다 작은 x의 값들의 모임
- $|x|>a$ $(a>0)$의 해 : $x<-a$ 또는 $x>a$
  원점으로부터의 거리가 a보다 큰 x의 값들의 모임
- $a<|x|<b$ $(0<a<b)$의 해 : $-b<x<-a$ 또는 $a<x<b$
  원점으로부터의 거리가 a보다 크고 b보다 작은 x의 값들의 모임

11 두 점 $A(-1,2)$, $B(1,4)$ 사이의 거리는

$\sqrt{(1-(-1))^2+(4-2)^2}$

$=\sqrt{2^2+2^2}$

$=\sqrt{4+4}$

$=\sqrt{8}$

$=2\sqrt{2}$

TIP 좌표평면 위의 두 점 $A(x_1,y_1)$, $B(x_2,y_2)$ 사이의 거리

$\overline{AB}=\sqrt{(x_2-x_1)^2+(y_2-y_1)^2}$

12 구하고자 하는 직선의 방정식을 $y=ax+b$라 하면,

직선 $y=x+1$에 수직이므로 $1\times a=-1$, $a=-1$이다.

또한 이 직선이 $(0,2)$를 지나므로 $b=2$이다.

$\therefore$ 직선의 방정식은 $y=-x+2$

TIP 두 직선 사이의 관계

두 직선이 $y=mx+n$, $y=m'x+n'$일 때,

- 수직관계 : $m\times m'=-1$
- 평행관계 : $m=m'$
- 한 점에서 만날 경우 : $m\neq m'$

13 중심이 $(-2,1)$이고 반지름을 r이라 하면

원의 방정식은 $(x+2)^2+(y-1)^2=r^2$이다.

이 원이 원점$(0,0)$을 지나므로 이 점을 원의 방정식에 대입하면

$(0+2)^2+(0-1)^2=r^2$

$2^2+(-1)^2=r^2$, $r^2=5$이다.

그러므로 원의 방정식은 $(x+2)^2+(y-1)^2=5$이다.

TIP 원의 방정식

- 기본형 : 중심이 $(0,0)$, 반지름이 r인 원의 방정식
  $\Rightarrow x^2+y^2=r^2$
- 표준형 : 중심이 (a,b), 반지름이 r인 원의 방정식
  $\Rightarrow (x-a)^2+(y-b)^2=r^2$

14 점 $(2,1)$을 x축의 방향으로 -2만큼, y축의 방향으로 2만큼 평행이동한 점은

$(2-2,1+2)=(0,3)$이다.

TIP 평행이동과 대칭이동

- 평행이동 : 점 (x,y)가 x축으로 a만큼, y축으로 b만큼 평행이동하면 점 $(x+a,y+b)$가 된다.
- 대칭이동 : 점 (x,y)일 때,
  - x축의 대칭 : $(x,-y)$
  - y축의 대칭 : $(-x,y)$
  - 원점 대칭 : $(-x,-y)$
  - $y=x$ 대칭 : (y,x)

15 $A=\{1,3,4\}$, $B=\{2,4,5\}$에서 합집합 $A\cup B$는 집합 A에 있는 원소와 B에 있는 원소를 모두 구해야 하므로

$A\cup B=\{1,2,3,4,5\}$이고, 원소의 개수는 5이다.

$\therefore n(A\cup B)=5$

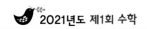

16 $p \rightarrow q$의 대우는 $\sim q \rightarrow \sim p$이다.

그러므로 명제 '$x=2$이면 $x^2=4$이다.'의 대우는 '$x^2 \neq 4$이면 $x \neq 2$이다.'가 된다.

> **TIP 명제의 역과 대우**
>
> • 명제 : $p \rightarrow q$
> • 명제의 역 : $q \rightarrow p$
> • 명제의 대우 : $\sim q \rightarrow \sim p$

17 $(g \circ f)(2) = g(f(2))$이므로

$f(2)$의 값은 함수 $f : X \rightarrow Y$에서 $f(2) = a$

$g(a)$의 값은 함수 $g : Y \rightarrow Z$에서 $g(a) = 4$

$\therefore (g \circ f)(2) = 4$

> **TIP 합성함수**
>
> 두 함수 $f : X \rightarrow Y$, $g : Y \rightarrow Z$에 대하여 X의 각 원소 x에 Z의 원소 $g(f(x))$를 대응시켜 X를 정의역, Z를 공역으로 하는 새로운 함수를 f와 g의 합성함수라고 하고, 기호로 $g \circ f : X \rightarrow Z$, $(g \circ f)(x)$, $g(f(x))$로 나타낸다.

18 무리함수 $y = \sqrt{x-1} + a$의 그래프가 점 $(1, -2)$와 점 $(5, 0)$을 지나고 있으므로 이 두 점을 대입하면 a값을 구할 수 있다.

$(1, -2)$를 대입하면

$-2 = \sqrt{1-1} + a$

$\therefore a = -2$

19 3장의 카드 중에서 서로 다른 2장을 선택하여 일렬로 나열해야 하므로 순열의 공식을 사용한다.

$_3P_2 = 3 \times 2 = 6$

$\therefore$ 경우의 수는 6

> **TIP 순열**
>
> 서로 다른 n개에서 $r(r \leq n)$개를 선택하여 일렬로 나열하는 것을 n개에서 r개를 선택하는 순열이라 하고, 그 순열의 수를 기호 $_nP_r$로 나타낸다.
>
> • $_nP_r = n \times (n-1) \times (n-2) \times \cdots \times (n-r+1)$ (단, $0 < r \leq n$)
> • $_nP_n = n \times (n-1) \times (n-2) \times \cdots \times 3 \times 2 \times 1 = n!$
> • $_nP_r = \dfrac{n!}{(n-r)!}$ (단, $0 \leq r \leq n$)
> • $_nP_0 = 1$, $0! = 1$

20 4개 중에서 서로 다른 2개를 고르기만 하면 되므로 조합의 공식을 사용한다.

$_4C_2 = \dfrac{4 \times 3}{2 \times 1} = 6$

$\therefore$ 경우의 수는 6

> **TIP 조합**
>
> 서로 다른 n개에서 순서를 생각하지 않고 $r(r \leq n)$개를 선택하는 것을 n개에서 r개를 선택하는 조합이라 하고, 그 조합의 수를 기호로 $_nC_r$로 나타낸다.
>
> • $_nC_r = \dfrac{_nP_r}{r!} = \dfrac{n!}{r!(n-r)!}$ (단, $0 \leq r \leq n$)
> • $_nC_n = 1$, $_nC_0 = 1$, $_nC_1 = n$
> • $_nC_r = {}_nC_{n-r}$

제3교시 영 어

■ 정답

01 ②	02 ①	03 ③	04 ①	05 ②
06 ④	07 ④	08 ③	09 ②	10 ④
11 ①	12 ④	13 ①	14 ①	15 ②
16 ③	17 ③	18 ④	19 ③	20 ④
21 ④	22 ②	23 ③	24 ①	25 ③

■ 해설

01 해설 'decorate'은 '꾸미다'라는 뜻이다.
해석 나는 네가 집을 꽃으로 꾸미는 것을 도와줄 수 있다.
어휘 help 돕다, 거들다
decorate 꾸미다

02 해설 'take care of'는 '~을 돌보다'라는 뜻이다.
해석 내 고양이를 돌봐주다니 정말 친절하구나.
어휘 kind 친절한, 다정한
take care of ~을 돌보다

03 해설 'In fact'는 '사실상'이라는 뜻이다.
해석 사실상 스마트폰은 많은 면에서 컴퓨터를 대체해왔다.
어휘 in fact 실제로, 사실은, 사실상
smartphone 스마트폰
replace 대신[대체]하다
in many ways 여러모로

04 해설 주어진 지문의 두 단어는 반의어 관계이다. ②, ③, ④ 모두 반의어 관계이지만, ①은 유의어 관계이다.
해석 밖은 비록 어두울지라도, 우리 집은 밝다.
① 동일한 – 같은
② 단단한 – 부드러운
③ 긍정적인 – 부정적인
④ 넓은 – 좁은
어휘 Even though 비록 ~일지라도, ~에도 불구하고

05 해설 전시 기간, 티켓 가격, 휴관일은 언급되어 있지만 환불 규정은 언급되어 있지 않다.

해석 미술 전시회
날짜 : 11월 12일–25일
시간 : 오전 10시–오후 6시
장소 : 중앙 미술관
티켓 : 성인 15달러, 학생 10달러
화요일은 휴무입니다.
어휘 exhibition 전시회
November 11월
museum 박물관, 미술관
adult 성인
close 가까운, 닫다, 감다

06 해설 첫 번째 문장에서 'run'은 '달리기'라는 뜻이고, 두 번째 문장에서 'run'은 '운영하다'라는 뜻이다.
① 듣고[데리고] 있다
② 가지다
③ 문제
해석 • 나는 매일 아침마다 달리기를 한다.
• 그의 부모님은 작은 커피숍을 운영한다.
어휘 every morning 매일 아침
parent 부모
coffee shop 커피숍

07 해설 첫 번째 문장에서 'who'는 어떤 사람을 수식하는 형용사절을 이끄는 관계대명사로 쓰였고, 두 번째 문장에서 'who'는 '누가'라는 뜻을 가진 의문사로 쓰였다.
① 어떻게
② 무엇
③ 언제
해석 • 나는 미국에 사는 친구가 있다.
• 아빠, 어젯밤 테니스 경기에서 누가 이겼어요?
어휘 live 살다
America 미국
tennis match 테니스 경기
last night 어젯밤

08 해설 첫 번째 문장에서 'in front of'는 '~의 앞쪽에'라는 뜻이고, 두 번째 문장에서 'be interested in'은 '~에 관심이 있다'라는 뜻이므로 빈칸에 공통으로 들어갈 말은 'in'이다.

① ～에

② 위한, ～에 대해

④ ～쪽으로

해석 • 집 앞에 커다란 나무들이 있다.

• 많은 사람들이 한국에 관심이 있다.

어휘 large (규모가) 큰, (양이) 많은

be interested in ～에 관심[흥미]이 있다

South Korea 남한, 대한민국

09 **해설** 새해를 기념한 게 어제 같은데 벌써 5월이라니 믿을 수 없다는 내용의 대화이므로 ② '시간은 쏜살같이 지나간다'가 적절하다.

해석 A : 오늘이 어린이날인 거 알고 있었어?

B : 응. 벌써 5월이라니 믿을 수가 없어.

A : 우리가 새해를 기념한 게 어제 같은데.

B : 맞아. 엄마는 시간이 쏜살처럼 지나가기 때문에 매 순간을 소중하게 생각하라고 말씀하셨어.

어휘 Children's day 어린이날

May 5월

already 이미, 벌써

celebrate 기념하다, 축하하다

New Year's Day 새해 첫 날

value 가치, 소중하게 생각하다

moment 잠깐, 순간, 시기

10 **해설** 오늘 기분이 어떻냐는 A의 물음에 좋아하는 가수를 직접 봐서 매우 기쁘다고 하였으므로 대화에서 알 수 있는 B의 심정은 ④의 '행복하다'이다.

해석 A : 오늘 기분이 어때?

B : 너무 행복해. 세상 최고가 된 기분이야!

A : 잘됐네. 무슨 일인데?

B : 방금 내가 좋아하는 가수를 직접 봤어!

어휘 feel on top of the world 굉장히 기쁘다

happen 일어나다

favorite 매우 좋아하는

in person 직접

11 **해설** 책을 대출하고 싶다는 내용의 대화이므로 대화가 이루어지는 장소로 가장 적절한 곳은 ①의 '도서관'이다.

해석 A : 안녕하세요. 이 책들을 대출하고 싶습니다.

B : 네. 세 권 모두 빌릴 건가요?

A : 음, 지금 생각해 보니, 저는 이 두 권만 있으면 됩니다.

B : 문제없습니다.

어휘 would like to ～하고 싶다

check out (도서관 등에서) 대출하다

borrow 빌리다

no problem 그럼요, 문제없습니다, 괜찮아요

12 **해설** 모든 동식물이 살기 위해 물에 의존하며 우리 몸의 60～70퍼센트가 물로 이루어져 있고, 물 없이는 며칠 버티지 못할 것이라는 것으로 보아 밑줄 친 It이 가리키는 것은 ④의 '물'이다.

해석 모든 동물과 식물은 살기 위해 물에 의존한다. 우리 몸은 약 60에서 70퍼센트 정도의 수분이에요. 우리는 음식 없이 몇 주를 보낼 수 있다. 하지만 물이 없다면, 우리는 며칠 안에 죽을 것이다. 그것은 우리의 삶에 매우 중요합니다.

어휘 plant 식물, 초목, 나무

depend on ～에 의존하다

about 약, ～쯤

percent 퍼센트, 백분율

without ～없이

a few 조금

important 중요한

13 **해설** A는 맛있어 보이는 메뉴가 많다고 하자, B가 크림소스를 넣은 스파게티를 추천해 주었으므로 빈칸에 들어갈 말로 가장 적절한 것은 'Can you recommend a dish for me? (나한테 요리를 추천해줄 수 있니?)'이다.

② 네가 가장 좋아하는 식당은 어디야?

③ 왜 너는 이탈리아 패션을 좋아하니?

④ 이탈리아에 가본 적 있니?

해석 A : 메뉴에 있는 게 다 맛있어 보여!

B : 맞아. 여기는 내가 가장 좋아하는 식당 중 하나야.

A : 훌륭해! 나한테 요리를 추천해줄 수 있니?

B : 크림소스를 넣은 스파게티는 어때? 그것은 그들의 최고의 요리 중 하나야.

어휘 delicious 아주 맛있는, 냄새가 좋은

restaurant 식당, 레스토랑

spaghetti 스파게티

sauce 소스

dish 접시, 요리

recommend 추천하다

fashion 유행하는 스타일

14 **해설** A의 질문에 대해 B는 환경을 살려야 하기 때문이라고 하였으므로 빈칸에 들어갈 말로 가장 적절한 것은

'Why do we have to recycle? (왜 재활용을 해야 하나요?)'이다.

② 여기에서 얼마나 살았나요?

③ 당신의 짐은 어떻게 생겼나요?

④ 당신의 인생에서 가장 좋았던 순간은 언제였나요?

해석 A : 왜 재활용을 해야 하나요?

　　　B : 우리는 환경을 살려야 하기 때문입니다.

어휘 have to 해야한다

　　　save 구하다, 모으다

　　　environment 환경

　　　recycle 재활용하다

　　　luggage 짐[수하물]

　　　moment 잠깐, 잠시, 순간, 때[시기]

15 **해설** 손으로 쓰기를 하면 무언가를 기억하는 데 도움을 주고 편지를 쓸 때 개인적인 느낌을 더하여 줄 수 있다고 하였으므로 대화의 주제로 가장 적절한 것은 ②의 '손으로 쓰기의 장점'이다.

해석 A : 손으로 쓰는 것은 많은 장점이 있다고 생각해.

　　　B : 정말? 어떠한 것들이?

　　　A : 우선, 그것은 우리가 무언가를 외우는 데 도움을 줘.

　　　B : 알 것 같아. 다른 것은?

　　　A : 또한 편지에 개인적인 느낌을 더할 수 있어.

어휘 advantage 유리한 점, 이점, 장점

　　　memorize 암기하다

　　　else (이미 언급된 것에 덧붙여) 또[그 밖의] 다른

　　　add 첨가[추가]하다, 덧붙이다

　　　personal 개인적

　　　letter 편지

16 **해설** 상대방을 오해하여 불친절하게 대했던 것에 대해 미안하다고 말을 하기 위해 메일을 썼으므로 글을 쓴 목적으로 가장 적절한 것은 ③의 '사과하려고'이다.

해석 지난 며칠간 내가 한 일 때문에 너에게 미안하다는 말을 하려고 메일을 써. 나는 너와 Jessica가 일부러 나를 무시하는 줄 알고 너에게 불친절하게 대했어. 이제 내가 너를 오해했다는 걸 알아. 나는 정말 미안하다고 말하고 싶어.

어휘 last couple of days 지난 며칠간

　　　ignore 무시하다

　　　on purpose 고의로[일부러]

　　　treat (특정한 태도로) 대하다

　　　unkindly 불친절하게

　　　misunderstand 오해하다

17 **해설** 점심은 제공된다고 하였으므로 ③의 '점심은 각자 준비한다.'가 안내문의 내용과 일치하지 않는다.

해석 토요일 통영 여행

　　　예정된 일정 :

　　　• 미륵산 케이블카 탑승

　　　• 해저 터널 및 중앙시장 방문

　　　점심은 제공됩니다.

　　　당신은 목요일까지 투어를 예약해야 합니다.

어휘 Saturday 토요일

　　　cable car 케이블카

　　　undersea tunnel 해저 터널

　　　provide 제공[공급]하다, 주다

　　　reserve 예약하다

　　　Thursday 목요일

18 **해설** Lascaux 동굴은 1963년에 그림을 보존하기 위해 폐쇄하였다고 했으므로 ④의 설명과 일치하지 않는다.

해석 Lascaux 동굴은 프랑스 남서부에 위치해 있다. 그것은 커다란 동물들의 고대 그림을 담고 있다. 1940년까지는 아무도 그 동굴에 대해 몰랐다. 네 명의 십대들이 그들의 개를 쫓다가 우연히 발견했다. 1963년, 그림을 보존하기 위해 대중들에게 동굴은 폐쇄되었다.

어휘 cave 동굴

　　　located 위치한

　　　southwestern 남서쪽의

　　　contain ～이 들어[함유되어] 있다

　　　ancient 고대의, 아주 오래된

　　　teenager 십대

　　　accidentally 우연히

　　　discover 발견하다

　　　in order to 위하여

　　　preserve 지키다, 보존하다, 보호하다

　　　close 닫다

　　　public 일반인[대중]의, 일반사람들

19 **해설** 걷기는 격렬한 운동만큼이나 건강에 유익하며 체지방을 줄여주고 정신건강에도 좋다고 하였으므로 이 글의 주제로 가장 적절한 것은 ①의 '걷기의 장점'이다.

해석 걷기는 격렬한 운동만큼이나 건강에 유익할 수 있다. 걷기의 신체적 이점은 체지방을 줄일 수 있다는 것이다. 그것은 또한 스트레스를 줄이는 데 도움을 줄 수 있기 때문에 정신 건강에 유익하다. 그러니 일어나서 걸어라!

어휘 beneficial 유익한, 이로운

health 건강

intense 극심한, 강렬한, 열정적인

exercise 운동

physical 육체[신체]의

reduce 줄이다, 낮추다

body fat 체지방

mental 정신의, 마음의, 정신적인

20 **해설** 자동차는 충돌 시 받는 충격을 견딜 수 있도록 설계
되는데, 그 목적은 운전자와 승객을 보호하기 위함일
것이므로 빈칸에 들어갈 말로 가장 적절한 것은 ④의
'protect(보호하다)'이다.

① 묘사하다

② 격려하다

③ 증가하다

해석 자동차는 다른 차나 물체와 충돌할 때 받는 강한 충격
을 견딜 수 있어야 한다. 따라서, 차체는 심한 충격을
흡수하도록 설계된다. 심각한 자동차 사고에 대비해 운
전자와 승객을 보호하는 것이 목표다.

어휘 be able to ~을 할 수 있다

endure 견디다, 참다

impact 영향, 충격, 충돌

receive 받다

crash into ~와 충돌하다

object 물건, 물체

Thus 따라서, 그러므로

absorb 흡수하다

shock 충격

passenger 승객

serious 심각한

accident 사고

21 **해설** 청량음료 업체들이 맛과는 관계없이 단지 음료수를
예뻐 보이게 하기 위해서 인공의 색을 넣는다고 하였
으므로 빈칸에 들어갈 말로 가장 적절한 것은 ④의
'natural(자연스러운)'이다.

① 편리한

② 겁먹은

③ 획기적인

해석 청량음료 업체들은 자사 제품에 밝은 색상을 더해 소
비자들을 유혹한다. 그러나 이러한 색상의 대부분은 자
연스럽지 않다. 그것들은 인공이다. 예를 들어 일부 파
인애플 주스에 사용되는 노란색 6번은 아무런 맛도 더

하지 않는다. 그것은 단지 음료수를 예쁘게 보이게 하
기 위해 거기에 있는 것이다.

어휘 soft drink 청량음료

company 회사

attract 마음을 끌다

consumer 소비자

man-made 인공적인, 사람이 만든

artificial 인공[인조]의, 인위적인

taste 맛, 미각

22 **해설** ②의 앞에 나오는 내용은 과학이 위험하다는 주장이다.
주어진 문장은 과학이 해보다는 득이 된다고 하였고,
②의 뒤로 과학이 우리 세상에 도움이 되는 것에 대한
내용이 나오므로 주어진 문장이 들어가기에 가장 적절
한 곳은 ②이다.

해석 하지만 과학은 우리에게 해보다는 득이 된다고 생각
한다.

어떤 사람들은 과학이 위험할 수 있다고 주장한다. (①)
그들은 원자폭탄이 과학의 위험에 대한 완벽한 예라고
말한다. (②) 예를 들어, 과학은 더 나은 약을 만드는
데 도움을 준다. (③) 그것은 분명히 우리 삶의 질을
향상시켜준다. (④) 나는 과학이 계속해서 우리를 위
해 더 나은 세상을 만들 것이라고 믿는다.

어휘 science 과학

harm 피해, 손해

argue 언쟁을 하다, 다투다, 주장하다

dangerous 위험한

atomic bomb 원자폭탄

medicine 의학, 의술, 의료

definitely 분명히

improve 개선되다, 나아지다, 향상시키다

quality 질

23 **해설** 아래로 뒤집힌 나무처럼 보이는 바오바브나무가 왜 독
특한 모양을 하고 있는지 아냐고 질문을 던진 뒤, 알아
보자고 하였으므로 이 글의 바로 뒤에 이어질 내용은
③이 가장 적절하다.

해석 남아프리카 공화국이나 마다가스카르에 가면 바오바브
라고 불리는 거대하고 이상하게 생긴 나무들을 볼 수
있다. "아래로 뒤집힌 나무"로 알려진 그들의 가지는
그들의 뿌리가 하늘로 뻗어나가는 것처럼 보인다. 당신
은 왜 바오바브나무가 독특한 모양을 하고 있다고 생
각하는가? 알아보자.

어휘 South Africa 남아프리카 공화국

　　　Madagascar 마다가스카르

　　　huge 막대한[엄청난], 거대한

　　　strange-looking 이상하게 생긴

　　　upside-down 거꾸로의, 뒤집힌

　　　branch 나뭇가지

　　　root 뿌리

　　　spread 펼치다[펴다]

　　　towards (어떤 방향) 쪽으로, (어떤 방향을) 향하여

　　　unique 독특한, 특별한

　　　shape 모양

　　　find out 발견하다, 생각해 내다, 풀다, 알아내다

[24~25]

해석 당신은 새로운 것을 발명하는 방법을 아나요? 좋은 방법은 덧셈으로 발명하는 것입니다. 이것은 이미 존재하는 것에 새로운 요소를 추가하여 무언가를 발명하는 것을 의미합니다. 예를 들어, Hyman Lipman은 연필 위에 지우개를 부착함으로써 미국의 위대한 발명가가 되었습니다. 이제 무언가를 발명하는 법을 알게 되었으니, 발명품을 만들어 보세요.

어휘 invent 발명하다

　　　method 방법

　　　addition 덧셈, 추가, 부가

　　　element 요소, 성분

　　　exist 존재[실재/현존]하다

　　　inventor 발명가

　　　attach 붙이다, 첨부하다

　　　eraser 지우개

24 해설 새로운 것을 발명하는 방법으로 가장 좋은 것은 이미 존재하는 무언가에 새로운 요소를 추가하는 것이라고 말하며, 빈칸 뒤에 그 예시인 지우개 달린 연필이 나왔으므로 빈칸에 들어갈 말로 가장 적절한 것은 ①의 'For example(예를 들어)'이다.

　　② 대신에

　　③ 그에 반해서

　　④ 그럼에도 불구하고

25 해설 윗글은 새로운 것을 발명하는 방법에 대해 예시를 들어 설명하고 있으므로 주제로 가장 적절한 것은 ③이다.

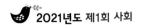

제4교시

사 회

정답 및 해설 |

정답

01 ②	02 ②	03 ③	04 ③	05 ④
06 ①	07 ②	08 ④	09 ②	10 ③
11 ③	12 ④	13 ④	14 ①	15 ①
16 ②	17 ②	18 ①	19 ③	20 ④
21 ①	22 ④	23 ②	24 ④	25 ④

해설

01 사회를 구성하고 유지하는 공정하고 올바른 도리이며 각자가 받아야 할 적합한 몫을 주되, 동일한 경우를 동일하게 취급하고 다른 것은 다르게 취급하는 것을 정의라 한다.
　① 소비 : 분배된 소득으로 필요한 재화와 서비스를 구입해서 사용 또는 소모하는 일
　③ 종교 : 신을 숭배하거나 절대적인 힘을 통하여 고민을 해결하고 행복을 얻으며 삶의 근본 목적을 찾으려는 일
　④ 통일 : 나누어진 것들을 합쳐서 하나의 조직 · 체계 아래로 모이게 하는 일

> **TIP** 정의의 실질적 기준

능력을 기준으로 하는 정의	• 의미 : 개인이 지닌 잠재력과 재능 등에 따라 분배 • 장점 : 사람들의 성취동기를 높여 주어 사회 발전에 기여 • 한계 : 선천적으로 결정된다는 점을 고려하지 않으므로 사회적 · 경제적 약자의 소외감을 유발하고 사회 불평등을 심화시킴
업적을 기준으로 하는 정의	• 의미 : 업적과 기여에 비례하여 분배 • 장점 : 성취동기를 높여주고 성취 의욕과 창의성을 높임. 사회의 역동적 발전과 생산성의 향상을 가져올 수 있음 • 한계 : 과열 경쟁이 유발되어 그로 인한 부작용이 발생할 수 있음. 절대적 · 상대적으로 능력이 부족한 사람들에게 불리한 결과가 나타남
필요를 기준으로 하는 정의	• 의미 : 사람들의 필요를 기준으로 분배 • 장점 : 기본적 필요를 충족하기 힘든 사회적 약자를 보호, 사회 구성원들이 인간다운 삶을 영위할 수 있음 • 한계 : 개인의 성취동기와 창의성을 저하시켜 경제적 비효율성을 증가시킬 수 있음. 한정된 재화를 가지고 모든 사람의 필요를 충족하기가 어려움

02 행복한 삶을 위해서는 삶의 질을 높이는 정주 환경을 위한 노력, 시민참여가 활성화되는 민주주의의 실현, 경제적 안정, 도덕적 실천과 성찰하는 삶이 필요하다.

03 **생애 주기** : 사람은 아동기, 청년기, 중 · 장년기, 노년기로 이어지는 연속적인 과정을 겪는데 이처럼 각각의 단계를 거쳐 삶이 변화하는 모습을 단계별로 나타낸 것
　① **가치 판단** : 어떤 현상을 주관적으로 평가하여 서술하는 것으로 참과 거짓을 구분할 수 없으며 관련된 문제의 정답을 찾기 어려움
　② **비교 우위** : 한 경제 주체가 수행하는 어떤 활동의 기회 비용이 다른 경제주체에 비해 낮을 때 비교우위에 있다고 함
　④ **매몰 비용** : 어떠한 선택의 번복 여부와는 관련 없이 한번 투입하면 회수가 불가능한 비용

04 **공정 거래 위원회** : 소비자와 중소기업을 보호하기 위해서 독점을 규제하고 시장에서 자유로운 경쟁을 지원하는 업무를 수행하는 우리나라 정부 기관
　① **국제 사면 위원회** : 부당하게 체포되거나 투옥된 정치범의 석방 운동, 인권 옹호를 목적으로 창설된 국제적 민간 조직
　② **국가 인권 위원회** : 모든 개인이 가지는 불가침의 기본적 인권을 보호 · 증진하여 인간으로서의 존엄과 가치를 구현하고 민주적 기본질서 확립을 위한 인권전담 독립 국가 기관
　④ **선거 관리 위원회** : 선거와 국민 투표의 공정한 관리 및 정당에 관한 사무를 처리하기 위하여 두는 합의제 독립 기관

05 다문화 사회는 한 국가나 한 사회 속에 다른 인종 · 민족 · 계급 등 여러 집단이 지닌 문화가 함께 존재하는 사회로, 교통 수단의 발달과 정보통신 기술의 발전, 국가 간 활발한 인구 이동 등으로 심화되어 나타난다.
　① **감시 사회** : 어떠한 사회에 속한 개인 및 집단의 정보를 광범위하게 수집 · 저장 · 분석하여 활용하는 사회
　② **생태 도시** : 사람과 자연환경이 조화되어 공생할 수 있는 체계를 갖춘 친환경적인 도시
　③ **사회 계약설** : 평등하고 이성적인 개인 간의 계약을 통해 정치사회를 성립하며 국가를 구성한다는 정치이론

06 사회 복지 제도란 질병, 실업, 빈곤, 재해 등 다양한 사회적 위험에서 벗어나 인간다운 삶을 살 수 있도록 지원하는 제도를 말하는데, 공공 부조, 사회 보험, 사회 서비스 등이 이에 해당된다. 담합은 사업자가 다른 사업자와 짜고 가격을 결정하거나 거래를 제한하는 사업자 집단의 부당 공동행위의 일종이다.

> **TIP** **사회 복지 제도**
>
> • **사회 보험** : 다양한 사회적 위험을 공적 보험의 방식으로 대처
> • **공공 부조** : 생활이 어려운 국민의 최저 생활을 보장하고 자립 지원
> • **사회 서비스** : 사회 취약 계층에 대해 상담, 재활, 돌봄 등의 서비스를 제공

07 국가는 국제 사회를 구성하는 가장 기본적인 행위 주체로, 국제 사회에서 법적 지위를 갖고 공식적인 활동을 할 수 있는 자격이 있다.

④ **비정부 기구** : 개인이나 민간단체를 회원으로 하는 국제 사회의 행위 주체로, 그린피스, 국제 사면 위원회, 국경 없는 의사회 등이 있다.

08 ⊙ **문화 전파** : 한 사회의 문화 요소들이 다른 사회로 전해져서 그 사회의 문화 변동 과정에 정착하는 현상으로, 문화 변동의 외재적 요인에 해당함

ⓒ **발명** : 이미 존재하는 문화 요소들을 변형하거나 조합하여 기존에 존재하지 않았던 새로운 문화 요소를 만들어 내는 것으로, 문화 변동의 내재적 요인에 해당함

ⓒ **발견** : 기존에 이미 존재하고 있었지만 알려지지는 않았던 문화 요소를 찾아내는 것으로, 문화 변동의 내재적 요인에 해당함

> **TIP** **문화 전파의 종류**
>
> • **직접 전파** : 두 문화 간의 직접적인 접촉
> • **간접 전파** : 인터넷 등과 같은 매체를 통해 이루어짐
> • **자극 전파** : 다른 사회의 문화 요소에 자극을 받아 새로운 문화 요소를 발명

09 예금은 목돈을 일정 기간 은행에 예치하여 만기일에 원금과 이자를 받는 금융 상품으로, 안전성이 높은 금융 자산 중 하나이다.

> **TIP** **여러 가지 금융 자산**
>
> • **예금** : 목돈을 일정 기간 은행에 예치하여 만기일에 원금과 이자를 받는 금융 상품
> • **적금** : 계약 기간 동안 일정한 금액을 여러 번 납입하여 만기 시에 원금과 이자를 받는 것
> • **주식** : 주식회사가 경영 자금을 마련하기 위해 투자자로부터 돈을 받고 발행하는 증서
> • **채권** : 정부, 은행, 기업 등이 미래에 일정한 이자를 지급할 것을 약속하고 돈을 빌린 후 제공하는 증서
> • **펀드** : 금융 기관에 돈을 맡겨서 대신 투자하도록 하는 금융 상품
> • **보험** : 장래에 예상되는 위험(사고, 질병 등)을 보험사에 보험료를 납부하여 기금을 만든 후 사고가 나면 약속한 보험금을 지급받는 제도
> • **연금** : 경제 활동을 하는 동안 일정금액을 적립해 두었다가 노령, 퇴직 등의 사유가 발생했을 때 급여를 지급받는 금융 상품

10 **규모의 경제** : 생산량이 늘어나면 생산비가 절약되거나 수익이 향상되는 현상으로, 주로 대규모 생산 산업에서 일어남

① **시장 실패** : 시장에 맡겨두었을 시장의 '보이지 않는 손'이 제대로 작동하지 못하는 경우

② **소득 재분배** : 소득 분배의 불평등을 완화하기 위한 정부의 경제정책

④ **스태그플레이션** : 경제불황과 물가상승이 동시에 발생하고 있는 상태

11 우리 헌법은 모든 국민들의 인간다운 삶을 보장해 주기 위해 법적으로 권리를 규정하고 있는데, 헌법 제37조 제2항에서는 국가안전보장·질서유지 또는 공공복리를 위하여 필요한 경우에 한하여 국민의 자유와 권리를 법률로써 제한할 수 있다고 명시하고 있다.

> **TIP** **헌법 제37조**
>
> • **제1항** : 국민의 자유와 권리는 헌법에 열거되지 아니한 이유로 경시되지 아니한다.
> • **제2항** : 국민의 모든 자유와 권리는 국가안전보장·질서유지 또는 공공복리를 위하여 필요한 경우에 한하여 법률로써 제한할 수 있으며, 제한하는 경우에도 자유와 권리의 본질적인 내용을 침해할 수 없다.

12 신자유주의는 20세기 후반에 정부 역할의 축소와 시장 기능 확대를 주장하며 등장한 개념으로, 세계화와 자유 무역 확대의 사상적 바탕이 되었다. 대표적인 정책으로는 정부 규제 완화 및 철폐, 복지 축소, 공기업 민영화 등이 있다.

ㄱ. 케인스는 대공황을 극복하기 위해 정부의 시장 개입이 필요하다는 이론인 수정 자본주의를 지지하였다.

ㄴ. 대공황이 일어나자 자본주의가 더 이상 유지되기 힘들어
지며 수정 자본주의가 등장하였다. 특히 미국의 경우 수
정 자본주의에 입각한 뉴딜 정책을 통해 대공황을 극복하
였다.

13 인권은 사람이라면 누구나 누릴 수 있는 기본적인 권리로, 사
람이 태어나면서 당연히 가지게 되는 것이므로 국가나 다른
사람이 함부로 침해할 수 없다. 특히나 현대 사회에서는 과거
에 비해 인권의 영역이 확대되고 있다.

> **TIP 인권의 특징**
> • **보편성** : 인종, 성별, 종교, 사회적 신분에 관계없이 모든 인간이
> 누리는 권리임
> • **천부성** : 사람이면 누구나 처음부터 가지고 태어나는 권리임
> • **항구성** : 박탈당하지 않고 영구히 보장되는 권리임
> • **불가침성** : 누구도 침범할 수 없는 권리임

14 열대 기후는 가장 추운 달의 평균 기온이 18℃ 이상인 기후
를 의미하며 일년 내내 매우 덥고 비가 많이 내리는 기후이
다. 그렇기 때문에 열기와 습기를 피하기 위해 집을 지면에서
띄워 짓는 고상 가옥 형태가 특징이며, 옷차림이 얇고 가볍고
통풍이 잘 되며 음식이 상하는 것을 방지하기 위해 향신료를
많이 사용한다. 또한 토양이 척박하여 이동식 화전 농업을 행
하여 얌, 카사바 등의 작물을 재배한다.
② **건조 기후** : 수분이 부족해서 수목이 자라기 힘든 기후로
주로 중위도 고압대의 회귀선 부근에 분포하며 증발에 의
한 기온의 일교차와 연교차가 큰 지역, 사막 기후와 스텝
기후로 구분된다.
③ **온대 기후** : 최한월 평균기온이 −3℃~18℃인 기후를 의
미하며 다른 기후에 비해 상대적으로 온화하고 사계절의
변화가 뚜렷하다. 채광과 통풍을 위해 창문이 크며, 난방
시설을 설치하고 주로 북서부 유럽에서는 혼합 농업, 남유
럽은 수목 농업, 아시아는 벼농사를 짓는다.
④ **한대 기후** : 제일 따뜻한 달의 평균 기온이 10℃ 미만인
기후를 의미하며 옷차림은 두껍고 무겁다. 눈과 얼음으로
집을 짓고 난방과 보온 기능을 중시한다. 육류를 주로 먹
으며 저장 음식의 형태가 발달하였다.

15 열섬 현상은 도시 중심부의 기온이 주변 지역보다 높게 나타
나는 현상으로 인구의 증가, 각종 시설물 및 콘크리트 건물,
아스팔트 도로의 증가, 자동차 배기가스 배출 및 온실 효과의
증가 등이 원인이다. 열섬 현상을 완화하기 위해서는 녹지 면
적을 증가시켜야 한다.

> **TIP 열섬 현상**
> 도시 중심부의 기온이 주변 지역보다 높은 현상으로, 일교차가 큰
> 봄과 가을 또는 겨울에 뚜렷하며 낮보다는 밤에 심하게 나타난다.

16 보편 윤리란 시대와 사회를 초월하여 모든 사람이 존중하고
따라야 할 행위 원칙으로, 명예 살인, 식인 풍습, 전족 풍습
등은 인간의 존엄성이나 자유, 평등의 가치에 어긋나므로 보
편 윤리를 훼손했다고 볼 수 있다. 그러므로 이러한 행위는
문화 상대주의 관점에서 바라보면 안 된다.
① **공정 무역** : 국제 무역이 이뤄지는 상호 국가 간에 무역혜
택이 동등하게 이뤄지도록 하는 무역
③ **권력 분립** : 국가권력을 나누어 각각 다른 기관에 분담시
켜 서로 견제·균형하게 함으로써 국민의 자유와 권리를
보장하려는 자유주의적 조직원리 또는 그 제도
④ **외부 효과** : 경제 주체의 경제 활동이 다른 경제 주체에게
의도하지 않은 이익을 주거나 의도하지 않게 피해를 주는데
도 이에 대해 아무런 경제적 대가를 치르거나 받지 않는 것

17 **인간 소외** : 인간의 풍요로운 생활을 위해 만든 물질이 거꾸
로 인간을 지배하는 현상으로 도시화와 산업화로 인해 생기
는 문제
① **연고주의** : 학연, 지연, 혈연 등과 같은 전통적·자연 발생
적 인간관계를 우선시하거나 중요하게 여기는 사고방식
③ **공간 불평등** : 지역을 기준으로 사회적 자원이 불균등하게
분배되는 현상
④ **계층의 양극화** : 서로 다른 계층이나 집단이 점점 더 차이
를 나타내고 관계가 멀어지는 것

18 세계 도시는 주로 경제, 문화, 정치적인 기능이 집적해 있고
다국적 기업의 중심 역할을 하는 도시를 의미한다. 이러한 도
시들에는 다국적 기업의 본사, 국제 기구의 본부, 생산자 서
비스 기능, 국제 금융 업무 기능 등이 집중되어 있다. 반면,
플랜테이션은 주로 열대·아열대에서 이루어지는 농업 방식
으로, 다국적기업의 자본 및 기술과 원주민의 값싼 노동력을
결합하여 상품작물을 대규모로 경작하는데 이러한 플랜테이
션 농장은 주로 개발도상국에 위치한다.

19 석유는 19세기 후반 내연 기관의 발명으로 본격적으로 사용
되었으며, 현재 소비량이 가장 많은 에너지 자원이고 지역적
편재성이 커서 이동량이 많으며 국제 가격 변동이 심하다.
① **풍력** : 바람에 의해 작용하는 힘
② **석탄** : 매장량이 풍부하고 채굴 가능한 기간도 길어, 산업
혁명의 원동력으로 이용된 화석 연료

④ **천연가스** : 석유와 함께 매장되어 있으며, 석유보다 공해
가 적고 열효율이 높으며 매장량도 비교적 많은 에너지
자원

20 지도에 표시된 (가)문화권은 북부 아프리카, 서남아시아, 중
앙아시아가 포함된 건조 문화권으로, 전통적으로 유목과 오
아시스 농업이 발달되어 왔으며 대부분 이슬람교를 믿고 아
랍어를 사용한다.

21 총인구 가운데 65세 이상 인구의 비율이 7% 이상인 사회를
고령화 사회라 한다. 이를 해결하기 위한 정책에는 정년 연
장, 노인 복지 시설 확충, 노인 연금 제도 등이 있다.

> **TIP 고령화 문제를 해결하기 위한 노력**
> • **노인 일자리 만들기**
> – 일할 수 있는 능력이 있는 노인들에게 일자리를 제공한다.
> – 취업 교육을 실시한다.
> – 정년을 연장한다.
> • **노인 복지 정책 마련하기**
> – 경제적 능력이 없는 노인들에게 생활비를 지원한다.
> – 노인 전문 병원과 복지 시설을 늘린다.

22 공간적 제약의 완화는 정보화로 인한 문제점이 아니라 정보
화로 인한 이점이다. 정보화로 인한 문제점에는 사생활 침해,
인터넷 중독, 개인 정보 유출, 사이버 범죄, 정보 격차 등이
있다.

23 **생태 중심주의** : 전체론적 관점에서 개체보다 상호 의존성에
바탕을 둔 생명 공동체 그 자체에 관심을 가지는 관점으로,
대표적인 사상가로는 레오폴드가 있다.
① **물질 만능주의** : 경제적·물질적인 가치를 가장 중요시 여
겨 인간을 경시하며 물질로 모든 것을 다 이룰 수 있다고
여기는 주의를 말한다.
③ **수정 자본주의** : 국가가 민간 경제에 개입하여 문제를 해
결해야 한다는 주장으로, 미국의 뉴딜 정책이 이에 해당
한다.
④ **인간 중심주의** : 인간만이 도덕적 권리를 행사할 수 있으
며, 자연은 인간의 생존과 복지를 위한 수단일 뿐이므로
유용성의 관점에서 파악한다. 대표적인 사상가로는 아리
스토텔레스, 아퀴나스, 베이컨, 데카르트, 칸트가 있다.

24 **파리 기후 협약** : 1997년에 채택된 교토의정서를 대체하는 것
으로, 2020년 이후 적용할 새로운 기후협약이다. 선진국에게
만 온실가스 감축 의무가 있었던 교토의정서와는 달리, 파리

기후 협약에서는 이에 참여한 195개국이 모두 감축 목표를
지키기로 하였다.
① **런던 협약** : 폐기물이나 다른 물질의 투기를 규제하는 해
양오염 방지조약
② **바젤 협약** : 유해 폐기물의 국가 간 이동 및 처리에 관한
국제협약
③ **람사르 협약** : 습지를 보호하기 위해 맺은 협약

25 탄소 발자국은 개인 또는 기업 등이 직·간접적으로 발생시
키는 온실 기체의 총량을 의미하며, 우리는 이산화탄소 배
출을 최대한 줄여 탄소 발자국을 감소시키기 위해 노력해야
한다.

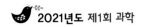
제5교시	과 학	
		정답 및 해설

정답

01 ①	02 ①	03 ③	04 ④	05 ②
06 ②	07 ①	08 ④	09 ①	10 ①
11 ④	12 ②	13 ③	14 ③	15 ④
16 ①	17 ②	18 ②	19 ③	20 ②
21 ④	22 ③	23 ④	24 ③	25 ②

해설

01 　**그래핀** : 탄소 원자가 육각형 벌집 모양으로 배열된 평면의 구조를 가진 신소재로, 강철보다 단단하고 구리보다 열전도율이 높으면서 잘 휘어지는 성질을 가지고 있어 휘어지는 디스플레이의 투명 전극 소재, 태양 전지, 발광 다이오드 조명 등에 쓰인다.

② **초전도체** : 매우 낮은 온도에서 전기저항이 0에 가까워지는 초전도 현상이 나타나는 도체로, 공명 장치, 입자 가속기, 자기 부상 열차 등에 쓰인다.

③ **네오디뮴 자석** : 일반 자석보다 자력이 강한 자석으로, 스피커, 헤드폰, 자기공명영상(MRI) 등에 쓰인다.

④ **형상 기억 합금** : 변형이 일어나더라도 원래의 모양으로 돌아가려는 성질을 가지고 있는 합금으로, 인공 장기, 화재경보기의 온도 디바이스 등에 쓰인다.

02 　핵분열로 발생한 에너지를 이용하는 발전 방식은 핵발전이다.

② **파력 발전** : 파도의 오르내리는 힘을 이용한 발전 방식

③ **풍력 발전** : 바람의 힘으로 전기를 생산하는 발전 방식

④ **태양광 발전** : 발전기의 도움 없이 태양전지를 이용하여 태양의 빛에너지를 직접 전기에너지로 변환시키는 발전 방식

03 　충격량＝나중 운동량－처음 운동량이므로

A의 충격량＝6－3＝3

B의 충격량＝7－4＝3

A, B, C 모두 같은 크기의 충격량을 받았다고 하였으므로

C 역시 운동량이 3만큼 증가하여 5＋3＝8

∴ ㉠＝8

TIP 운동량과 충격량

운동량	• 물체의 운동 정도를 나타내는 물리량 • 운동량＝질량×속도 • 물체의 질량이 클수록, 속도가 빠를수록 운동량도 큼
충격량	• 물체의 운동을 변화시키는 물리량 • 충격량＝힘×시간 • 충격량＝운동량의 변화량＝나중 운동량－처음 운동량

04 　코일 근처에서 자석을 움직일 때 자석의 운동을 방해하는 방향으로 코일에 유도 전류가 흐르는데, 이를 전자기 유도라 한다. 주어진 그림에서 자석을 코일에 가까이 가져갈 때 바늘이 왼쪽으로 움직였다고 하였으므로 자석을 코일에서 멀어지게 하면 바늘은 반대로(오른쪽으로) 움직이게 된다. 이때 코일의 감은 수가 많을수록, 자석이 강할수록, 자석을 움직이는 속력이 빠를수록 유도 전류가 많이 흘러 검류계의 바늘이 더 많이 움직이므로 ①, ②, ③의 경우에는 왼쪽으로 더 크게 움직이게 된다.

05 　주기는 가로줄을 말하고, 족은 세로줄을 말하므로 2주기 2족 원소의 위치는 다음과 같다.

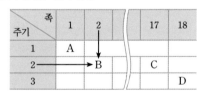

그러므로 A~D 중 2주기 2족 원소는 B이다.

TIP 주기율표

• **주기율** : 지구에서 발견된 여러 가지 원소들이 주기적으로 비슷한 화학적 성질을 나타내는 것

• **주기율표** : 원소를 원자 번호 순서대로 나열하고, 성질이 비슷한 원소끼리는 같은 세로줄에 오도록 배열한 표

－ 주기 : 가로줄로 7개의 주기가 있음

－ 족 : 세로줄로 18개의 족이 있으며 같은 족끼리는 화학적 성질이 비슷함

06 이 반응에서 C는 산소를 얻어 CO_2가 되며 산화되었고, CuO는 산소를 잃고 Cu로 환원되었다. 그러므로 산화된 물질은 C이다.

> **TIP** 산화 환원 반응
>
> 산화와 환원은 항상 동시에 일어나고, 산화로 잃은 전자의 수와 환원으로 얻은 전자의 수는 같다.
> • 산화 : 물질이 산소를 얻거나 전자를 잃는 반응
> 예 $\underline{C} + O_2 \rightarrow \underline{CO_2}$: C는 산화됨
> • 환원 : 물질이 산소를 잃거나 전자를 얻는 반응
> 예 $\underline{CuO} + H_2 \rightarrow \underline{Cu} + H_2O$: CuO는 환원됨

07 구리는 전기와 열이 매우 잘 통하며 광택이 있고 금속 원소이다.
 ② **염소** : 17족에 속하는 할로젠 원소로 독특한 색을 가지며 음이온이 되기 쉽고, 상온에서는 두 원자가 결합한 상태로 존재한다. 특히 실온에서 기체로 존재한다.
 ③ **헬륨** : 18족에 속하는 비활성 기체로 반응성이 아주 낮으며 안정하여 쉽게 화합물을 만들지 않는다.
 ④ **브로민** : 17족에 속하는 할로젠 원소로 독특한 색을 가지며 음이온이 되기 쉽고, 상온에서는 두 원자가 결합한 상태로 존재한다. 특히 실온에서 액체로 존재한다.

08 탄소 원자(C)의 원자 번호는 6이며 이는 양성자의 수이자 전자의 수이기도 하다. 이때 가장 바깥 전자 껍질에 들어 있는 전자는 4개이다.

09 중화 반응은 산과 염기가 반응하여 물과 염이 생성되는 반응을 말한다. 주어진 반응식에서 산인 염산(HCl)과 염기인 수산화 나트륨(NaOH)이 반응하였으므로 물(H_2O)과 염(NaCl)이 생겨야 한다. 그러므로 ㉠에 해당하는 물질은 H_2O이다.

10 산소(O_2)는 산소 원자(O) 2개가 공유 결합을 이루고 있는 물질이며 동식물의 호흡에 이용되는 기체이다.

> **TIP** 공유 결합
>
> 원자들이 각각 전자를 내놓아 전자쌍을 만들고 이 전자쌍을 공유하는 결합
> • **단일 결합**
> – 1개의 전자쌍을 공유
> – 메테인(CH_4), 암모니아(NH_3), 물(H_2O) 등
> • **이중 결합**
> – 2개의 전자쌍을 공유
> – 산소(O_2), 이산화탄소(CO_2) 등
> • **삼중 결합**
> – 3개의 전자쌍을 공유
> – 질소(N_2), 일산화탄소(CO) 등

11 **종 다양성** : 일정한 지역에 살고 있는 생물종의 다양한 정도를 나타내는 것으로 예를 들면 어느 지역의 숲에 서식하는 나무와 동물의 종류 등이 있다.
 ① **개체 수** : 일정한 지역에 모여 살며 자손을 생산할 수 있는 개개의 생물체의 수를 의미한다.
 ② **소비자** : 생태계의 생물적 요인 중 하나로, 다른 생물을 섭취하여 양분을 얻는 개체이다. 예를 들면 초식 동물, 육식 동물 등이 있다.
 ③ **영양 단계** : 먹이사슬에서 물질에너지가 차례대로 전달되는 과정이자 생물이 차지하는 지위를 의미한다.

12 **B(리보솜)** : 작은 알갱이 모양의 세포 소기관으로 단백질을 합성한다.
 ① **A(핵)** : 유전 물질인 DNA가 있어 세포의 구조와 기능을 결정함
 ③ **C(미토콘드리아)** : 세포호흡이 일어나 세포가 생명 활동을 하는데 필요한 형태의 에너지를 생산함
 ④ **D(엽록체)** : 식물 세포에만 있는 세포 소기관으로 광합성이 일어남

> **TIP** 세포 소기관의 종류와 기능
>
> | 핵 | 유전 물질인 DNA가 있어 세포의 구조와 기능을 결정. 생명 활동을 조절 |
> |---|---|
> | 리보솜 | 작은 알갱이 모양의 세포 소기관으로 단백질을 합성 |
> | 소포체 | 리보솜에서 합성한 단백질을 골지체나 세포의 다른 곳으로 운반 |
> | 세포막 | 세포를 둘러싸서 세포 안을 주변 환경과 분리, 세포 안팎으로 물질이 출입하는 것을 조절 |
> | 미토콘드리아 | 세포 호흡이 일어나 세포가 생명 활동을 하는 데 필요한 형태의 에너지 생산 |
> | 골지체 | 물질을 저장하거나 단백질을 세포 밖으로 분비하는 데 관여 |
> | 세포벽 | 식물 세포의 세포막 바깥쪽에 있는 단단한 벽으로, 세포를 보호하고 세포의 형태를 유지 |
> | 액포 | 식물 세포에서 크게 발달한 세포 소기관으로 물, 색소, 노폐물 등을 저장 |
> | 엽록체 | 식물 세포에만 있는 세포 소기관으로 광합성이 일어나 포도당을 합성 |

13 생태계 평형이란 생태계를 이루는 구성 요소가 균형을 이루는 상태를 의미하므로 ㉠에 들어갈 말로 가장 적절한 것은 생태계 평형이다.
 ① **생산자** : 생태계의 생물적 요인 중 하나로, 생명 활동에 필요한 양분을 스스로 만드는 개체이다. 예를 들면 식물, 식물 플랑크톤 등이 있다.

② 서식지 : 어떤 특정 생물 또는 개체군이 살고 있는 자연 환경, 지역을 의미한다.

④ 유전적 다양성 : 같은 종 내에서 유전자의 다양함으로 인해 나타나는 형질의 다양함이다. 예를 들면 얼룩말의 무늬, 바나나의 종류 등이 있다.

14 세포막은 인지질 2중층에 단백질이 끼어 있거나 표면에 붙어 있는 구조로 되어 있다. 이때 세포막의 인지질은 친수성인 머리와 소수성인 꼬리로 구성되어 있는데, 이 인지질이 각각 머리는 바깥으로, 꼬리는 안쪽으로 향하는 2중층으로 배열되어 있다.

ㄴ. 단백질을 통해 촉진 확산이 일어나고, 인지질 2중층을 통해 단순 확산이 일어난다.

15 탄소 화합물이란 탄소(C) 원소를 중심으로 산소, 수소 등이 결합하여 만들어진 화합물을 뜻한다.

> **TIP 지질, 단백질, 핵산의 구성 물질**
> - 지질 : C, H, O
> - 단백질 : C, H, O, N
> - 핵산 : 뉴클레오타이드(인산, 당, 염기)

16 DNA는 아데닌(A), 타이민(T), 사이토신(C), 구아닌(G)의 염기로 구성되어 있는데, 이때 염기는 $A-T$, $G-C$가 서로 상보결합한다. 그러므로 ㉠은 T와 결합되어야 하므로 A이다.

17 고생대는 약 5.4억~2.5억 년 전으로 대기권에 오존층이 형성되면서 기후가 온난하고 바다에서 생활하던 생물들이 육상으로 진출한 시기이다. 말기에 판게아가 형성되었고 대표적으로 삼엽충, 필석, 갑주어, 양치식물이 번성하였다.

> **TIP 지질 시대**

구분	환경	생물
선캄브리아대	몇 차례 빙하기가 있던 가장 긴 시대	세포 생물, 해조류, 스트로마톨라이트 등
고생대	대기권에 오존층이 형성	삼엽충, 필석, 갑주어, 양치식물 등
중생대	대체로 기후가 온난	암모나이트, 공룡, 파충류, 겉씨식물 등
신생대	4번의 빙하기, 3번의 간빙기	포유류 크게 번성, 인류 출현, 화폐석, 매머드, 속씨식물 등

18 화석 연료가 연소되는 것은 지권에서 일어나고, 기체가 되어 대기 중으로 이동하는 것은 기권에 일어난다.

19 주계열성 별에서는 수소(H)가 헬륨(He)으로 바뀌는 수소 핵융합이 일어난다.

20 두 판이 반대 방향으로 어긋나는 판의 경계를 보존형 경계라 하는데, 이 경계에서는 변환 단층, 산안드레아스 단층 등이 발달한다.

> **TIP 판의 경계**
> - **발산형 경계** : 두 판이 서로 멀어지는 판의 경계 → 지진과 화산 잦고 해령이나 열곡대 발달
>   - 예 동태평양 해령, 대서양 중앙 해령, 동아프리카 열곡대 등
> - **수렴형 경계** : 두 판이 서로 가까워지는 판의 경계 → 지진과 화산 잦고 해구와 습곡 산맥 발달
>   - 예 일본 해구, 마리아나 해구, 히말라야산맥, 안데스산맥 등
> - **보존형 경계** : 두 판이 반대 방향으로 어긋나는 판의 경계 → 지진은 잦으나 화산은 안 일어남, 해령 부근의 변환 단층으로 판의 생성이나 소멸 없음
>   - 예 변환 단층, 산안드레아스 단층 등

21 지구 내부의 물질(지구 중심에서 흘러나오는 열 또는 방사성 원소가 붕괴할 때 방출되는 열에너지 등)로부터 나오는 에너지는 지구 내부 에너지이다. 이 에너지는 지권에서 지진, 화산 활동, 판 운동 등의 지각 변동을 일으킨다.

22 사막화는 오랜 가뭄 또한 인간의 과도한 개발로 인해 토지가 사막으로 변해가는 현상으로 아프리카 사하라 사막 남부 지역 등에서 주로 나타난다.

23 규산염 광물은 가운데에 규소(Si) 원자가 있고, 4개의 산소(O)가 그 주위에 결합되어 있는 사면체 구조를 갖는다.

24 Q_1은 공급받은 에너지이고 Q_2는 일을 하고 남은 방출된 열이므로 $Q_1 > Q_2$이다. 또한 열효율($\%$)$=\dfrac{W}{Q_1} \times 100 = \dfrac{Q_1 - Q_2}{Q_1} \times 100$이므로 W가 클수록 열효율도 크다.

ㄴ. $W = Q_1 - Q_2$

25 속도가 10m/s이므로 1초에 10m를 간다는 뜻이다. 그러므로 2초에는 20m를 갈 수 있고, 인접한 두 점선 사이의 거리가 10m씩이라고 하였으므로 공의 시작 지점에서부터 20m 떨어져 있는 B에 도달한다.

제6교시

한국사

정답 및 해설 |

정답

01 ①	02 ④	03 ③	04 ②	05 ④
06 ①	07 ②	08 ③	09 ①	10 ②
11 ①	12 ①	13 ③	14 ②	15 ④
16 ①	17 ③	18 ④	19 ①	20 ①
21 ①	22 ④	23 ③	24 ④	25 ④

해설

01 주먹도끼는 구석기 시대의 대표적인 사냥 도구이다.

02 삼한은 5월과 10월에 계절제를 열어 하늘에 제사를 지내고, 한반도 남부에 마한, 진한, 변한의 연맹체를 형성하였다. 또, 정치적 지배자인 군장과 제사장인 천군이 존재하는 제정 분리 사회이다.
① 고구려
② 조선
③ 고려

03 **화랑도** : 신라 진흥왕 때 국가적 조직으로 개편된 청소년 수양단체
① **5군영** : 조선 후기 서울과 외곽지역을 방어하기 위해 설치되었던 5개의 군영
② **별무반** : 윤관의 건의로 조직된 특수부대로 신기군(기병), 신보군(보병), 항마군(승병)으로 이루어짐
④ **군국기무처** : 조선 말기 갑오개혁을 추진하였던 최고 정책 결정 기관

04 세종은 집현전을 설치하여 학문 연구를 하였고, 한글 창제를 하였다.
ㄴ. 조선 세조 때 집필을 시작하여 성종 때 완성하였다.
ㄹ. 고려 광종이 실시한 정책이다.

TIP **세종의 업적**
• 훈민정음 창제
• 집현전 설치(학문과 정책 연구 및 경연 활성화)
• 민족문화 발달(과학 발달, 편찬 사업)
• 민생 안정

• 4군 6진 개척을 통한 영토 확장
• 의정부 서사제 실시(왕권과 신권의 조화)

05 주어진 글은 무령왕릉에 대한 설명으로 무덤 주인은 백제 무령왕이다.
① 신라 시기의 무덤
② 고구려의 돌무덤
③ 고구려의 벽화 무덤

06 **삼별초** : 최씨 정권의 사병 집단인 야별초에 신의군(귀환포로)을 합쳐 편성한 특수군으로 도방과 함께 최씨 정권의 군사적 기반이었다. 몽고군과 항쟁하여 고려 무신의 전통적 자주성을 보여주었다.
② **장용영** : 조선 정조 때 왕권 강화를 위해 창설된 친위부대
③ **훈련도감** : 조선시대에 수도의 수비를 맡아보던 5군영 중 가장 먼저 설치된 것
④ **대한 독립군** : 1919년 홍범도가 만주에서 창설한 항일 독립군 부대

07 고려시대 때 최하층 신분에 해당하며 주인에게 예속되었던 신분은 천민인 노비이다.

TIP **고려의 신분제도**
• **귀족** : 왕족, 5품 이상 관료
• **중류층** : 하급관리(남반, 군반, 향리, 서리, 역리, 기술관 등)
• **평민(양민)** : 농민(백정), 상인, 상공업자
• **천민** : 노비

08 삼국유사는 고려 후기 승려 일연이 저술한 역사서로, 불교적 · 자주적 · 신이적 사관을 가지고 있으며 단군 조선과 가야, 민간 전승과 불교 설화 및 향가 등이 수록되어 있다.
① **동의보감** : 조선 선조의 명을 받은 허준이 집필하기 시작하여 광해군 때 완성한 의서
② **농사직설** : 세종 때 우리의 실정에 맞는 독자적인 농법을 정리하여 만든 우리나라 최초의 농서
④ **향약집성방** : 세종 때 우리 풍토에 맞는 약재 개발과 1천여 종의 병명 및 치료방법을 개발, 정리하여 체계화한 의서

09 어사대는 정치의 잘잘못을 논의하고 풍속을 교정하며 백관을 규찰하고 탄핵하는 일을 맡았던 고려의 정치 기구이다.
  ② **집사부** : 신라의 최고 정무 기구
  ③ **제가 회의** : 고구려의 정치 기구
  ④ **통리기무아문** : 1880년대 개화 정책을 추진하기 위하여 설치한 기구

10 신라 말에는 중앙 진골 귀족들의 왕위 쟁탈전으로 인해 왕권과 지방 통제력이 약해졌고, 지방에서는 호족들이 성장하여 지배권을 행사하기 시작했다.
  ① **사림** : 조선 시대 유교를 닦는 선비들을 부르는 말로 양촌 사회의 성리학적 질서와 수신, 왕도 정치를 중요시 여긴다.
  ③ **권문세족** : 무신정권 붕괴 이후 등장하여 원 간섭기에 주요 요직을 차지하였다.
  ④ **신진 사대부** : 고려 말기 과거를 통해 관계에 진출한 세력으로 하급관리나 향리 출신으로 성리학을 수용하고 개혁적 성향을 지녔다.

11 **통신사** : 조선시대 조선 국왕의 명의로 일본의 에도 막부 장군에게 보낸 공식적인 외교 사절단
  ① **영선사** : 조선 말기 개화기에 중국의 선진 문물(무기 제조법)을 견학하기 위해 젊은 유학생들을 거느리고 건너가 청나라의 무기제조법 등을 배워오고, 미국과의 수교문제에 관하여 사전 조율하기 위해 중국을 다녀온 사신
  ② **보빙사** : 조선에서는 최초로 미국 등 서방 세계에 파견된 외교 사절단
  ④ **연행사** : 조선 후기에 청나라에 보낸 사신

12 홍경래의 난은 1811년 홍경래 등을 중심으로 평안도의 차별 등이 원인이 되어 일어난 농민반란이다. 이는 이후 각지의 농민 봉기 발생에 영향을 미쳤다.
  ① **만적의 난** : 고려 시대에 개경에서 최충헌의 노비였던 만적이 중심이 되어 일으킨 노비 반란
  ③ **부·마 민주 항쟁** : 1979년 부산 및 마산 지역을 중심으로 벌어진 박정희 유신독재에 반대하는 시위
  ④ **암태도 소작 쟁위** : 1923년 전남 무안군 암태도의 소작인과 지주가 벌인 쟁의사건

13 조선 후기에는 우리의 자연을 사실적으로 그린 화풍이 유행하였다. 이 화풍을 개척한 이는 정선으로, 대표적인 작품에는 '인왕제색도'와 '금강전도'가 있다.

14 주어진 글에서 설명하는 정책은 호포제이다.
  ① 고구려 소수림왕
  ③ 조선 세종
  ④ 조선 정조

  TIP 흥선대원군 주요 정책
  • **왕권 강화** : 고른 인재 등용, 통치 체제 정비(법전 편찬, 군제 개편), 경복궁 증건 등
  • **민생 안정** : 서원 정리, 삼정 개혁(호포법 실시, 사창제 실기, 양전 사업 실시)

15 주어진 ㉠에 들어갈 사건은 1894년 전봉준 등을 지도자로 동학교도와 농민이 합세하여 일으킨 농민운동인 동학 농민 운동이다.
  ① **병자호란** : 1636년(인조 14) 12월부터 이듬해 1월에 청나라가 조선에 대한 제2차 침입으로 일어난 전쟁
  ② **김흠돌의 난** : 신문왕 1년(681) 소판 김흠돌이 파진찬 흥원, 대아찬 진공 등과 함께 모반을 꾀하다가 발각되어 처형된 사건
  ③ **이자겸의 난** : 1126년 왕실의 외척이었던 이자겸이 왕위를 찬탈하려고 일으킨 반란

16 임오군란은 1882년(고종 19) 6월 9일 구식군대가 신식군대에 대한 불만으로 일으킨 병란이다.
  ② **갑신정변** : 1884년(고종 21) 김옥균을 비롯한 급진개화파가 개화사상을 바탕으로 조선의 자주독립과 근대화를 목표로 일으킨 정변
  ③ **갑오개혁** : 1894년 7월부터 1896년 2월까지 정부가 추진한 자주적인 개혁
  ④ **을미사변** : 1895년(고종32년) 일본공사 미우라 고로가 주동이 되어 명성황후를 시해하고 일본세력 강화를 획책한 정변

17 독립 협회는 1896년(고종 33) 7월 설립한 한국 최초의 근대적인 사회정치단체이다. 정부의 외세의존 정책에 반대하는 개화 지식층이 한국의 자주독립과 내정개혁을 표방하고 활동하였고, 서재필을 중심으로 독립신문을 발간하여 민중계몽에 나섰으며 독립문을 건립하고 만민 공동회를 개최하였다.
  ① **신민회** : 안창호 등이 대표로 있었던 비밀 결사 단체
  ② **근우회** : 항일여성운동 단체
  ④ **조선 형평사** : 평등한 세상을 만들기 위한 목적으로 만들어진 단체

18 **조선어 학회** : 국어 연구와 발전을 목적으로 하는 민간 학술
단체로 한글 맞춤법 통일안과 조선어 사전을 편찬하고, 한글
잡지를 발간하였다.

　① **황국 협회** : 보부상 단체를 앞세워 독립협회를 탄압하고자
　　만든 친일 어용 단체

　② **한국 광복군** : 지청천을 총사령관으로 한 대한민국 임시
　　정부의 독자적인 부대로, 일본에 선전포고를 한 뒤 연합군
　　과 함께 독립 전쟁을 전개하였음

　③ **한인 애국단** : 대한민국 임시 정부의 활발한 활동을 목적
　　으로 김구가 비밀리에 설립한 단체

19 **영정법**은 조선 후기에 인조가 시행한 제도로, 전세의 폐단을
시정하기 위해 풍흉에 관계없이 토지 1결당 미곡 4두를 고정
하여 걷는 전세 제도이다.

　② **남면북양 정책 추진** : 1930년대 일제가 공업원료 증산을
　　위해 한반도의 남쪽에서는 목화재배를, 북쪽에서는 양사
　　육을 강요한 정책

　③ **산미 증식 계획** : 일제가 조선을 일본의 식량공급지로 만
　　들기 위해 1920~1934년 실시한 농업정책

　④ **토지 조사 사업** : 1910년부터 1918년까지 일제가 우리나라
　　에서 식민지적 토지제도를 확립할 목적으로 실시한 대규
　　모의 조사사업

20 **3 · 1운동**은 1919년 3월 1일을 기점으로 일본의 식민지 지배
에 저항하여 전 민족이 일어난 항일독립운동으로 일제 강점
기에 나타난 최대 규모의 민족운동이었으며, 대한민국 임시
정부가 수립되는 계기가 되었다.

　② **새마을 운동** : 1970년부터 시작된 범국민적 지역사회 개발
　　운동

　③ **문자 보급 운동** : 1929년 조선일보가 중심이 되어 우리글
　　인 한글을 보급해 민족의 역량을 키우자는 애국 계몽 운동

　④ **서경 천도 운동** : 문벌 귀족 사회 내부의 분열과 지역 세
　　력 간의 대립, 풍수지리설이 결부된 전통 사상과 사대적
　　유교 정치사상의 충돌 등이 얽혀 일어난 것으로, 묘청이
　　고려의 수도를 서경으로 옮기려 전개한 움직임

21 **반민족 행위 처벌법**은 일제 강점기 때 일본에 협력하며 반민
족적 행위로 민족에게 해를 끼친 친일파를 처벌하기 위하여
제정한 법률이다.

　② **신분제 폐지** : 1894년 1차 갑오개혁 때 과거제를 폐지하여
　　신분 차별 없는 새로운 관리 임용 제도를 채택하고, 신분
　　제를 폐지(양반과 평민의 계급타파, 노비제도 폐지)하였다.

　③ **삼정 문란 해결** : 조선 후기 세도 정치 때 삼정(전세의 문
　　란, 군포의 문란, 환곡의 문란)은 매우 문란하였는데, 이를

해결하기 위해 삼정이정청을 설치하고, 삼정을 개혁하려
하였다.

　④ **외환 위기 극복** : 김대중 정부 때 금 모으기 운동, 아나바
　　다 운동, 국산품 쓰기 운동 등을 통해 외환 위기를 극복하
　　였다.

22 하얼빈에서 이토 히로부미를 처단하고 동양 평화론을 집필한
독립 운동가는 안중근이다.

　① **서희** : 거란의 1차 침입 때 거란의 적장 소손녕과 외교 담
　　판을 벌여 고려가 고구려의 후손이라는 점을 인정받고, 여
　　진의 땅을 확보하면 통교한다는 조건을 걸어 강동 6주를
　　돌려받았다.

　③ **정약용** : 조선 후기 18세기 실학사상을 집대성한 한국 최
　　대의 실학자이자 개혁가로, 목민심서와 경세유표, 흠흠신
　　서를 저술했으며, 당대 최첨단 기자재인 거중기를 도입해
　　수원 화성을 초고속으로 축조하였다.

　④ **최승로** : 고려 6대왕 성종을 보필하여 고려사회를 유교사
　　회로 전환시키고 시무 28조를 성종에게 바쳐 정치 개혁을
　　이룩하였다.

23 이승만 정부의 독재와 부정부패가 극에 달하고, 3 · 15 부정
선거가 터지자 반정부시위가 선거 전후 전국에 걸쳐 대도시
에서 일어나기 시작했다.

　① **브나로드 운동** : 일제강점기에 동아일보사가 주축이 되어
　　일으킨 농촌계몽운동으로 전국 규모의 문맹퇴치운동

　② **농촌 진흥 운동** : 1932년 일제가 수립 · 추진한 식민지 농
　　업정책

　④ **민족 유일당 운동** : 1920년대 후반 만주와 중국 지역에 분
　　립되어 있던 항일 민족단체들을 중심으로 독립운동 단체
　　들이 하나로 통합되기 위해 전개한 운동

24 쌍성총관부를 공격하여 철령 이북의 땅을 회복한 것은 공민
왕이다.

> **TIP** 의열단
> 1919년 만주 길림성에서 조직된 항일독립운동단체로 김대지, 황상규
> 가 지도했고, 김원봉, 윤세주 등 13명의 단원이 있었다. 1920년대에
> 활발한 활동을 하였고, 1930년대에 급진적 민족주의 색채를 띠었다.

25 **노태우 정부** : 7 · 7 특별선언(1988), 남북한 UN 동시 가입(1991),
남북기본합의서 채택(1991), 한반도 비핵화 공동 선언(1991)

　① 고려 무신 정권의 최충헌
　② 조선 시대 성종
　③ 김대중 정부

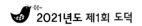

도 덕

정답

01 ①	02 ②	03 ③	04 ③	05 ①
06 ①	07 ②	08 ②	09 ①	10 ②
11 ④	12 ③	13 ①	14 ②	15 ①
16 ②	17 ④	18 ④	19 ④	20 ②
21 ③	22 ④	23 ③	24 ③	25 ④

해설

01 안락사 허용 문제, 자살, 뇌사, 인공 임신 중절, 생명 복제, 동물실험 등 생명의 존엄성과 관련된 문제는 생명 윤리 영역의 윤리적 쟁점이라 볼 수 있다.

> **TIP 생명 윤리**
>
> 과학기술의 급속한 발달과 더불어 종래의 기술 수준으로는 치료할 수 없다고 생각되던 다양한 의료 분야에서 생명을 연장할 수 있는 치료법의 개발이 이루어진 결과, 삶과 죽음, 인격과 비인격 간의 경계가 애매해지고 기존의 윤리학으로는 대처할 수 없는 윤리적 문제들이 발생한 데서 기인한다.

02 칸트는 윤리적 의사 결정 과정에서 보편화 가능성과 인간 존엄성을 중시하였고, 모든 사람을 수단이 아닌 목적 자체로 대해야 한다는 정언 명령을 강조하였다. 그러므로 ㉠에 들어갈 용어는 보편적, ㉡에 들어갈 용어는 목적이다.

> **TIP 칸트 윤리**
>
> • 결과적으로 옳은 행동을 했더라도 사익 추구나 사회적 비난을 피하려는 의도 등에서 비롯한 행위는 옳지 않음
> • 도덕 법칙은 정언 명령(행위의 결과와 상관없이 행위 자체가 선(善)이기 때문에 무조건 수행해야 하는 도덕적 명령)의 형식을 띠고 있음
> • 도덕성을 판단할 때 행위의 결과보다 동기를 중시하면서 오로지 의무 의식에서 나온 행위만이 도덕적 가치를 지닌다고 봄
> • 이성적이고 자율적인 인간은 보편적인 도덕 법칙을 의식할 수 있음
> • 윤리적 의사 결정 과정에서 보편화 가능성과 인간 존엄성을 중시함

03 공리주의에서는 옳은 행위를 결정하는 기준이 유용성의 원리라고 보았다. 또한 벤담의 공리주의는 최대 다수의 최대 행복을 도덕과 입법의 원리로 제시한다.

> ㄱ. 행위의 결과보다 동기를 중시하는 것은 의무론적 관점에서의 칸트의 윤리이다.
> ㄷ. 보편타당한 법칙이 존재하며 이를 따라야 한다는 것은 의무론적 관점이다.

04 통일 한국이 지향하는 가치는 평화, 인권, 자유, 정의이다.

> **TIP 통일 한국이 지향해야 할 가치**
>
> • **평화** : 전쟁의 공포가 사라진 평화로운 국가를 지향해야 함
> • **자유** : 자신의 신념과 선택에 따른 자유로운 삶이 보장되는 국가를 지향해야 함
> • **인권** : 모든 사람의 존엄과 가치가 존중되는 인권 국가를 지향해야 함
> • **정의** : 모두가 합당한 대우를 받는 정의로운 국가를 지향해야 함

05 (가)는 인간 개체 복제에 찬성하는 의견이므로 그에 대한 입장이 와야 한다. 인간 개체 복제는 불임 부부의 고통을 덜어 줄 수는 있지만, 인간의 존엄성을 훼손하거나 자연의 고유한 질서를 해칠 수 있으며 가족 관계에 혼란을 줄 수도 있다.

06 주어진 글에서 설명하는 사상은 유교 사상이다.

> ② **도가** : 무위자연을 추구하며 인간의 의지, 욕구와 상관없이 존재하는 자연의 가치와 아름다움을 강조
> ③ **법가** : 실정법적인 법의 우위를 주장
> ④ **불교** : 생명의 상호 의존 관계를 강조하며 불살생의 가르침을 주장

07 성의 인격적 가치는 사랑하는 사람과 상호 간의 존중과 배려를 실현하게 해준다.

> **TIP 성이 갖는 가치**
>
> • **생식적 가치** : 자연법 윤리에서 말하는 종족 보존의 자연적 성향과 관계가 있음
> • **쾌락적 가치** : 인간의 감각적인 욕구를 충족시켜 줌, 성적 욕망과 관련이 있음
> • **인격적 가치** : 사랑하는 사람과 상호 간의 존중과 배려를 실현하게 해 줌

08 시민 불복종은 부정의한 법과 정책에 대한 시민들의 의도적 위법 행위를 말하며, 대표적인 사례로는 간디의 소금 행진(비폭력 불복종 운동), 소로의 세금 납부 거부 운동, 마틴 루서 킹의 흑인 인권 운동, 여성의 참정권 운동 등이 있다.

09 부부는 서로 동등한 존재임을 인식하여 서로를 존중하고 협력해야 하며 배려하고 부족함을 보완해야 한다.

    ㄷ. 능력 차이를 이용하여 위계 질서를 세워서는 안 되며, 남녀가 서로의 차이를 존중해야 한다.

    ㄹ. 남성과 여성이라는 성별만으로 경제 활동과 육아를 이분하여서는 안 된다.

10 **정명(正名)** : 공자의 정명은 일반적으로 군·신·부·자 등 신분질서를 지칭하는 이름에 한정하여, 그 이름에 걸맞은 각 주체의 역할과 행위가 실현되어야 함을 강조하는 것으로 해석한다. 즉, 자신이 맡은 직분 및 각자의 신분과 지위에 맞는 역할에 충실해야 한다는 뜻이다.

  ① **겸애(兼愛)** : 모든 인간을 가리지 않고 조건 없이 똑같이 사랑하는 것

  ③ **무위(無爲)** : 인위적이거나 작위적이지 않은 자연스러운 것을 추구함

  ④ **해탈(解脫)** : 인간의 속세적인 것에서 벗어난 자유로운 상태

11 예술에 대한 도덕적인 입장에서 예술은 도덕적 가치를 실현하는 데 기여해야 하므로, 도덕적 교훈이나 모범을 제공해야 한다고 주장한다.

TIP 예술과 윤리의 관계

• **예술 지상주의**
  – 예술은 예술 그 자체나 미적 가치를 추구해야 함
  – 예술을 윤리적 가치의 기준으로 판단하는 것은 잘못된 태도라 주장

• **도덕주의**
  – 예술은 도덕적 가치를 실현하는 데 기여해야 함
  – 예술은 도덕적 교훈이나 모범을 제공해야 한다고 주장

12 니부어는 집단의 도덕성이 개인의 도덕성보다 떨어진다고 보아 개인 윤리와 사회 윤리를 구분할 필요가 있다고 보았다. 그는 개인의 도덕성 함양과 개선이 이루어지는 가운데, 도덕적 정당성을 가진 제도적 강제력을 통해 문제 해결에 나설 때 사회 문제가 바르게 해결될 수 있다고 보았다.

  ① **노직** : 자신의 부를 어떻게 이용할 것인지는 전적으로 개인의 자유이기 때문에 해외 원조나 기부를 실천해야 할 윤리적 의무는 존재하지 않는다고 주장

  ② **벤담** : 최대 다수의 최대 행복을 주장한 공리주의자

  ④ **슈바이처** : 생명을 보호하고 살리는 것은 좋은 일이며, 생명을 파괴하고 억제하는 것은 나쁜 일이라는 생명 외경 사상을 강조

13 주어진 사례들은 최소 수혜자에게 최대 혜택을 주는 차등의 원칙과 관련이 있다.

TIP 롤스의 정의론

절차적 정의에 따르는 '정의의 원칙'을 주장하며 원초적 입장(무지의 베일을 쓴 상태)이라는 가상적 상황에서 모두가 합의할 수 있는 정의의 원칙을 제시하였다.

제1원칙	평등한 자유의 원칙 : 모든 사람은 기본적인 자유에서 평등한 권리를 지녀야 함
제2원칙	• 차등의 원칙 : 사회·경제적 불평등은 사회의 최소 수혜자에게 최대의 이익이 되어야 함 • 공정한 기회 균등의 원칙 : 공직과 지위는 불평등할 수 있지만 그것이 공정한 기회 균등의 조건 아래 모두에게 개방되어야 함

14 윤리적 성찰이란 자신이 경험하는 일에 대해 윤리적 의미를 탐구하는 것으로 삶을 성찰하고 도덕적인 판단과 행위를 하기 위해 필요하다. 일기 쓰기, 좌우명 만들기 등으로 실천할 수 있다.

  ① **사실 판단** : 존재하는 현상을 객관적으로 서술하며 객관적인 근거를 바탕으로 참과 거짓을 분명히 구별하고 개념과 사실관계를 명확하게 판단하는 것

  ③ **가치 전도** : 가치가 서로 뒤바뀐 현상

  ④ **쾌락의 역설** : 쾌락을 너무 추구하여 쾌락에 몰두하다보면 오히려 고통을 겪게 되는 현상

15 다른 사람의 기본적 자유와 권리를 침해하지 않고, 정보의 진실성과 공정성을 추구하는 것을 정보 윤리의 정의의 원칙이라 한다.

16 대중문화에 대한 윤리적 규제를 반대하는 입장으로는 자율성 및 표현의 자유 중시, 다양한 문화를 누릴 대중의 권리 보장 등이 있다. 성의 상품화 예방, 대중의 정서에 미칠 부정적 영향 방지 등은 대중문화에 대한 윤리적 규제를 찬성하는 입장이다.

17 과학 기술 지상주의는 과학 기술이 모든 문제를 해결할 수 있다고 보는 관점이다.

2021년 1회

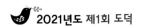

18 공직자는 공익실현을 위해 노력해야 하며 국민을 위해 봉사하는 자세를 가져야 하고, 권한을 남용하여서는 안 되며 청렴해야 한다.

19 지속 가능한 발전을 위해서는 에너지를 절약하고 친환경 에너지 개발을 해야 한다. 또한 일회용품 사용을 자제하며 자원 재활용을 위해 노력하고 환경 보전을 생활 속에서 습관적으로 실천하는 자세를 가져야 한다.

20 인간 중심주의는 인간만이 가장 중요하며 그 외의 자연은 모두 인간을 위한 수단이자 도구로 활용할 수 있다고 생각하는 관점이다.

> **TIP** 자연과 윤리
> - **인간 중심주의** : 인간만이 도덕적 권리를 행사할 수 있으며, 자연은 인간의 생존과 복지를 위한 수단일 뿐이므로 유용성의 관점에서 파악한다. 대표적인 사상가로는 아리스토텔레스, 아퀴나스, 베이컨, 데카르트, 칸트가 있다.
> - **동물 중심주의** : 생태계를 구성하는 존재 중 동물에 강조점을 두는 관점으로, 대표적인 사상가로는 벤담, 밀, 싱어가 있다.
> - **생명 중심주의** : 모든 생명체는 그 자체로 도덕적 고려를 받아야할 가치가 있다고 보는 관점으로, 대표적인 사상가로는 슈바이처, 테일러가 있다.
> - **생태 중심주의** : 전체론적 관점에서 개체보다 상호 의존성에 바탕을 둔 생명 공동체 그 자체에 관심을 가지는 관점으로, 대표적인 사상가로는 레오폴드가 있다.

21 싱어는 공리주의적 관점에서 모든 사람의 고통을 감소시키고 쾌락을 증진시키는 것이 인류의 의무라고 보았다.

> **TIP** 원조에 대한 입장
> - **의무적인 입장** : 칸트, 싱어, 롤스
> - **자선적인 입장** : 노직

22 종교 갈등 해결을 위해서는 종교의 자유를 인정하고 다른 종교에 대해 관용의 태도를 가져야 한다. 또한 종교 간에 적극적으로 대화하고 협력해야 하며 사랑, 평화와 같은 가치를 실천하기 위해 노력해야 한다.

23 윤리적 소비란 공정무역 운동을 포함한 소비자 운동으로 인간, 동물, 환경에 해를 끼치는 상품을 사지 않는 소비행위를 말한다. 즉 이웃과 환경을 모두 고려하는 소비 형태로, 개발도상국 노동자들의 인권 향상을 위한 소비를 하고, 환경 마크나 공정 무역 마크가 부착된 제품을 구매하는 것 등을 통해 실천할 수 있다. 대량 소비나 과시적 소비 등은 윤리적 소비

를 위한 방법이 아니다.

24 식인 문화, 순장 등과 같이 보편적 가치에 어긋나는 비윤리적인 문화까지 수용해서는 안 된다.

25 하버마스는 논쟁을 할 때에도 수용하는 자세를 잃지 않고 대화와 토론을 통한 '의사소통의 합리성'이라는 이성의 잣대를 세웠다. 또한 이상적 담화 상황 조건으로 진리성, 정당성, 진실성, 이해가능성을 제시하였다.

> **TIP** 하버마스의 이상적 담화 조건
> - **이해 가능성** : 서로 이해할 수 있어야 함
> - **정당성** : 사회적으로 정당한 규범에 근거해야 함
> - **진리성** : 참이며, 진리에 바탕을 두어야 함
> - **진실성** : 자신이 말한 의도를 믿을 수 있도록 진실하게 표현해야 함

정답 및 해설

2021년도

제2회

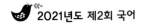

제1교시

국 어

정답 및 해설 |

▌정답

01 ①	02 ④	03 ④	04 ③	05 ②
06 ③	07 ①	08 ②	09 ②	10 ④
11 ①	12 ④	13 ①	14 ④	15 ①
16 ②	17 ③	18 ②	19 ①	20 ②
21 ④	22 ③	23 ①	24 ③	25 ④

▌해설

01 소감문을 잘 썼다며 칭찬해주는 선생님께 영호는 아직 부족하다고 대답하였으므로 자신을 낮추어 겸손하게 말하고 있다고 볼 수 있다.

02 '혼밥'과 같은 줄임말은 요즘 사람들이 쓰는 용어이므로, 할머니는 알아듣기 힘든 신조어이다. 손녀는 대화의 상대방을 고려하지 않고 이해하기 어려운 줄임말을 사용하는 문제를 범하고 있다.

03 제시된 표준 발음법 규정은 'ㄴ'이 'ㄹ'의 앞이나 뒤에서 [ㄹ]로 발음되는 유음화 현상에 대한 내용이다. ④의 '종로'는 'ㄴ'이 들어있지 않으므로 유음화 현상이 일어난다고 볼 수 없고, 'ㅇ'이 'ㄹ'을 만나 'ㄴ'으로 발음되는 비음화 현상에 해당되어 [종노]로 발음해야 한다.
① 신라[실라]
② 논리[놀리]
③ 설날[설랄]

> **TIP** 표준어 규정 비음화와 유음화
> • 비음화
> – 제18항 : 받침 'ㄱ(ㄲ, ㅋ, ㄳ, ㄺ), ㄷ(ㅅ, ㅆ, ㅈ, ㅊ, ㅌ, ㅎ), ㅂ(ㅍ, ㄼ, ㄿ, ㅄ)'은 'ㄴ, ㅁ' 앞에서 [ㅇ, ㄴ, ㅁ]으로 발음한다.
> 　⑩ 먹는[멍는] 닫는[단는] 밥물[밤물] 앞마당[암마당] 놓는[논는]
> – 제19항 : 받침 'ㅁ, ㅇ' 뒤에 연결되는 'ㄹ'은 [ㄴ]으로 발음한다.
> 　⑩ 담력[담녁] 강릉[강능] 항로[항노]
> • 유음화(제20항) : 'ㄴ'은 'ㄹ'의 앞이나 뒤에서 [ㄹ]로 발음한다.
> 　⑩ 난로[날로] 신라[실라] 광한루[광할루] 대관령[대괄령] 칼날[칼랄] 물난리[물랄리]

04 • 맞히다 : 문제에 대한 답을 틀리지 않게 하다. 물체를 쏘거나 던져서 어떤 물체에 닿게 하다.
　• 맞추다 : 서로 떨어져 있는 부분을 제자리에 맞게 대어 붙이다. 둘 이상의 일정한 대상들을 나란히 놓고 비교하여 살피다.
정답을 알맞게 고를 때는 '맞히다'를 써야 한다.
① 반듯이 → 반드시
② 붙였다 → 부쳤다
④ 저렸다 → 절였다

> **TIP** 형태가 유사한 단어
> • 맞히다 vs 맞추다
> – 맞히다 : 문제에 대한 답을 틀리지 않게 하다. ⑩ 화살로 적을 맞히다.
> – 맞추다 : 서로 떨어져 있는 부분을 제자리에 맞게 대어 붙이다. 둘 이상의 일정한 대상들을 나란히 놓고 비교하여 살피다. ⑩ 퍼즐을 맞추다.
> • 반듯이 vs 반드시
> – 반듯이 : 작은 물체, 또는 생각이나 행동 따위가 비뚤어지거나 기울거나 굽지 아니하고 바르게. ⑩ 위를 보고 반듯이 누워라.
> – 반드시 : 틀림없이 꼭. ⑩ 반드시 시간에 맞춰 도착해야 한다.
> • 붙이다 vs 부치다
> – 붙이다 : 맞닿아 떨어지지 않게 하다. ⑩ 봉투에 우표를 붙이다.
> – 부치다 : 편지나 물건 따위를 일정한 수단이나 방법을 써서 상대에게로 보내다. ⑩ 할머니께 택배를 부치다.
> • 저리다 vs 절이다
> – 저리다 : 뼈마디나 몸의 일부가 오래 눌려서 피가 잘 통하지 못하여 감각이 둔하고 아리다. ⑩ 다리를 꼬고 앉았더니 다리가 저리다.
> – 절이다 : 푸성귀나 생선 따위를 소금기나 식초, 설탕 따위에 담가 간이 배어들게 하다. ⑩ 배추를 소금물에 절이다.

05 (가)에서 설명하는 시제는 현재보다 앞서 일어난 사건을 말하므로 과거 시제이다. ㉠과 ㉢은 모두 과거 시제를 사용하였다. ㉡은 현재 시제, ㉣은 미래 시제이다.

06 '㉢ :시·미 기·픈 ·므·른'은 '샘이 깊은 물은'이라는 뜻인데, 여기서 주어는 '샘'이고 '이'는 주격 조사로 쓰였다.

TIP 여러 가지 주격조사

문장 안에서, 체언이나 체언 구실을 하는 말 뒤에 붙어 주어의 자격을 가지게 하는 격 조사

예 이/가, 께서, 에서 등

TIP 시의 표현 기법

- **의인법** : 사람 아닌 사물을 사람처럼 나타내는 표현법
- **활유법** : 생명이 없는 것을 마치 있는 것처럼 비유하는 법
- **영탄법** : 기쁨, 슬픔, 놀라움, 무서움 따위의 감정을 표현하여 글의 효과를 높이는 법
- **점층법** : 어구(語句)의 의미를 점차로 강하게, 크게, 깊게, 높게 함으로써 그 뜻이나 가락을 절정으로 끌어올리는 방법
- **도치법** : 문법상, 논리상으로 순서를 바꿔 놓는 법
- **설의법** : 서술로 해도 무관한 것을 의문형으로 나타내는 법
- **대구법** : 가락이 비슷한 글귀를 짝지어 나란히 놓아 흥취를 높이려는 법
- **반어법** : 겉으로 표현되는 말과는 반대의 뜻을 나타내는 법
- **역설법** : 표면적으로는 이치에 어긋난 논리적 모순으로 보이지만 그 속에 보다 깊은 뜻이나 시적 진실을 담고 있는 표현법

07 본론 2에는 공원 내 쓰레기 불법 투기의 해결 방안이 와야 한다. ②, ③, ④는 모두 이에 대한 해결 방안으로 옳지만, ①의 내용은 반려견과 관련된 내용이므로 쓰레기 불법 투기와는 관련이 없다.

08 '왜냐하면'은 '~하기 때문이다'와 호응되므로 주어진 문장은 고치지 않고 그대로 쓰는 것이 적절하다.

[09~11]

고재종, 「첫사랑」
- **갈래** : 서정시, 자유시
- **성격** : 서정적, 낭만적, 감각적, 비유적
- **제재** : 눈
- **주제** : 사랑을 이루기 위한 아픔과 노력, 아름다움
- **특징**
  - 시간의 흐름에 따라 시상을 전개함
  - 자연의 섭리에서 사랑의 의미를 발견함
  - 역설적 표현을 통해 주제를 효과적으로 드러냄
  - 다양한 감각적 이미지를 사용함

09 청유형 문장은 화자가 청자에게 같이 행동할 것을 요청하는 뜻을 나타내는 문장이며, 어말어미로는 '–자, –자꾸나, –세, –읍시다' 등을 사용하는데 이 글에서는 청유형 문장이 사용되지 않았다.

10 ㉠, ㉡, ㉢는 모두 꽃. 즉 사랑을 피우기 위한 눈의 노력을 의미하지만, ㉣은 순간적이며 이루기 쉽지 않은 사랑을 의미한다.

11 아름다운 상처가 의미하는 것은 시련과 노력, 인내, 헌신 등을 겪은 뒤에 오는 소중한 사랑의 아름다움이므로 성숙한 사랑의 가치를 뜻한다고 할 수 있다. 또한 아름답다와 상처는 서로 논리적으로 모순이 되지만 그 안에 어떠한 의미를 담고 있으므로 역설법을 사용한 것이다.

[12~14]

윤흥길, 「아홉 켤레의 구두로 남은 사내」
- **갈래** : 중편 소설, 세태 소설
- **성격** : 사실적, 현실 비판적
- **시점** : 1인칭 관찰자 시점
- **배경**
  - 시간적 배경 : 1970년대 후반
  - 공간적 배경 : 성남시
- **주제** : 산업사회에서 소외된 계층의 어려운 삶
- **특징** : 상징적 물건을 통하여 인물의 내면 심리를 표현함

12 윗글은 '나'가 작품 속에서 일어나는 사건을 서술하는 1인칭 관찰자 시점 소설이다.

13 '나'는 '강도'가 누구인지 이미 눈치를 채고 있는 상태이며 심지어 '터지려는 웃음을 꾹 참은 채 강도의 애교스러운 행각을 시종 주목'하며 강도가 떨어뜨린 칼을 웃으며 넘겨주기도 한다. 이를 통해 '나'는 '강도'의 행위에 대해 두려워하고 있지 않다는 것을 알 수 있다.

14 '강도'는 도둑질을 하러 '나'의 집에 들어왔으나, 하는 행동이 어설프며 심지어는 위협용으로 가져온 칼을 떨어뜨려 '나'에게서부터 다시 받아가기도 한다. 몹시 자존심이 상해 도둑맞을 물건 하나 제대로 없는 주제에 이죽거린다며 대꾸하지만, 이내 식구 중의 누군가가 몹시 아프다던가, 하는 '나'의 말에 자신이 누구인지 들켰음을 깨닫고 갈기갈기 찢어진 한 줌의 자존심을 끌어안고 나가버린다. 그러므로 ㉠의 이유는 자신의 정체를 들킨 것 같아 자존심이 상해서임을 알 수 있다.

2021년 2회

[15~16]

> 작자 미상, 「가시리」
> - 갈래 : 고려가요(여요, 속요, 장가)
> - 운율 : 3·3·2조(3음보)
> - 성격 : 애상적, 전통적, 민요적
> - 제재 : 이별
> - 주제 : 이별의 슬픔

15   매 연이 끝날 때마다 '위 증즐가 대평성딕(大平盛代)'라는 후렴구를 반복하여 운율을 형성하고 있다.
     ② 선경후정이란 자연경관을 먼저 제시한 후 감정을 노래하는 구조인데, 윗글에서는 드러나지 않는다.
     ③ 자연과 인간을 대비하고 있지 않다.
     ④ 계절의 변화에 대한 내용은 나타나있지 않다.

16   2연에서는 날더러 어찌 살라 하고 버리고 가시냐며 자신을 떠나려는 임을 원망하고 있다. 임에 대한 헌신과 순종을 다짐한다는 설명은 적절하지 않다.

[17~19]

> 조위한, 「최척전」
> - 갈래 : 고전소설, 한문소설, 전쟁소설, 군담소설
> - 성격 : 우연적, 사실적
> - 배경
>   - 시간적 배경 : 임진왜란, 정유재란
>   - 공간적 배경 : 조선, 중국, 일본, 베트남 등
> - 시점 : 전지적 작가 시점
> - 주제 : 이산가족의 고통과 가족애를 통한 재회
> - 특징
>   - 작품의 배경이 조선뿐 아니라 중국, 일본, 베트남 등으로 확장되어 있음
>   - 실제 역사적 사건(임진왜란, 정유재란)을 배경으로 하여 당시의 고통을 생생하게 표현함

17   최척은 현재 전란으로 인해 가족이 헤어진 슬프고 안타까운 상황에 처해있는데, 최척의 통소 소리에 바다와 하늘이 애처로운 빛을 띠고 구름과 안개도 수심에 잠긴 듯했다고 하였다. 그러므로 자연물에 감정을 이입하여 작품의 분위기를 드러내고 있다는 설명은 옳다.
     ① 동물을 의인화하거나 풍자하는 부분은 나타나지 않는다.
     ② 꿈과 현실을 교차하고 있지 않다.

     ④ 인물의 행위에 대해 작가가 부정적 평가를 하고 있지 않다.

18   [A]는 최척의 통소 소리를 들은 옥영이 혹시 자기 남편이 저쪽 배에 타고 있는 것이 아닐까 하며 예전에 지었던 시를 읊는 부분이다. 이 소리를 들은 최척 역시 옥영이 저쪽 배에 타고 있을지도 모른다는 생각을 하게 되었고, 결국 부부가 만나게 되었으므로 [A]는 전란으로 헤어졌던 인물들(최척과 옥영)이 재회하는 계기이다.

19   최척은 옥영과 헤어진 슬픈 처지를 떠올리며 통소를 불고 있다.
     ② 옥영은 남편인 최척의 것으로 들리는 통소 소리에 대한 화답으로 시를 읊은 것이며, 송우는 옥영이 아닌 최척에게 물음을 던지고 있다.
     ③ 옥영은 통소 소리를 듣고 최척이 건너편 배에 타고 있을지도 모른다고 생각하였다.
     ④ 최척은 배 안의 사람들에게 왜적에게 당했던 일의 전말을 알려주고 있다.

20   전문가의 이론을 시대순으로 설명하고 있지 않다.
     ① 외부 효과라는 개념에 대해 설명하며 화제를 제시하고 있다.
     ③ 외부 경제와 외부 불경제에 대한 설명을 하면서 꽃집과 트럭이라는 구체적인 사례를 활용하고 있다.
     ④ 2문단에서 '누이 좋고 매부 좋은'이라는 속담을 활용하여 설명 대상의 특성을 제시하고 있다.

21   3문단에서 죄악세는 피구세 중에서도 국민 건강과 복지에 나쁜 영향을 끼치는 특정 품목의 소비 억제를 위해 물리는 세금이라 하였으므로, 이는 부정적 외부 효과(외부 불경제)를 억제하기 위해 물리는 세금이라고 볼 수 있다.
     ① 2문단에서 피구세는 외부 불경제를 유발한 당사자에게 물리는 것이라고 하였다.
     ② 1문단에서 낡은 트럭에서 내뿜는 시커먼 매연은 외부 불경제를 제공하는 것이라고 하였다. 외부 경제로 볼 수 있는 것은 화사한 화분을 진열해 놓은 꽃집이다.
     ③ 2문단에서 외부 불경제를 법으로 규제하거나 시정하기 위해 피구세를 물린다고 하였다.

22   ⓒ의 '고안'은 연구하여 새로운 안을 생각해낸다는 뜻이다. 참고로 비교하고 대조하여 본다는 의미를 가진 단어는 '참조'이다.

23 "텔레비전을 함께 보던 가족이 갑자기 의식을 잃고 쓰러졌을 때, 우리가 할 수 있는 일은 무엇일까요?"라는 물음으로 글을 시작하고 "바로 심폐 소생술입니다."라고 답하며 중심 화제인 심폐 소생술을 제시하고 있다.

② 다양한 관점이 등장하지는 않는다.

③ 대립되는 의견을 절충하고 있지 않다.

④ 중심 화제의 한계를 제시하는 것이 아니라 중심 화제인 심폐 소생술을 배워야 함을 다시 한 번 상기시키며 글을 마무리하고 있다.

24 심폐 소생술을 통해 심정지 발생 원인을 제거할 수 있다는 내용은 나와 있지 않다.

① 2문단에서 심정지 발생 후 초기 대응 시간이 환자의 생사를 좌우하므로 즉시 응급 처치를 해야 한다고 하였다.

② 3문단에서 실제와 유사한 상황에서 실습 위주의 심폐 소생술 교육을 받고 반복적으로 연습하면, 실제 상황이 발생했을 때 당황하지 않고 심폐 소생술을 실행할 수 있을 것이라고 하였다.

④ 3문단에서 자신의 응급 처치가 환자에게 해를 끼칠지도 모른다는 걱정을 떨쳐 버릴 수 있는 가장 좋은 방법은 심폐 소생술을 배우는 것이라고 하였다.

25 ㉠에서 쓰인 '지키다'는 어떠한 상태나 태도 따위를 그대로 계속 유지하다는 의미로 쓰였으므로 건강을 유지시켜야 한다는 의미로 사용된 ④가 적절하다.

① 재산, 이익, 안전 따위를 잃거나 침해당하지 아니하도록 보호하거나 감시하여 막다.

② 길목이나 통과 지점 따위를 주의를 기울여 살피다.

③ 규정, 약속, 법, 예의 따위를 어기지 아니하고 그대로 실행하다.

제2교시

수 학

정답 및 해설 |

정답

01 ④	02 ②	03 ①	04 ④	05 ①
06 ③	07 ①	08 ②	09 ①	10 ①
11 ③	12 ④	13 ④	14 ①	15 ①
16 ③	17 ④	18 ②	19 ①	20 ②

해설

01 $A=2x^2+x$, $B=x^2-x$이므로
$$A-B=(2x^2+x)-(x^2-x)$$
$$=2x^2+x-x^2+x$$
$$=x^2+2x$$

02 x에 대한 항등식은 x에 어떤 값을 넣어도 언제나 성립하는
등식을 뜻하므로 좌변과 우변의 식이 같아야 한다.
주어진 식 $x^2+3x-7=x^2+ax+b$를 보면 좌변에서 x의
계수가 3, 우변에서 x의 계수가 a이므로 $a=3$, 좌변에서 상
수항은 -7, 우변에서 상수항은 b이므로 $b=-7$이다.

> **TIP** 항등식
>
> 항상 같은 등식으로 좌변=우변이다. x에 대한 항등식이라고 하면
> $ax+b=0 \Leftrightarrow a=0$, $b=0$
> $ax+b=cx+d \Leftrightarrow a=c$, $b=d$

03 $f(x)=x^3-2x+a$라 하면
$f(x)$는 $(x-1)$로 나누어떨어지므로 $f(1)=0$
$f(1)=1^3-2\times 1+a$
$1-2+a=0$
$\therefore a=1$

> **TIP** 나머지 정리
>
> • x에 대한 다항식 $f(x)$를 일차식 $x-a$로 나누었을 때의 나머지
> 를 R이라고 하면, $R=f(a)$
> • x에 대한 다항식 $f(x)$를 일차식 $ax+b$로 나누었을 때의 나머지
> 를 R이라고 하면, $R=f\left(-\dfrac{b}{a}\right)$
> • x에 대한 다항식 $f(x)$가 일차식 $ax+b$로 나누어떨어진다면
> $f\left(-\dfrac{b}{a}\right)=0$

04 다항식 x^3+3^3을 인수분해하면 다음과 같다.
$$x^3+3^3=(x+3)(x^2-3x+3^2)$$
$$=(x+3)(x^2-3x+9)$$
$$\therefore a=9$$

> **TIP** 인수분해 기본공식
>
> • $ma+mb-mc=m(a+b-c)$
> • $a^2+2ab+b^2=(a+b)^2$
> $a^2-2ab+b^2=(a-b)^2$
> • $a^2-b^2=(a+b)(a-b)$
> • $x^2+(a+b)x+ab=(x+a)(x+b)$
> • $acx^2+(ad+bc)x+bd=(ax+b)(cx+d)$
> • $a^3+3a^2b+3ab^2+b^3=(a+b)^3$
> $a^3-3a^2b+3ab^2-b^3=(a-b)^3$
> • $a^3+b^3=(a+b)(a^2-ab+b^2)$
> $a^3-b^3=(a-b)(a^2+ab+b^2)$

05 복소수가 있는 등식을 만족하려면 실수부분은 실수부분끼리,
허수부분은 허수부분끼리 같으면 된다.
그러므로 $i(1+2i)=a+i$를 정리하면
$$i-2=a+i$$
$$\therefore a=-2$$

> **TIP** 허수의 정의와 복소수의 상등
>
> • 허수단위($i=\sqrt{-1}$) : 제곱해서 -1이 되는 수를 i로 나타낸다.
>   이때 i를 허수단위라 하고 i를 포함하는 수를 허수라 한다.
>
> | $i=i^{4n+1}=\sqrt{-1}$ |
> |---|
> | $i^2=i^{4n+2}=-1$ |
> | $i^3=i^{4n+3}=-i$ |
> | $i^4=i^{4n}=1$ |
>
> • 복소수 : 임의의 실수 a, b에 대하여 $a+bi$의 꼴로 나타내는 수를
>   복소수라 한다. a를 실수 부분, b를 허수 부분이라 하고 $a=0$일
>   때 순허수라고 한다.
> • 복소수의 상등
> $-a+bi=0 \Leftrightarrow a=0$, $b=0$
> $-a+bi=c+di \Leftrightarrow a=c$, $b=d$

06 이차방정식 $x^2-4x-5=0$의 두 근을 α, β라고 하면 근과
계수의 관계에 의하여 $\alpha+\beta=4$이다.

TIP 근과 계수와의 관계

- $ax^2+bx+c=0(a\neq0)$의 두 근이 α, β이면

  $\alpha+\beta=-\dfrac{b}{a}$, $\alpha\beta=\dfrac{c}{a}$

- $ax^3+bx^2+cx+d=0(a\neq0)$의 세 근이 α, β, γ이면

  $\alpha+\beta+\gamma=-\dfrac{b}{a}$, $\alpha\beta+\beta\gamma+\gamma\alpha=\dfrac{c}{a}$, $\alpha\beta\gamma=-\dfrac{d}{a}$

07 $-1\leq x\leq2$일 때, 이차함수 $y=x^2-3$의 그래프를 보면 $x=0$일 때 최솟값 -3을 가진다.

TIP 이차함수의 최대 · 최소

$y=ax^2+bx+c=a(x-m)^2+n$ $(\alpha\leq x\leq\beta)$에서 꼭짓점의 x 좌표가 제한된 범위에 포함될 때

- $a>0$이면 $x=m$에서 최솟값 n이고 $f(\alpha)$, $f(\beta)$ 중 큰 값이 최댓값이다.
- $a<0$이면 $x=m$에서 최댓값 n이고 $f(\alpha)$, $f(\beta)$ 중 작은 값이 최솟값이다.

08   삼차방정식의 한 근이 1이므로

$x=1$을 대입했을 때 방정식을 만족해야 한다.

따라서 $1^3+a\times1^2-2\times1-1=0$이므로

$1+a-2-1=0$

$\therefore a=2$

09   연립부등식 $\begin{cases} 3x<2x+5 \cdots \text{㉠} \\ 4x>3x-1 \cdots \text{㉡} \end{cases}$을 풀면

㉠은 $x<5$, ㉡은 $x>-1$이므로

연립부등식의 해는 $-1<x<5$이다.

$\therefore a=5$

10 $|x-2|\leq2$는 $-2\leq x-2\leq2$, $0\leq x\leq4$이므로 상수 $a=4$이다.

TIP 절댓값 기호를 포함한 일차부등식의 풀이

- $|x|<a$ $(a>0)$의 해 : $-a<x<a$
  원점으로부터의 거리가 a보다 작은 x의 값들의 모임
- $|x|>a$ $(a>0)$의 해 : $x<-a$ 또는 $x>a$
  원점으로부터의 거리가 a보다 큰 x의 값들의 모임
- $a<|x|<b$ $(0<a<b)$의 해 : $-b<x<-a$ 또는 $a<x<b$
  원점으로부터의 거리가 a보다 크고 b보다 작은 x의 값들의 모임

11   두 점 $A(-2, 1)$, $B(2, 4)$ 사이의 거리는

$\sqrt{(2-(-2))^2+(4-1)^2}$

$=\sqrt{4^2+3^2}$

$=\sqrt{16+9}$

$=\sqrt{25}$

$=5$

TIP 좌표평면 위의 두 점 $A(x_1, y_1)$, $B(x_2, y_2)$ 사이의 거리

$\overline{AB}=\sqrt{(x_2-x_1)^2+(y_2-y_1)^2}$

12   구하고자 하는 직선의 방정식을 $y=ax+b$라 하면,

직선 $y=2x+3$에 평행이므로 $a=2$이다.

또한 이 직선이 $(0, 6)$을 지나므로 $b=6$이다.

$\therefore$ 직선의 방정식은 $y=2x+6$

TIP 직선의 방정식

- 기울기가 a이고 y절편이 b인 직선의 방정식은 $y=ax+b$로 나타낸다.
- $y=ax+b$, $y=cx+d$일 때 두 직선의 위치 관계
  - 평행일 경우(기울기 같음) : $a=c$
  - 수직일 경우(기울기의 부호는 반대이며 서로 역수관계)
    : $a\times c=-1$

13   두 점 $(-1, -1)$, $(3, 3)$을 지름의 양 끝점으로 하므로 두 점의 중점은 원의 중심이다. 따라서 두 점의 중점의 좌표는

$\left(\dfrac{-1+3}{2}, \dfrac{-1+3}{2}\right)=(1, 1)$

또한 지름의 길이는 두 점 사이의 거리와 같으므로

$\sqrt{(3-(-1))^2+(3-(-1))^2}$

$=\sqrt{4^2+4^2}$

$=\sqrt{16+16}$

$=\sqrt{32}$

$=4\sqrt{2}$

따라서 반지름의 길이는 $2\sqrt{2}$이다.

중심이 $(1, 1)$이고 반지름의 길이가 $2\sqrt{2}$인 원의 방정식은

$(x-1)2+(y-1)2=(2\sqrt{2})2$

$\therefore (x-1)2+(y-1)2=8$

TIP 선분 AB의 중점

두 점 $A(x_1, y_1)$, $B(x_2, y_2)$를 이은 $\overline{AB}$의 중점은

$M\left(\dfrac{x_1+x_2}{2}, \dfrac{y_1+y_2}{2}\right)$

14 점 $(2, 5)$를 x축에 대하여 대칭이동하면 y값의 부호가 바뀌므로 $(2, -5)$가 된다.

> **TIP** 점의 대칭이동
>
> • x축에 대한 대칭이동 : $(x, y) \rightarrow (x, -y)$
> • y축에 대한 대칭이동 : $(x, y) \rightarrow (-x, y)$
> • 원점에 대한 대칭이동 : $(x, y) \rightarrow (-x, -y)$
> • $y=x$에 대한 대칭이동 : $(x, y) \rightarrow (y, x)$
> • $y=-x$에 대한 대칭이동 : $(x, y) \rightarrow (-y, -x)$

15 $A=\{1, 2, 3, 6\}$, $B=\{1, 2, 4, 8\}$에서 교집합 $A \cap B$는 집합 A와 집합 B에 공통으로 들어 있는 원소를 구해야 하므로 $A \cap B=\{1, 2\}$이고, 원소의 개수는 2이다.
∴ $n(A \cap B)=2$

> **TIP** 집합의 연산
>
> • 교집합 : $A \cap B=\{x \,|\, x \in A$ 그리고 $x \in B\}$
> • 합집합 : $A \cup B=\{x \,|\, x \in A$ 또는 $x \in B\}$
> • 집합의 서로소 : 두 집합 A, B에 대하여 $A \cap B=\varnothing$일 때, 두 집합 A와 B는 서로소이다.
> • 여집합 : $A^C=\{x \,|\, x \in U$ 그리고 $x \notin A\}$
> • 차집합 : $A-B=\{x \,|\, x \in A$ 그리고 $x \notin B\}$

16 $p \rightarrow q$의 역은 $q \rightarrow p$이다.
그러므로 명제 '$x=1$이면 $x^3=1$이다.'의 역은 '$x^3=1$이면 $x=1$이다.'가 된다.

17 $(f \circ f)(2)=f(f(2))$이므로
$f(2)$의 값은 함수 $f : X \rightarrow Y$에서 $f(2)=3$
$f(3)$의 값은 함수 $f : X \rightarrow Y$에서 $f(3)=4$
∴ $(f \circ f)(2)=4$

18 유리함수 $y=\dfrac{1}{x-a}+4$의 점근선은 $x=3$, $y=4$라고 하였으므로 $a=3$이다.

> **TIP** 함수 $y=\dfrac{k}{x-p}+q \; (k \neq 0)$의 그래프
>
> • 함수 $y=\dfrac{k}{x} \; (k \neq 0)$의 그래프를 x축 방향으로 p만큼, y축 방향으로 q만큼 평행이동한 것이다.
> • 정의역은 $\{x \,|\, x \neq p$인 실수$\}$이고, 치역은 $\{y \,|\, y \neq q$인 실수$\}$이다.
> • 점 (p, q)에 대하여 대칭이다.
> • 점근선은 두 직선 $x=p$, $y=q$이다.

19 4개의 경기 종목 중에서 서로 다른 2개를 선택하여 일렬로 나열해야 하므로 순열의 공식을 사용한다.
$$_4P_2=4 \times 3=12$$
∴ 경우의 수는 12

> **TIP** 순열
>
> 서로 다른 n개에서 $r(r \leq n)$개를 선택하여 일렬로 나열하는 것을 n개에서 r개를 선택하는 순열이라 하고, 그 순열의 수를 기호로 $_nP_r$로 나타낸다.
>
> • $_nP_r=n \times (n-1) \times (n-2) \times \cdots \times (n-r+1)$ (단, $0 < r \leq n$)
> • $_nP_n=n \times (n-1) \times (n-2) \times \cdots \times 3 \times 2 \times 1=n!$
> • $_nP_r=\dfrac{n!}{(n-r)!}$ (단, $0 \leq r \leq n$)
> • $_nP_0=1$, $0!=1$

20 5개 중에서 서로 다른 2개를 고르기만 하면 되므로 조합의 공식을 사용한다.
$$_5C_2=\frac{5 \times 4}{2 \times 1}=10$$
∴ 경우의 수는 10

> **TIP** 조합
>
> 서로 다른 n개에서 순서를 생각하지 않고 $r(r \leq n)$개를 선택하는 것을 n개에서 r개를 선택하는 조합이라 하고, 그 조합의 수를 기호로 $_nC_r$로 나타낸다.
>
> • $_nC_r=\dfrac{_nP_r}{r!}=\dfrac{n!}{r!(n-r)!}$ (단, $0 \leq r \leq n$)
> • $_nC_n=1$, $_nC_0=1$, $_nC_1=n$
> • $_nC_r=\,_nC_{n-r}$

제3교시

영 어

정답 및 해설 |

▌정답

01 ④	02 ②	03 ①	04 ②	05 ④
06 ①	07 ③	08 ①	09 ④	10 ③
11 ①	12 ②	13 ③	14 ②	15 ②
16 ①	17 ①	18 ④	19 ③	20 ②
21 ④	22 ②	23 ③	24 ②	25 ④

▌해설

01 해설 'benefit'은 '혜택'이라는 뜻이다.
　　해석 과학은 세상에 많은 혜택을 가져다주었다.
　　어휘 science 과학
　　　　 benefit 혜택, 이득

02 해설 'get along with'는 '어울리다'라는 뜻이다.
　　해석 올해는 반 친구들과 더 잘 어울릴 거예요.
　　어휘 get along with 어울리다, ~와 잘 지내다
　　　　 better 더 잘
　　　　 classmate 급우, 반 친구

03 해설 'After all'은 '결국'이라는 뜻이다.
　　해석 결국 그 소식은 사실로 드러났다.
　　어휘 After all 결국
　　　　 news 소식
　　　　 turn out 드러내다[나타나다], 되다
　　　　 true 사실인, 참인

04 해설 주어진 지문의 두 단어는 포함 관계이다. ①, ③, ④ 모두 뒤에 나오는 단어가 앞에 나오는 단어에 포함되는 포함 관계이지만, ②는 반의어 관계이다.
　　해석 사람들이 내게 내가 제일 좋아하는 음식에 대해 물어볼 때마다 나는 항상 피자라고 대답해요.
　　　　 ① 동물 – 말
　　　　 ② 위험 – 안전
　　　　 ③ 야채 – 양파
　　　　 ④ 감정 – 행복

어휘 ask 묻다, 물어보다
　　 always 항상, 언제나, 늘
　　 answer 대답하다, 대응하다

05 해설 행사 날짜, 행사 시간, 행사 장소는 언급되어 있지만 행사 참가비는 언급되어 있지 않다.
　　해석 자선 달리기 행사
　　　　 나와서 암환자에 대한 여러분의 지지를 보여주세요!
　　　　 • 날짜 : 9월 24일
　　　　 • 시간 : 오전 9시–오후 4시
　　　　 • 장소 : 아시아 경기장
　　　　 *참가자에게 무료 티셔츠를 드립니다.
　　어휘 charity 자선[구호]
　　　　 Come out 나오다
　　　　 support 지지[옹호]하다, 지원하다
　　　　 cancer patient 암환자
　　　　 September 9월
　　　　 stadium 경기장
　　　　 participant 참가자

06 해설 첫 번째 문장에서 'face'는 '얼굴'이라는 뜻이고, 두 번째 문장에서 'face'는 '직면하다'라는 뜻이다.
　　　　 ① 열기
　　　　 ② 만나다, 회의
　　　　 ③ 걷다
　　해석 • 그녀의 얼굴에 함박웃음이 떠올랐다.
　　　　 • 당신의 문제에 직면하는 법을 배워야 합니다.
　　어휘 big smile 함박웃음
　　　　 problem 문제

07 해설 첫 번째 문장에서 'where'은 '어디'라는 뜻을 가진 의문사로 쓰였고, 두 번째 문장에서 'where'은 어떤 장소를 수식하는 형용사절을 이끄는 관계대명사로 쓰였다.
　　　　 ① 누구
　　　　 ② 무엇
　　　　 ④ 어떤
　　해석 • Tom, 어디로 갈 계획이야?
　　　　 • 우리가 머물 수 있는 안전한 장소가 있어.

2021년 2회

어휘 plan 계획, 계획을 세우다
safe 안전한, 안심할 수 있는
place 장소
stay 계속 있다[머무르다]

08 **해설** 첫 번째 문장에서 'calm down'은 '진정하다'라는 뜻이고, 두 번째 문장에서 'turn down'은 '(소리·온도 등을) 낮추다'라는 뜻이므로 빈칸에 공통으로 들어갈 말은 'down'이다.
② 위한, ~에 대해
③ ~안[속]으로
④ ~와 함께
해석 • 부디 진정하시고 제 발을 들어주세요.
• 음량을 좀 줄여주실래요?
어휘 listen 듣다, 귀 기울이다
volume 용량, 음량[볼륨]

09 **해설** 독일에서는 칼이 아니라 포크로 감자를 자르는 식사 관습이 있다며 그 나라에 가면 그 나라 관습을 따르라고 충고해주는 내용이므로 ④의 '다른 나라에 가면 그 나라의 풍습을 따라야 한다.'가 적절하다.
해석 A : 나 다음 주에 독일에 갈 거야. 조언 좀 해줄래?
B : 칼이 아니라 포크로 감자를 자르는 것을 잊지 마.
A : 왜?
B : 그건 독일식 식사 관습이야. 로마에 있을 때는 로마법을 따라야지.
어휘 Germany 독일
next week 다음주
advice 조언, 충고
remember 기억하다, 명심[유념]하다
custom 관습, 풍습
Rome 로마

10 **해설** 새 직장이 어떠하냐는 A의 질문에 B는 일이 많긴 하지만 매우 좋다며 만족하고 있다고 하였으므로 B의 심정은 ③의 '만족하다'이다.
해석 A : 네 새 직장은 어때?
B : 일이 많긴 하지만, 매우 좋아.
A : 정말? 잘 됐다.
B : 고마워. 나 매우 만족하고 있어.
어휘 how do you like ~은 어떻습니까?
job 일, 직장, 일자리
a lot of 많은
satisfied 만족하는

11 **해설** 구매한 재킷이 나한테 너무 커서 환불받고 싶다는 내용의 대화이므로 대화가 이루어지는 장소로 가장 적절한 곳은 ①의 '옷가게'이다.
해석 A : 이 재킷을 환불받고 싶어요.
B : 뭐가 문제인지 여쭤봐도 될까요?
A : 저한테 사이즈가 너무 커요.
B : 더 작은 사이즈로 교환해 드릴까요?
A : 아뇨, 감사합니다.
어휘 would like to ~하고 싶다
refund 환불하다
jacket 재킷
problem 문제
exchange 교환
smaller 더 작은

12 **해설** Mary는 수학 시간에 문제를 풀겠다고 자원하여 칠판 앞에 나갔는데, 문제가 어렵다는 것을 깨달았다는 내용이므로 밑줄 친 It이 가리키는 것은 ③의 '문제'이다.
해석 어느 날 수학시간에 Mary는 문제를 풀겠다고 자원했다. 그녀가 교실 맨 앞에 갔을 때, 그녀는 그것이 매우 어렵다는 것을 깨달았다. 그러나 그녀는 침착하게 칠판에 답을 쓰기 시작했다.
어휘 one day 어느 날
math 수학
volunteer 자원하다
solve 해결하다, 풀다
realize 깨닫다, 알아차리다
difficult 어려운, 힘든
remain calm 평정을 유지하다
begin 시작하다
blackboard 칠판

13 **해설** A는 B에게 슈퍼에서 계란 좀 사와 달라고 부탁하고 있으므로 빈칸에 들어갈 말로 가장 적절한 것은 'Can you do me a favor? (부탁 하나 들어주겠니?)'이다.
① 왜 그렇게 화가 났니?
② 어떻게 하는지 가르쳐 주겠니?
④ 버스 정류장은 얼마나 멀어?
해석 A : 부탁 하나 들어주겠니?
B : 네, 엄마. 뭔데요?
A : 슈퍼마켓에서 계란 좀 사다 줄 수 있니?
B : 알았어요. 집에 가는 길에 들를게요.
어휘 pick up 가져가다
supermarket 슈퍼마켓
stop by 가는 길에 들르다

upset 속상하게 만들다

teach 가르치다

favor 호의, 친절, 청, 부탁

far 멀리

14 **해설** 스케이트를 타온 지 얼마나 되었냐는 물음에 대한 답변이 와야 하므로 빈칸에 들어갈 말로 가장 적절한 것은 'I have been skating since I was 10 (저는 10살 때부터 스케이트를 타왔습니다.)'이다.

① 저는 지난달에 스키를 타러 갔어요.

③ 저는 이번 겨울에 스케이트 타는 법을 배울 거예요.

④ 저는 부모님과 스케이트를 타러 가고 싶어요.

해석 A : 스케이트를 타신 지 얼마나 되셨어요?

B : 저는 10살 때부터 스케이트를 타왔습니다.

어휘 how long have you been ~한지 얼마나 되었나요?

skate 스케이트를 타다

since ~부터[이후]

parent 부모

15 **해설** 전기를 절약하는 방법에 대해 이야기를 나누고 있으므로 대화의 주제로 가장 적절한 것은 ②의 '전기 절약 방법'이다.

해석 A : 전기를 절약하기 위해 우리는 무엇을 할 수 있을까?

B : 우리는 방에서 나갈 때 불을 끌 수 있어.

A : 그렇구나. 또 다른 건 뭐가 있지?

B : 엘리베이터 대신 계단을 이용하는 것도 좋은 생각이야.

어휘 save 구하다, 저축하다, 절약하다

electricity 전기, 전력

switch off 스위치를 끄다

light 빛

leave 떠나다

else 또[그 밖에] 다른

stairs 계단

instead of ~대신에

elevator 엘리베이터

16 **해설** 추천서를 써준 덕분에 꿈꾸던 대학에서 공부할 기회를 갖게 되었음에 감사를 표하고 싶다고 하였으므로 글을 쓴 목적으로 가장 적절한 것은 ①의 '감사하려고'이다.

해석 저를 위해 추천서를 써 주신 것에 대해 감사를 표하고 싶습니다. 덕분에 저는 이제 제가 꿈꾸던 대학에서 공부할 기회를 갖게 되었습니다. 당신의 도움과 친절을 결코 잊지 않겠습니다.

어휘 express 나타내다, 표현하다

recommendation letter 추천편지, 추천장

chance 가능성, 기회

dream 꿈, 꿈꾸다[상상하다]

university 대학

forget 잊다

kindness 친절, 다정함

17 **해설** 수영장에 들어가기 전에 샤워를 해야 한다고 하였으므로 ①의 '수영 후에는 샤워를 해야 한다.'가 안내문의 내용과 일치하지 않는다.

해석 수영장 이용 규칙

다음을 지켜야 합니다.

• 수영장에 들어가기 전에 샤워를 한다.

• 항상 수영모를 착용한다.

• 안전 요원의 지시를 따른다.

*다이빙은 허용되지 않습니다.

어휘 rule 규칙, 원칙

before 전에

enter 들어가다

wear 입고[쓰고/끼고/신고/착용하고] 있다

swimming cap 수영모자

follow 따라가다

instruction 지시, 명령

lifeguard 인명 구조원[안전 요원]

permit 허용[허락]하다

18 **해설** 550종 이상의 망고를 무료로 맛볼 수 있는 기회를 제공한다고 하였으므로 ④의 설명과 일치하지 않는다.

해석 1987년에 시작된 국제 망고 축제는 망고의 모든 것을 기념한다. 그것은 매년 여름에 인도에서 열린다. 망고 먹기 대회와 퀴즈 쇼와 같은 많은 행사들이 있다. 이 축제는 550종 이상의 망고를 무료로 맛볼 수 있는 기회를 제공한다.

어휘 international 국제적인

festival 축제

celebrate 기념하다, 축하하다

such as 예를 들어(~와 같은)

competition 경쟁, 대회, 시합

provide 제공[공급]하다

opportunity 기회

taste 맛, 맛보다

19 **해설** 증가하는 음식물 쓰레기가 심각한 환경 문제가 되고 있다고 하며 음식물 쓰레기의 양을 줄이는 방법들에 대하여 설명하고 있으므로 이 글의 주제로 가장 적절한 것은 ③의 '음식물 쓰레기를 줄이는 방법'이다.

해석 증가하는 음식물 쓰레기의 양은 심각한 환경 문제가 되고 있다. 여기 음식물 쓰레기의 양을 줄일 수 있는 쉬운 방법들이 있다. 먼저, 쇼핑하기 전에 필요한 음식 목록을 만들어라. 둘째, 매 끼니마다 너무 많은 음식을 준비하지 않도록 해라. 셋째, 나중에 사용하기 위해 남겨진 음식을 저장해라.

어휘 increase 증가하다
amount 총액, 총계
trash 쓰레기
serious 심각한, 진지한
environmental 환경의
decrease 줄다[감소하다]
prepare 준비하다

20 **해설** 러시아, 태국, 칠레 등 다양한 국가에서 온 학생들이 있는 고등학교라고 하였으므로 빈칸에 들어갈 말로 가장 적절한 것은 ②의 'diverse(다양한)'이다.
① 가까운
③ 부정적인
④ 단일의

해석 우리 고등학교의 학생들은 다양한 배경을 가지고 있다. 그들은 러시아, 태국, 칠레와 같은 다른 나라에서 왔다. 나는 국제 학급 친구들과 다문화 환경에 있는 것이 꽤 행복하다.

어휘 background 배경
different 다른
country 국가, 나라
Thailand 태국
Chile 칠레
quite 꽤, 상당히
multicultural 다문화의
environment 환경
classmate 급우, 반 친구

21 **해설** 한때 발전소였던 Tate Modern이 발전소가 폐쇄된 후 파괴되는 대신 미술관이 되었다고 하였으므로 빈칸에 들어갈 말로 가장 적절한 것은 ④의 'transform(변화시키다)'이다.
① 균형을 유지하다
② 금지하다
③ 막다

해석 Tate Modern은 런던에 위치한 미술관이다. 그것은 한때 발전소였다. 1981년에 그 발전소가 폐쇄된 후, 영국 정부는 그것을 파괴하는 대신 미술관으로 바꾸기로 결정했다. 현재 이 미술관은 영국 현대 미술품의 국가적인 컬렉션을 소장하고 있다.

어휘 museum 박물관, 미술관
locate (특정 위치에) 두다, 장소
power station 발전소
British 영국의
government 정부
decide 결정하다
destroy 파괴하다
collection 수집품, 소장품
artwork 삽화, 미술품

22 **해설** 좋아하는 아이스크림 맛은 그 사람이 어떤 종류의 사람인지를 보여줄 수 있다고 하며 먼저 초콜릿 맛을 예로 들었다. 그 뒤로 딸기 맛을 좋아하는 사람에 대한 성향이 나오므로 주어진 문장이 들어가기에 가장 적절한 곳은 ④이다.

해석 만약 여러분이 가장 좋아하는 맛이 딸기라면 어떨까요?

여러분은 아이스크림을 좋아하나요? (①) 대부분의 사람들처럼, 저도 아이스크림을 매우 좋아합니다. (②) 신문 기사에 따르면, 여러분이 가장 좋아하는 아이스크림 맛은 여러분이 어떤 종류의 사람인지를 보여줄 수 있다고 합니다. (③) 예를 들어, 여러분이 가장 좋아하는 맛이 초콜릿이라면, 그것은 여러분이 매우 창의적이고 열정적이라는 것을 의미합니다. (④) 그것은 당신이 논리적이고 사려 깊다는 뜻입니다.

어휘 favorite 마음에 드는, 매우 좋아하는
flavor 풍미, 향미, 맛
strawberry 딸기
According to ~에 따르면
article 기사, 글
creative 창조적인, 창의적인
enthusiastic 열렬한, 열정적인
logical 타당한, 논리적인
thoughtful 배려심 있는, 친절한, 사려 깊은

23 **해설** 많은 현대인들이 목 통증으로 고통 받고 있다고 화제를 던진 후 걱정하지 말라며 목 통증을 예방하고 줄일 수 있는 운동법을 알고 있다고 하였으므로 이 글의 바로 뒤에 이어질 내용은 ③이 가장 적절하다.

해석 당신도 알다시피, 요즘 많은 젊은이들이 목 통증으로
고통 받고 있다. 이것은 그들이 공부하거나 스마트폰을
사용하는 동안 하루에 많은 시간을 책상에 기대며 보
내기 때문이다. 하지만 걱정하지 마라. 우리는 목 통증
을 예방하고 줄이는 데 도움이 되는 몇 가지 운동법을
알고 있다. 바로 이렇게 하면 된다.

어휘 suffer 고통 받다, 시달리다, 겪다

neck pain 목 통증

lean 기울다, 숙이다, 기대다

exercise 운동

prevent 막다[예방/방지하다]

reduce 줄이다

[24~25]

해석 테니스와 탁구를 비교할 때, 몇 가지 유사점과 차이점이
있다. 첫째, 둘 다 라켓 스포츠이다. 또한, 두 선수가 네트
를 가로질러 왔다갔다 공을 친다. 하지만, 차이점도 있다.
테니스가 코트에서 경기를 하는 반면에, 탁구는 테이블에
서 경기한다. 또 다른 차이점은 탁구에 비해 테니스에서
훨씬 더 큰 라켓이 사용된다는 것이다.

어휘 compare 비교하다

tennis 테니스

table tennis 탁구

similarity 유사점

difference 차이점

racket 라켓

back and forth 왔다갔다, 앞뒤(좌우)로

across 가로질러

net 그물, 네트

While ~하는 동안에, ~인 반면에

court 코트

2021년 2회

24 **해설** 테니스와 탁구는 유사점과 차이점이 있다고 하며 빈칸
의 앞에서 유사점을 먼저 설명하였다. 빈칸의 뒤로 차
이점에 대해 설명하고 있으므로 빈칸에 들어갈 말로
가장 적절한 것은 ②의 'However(하지만)'이다.
① 마침내
③ 그러므로
④ 예를 들어

25 **해설** 윗글은 테니스와 탁구의 유사점과 차이점에 대해 설명
하고 있으므로 주제로 가장 적절한 것은 ④이다.

정답

01 ④	02 ①	03 ③	04 ①	05 ④
06 ④	07 ①	08 ④	09 ②	10 ④
11 ①	12 ①	13 ④	14 ②	15 ③
16 ②	17 ④	18 ②	19 ③	20 ④
21 ③	22 ②	23 ③	24 ①	25 ②

해설

01 우리나라 헌법 제10조에서는 모든 국민이 인간으로서의 존엄과 가치를 가지며 행복을 추구할 권리를 가진다고 하였고, 아리스토텔레스는 인간 삶의 궁극적인 목적이 바로 행복이라고 하였다. 그러므로 ㉠에 들어갈 것은 ④ 행복이다.

TIP 동양에서의 행복과 서양에서의 행복

동양에서의 행복	서양에서의 행복
• 몸과 마음을 바르게 하는 수양을 통해 인간 본성을 실현하는 것을 중시함 • 유교 : 하늘로부터 부여받은 도덕적 본성을 보존, 함양하며 인(仁)을 실현하는 것을 행복으로 봄 • 불교 : 청정한 불성을 바탕으로 '나'라는 의식을 벗어버리는 수행과 고통 받는 중생을 구제하여 해탈의 경지에 이르는 것 • 도가 : 인위적인 것이 더해지지 않은 자연 그대로의 모습으로 살아가는 것	• 고대 그리스부터 근대에 이르기까지 행복에 관한 다양한 논의가 이루어짐 • 아리스토텔레스 : 인간 삶의 궁극적인 목적은 행복이며, 행복은 이성의 기능을 잘 발휘할 때 달성된다고 봄 • 칸트 : 자신의 복지와 처지에 관한 만족을 행복으로 여김 • 벤담 : 쾌락의 충족을 행복이라고 여김. 최대 다수의 최대 행복을 가져다 주는 행위를 할 것을 강조함

02 (가) **영국의 권리 장전 승인** : 1689년
(나) **독일의 바이마르 헌법 제정** : 1919년
(다) **국제 연합의 세계 인권 선언 채택** : 1948년
그러므로 발생 시기가 이른 순서대로 나열하면 (가) – (나) – (다)이다.

03 **담합** : 비슷한 상품을 생산하는 기업들끼리 다른 사업자와 짜고 가격을 결정하거나 거래를 제한하여 시장의 자유로운 경쟁을 제한하고 소비자의 선택권을 침해하는 일종의 부당 공동 행위
① **신용** : 장래에 갚을 것을 약속하고 현재에 돈을 빌려 사용할 수 있는 능력
② **예금** : 은행 등 금융기관이 불특정 다수인으로부터 그 보관과 운용을 위탁받은 자금
④ **채권** : 정부, 공공 기관, 회사 등이 자금을 빌리기 위해 발행하는 증서

04 미국의 루스벨트 대통령은 대공황을 극복하기 위해 수정 자본주의에 입각한 뉴딜 정책을 시행하였다.
② **석유 파동** : 국제적으로 석유 가격이 올라 석유 소비국을 비롯한 전 세계 경제에 닥친 혼란
③ **시민 불복종** : 특정의 법률이나 정책이 올바르지 않다는 판단에 서서 정부에 대해 이의를 신청하는 정치행태
④ **보이지 않는 손** : 개개인이 경쟁하는 과정에서 누가 의도하거나 계획하지 않아도 개인의 모든 이해가 궁극적, 자연적으로는 조화를 이루게 된다는 시장 경제의 암묵적 자율 작동 원리

05 **특화** : 국가가 보유한 생산 요소를 특정 상품 생산에 집중 투입하여 전문성과 생산성을 높이는 생산 방식이다.
① **화폐** : 상품거래 시 상품의 가치를 표시하기 위해 사용하는 유통·교환 수단
② **펀드** : 불특정 다수인으로부터 모금한 실적 배당형 성격의 투자기금
③ **편익** : 자신이 지불한 비용으로 얻게 되는 만족감을 금전화한 개념

06 헌법에 따르면 입법권은 ㉠ 국회에 속하고 ㉡ 행정권은 정부에 속한다. 즉, 우리나라의 입법권은 국회, 행정권은 정부, 사법권은 법원에 두면서 서로 견제와 균형을 이루고 있다.

TIP 권력 분립

• **헌법**

– 제40조 : 입법권은 국회에 속한다.

– 제66조 제4항 : 행정권은 대통령을 수반으로 하는 정부에 속한다.

– 제101조 : 사법권은 법관으로 구성된 법원에 속한다.

• **통치기구 간 상호 견제 수단**

입법부	• 행정부에 대한 견제 : 국정 감사권, 탄핵 소추권 • 사법부에 대한 견제 : 대법원장 임명 동의권
행정부	• 입법부에 대한 견제 : 법률안 거부권 • 사법부에 대한 견제 : 대법관 임명권
사법부	• 입법부에 대한 견제 : 위헌 법률 심사 제청권 • 행정부에 대한 견제 : 명령·규칙·처분 심사권

07 금융 설계 시, 생애 주기 전체를 고려해야 하며 생애 주기별 과업을 바탕으로 재무 목표를 설정해야 한다.

ㄷ. 중·장년기에는 가족을 구성하여 배우자 및 부모로서의 역할을 수행하며 저축 등을 통해 은퇴 자금을 마련해야 한다.

ㄹ. 현재 소득뿐만 아니라 미래의 소득까지 고려하여 장기적인 관점에서 소비와 저축을 고려해야 한다.

08 **문화 병존** : 한 사회 내에서 다른 두 사회의 문화가 각각의 독립성을 유지하면서 함께 존재하는 현상

① **문화 갈등** : 서로 다른 문화끼리 공존하는 과정에서 발생하는 문제

② **문화 융합** : 다른 사회의 문화와 접촉하게 될 때 두 개의 다른 문화 요소가 결합되어 새로운 문화가 나타나는 현상

③ **문화 성찰** : 다양한 문화의 문화적 차이를 인정하면서도 보편 윤리를 통해 문화를 비판적으로 성찰함

09 **유리 천장** : 여성 또는 소수민족 출신자 등이 자격과 능력이 있음에도 여성이라는 이유로, 소수민족 출신이라는 이유로 고위직 승진을 하지 못하는 조직 내의 보이지 않는 장벽을 의미한다.

① **가상 현실** : 컴퓨터 등을 통해서 현실이 아닌데도 실제처럼 보이게 하고 실제처럼 체험할 수 있게 하는 최첨단 기술

③ **사이버 범죄** : 컴퓨터 통신 등을 악용하여 사이버 공간에서 행하는 범죄

④ **소비자 주권** : 시장경제에서 소비자의 행동이 자원 배분의 방향을 결정하므로 적정 소비, 합리적 소비의 노력이 필요함을 의미

10 **문화 사대주의** : 다른 사회권의 문화가 자신이 속한 문화보다 우월하다고 믿고 무비판적으로 그것을 동경하거나 숭상하며, 자신의 문화에 대해서는 업신여기고 낮게 평가하는 태도나 주의

① 문화 상대주의

②, ③ 자문화 중심주의

TIP 문화를 대하는 여러 가지 태도

• **문화 상대주의** : 다양한 문화를 존중하는 태도로 각 문화를 그 사회의 자연적 환경이나 역사적, 사회적 맥락에 비추어 이해하는 관점

• **문화 사대주의** : 특정 문화를 기준으로 자기 문화를 평가하여 다른 문화가 자기 문화보다 우월하다고 보는 관점

• **문화 제국주의** : 자기 문화의 우월성에 빠져, 강제적으로 자기 문화를 이식하려는 태도

• **자문화 중심주의** : 자기 문화의 우월성에 빠져, 다른 문화를 부정적으로 평가하는 태도

11 **외부 효과** : 경제 주체의 경제 활동이 다른 경제 주체에게 의도하지 않은 이익을 주거나 의도하지 않게 피해를 주는데도 이에 대해 아무런 경제적 대가를 치르거나 받지 않는 것

② **공정 무역** : 국제 무역이 이뤄지는 상호 국가 간에 무역혜택이 동등하게 이뤄지도록 하는 무역

③ **규모의 경제** : 생산량이 늘어나면 생산비가 절약되거나 수익이 향상되는 현상으로, 주로 대규모 생산 산업에서 일어남

④ **윤리적 소비** : 소비자가 상품, 서비스 등을 구매할 때 원료 재배, 생산, 유통 등의 전 과정이 소비와 연결되어 있다는 것을 인식하고 윤리적으로 소비하는 것

12 **용광로 정책** : 철광석과 같은 이민자들이 거대한 용광로인 미국 사회에 융해돼 새로운 인종으로 바뀐다는 개념으로, 여러 민족의 다양한 문화를 하나로 녹여 그 사회의 주류 문화에 동화시키고자 하는 다문화 정책이다.

② **셧다운제 정책** : 16세 미만의 청소년에게 오전 0시부터 오전 6시까지 심야 6시간 동안 인터넷 게임 제공을 제한하는 제도

③ **고용 보험 정책** : 사회보험의 하나로, 근로자가 실직한 경우 생활안정을 위하여 일정기간 동안 급여를 지급하는 실업급여사업과 구직자 재취업의 촉진, 실업예방을 위한 고용안정사업 및 직업능력개발사업 등을 실시함

④ **샐러드 볼 정책** : 샐러드처럼 다양한 사회구성원이 상호 공존하며 각각의 색깔과 향기를 지니고 조화로운 통합을 이룬다는 내용

2021년 2회

13 자유주의적 정의관은 개인의 자유에 최고의 가치를 부여하여 개인의 자유로운 선택과 노력에 의해 얻은 결과물에 대한 소유권을 절대적 가치로 인정한다. 또한 국가는 개인의 자유로운 선택권과 자율성을 최대한 허용해야 하고, 개인에게 특정한 가치나 삶의 방식을 강제해서는 안 된다고 주장한다.

14 **건조 기후** : 수분이 부족해서 수목이 자라기 힘든 기후로 주로 중위도 고압대의 회귀선 부근에 분포하며 증발에 의한 기온의 일교차와 연교차가 큰 지역, 사막 기후와 스텝 기후로 구분된다. 전통적으로 유목생활, 오아시스 농업이 발달하였으며 지붕이 평평한 흙벽돌집을 짓고 산다.

15 **태풍** : 북태평양 서부에서 발생하여 아시아 대륙 동부로 불어오는 열대성 저기압으로, 강풍과 집중 호우에 의한 피해를 발생시킨다.
① **가뭄** : 오랫동안 비가 내리지 않아 물이 부족하고 땅이 메마르는 현상
② **지진** : 지구 내부의 에너지가 지표로 나와 땅이 갈라지며 흔들리는 현상
④ **폭설** : 비교적 짧은 시간에 많은 양의 눈이 내리는 현상

16 녹지 면적이 감소하고, 열섬 현상이 나타나며 빗물이 토양에 잘 흡수되지 않는 것은 모두 도시의 특징이다.

17 **천연가스** : 석유와 함께 매장되어 있으며, 석유보다 공해가 적고 열효율이 높으며 매장량도 비교적 많은 에너지 자원이다.
① **석유** : 서남아시아(중동)가 대표적인 생산 지역이며 자동차의 연료, 화학 공업의 원료로 사용된다. 지역적 편재성이 커서 이동량이 많고(페르시아 만 지역에 집중 분포), 국제 가격 변동이 심하다.
② **석탄** : 매장량이 풍부하고 채굴 가능한 기간도 길어, 산업혁명의 원동력으로 이용된 화석 연료이다. 증기 기관의 연료와 제철 공업의 원료로 이용하며 생산지에서 소비하는 경우가 많아 국제적 이동이 적다.
③ **원자력** : 원자핵의 변환에 따라서 방출되는 에너지 자원이다.

18 **누리 소통망(SNS)** : 온라인상에서 사람과 사람을 연결해 주어 인맥을 구축하고 정보를 공유하기 위해 제공되는 서비스
① **브렉시트(Brexit)** : 유럽의 유럽연합(EU) 탈퇴를 뜻하는 단어
③ **인플레이션(inflation)** : 화폐가치가 하락하여 물가가 전반적·지속적으로 상승하는 경제 현상

④ **배리어 프리(barrier free)** : 고령자, 장애인들도 살기 좋은 사회를 만들기 위해 물리적·심리적·제도적 장벽을 허물자는 운동

19 주어진 설명에 해당하는 종교는 이슬람교이다. 그리스도교·불교와 함께 세계 3대 종교의 하나이다.

> **TIP** 여러 가지 종교
> - **불교** : 기원전 5세기경 인도에 나온 석가에 의해서 제창된 가르침을 받드는 깨달음의 종교
> - **유대교** : 천지만물의 창조자인 유일신 야훼를 믿는 유대인의 종교로 율법과 할례를 중시하는 유일신교
> - **이슬람교** : 무함마드가 창시자이며 쿠란이라는 경전을 사용하고, 부르카와 히잡 등의 복식문화가 있음. 돼지고기와 술을 금기시하며 카슈미르 지역에서 힌두교와 갈등이 있음
> - **크리스트교** : 천지 만물을 창조한 유일신을 하나님으로 하고, 그 독생자 예수 그리스도를 구세주로 믿는 종교
> - **힌두교** : 인도의 브라만교가 민간신앙과 융합하여 발전한 종교로 여러 신의 존재를 믿고, 소를 신성하게 여김

20 라틴 아메리카 문화권은 리오그란데강 이남 지역으로 중남미 지역이 해당된다. 포르투갈어, 에스파냐어를 사용하며 가톨릭교를 믿는다.

21 **세계 도시** : 주로 경제, 문화, 정치적인 기능이 집적해 있고 다국적 기업의 중심 역할을 하는 도시를 의미한다. 이러한 도시들에는 다국적 기업의 본사, 국제 기구의 본부, 생산자 서비스 기능, 국제 금융 업무 기능 등이 집중되어 있다. 대표적인 세계 도시로는 뉴욕, 런던, 도쿄 등이 있다.
① **공업 도시** : 공업기능이 탁월하게 발달하여 제조업이 우위를 차지하는 도시
② **생태 도시** : 사람과 자연환경이 조화되어 공생할 수 있는 체계를 갖춘 친환경적인 도시
④ **슬로 시티** : 공해 없는 자연 속에서 전통문화와 자연을 보호하면서 느림의 삶을 추구하려는 마을

22 **사막화** : 오랫동안의 가뭄과 인간의 과도한 개발로 숲이 사라지고, 토지가 사막으로 변해가는 현상이다.
② **산성비** : 대기 중의 질소 산화물과 황산화물이 비와 함께 섞여 내리는 것
③ **열대림 파괴** : 무분별한 벌목과 개간, 목축 등으로 원시림이 파괴되는 현상
④ **폐기물 해양 투기** : 폐기물 따위의 물질을 해역에 버리는 것

TIP 환경 문제의 종류

- **지구 온난화** : 화석 에너지의 소비 증가로 인해 지구의 평균기온이 상승하는 현상
- **사막화** : 극심한 가뭄, 인간의 과도한 개발 등으로 나타나는 현상
- **오존층 파괴** : 염화 플루오린화 탄소의 사용 증가로 나타나는 현상
- **산성비** : 공장 매연, 자동차 배기가스의 증가로 나타나는 현상
- **열대림의 파괴** : 무분별한 벌목과 개간, 목축 등으로 나타나는 현상

23 중국, 필리핀, 브루나이, 말레이시아, 베트남 등이 영유권을 주장하며 다투는 지역은 남중국해의 난사 군도이다.

① **기니만** : 아프리카 대서양의 상부 기니에서 하부 기니 연안을 따라 만입된 해역

② **카슈미르** : 인도의 힌두교와 파키스탄의 이슬람교 사이의 갈등이 있는 지역

④ **쿠릴 열도** : 러시아와 일본의 영토 분쟁이 있는 지역

TIP 세계의 여러 분쟁

- **카슈미르 분쟁** : 인도의 힌두교와 파키스탄의 이슬람교 사이의 갈등
- **북아일랜드 분쟁** : 영국 내 가톨릭 신자와 개신교 신자 사이의 갈등
- **카스피해 분쟁** : 러시아·카자흐스탄·우즈베키스탄·투르크메니스탄·이란·아제르바이잔 등 6개국에 둘러싸인 세계 최대 내해(内海)인 카스피해의 천연자원을 두고 벌이고 있는 영유권 분쟁
- **쿠릴 열도 분쟁** : 러시아와 일본의 해상 경계에 있는 남쿠릴 열도에 대한 주권을 주장하는 양국 간의 영토 분쟁
- **팔레스타인 분쟁** : 유대인과 팔레스타인인 사이의 민족과 종교적 차이로 발생한 분쟁
- **시사 군도 분쟁** : 석유 및 천연가스 등의 자원 및 해상 교통로 확보를 둘러싼 중국, 베트남 간의 갈등
- **난사 군도 분쟁** : 중국, 타이완, 베트남, 말레이시아, 브루나이, 필리핀 등 사이의 영유권 분쟁
- **센카쿠 열도 분쟁** : 중국, 타이완, 일본의 영토 분쟁으로 일본이 실효적 지배함

24 **저출산** : 출생률이 저하되는 현상으로 개인주의, 가치관의 다원화, 성격문제, 인간관계 스트레스 등 다양한 원인이 존재한다. 해결 방안으로는 출산 장려금 지원, 육아 휴직 보장, 육아와 가사의 남녀 분담 등이 있다.

25 **국제기구** : 주권을 가진 국가들 중 2개 이상의 국가들이 합의에 의해 만든 국제협력체

① **정당** : 정치적인 주의나 주장이 같은 사람들이 정권을 잡고 정치적 이상을 실현하기 위하여 조직한 단체

③ **이익 집단** : 공통의 이익을 증진시키기 위해 정책과정에 일정한 영향력을 행사하는 조직화된 집단

④ **비정부 기구** : 지역, 국가, 종교에 상관없이 조직된 자발적인 시민 단체

TIP 주요 국제기구

- **세계무역기구(WTO)** : 자유 무역을 바탕으로 한 국제 경제질서를 확립하고자 설립한 국제기구
- **세계보건기구(WHO)** : 건강의 증진 및 보건·위생 분야의 국제 협력 도모하기 위한 국제기구
- **국제노동기구(ILO)** : 스위스 제네바에 본부를 두고 노동 문제를 다루는 국제연합의 전문기구
- **국제통화기금(IMF)** : 세계 무역 안정을 위하여 설립된 국제금융기구
- **유럽 연합(EU)** : 유럽 내 단일시장을 구축하고 단일통화를 실현하여 유럽의 경제·사회 발전을 촉진하기 위해 유럽 공동체

2021년 2회

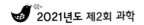

제5교시

과 학

정답 및 해설 |

정답

01 ①	02 ②	03 ④	04 ③	05 ②
06 ②	07 ③	08 ③	09 ①	10 ④
11 ④	12 ②	13 ②	14 ④	15 ①
16 ①	17 ③	18 ④	19 ②	20 ④
21 ①	22 ②	23 ③	24 ③	25 ①

해설

01 **중력** : 지구의 만유인력과 자전에 의한 원심력을 합한 힘으로, 질량이 있는 모든 물체 사이에 서로 당기는 힘(만유인력)이 작용한다.

② **마찰력** : 접촉하고 있는 두 물체 사이에서 상대적인 움직임을 방해하는 힘

③ **자기력** : 자석이나 전류끼리 또는 자석과 전류가 서로 끌어당기거나 밀어내는 힘

④ **전기력** : 전기를 띤 물체 사이에 작용하는 힘

02 바람의 운동 에너지를 전기 에너지로 전환하는 발전 방식은 풍력 발전이다.

① **수력 발전** : 높은 곳에 위치한 물의 위치 에너지를 발전기 터빈의 운동 에너지로 변환시키고 발전기 내부의 전자기 유도 현상을 이용하여 전기를 얻는 발전 방식

③ **화력 발전** : 연료에너지를 연소시켜 얻어낸 기계적 에너지로 회전기를 회전시킴으로써 전기 에너지를 얻는 발전 방식

④ **태양광 발전** : 발전기의 도움 없이 태양전지를 이용하여 태양의 빛에너지를 직접 전기에너지로 변환시키는 발전 방식

> **TIP 발전 방식별 에너지 전환**
>
> • **수력 발전** : 물의 위치 에너지 → 운동 에너지 → 전기 에너지
> • **화력 발전** : 화학 에너지 → 열에너지 → 운동 에너지 → 전기 에너지
> • **원자력 발전** : 핵에너지 → 열에너지 → 운동 에너지 → 전기 에너지
> • **태양열 발전** : 태양의 열에너지 → 운동 에너지 → 전기 에너지
> • **조력 발전** : 물의 위치 에너지 → 운동 에너지 → 전기 에너지
> • **풍력 발전** : 바람의 운동 에너지 → 전기 에너지

03 운동량＝질량×속도이므로 물체 A~D의 운동량을 각각 구해보면 다음과 같다.

A : $2 \times 1 = 2$

B : $2 \times 2 = 4$

C : $3 \times 1 = 3$

D : $3 \times 2 = 6$

그러므로 운동량이 가장 큰 것은 D이다.

> **TIP 운동량과 충격량**
>
> | 운동량 | • 물체의 운동 정도를 나타내는 물리량
• 운동량＝질량×속도
• 물체의 질량이 클수록, 속도가 빠를수록 운동량도 큼 |
> |---|---|
> | 충격량 | • 물체의 운동을 변화시키는 물리량
• 충격량＝힘×시간
• 충격량＝운동량의 변화량＝나중 운동량－처음 운동량 |

04 코일의 감은 수가 많을수록, 자석이 강할수록, 자석을 움직이는 속력이 빠를수록 유도 전류가 세진다.

ㄷ. 단위 길이당 코일의 감은 수를 많게 해야 유도 전류의 세기가 커진다.

05 1차 코일과 2차 코일에 걸리는 전압은 감은 수에 비례하므로

$V_1 : V_2 = 5 : 10 = 1 : 2$

> **TIP 변압기**
>
> 변압기란 패러데이 전자기 유도 법칙을 이용하여 교류 전압을 변화시키는 장치를 말한다. 1차 코일과 2차 코일에 걸리는 전압(V)은 감은 수(N)에 비례하고, 흐르는 전류(I)는 감은 수(N)에 반비례한다.
>
> • $V_1 : V_2 = N_1 : N_2$
> • $I_1 : I_2 = N_2 : N_1$

06 가속도는 단위 시간(1초) 동안의 속도 변화량을 의미하는데, 중력 가속도가 10m/s²이라고 하였으므로 물체 A는 1초에 10m/s씩 속력이 증가하면서 낙하한다고 볼 수 있다. 그러므로 처음에 5m만큼 이동한 후 계속해서 10m씩 더 움직이고 있으므로 ㉠은 25＋10＝35m임을 알 수 있다.

07 주어진 탄소 원자 모형에서 양성자도 6개, 전자도 6개이므로 전기적으로 중성을 띠며, 양성자의 수는 곧 원자 번호와 같으므로 원자번호 역시 6이다.

ㄷ. 원자가 전자는 가장 바깥 전자껍질에 들어 있는 전자의 수이므로 4개이다.

TIP 원자의 구성

• 원자의 구성 : 원자핵(양성자＋중성자), 전자
• 원자 번호 : 원자핵을 이루고 있는 양성자의 수이자 전자의 수
  예 탄소(C)의 원자 번호＝양성자의 수＝전자의 수＝6
• 전자껍질 : 원자핵 주위의 전자가 운동하는 특정한 에너지 준위의 궤도
• 원자가 전자 : 가장 바깥 전자껍질에 들어 있는 전자
  – 같은 족 원소끼리는 원자가 전자의 수가 같음(＝화학적 성질이 비슷함)
  – 같은 주기의 원소끼리는 전자껍질 수가 같음

08 같은 족 원소끼리는 가장 바깥쪽 전자 껍질에 배치되어 있는 전자 수가 같으므로 Li과 Na이 같은 족에 속함을 알 수 있다.

09 물(H_2O)는 수소 원자(H) 2개와 산소 원자(O) 1개가 공유 결합하여 만들어진 물질이며 인체의 약 70%를 차지하는 물질이다.

② 암모니아(NH_3) : 질소 원자(N) 1개와 수소 원자(H) 3개가 공유결합하여 만들어진 물질로 고약한 냄새가 나고 약염기성을 띤다.
③ 염화 나트륨(NaCl) : 나트륨 이온(Na^+)과 염소 이온(Cl^-)이 1:1 비율로 이온결합하여 만들어진 물질로 소금을 말한다.
④ 수산화 나트륨(NaOH) : 나트륨 이온(Na^+)과 수산화 이온이(OH^-) 1:1 비율로 이온결합하여 만들어진 물질로 물에 녹으면 강한 염기성을 띤다.

10 그래핀, 풀러렌, 탄소 나노 튜브 모두 탄소(C)로 이루어진 신소재이다.

• 그래핀 : 탄소 원자가 육각형 벌집 모양으로 배열된 평면의 구조를 가진 신소재로, 강철보다 단단하고 구리보다 열전도율이 높으면서 잘 휘어지는 성질을 가지고 있어 휘어지는 디스플레이의 투명 전극 소재, 태양 전지, 발광 다이오드 조명 등에 쓰인다.
• 풀러렌 : 풀러렌 : 분자식이 C_{60}인 나노물질로, 오각형과 육각형 형태로 이루어진 축구공 모양의 물질이다. 풀러렌은 유도체를 만드는 데에 잘 쓰이는데, 풀러렌의 비어있는 공간에 다른 분자를 넣어 물리·화학적 특성 변화를 이끌어 낼 수 있기 때문이다.

• 탄소 나노 튜브 : 탄소 6개로 이루어진 육각형들이 서로 연결되어 관 모양을 이루고 있는 신소재로, 튜브의 직경이 10억분의 1m 수준으로 극히 작은 영역의 물질이다. 탄소 나노튜브는 우수한 기계적 특성, 전기적 선택성, 고효율의 수소 저장 매체 특성 등을 지닌다.

11 염기의 공통적 성질을 나타내는 이온은 수산화 이온(OH^-)이다.

TIP 산과 염기

• 산 : 수용액에서 수소 이온(H^+)을 내놓는 물질
  예 염산(HCl), 황산(H_2SO_4), 아세트산(CH_3COOH) 등
• 염기 : 수용액에서 수산화 이온(OH^-)을 내놓는 물질
  예 수산화 나트륨(NaOH), 수산화 칼륨(KOH) 등

12 철이 공기 중의 산소와 만나 녹스는 것은 산과 염기의 중화 반응 사례가 아닌 산화 반응의 사례이다.
① 속이 쓰릴 때(위산-산성) 제산제(염기성)를 먹는다.
③ 생선 요리(비린내-염기성)에 레몬이나 식초(산성)를 뿌린다.
④ 산성화된 토양(산성)에 석회 가루(염기성)를 뿌린다.

13 단백질의 기본 단위는 아미노산이며 단백질은 근육과 항체, 세포의 원형질, 효소와 호르몬을 구성하는 물질이다.

14 물질을 종류에 따라 선택적으로 이동시켜 신체가 정상적으로 작동할 수 있도록 하는 세포막의 특성을 선택적 투과성이라 한다.
① 내성 : 약물의 반복 복용에 의해 약효가 저하되는 등 어떤 물질을 반복하여 사용할 때 이전과 동일한 효과를 얻기 위해서는 사용량을 더 늘려야 하는 것
② 주기성 : 일정한 간격을 두고 되풀이하여 진행하거나 나타나는 성질
③ 종 다양성 : 일정한 지역에 살고 있는 생물종의 다양한 정도를 나타내는 것

15 **물질대사** : 생물체에서 일어나는 화학 반응으로 물질이 분해되거나(이화 작용) 합성되는(동화 작용) 모든 반응을 의미한다. 물질대사는 생물체 내에서만 일어나고 생체 촉매인 효소가 관여하며, 에너지가 여러 단계에 걸쳐 조금씩 출입한다.
② 부영양화 : 강이나 호수, 바다 등에 영양물질이 과다하게 공급되는 현상
③ 먹이 그물 : 먹이사슬이 여러 개 얽혀서 그물처럼 복잡하게 이루어진 관계

④ **유전적 다양성** : 같은 종 내에서 유전자의 다양함으로 인해 나타나는 형질의 다양함

16 유전정보의 흐름 DNA → RNA → 단백질
- **전사** : DNA의 유전정보가 RNA로 전달되는 과정(핵에서 일어남)
- **번역** : RNA의 유전정보에 따라 단백질이 합성되는 과정
- **복제** : 하나의 원래 DNA에서 2개의 동일한 DNA 복제본을 생산하는 과정
그러므로 물질 ㉠은 RNA이다.

> **TIP** DNA, RNA
> - **DNA**
>   - 염기 : A, T, G, C
>   - 기능 : 유전자의 본체
> - **RNA**
>   - 염기 : A, U, G, C
>   - 기능 : DNA의 정보전달

17 **C(세포벽)** : 식물 세포에만 있는, 세포막의 바깥쪽을 둘러싸고 있는 단단한 벽이다.
① **A(미토콘드리아)** : 세포 활동에 필요한 에너지를 생산한다.
② **B(핵)** : 세포의 구조와 기능을 결정하고 생명 활동을 조절한다.
④ **D(엽록체)** : 식물 세포에만 있으며, 햇빛을 받아 광합성이 일어나는 장소이다.

18 안정된 생태계 평형을 이루려면 상위 영양 단계로 갈수록 에너지, 개체 수, 생물량 모두 점차 감소하는 피라미드 형태가 되어야 한다.

19 - **생태계의 비생물적 요인** : 물, 빛, 온도, 공기, 토양 등
- **생태계의 생물적 요인** : 생산자(식물, 식물 플랑크톤 등), 소비자(초식동물, 육식동물 등), 분해자(세균, 곰팡이 등)

20 수소 핵융합이 일어나면 헬륨이 만들어지게 된다. 태양 정도의 질량을 갖는 별은 헬륨이 만들어진 후 헬륨 핵융합으로 탄소 핵이 만들어지게 되고, 그 이후에는 더 이상 핵융합을 하지 않는다.

> **TIP** 주계열성과 별의 진화
> - **주계열성** : 수소(H)가 헬륨(He)으로 바뀌는 수소 핵융합이 일어나는 별
>   - 주계열성은 질량이 클수록 표면 온도가 높고 밝은 별로, 별은 일생의 약 90%를 주계열 단계에서 보냄
>   - 질량이 큰 별일수록 에너지 발생량이 커서 주계열성으로 머무는 시간이 짧고 진화 속도가 빠름
> - **태양 정도의 질량을 가진 별의 진화** : 성간 물질 → 원시별 → 주계열성 → 적색 거성 → 행성상 성운 → 백색 왜성
> - **태양의 10배 이상의 질량을 가진 별의 진화** : 성간 물질 → 원시별 → 주계열성 → 초거성 → 초신성 폭발 → 중성자별, 블랙홀

21 해수는 수권에서 일어나고, 수증기가 응결되는 것은 기권에서 일어난다.

22 두 판이 서로 멀어지는 판의 경계를 발산형 경계라 하는데, 이 경계에서는 지진과 화산이 잦고 해령이나 열곡대가 발달한다.
① **해구** : 수렴형 경계에서 발생하는 해저지형으로, 심해저에서 움푹 들어간 길고 좁은 부분
③ **습곡 산맥** : 수렴형 경계에서 발생하는 지형으로 습곡 작용에 의해 형성된 산맥
④ **호상 열도** : 섬들이 활 모양으로 길게 배열된 지형

23 물의 순환은 태양 에너지에 의해 일어난다.

> **TIP** 물의 순환
> 수권의 물 증발 → 기권으로 이동 → 기권의 수증기 응결하여 구름 형성 → 비나 눈으로 지표면에 내림 → 식물에 흡수되거나 지하로 스며들거나 바다로 흘러감

24 오존층이 존재하며 대류가 일어나지 않는 안정된 층은 C(성층권)이다.
① **A(열권)** : 일교차가 크고 오로라가 생김
② **B(중간권)** : 대류는 일어나지만 기상 현상은 없음
④ **D(대류권)** : 기상 현상이 있으며 대류가 활발함

25 신생대의 대표적인 표준 화석은 매머드와 화폐석인데, 그중 육지에 살았던 생물은 매머드이다.

제6교시 한국사

정답 및 해설 |

■ 정답

01 ③	02 ④	03 ④	04 ①	05 ②
06 ①	07 ①	08 ②	09 ①	10 ③
11 ②	12 ②	13 ①	14 ②	15 ①
16 ④	17 ②	18 ④	19 ①	20 ③
21 ④	22 ③	23 ③	24 ④	25 ③

■ 해설

01 빗살무늬 토기는 신석기 시대의 대표적인 유물이며, 신석기 시대에 농경과 목축이 시작되었다.

> **TIP** 신석기 혁명
>
> 구석기 시대 사람들이 수렵과 채집 생활을 했던 것과는 다른 신석기 시대에 시작된 농경과 목축 등을 중심으로 한 생산 활동의 변화. 신석기 시대 농경의 시작으로 사람들은 정착 생활을 하게 되었으며 인구도 증가하게 되어 도시와 사회 계급이 형성되었다.

02 주어진 8조법은 고조선에 시행되었던 만민법적 보복법이다. 사회가 복잡해지고 통치조직이 확립되면서 사회 질서를 유지하기 위한 8개 조항의 법규를 제정하였는데 현재는 3개만 전한다. '사람을 죽인 자는 즉시 죽인다.'라는 조항을 통해 생명 존중 사상을, '남에게 상처를 입힌 자는 곡식으로 갚는다.'라는 조항을 통해 재산보호 정책을, '도둑질한 자는 그 집의 노비로 삼는다.'를 통해 신분제도가 존재하였음을 알 수 있다.

03 612년(영양왕 23)에 중국 수나라의 군대를 고구려의 을지문덕이 크게 무찌른 전투는 살수 대첩이다.
① **기묘사화** : 조광조의 개혁 정치에 불만을 품은 훈구파가 '주초위왕' 모략을 통해 사림파를 제거한 사건
② **신미양요** : 1871년 미국이 제너럴셔먼호사건을 빌미로 조선을 개항시키려고 무력 침략한 사건
③ **무신 정변** : 1170년 정중부, 이의방 등의 무신들이 일으킨 정변으로, 정권을 장악하여 문신 중심의 관료조직 및 전시과가 붕괴되었고 무신이 독재정치를 하게 된 사건

04 발해는 고구려 장군 대조영을 중심으로 한 고구려 유민과 말갈 집단이 길림성의 돈화시 동모산 기슭에 건국한 나라이다. 고구려인인 대조영이 세운 국가이며, 지배층도 고구려인이었고 심지어 문화도 고구려 문화를 계승했다는'점에서 고구려 계승 의식을 내세웠음을 알 수 있다. 또한 선왕(818~830) 때 요동 지역을 지배하고 남쪽으로 신라와 국경을 접하며 발해 최대의 영토를 형성하여, 중국은 당대의 발해를 '해동성국'이라 불렀다.
ㄷ. 신라
ㄹ. 조선

05 고려의 공민왕은 쌍성총관부를 공격하여 철령 이북의 땅을 회복하였고, 여러 가지 폐단과 불법, 부정을 바로잡기 위하여 전민변정도감을 설치하여 권세가에게 점탈된 토지나 농민을 되찾았다.
① **성왕** : 백제의 왕으로 수도를 사비로 천도하고, 국호를 남부여로 바꾸었으며 한강 하류지역을 되찾았으나 다시 신라에게 빼앗기고, 신라를 공격하다 전사하였다.
③ **장수왕** : 고구려의 왕으로 수도를 평양으로 천도하고, 남하정책을 펼쳐 한강 지역을 차지하였다.
④ **진흥왕** : 신라의 왕으로 단양 적성비를 세웠다. 한강 하류 백제 지역을 차지한 후 북한산 순수비를 세우고 중국과 직접 교류하였다. 화랑도를 공인하고, 황룡사를 완공하였다.

> **TIP** 공민왕의 개혁 정치
>
> • 반원 자주 정책
> – 정동행성 폐지
> – 철령 이북의 땅 수복
> – 몽골풍 폐지
> – 원의 연호 폐지
> • 대내적 개혁
> – 왕권을 제약하고 신진 사대부의 등장을 억제하고 있던 정방 폐지
> – 전민변정도감을 설치하여 권문세족이 부당하게 빼앗은 토지를 돌려줌
> – 성균관을 통해 유학 교육 강화

06 고려의 토지 제도인 전시과 제도는 역분전 → 시정 전시과 → 개정 전시과 → 경정 전시과로 정비되다가, 귀족들의 토지 독점과 세습 경향으로 원칙대로 운영되지 못하였고 조세를 거둘 수 있는 토지가 점차 감소하여 무신정변을 거치면서

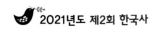

붕괴되고 녹과전을 지급하게 되었다. 공음전과 군인전은 모두 고려 시대의 전시과 제도인데, 공음전은 5품 이상의 관리에게 지급하던 토지이고, 군인전은 군역의 대가로 직업군에게 주던 토지이다.

> **TIP** **고려의 전시과 제도 종류**
> • **과전** : 일반적으로 전시과 규정에 의해 문무 현직관리에게 지급되는 토지로 반납이 원칙이나 직역 승계에 따라 세습이 가능
> • **공음전** : 5품 이상의 관리에게 지급하던 세습이 가능한 토지
> • **한인전** : 6품 이하 하급 관료의 자제로서 관직에 오르지 못한 자에게 지급
> • **군인전** : 군역의 대가로 직업군에게 주는 토지로 군역이 세습됨에 따라 토지도 자손에게 세습됨
> • **구분전** : 하급 관료와 군인의 유가족에게 생계를 위해 지급
> • **내장전** : 왕실의 경비를 충당하기 위해 지급
> • **공해전** : 각 관청 경비 충당을 위해 지급
> • **사원전** : 사원에 지급
> • **외역전** : 향리에게 지급

07 주어진 내용은 고려의 대표적인 공예품인 고려청자에 대한 설명이다. 특히 상감 기법을 이용하여 무늬를 넣은 상감 청자가 유명하다.
② **활구** : 고려 시대에 화폐로, 병 모양의 은화
③ **거중기** : 조선 시대에 정약용이 화성을 건축할 때 만든 것으로, 도르래의 원리를 이용하여 무거운 물건을 들어올리는 기계
④ **신기전** : 조선 시대 세종 때 제작된 로켓추진 화살

08 고려의 승려 지눌에 대한 설명으로, 지눌은 조계종을 창시해 선종을 중심으로 교종을 포용하여 선 · 교 일치 사상의 완성을 추구하였다. 정혜쌍수와 돈오점수를 제시하였고, 수선사 결사를 조직하여 명리에 집착하는 무신 집권기 당시 불교계의 타락상을 비판하고 승려 본연의 자세로 돌아가 독경과 선 수행 등에 고루 힘쓰자는 개혁 운동을 전개하였다.

> **TIP** **정혜쌍수와 돈오점수**
> • **정혜쌍수(定慧雙修)** : 선정과 지혜를 같이 닦아야 한다는 것으로, 선과 교학이 근본에 있어 둘이 아니라는 사상 체계를 말함(→ 철저한 수행을 선도)
> • **돈오점수(頓悟漸修)** : 인간의 마음이 곧 부처의 마음임을 깨닫고(돈오) 그 뒤에 깨달음을 꾸준히 실천하는 것(점수)를 말함(→ 꾸준한 수행으로 깨달음의 확인을 아울러 강조)

09 **경국대전** : 조선 시대에 나라를 다스리는 기준이 된 최고의 법전으로 세조 때 집필을 시작하여 성종 때 완성하였다.

② **농사직설** : 세종 때 우리의 실정에 맞는 독자적인 농법을 정리하여 만든 우리나라 최초의 농서이다.
③ **목민심서** : 조선 후기 실학자 정약용이 쓴 책으로 지방 행정 개혁과 관련된 내용이 실려 있다.
④ **삼국사기** : 고려 때 김부식 등이 왕명을 받아 편찬한 역사서로, 유교적 합리주의 사관에 기초하였으며 신라 계승 의식을 반영하였다. 기전체로 서술되어 있다.

10 정조는 왕권 강화를 위해 적극적인 탕평정치를 실시하였는데 이를 위한 정책으로는 고른 인재 등용, 규장각 육성, 장용영 설치, 화성 건설, 초계문신제 시행 등이 있다.
① 신라 진흥왕
② 조선 세종대왕
④ 고려 광종

11 병자호란은 조선 인조 때인 1636년에 청나라가 조선을 침략해 일으킨 전쟁이다. 조선군은 청의 군대에 맞서 치열하게 싸웠으나 끝내 이기지 못했고, 인조가 직접 청 태종에게 머리를 조아리는 항복 절차를 거친 후 청의 강요에 의해 태종을 칭송하는 내용의 삼전도비가 세워졌다.
① **방곡령** : 조선 고종 때 일본이 쌀을 대량으로 수탈하면서 곡식이 부족해지자 곡물의 수출을 금지한 명령
③ **을미사변** : 명성황후가 친러정책을 펼치면서 러시아를 통해 일본을 견제하려고 하자, 세력이 위축되던 일본이 1895년에 명성황후를 시해한 사건
④ **홍경래의 난** : 1812년 홍경래 등을 중심으로 평안도의 차별 등이 원인이 되어 일어난 농민반란

12 **균역법** : 조선 후기 영조 때 종전의 군적수포제에서 군포 2필을 부담하던 것을 1년에 군포 1필로 경감해준 제도
① **과전법** : 고려 말 공민왕 시절의 정책으로 경기 지방 관리에게 등급에 따라 수조권을 지급했던 제도
③ **진대법** : 고구려에서 가난한 백성들을 구하기 위해 봄에 백성들에게 곡식을 빌려 주고 가을에 갚도록 한 제도
④ **호패법** : 조선 시대 때 16세 이상의 남자에게 오늘날의 신분증과 같은 호패를 차고 다니도록 한 제도

> **TIP** **조선 후기 수취 제도의 개편**
> • **영정법** : 풍흉에 관계없이 토지 1결당 쌀 4두 징수
> • **대동법** : 방납의 폐단 해결 목적, 가호에 부과되던 현물을 소유한 토지 결수에 따라 쌀 · 포목 · 동전으로 징수 → 지주의 부담 증가, 공인의 성장
> • **균역법** : 군포를 1년에 2필에서 1필로 줄임, 부족한 군포는 결작과 왕실에서 채움

13 **갑신정변** : 1884년 김옥균을 비롯한 급진개화파가 개화사상을 바탕으로 조선의 완전 자주독립과 자주 근대화를 추구하여 일으킨 정변

② **묘청의 난** : 고려 인종 때 승려 묘청이 서경천도를 추진하다 실패하자 일으킨 반란

③ **삼별초 항쟁** : 고려 무신 정권 때 야별초에 신의군을 합쳐 편성한 특수군인 야별초가 개경 정부와 몽고군에 대항하여 일으킨 항쟁

④ **위화도 회군** : 최영의 명에 따라 이성계는 5만 명의 군사를 끌고 요동 정벌을 하러 떠났다가 4불가론을 말하며 불복종 후 개경으로 돌아와 최영을 제거하고 우왕을 왕위에서 물러나게 한 사건

14 **동학** : 1860년 최제우가 창시한 민족 종교로 기일원론과 후천개벽 사상, 인내천 사상을 특징으로 한다. 1894년에 일어나는 농민 운동에 큰 영향을 끼친다.

① **도교** : 무위자연설을 근간으로 하는 중국의 대표적인 민족 종교이자 철학사상

③ **대종교** : 나철이 단군 신앙을 바탕으로 창시한 종교이며 항일 무장 단체인 중광단을 조직하였고, 3·1운동 직후 북로 군정서로 개편하여 청산리 대첩에 참여

④ **원불교** : 박중빈이 창시한 종교로 개간사업, 저축 운동, 남녀평등 등 새 생활 운동을 전개함

15 흥선 대원군은 왕권을 강화하고 국가 위신의 제고 및 정체성을 회복하기 위해 소실된 경복궁을 중건하였다. 이때 필요한 경비를 마련하려고 당백전을 발행하였는데 이는 물가 상승이라는 경제적 혼란을 초래하였으며 중건 공사에 백성을 징발하는 과정에 큰 원성이 발생하였다.

② **우산국 정복** : 신라 지증왕 때 이사부가 우산국을 정복하였다.

③ **삼국유사 편찬** : 고려 후기 승려 일연이 불교적·자주적·신이적 사관을 가지고 편찬한 역사서로 단군을 우리 민족의 시조로 보아 단군 건국 이야기를 수록하고 있으며 그 외에도 가야에 대한 기록과 고대의 민간 설화나 전래 기록, 불교 설화, 향가 등을 수록하고 있다.

④ **독서삼품과 실시** : 788년 원성왕 4년에 설치된 통일신라 시대의 관리등용 방법으로 국학의 학생들을 독서능력에 따라 상·중·하로 구분하였으며 이를 관리임용에 참고하였다.

16 ㉠은 신민회이다. 신민회는 교육구국운동으로 오산학교, 대성학교 등 학교설립을 했고, 계몽강연 및 서적, 잡지 등 출판 운동을 했다. 또한 민족 산업 자본의 발전을 위한 실업 장려

운동과 국권회복을 위하여 의병운동을 지원했다. 그러나 1911년 일제가 조작한 105인 사건을 계기로 신민회 조직이 드러나고 국내에 남아 있던 세력이 탄압을 받으면서 조직이 무너졌다.

17 **독립 협회** : 1896년 서울에서 조직되었던 사회정치단체로 열강에 의한 국권 침탈과 지배층에 의한 민권 유린 상황 속에서 자주국권, 자유민권에 의해 민주주의, 근대화 운동을 전개하였다. 이들은 독립신문을 발간하였고, 만민 공동회를 개최하고 자유 민권 운동을 전개하였다.

> **TIP** **독립협회의 의의**
>
> 19세기말 한반도를 둘러싼 열강의 세력균형이 이루어졌던 시기에, 자주국권·자유민권·자강개혁의 사상을 가지고 독립협회가 추진한 민족주의·민주주의·근대화운동은 그 뒤 일제의 주권침탈과 식민 통치과정에서 항일독립운동과 국민국가수립운동 등 한국민족운동의 내적 추진력이 되었다.

18 **대한민국 임시 정부** : 3·1운동 이후 일본통치에 조직적으로 항거하기 위하여 중국 상해에 대한민국 임시 정부가 수립되었다. 이들은 독립신문을 발행하여 국내외 독립운동의 소식을 알렸다. 1940년 충칭으로 청사를 옮긴 후 중국 정부의 협조를 얻어 정식 군대인 한국광복군을 창설하였다.

① **삼정이정청** : 조선 철종 때 삼정의 폐단을 고치기 위하여 임시로 만든 관청

② **통리기무아문** : 1880년대 개화 정책을 추진하기 위하여 설치한 기구

③ **문맹 퇴치 운동** : 사람들에게 한글을 가르치고 민족의식을 갖게 하려는 일제 강점기에 일어난 대표적인 사회 운동

19 1938년 4월에 일본은 중국과의 전쟁 때문에 인적·물적 자원을 통제하고 동원하기 위하여 국가 총동원법을 제정하고 공포하였다. 이때 여러 공출 제도가 실시되었고, 강제 징용이 이루어졌다.

20 한인 애국단은 대한민국 임시 정부의 활발한 활동을 목적으로 김구가 비밀리에 설립한 단체이다. 대표적인 활동으로 이봉창의 일본 국왕 폭탄 의거와 윤봉길의 상하이 훙커우 공원 의거가 있다.

① **별기군** : 1881년(고종 18) 설치된 신식 군대로 신식 무기로 무장하고 일본인 교관에게 근대식 군사 훈련을 받았다.

② **교정도감** : 고려시대 최충헌 이래 무신정권의 최고 정치기관으로, 이를 통하여 정치 권력을 행사하였다.

2021년 2회

④ **조선어 학회** : 국어 연구와 발전을 목적으로 하는 민간 학술 단체로 한글 맞춤법 통일안과 조선어 사전을 편찬하고, 한글 잡지를 발간하였다.

21 신채호는 민족주의 사학의 발판을 마련한 인물이다. 자치론, 외교론, 준비론 등 기존의 독립 운동 방법을 비판하고 민중의 직접 혁명을 통한 독립 쟁취를 주장한 1923년 조선 혁명 선언을 하였다. 또한 조선 상고사, 조선사 연구초 등을 저술하고 독사신론을 연재하여 민족주의 역사학의 기반을 확립하였다.

22 유신 헌법 제정, 한 · 일 협정 체결, 새마을 운동 실시, 경제 개발 5개년 계획 추진 등은 모두 박정희 정부의 정책이다. 베트남 파병은 1964년 9월부터 1973년 3월까지 한국정부가 베트남전쟁에 전투부대를 파병하여 참전한 사건으로 외화를 획득하고 경제가 발전하긴 하였으나 많은 전사자가 발생하였다.
① 흥선대원군
② 일제강점기
④ 조선 후기 정조

23 물산 장려운동은 민족기업을 지원하고 민족 산업을 육성함으로써 민족 경제의 자립을 달성하려는 운동으로 '조선 사람 조선 것' 등의 구호를 내세워 일본 상품을 배격하고 국산품 애용 등을 강조하였고, 전국적 민족 운동으로 확산되면서 근검 절약, 생활 개선, 금주 · 단연 운동도 전개되었다.
① **형평 운동** : 1923년부터 일어난 백정들의 신분 해방 운동으로 법제상으로는 해방되었으나, 실제적으로 존속되고 있는 차별을 철폐하기 위해 전개되었다.
② **서경 천도 운동** : 문벌 귀족 사회 내부의 분열과 지역 세력 간의 대립, 풍수지리설이 결부된 전통 사상과 사대적 유교 정치사상의 충돌 등이 얽혀 일어난 것으로, 묘청이 고려의 수도를 서경으로 옮기려 전개된 움직임이다.
④ **좌 · 우 합작 운동** : 이승만의 정읍 발언 이후 단독 정부 수립운동이 일어나자, 이에 분단을 우려한 여운형(좌익) · 김규식(우익) 등의 중도파가 중심이 되어 좌우 합작 위원회를 결성하고, 단독 정부 수립을 반대하며 좌우 합작 운동을 전개하였다.

24 **5 · 18 민주화 운동** : 1980년 5월 18일에서 27일까지 전라남도 및 광주 시민들이 군사독재와 통치를 반대하고, 계엄령 철폐, 민주정치 지도자 석방 등을 요구하여 벌인 민주화운동이다.
① **병인박해** : 대원군이 천주교를 탄압하며, 수많은 천주교 신자들과 선교사들이 처형당한 사건

② **YH 무역 사건** : 회사의 폐업조치에 항의하며 농성 시위를 벌이던 YH 무역의 여성 노동자 한 명이 경찰의 강제 진압에 의해 사망한 사건
③ **교조 신원 운동** : 처형된 동학의 창시자 최제우의 억울함을 풀고 동학에 대한 탄압을 중지해달라는 동학교도들의 운동

25 **6 · 15 남북 공동 선언** : 대한민국의 김대중 대통령과 조선민주주의 인민공화국의 김정일 국방 위원장이 남북 정상회담을 가진 뒤, 2000년 6월 15일에 발표한 공동 선언이다. 이를 통해 이산가족 방문단의 교환이 이루어지고 협력과 교류가 활성화되었다.

TIP 남북한 관련 외교

박정희 정부	• 8 · 15 선언(1970) • 남북 적십자 회담 제의(1971) • 7 · 4 남북 공동성명(1972) : 자주, 평화, 민족 대단결 • 6 · 23 평화 통일 외교 정책 선언(1973) • 상호 불가침 협정의 체결(1974)
노태우 정부	• 7 · 7선언(1988) • 한민족 공동체 통일 방안(1989) : 자주 · 평화 · 민주의 원칙 • 남북 고위급 회담, 남북한 유엔 동시 가입(1991) • 남북 기본 합의서 채택(1991. 12) · 발효(1992) • 한반도 비핵화 공동 선언 채택(1991. 12) · 발효(1992)
김영삼 정부	• 3단계 3기조 통일 정책(1993) • 민족 공동체 통일 방안(1994. 8) • 제네바 합의(1994)
김대중 정부	• 베를린 선언(2000) • 남북 정상 회담 개최(2000) • 6 · 15 남북 공동 선언(2000) • 금강산 관광 시작(1998) • 경의선 철도 연결 사업(2000년 9월 착공)

제7교시 　도 덕

정답 및 해설 |

▌ 정답

01 ②	02 ③	03 ③	04 ①	05 ④
06 ③	07 ①	08 ①	09 ③	10 ②
11 ③	12 ①	13 ④	14 ②	15 ①
16 ②	17 ④	18 ②	19 ②	20 ④
21 ①	22 ①	23 ②	24 ③	25 ③

▌ 해설

01　사회 참여에 관한 쟁점이나 사회적 가치에 대한 쟁점 등 사회의 구조와 제도의 개선 등과 관련된 문제는 사회 윤리 분야에서 다룬다.

02　결혼과 출산을 중심으로 성적 관계를 생각하고, 혼전 또는 혼외 성적 관계는 부도덕하다고 보는 것은 보수주의적 관점이다.

> TIP 사랑과 성의 관계
> • **보수주의 입장**
> – 결혼과 출산 중심의 성 윤리를 제시
> – 부부간의 신뢰와 사랑을 전제로 할 때만 도덕적이라고 주장
> – 혼전 또는 혼외 성관계는 부도덕함
> • **중도주의 입장**
> – 사랑 중심의 성 윤리를 제시
> – 사랑을 동반한 성적 관계는 허용될 수 있다고 주장
> – 사랑이 결부된 성적 관계는 남녀가 육체적·정서적으로 교감할 수 있음
> • **자유주의 입장**
> – 자발적인 동의 중심의 성 윤리를 제시
> – 성에 관한 개인의 자유로운 선택을 중시

03　생활 속에서 자신의 마음가짐, 행동 또는 그 속에 담긴 자신의 정체성과 가치관에 관하여 윤리적 관점에서 깊이 있게 반성하고 살피는 태도를 윤리적 성찰이라고 하는데, 윤리적 성찰을 통해 자신의 존재를 자각함으로써 도덕적이고 가치 있는 삶을 살 수 있게 된다.
　① **가치 전도** : 가치가 서로 뒤바뀐 현상
　② **특권 의식** : 사회·정치·경제적으로 특별한 권리를 누리고자 하는 태도

④ **이기적 실천** : 이타적이지 않고 이기적인 실천

04　덕 윤리는 의무, 규칙, 혹은 행위의 결과보다는 도덕 행위자의 품성과 덕을 강조하는 규범 윤리학의 접근법으로, 도덕적 실천 가능성을 강조하고 공동체의 전통과 역사를 중시한다.

05　(나)에는 동물 복제를 반대하는 의견이므로 그에 대한 입장이 와야 한다. 동물 복제는 자연의 질서를 위배하고 종의 다양성을 해치며 동물의 생명을 수단으로 여기는 등의 문제가 발생할 수 있다.

06　처벌의 본질을 범죄 행위에 상응하는 해악(보복)을 가하는 것이라고 보는 것은 응보주의적 관점이다.

> TIP 교정적 정의의 관점
> • **처벌의 근거와 정도**
>
> | 응보주의 관점 | • 타인에게 해악을 준 사실만을 처벌의 근거로 봄
• 처벌의 경중을 범죄의 해악 정도에 비례하여 정해야 한다고 주장 |
> |---|---|
> | 공리주의 관점 | • 사회 전체의 이익을 처벌의 근거로 삼음
• 범죄의 해악 정도보다는 사회의 이익에 따라 처벌의 경중을 정해야 한다고 주장 |
>
> • **사형제도에 대한 예방주의 관점**
>
> | 일반 예방주의 | 사형 제도를 통해 일반인들에게 경고하여 그들이 죄를 짓지 않도록 예방할 수 있다고 봄 |
> |---|---|
> | 특수 예방주의 | 사형 제도는 범죄자의 재사회화 가능성을 박탈하기 때문에 사형 제도에 반대함 |

07　정의의 두 원칙으로 평등한 자유의 원칙과 공정한 기회균등의 원칙, 차등의 원칙을 주장한 사상가는 롤스이다. 롤스는 개인의 평등하고 기본적인 자유를 보장해야 한다고 주장하였다.

> TIP 롤스의 정의론
>
> | 제1원칙 | 평등한 자유의 원칙 : 모든 사람은 기본적인 자유에서 평등한 권리를 지녀야 함 |
> |---|---|
> | 제2원칙 | • 차등의 원칙 : 사회·경제적 불평등은 사회의 최소 수혜자에게 최대의 이익이 되어야 함
• 공정한 기회 균등의 원칙 : 공직과 지위는 불평등할 수 있지만 그것이 공정한 기회 균등의 조건 아래 모두에게 개방되어야 함 |

08 유교 윤리의 핵심 규범이자 인간관계에서 지켜야 할 다섯 가지 도덕 규범을 말하는 것은 오륜(五倫)이다.
- **부자유친(父子有親)** : 어버이와 자식 사이에는 친함이 있어야 한다.
- **군신유의(君臣有義)** : 임금과 신하 사이에는 의로움이 있어야 한다.
- **부부유별(夫婦有別)** : 부부 사이에는 구별이 있어야 한다.
- **장유유서(長幼有序)** : 어른과 아이 사이에는 차례와 질서가 있어야 한다.
- **붕우유신(朋友有信)** : 친구 사이에는 믿음이 있어야 한다.
② **충서** : 유교 윤리 중 하나로, 자신이 원하지 않는 일을 남에게 하지 말라는 의미를 담은 덕목이다.
③ **삼학** : 불교의 교리 중 하나로 불도를 수행하는 자가 반드시 닦아야 할 세 가지 근본 수행이다.
④ **좌망** : 도가 윤리에서 제물의 경지에 이르기 위한 방법으로 제시한 것으로, 조용히 앉아서 자신을 구속하는 일체의 것들을 잊어버리는 것을 의미한다.

09 **양성평등** : 남녀 모두에게 권리, 의무, 자격 따위가 차별 없이 고르고 한결같이 있다는 의식으로, 남녀의 차이는 인정하되 성별에 따른 차별이나 비하 등이 없는 바람직한 태도이다.
① **성차별** : 남녀 간의 차이를 잘못 이해하여 발생하는 차별
② **성폭력** : 성을 매개로 가해지는 신체적·언어적·심리적 폭력
④ **성 상품화** : 성 자체를 상품처럼 사고팔거나 다른 상품을 팔기 위한 수단으로 성을 이용하는 행위

10 시민 불복종이란 정의롭지 못한 법 또는 정부 정책을 변혁시키려는 목적으로 행해지는 의도적인 위법 행위이다. 시민 불복종의 정당화 조건으로는 비폭력적, 처벌 감수, 공동선(공익) 추구, 최후의 수단, 목적의 정당성, 공개성, 양심적 행위 등이 있다.

> **TIP 시민 불복종의 근거**
> - **드워킨** : 헌법 정신에 비추어 의심스러운 법률이라면 시민이 그에 대해 저항할 권리를 지닌다.
> - **소로** : 법을 넘어선 개인의 양심이 저항 판단의 최종 근거이다.
> - **롤스** : 사회적 다수에 의해 공유된 정의관이 저항의 기준이 되어야 한다.

11 청렴이란 성품과 행실이 높고 맑으며 탐욕이 없는 상태로 특히 정약용의 목민심서에서 가장 강조하고 있는 덕목이다. 주어진 제도들은 모두 청렴을 강조하는 덕목이다.
① **배려** : 다른 사람의 처지에서 생각하여 그 입장을 이해하고 공감하는 사고 과정

② **관용** : 남의 잘못을 너그럽게 받아들이거나 용서함
③ **자선** : 남을 불쌍히 여겨 도와줌

12 소크라테스는 보편주의 윤리를 주장했으며 특히 정신적 삶을 중시했고, 지식을 모든 덕과 행복의 원천으로 보는 주지주의를 강조했다. 또한 "너 자신을 알라."라는 말을 남기며 반성적으로 검토하는 삶을 강조하고 끊임없는 질문을 통해 자신의 무지를 자각해야 한다고 하였다.
① **밀** : 스승인 벤담의 공리주의에 공상적 사회주의와 낭만주의를 가미하여 자신만의 독특한 체계로 발전시킨 공리주의 철학자이다.
② **베이컨** : 기독교 사상만 진리라고 하는 중세 철학에서 벗어나 "아는 것이 힘이다."라고 말하며 과학적 지식을 중요하게 생각하고 경험을 강조한 경험주의 철학의 선구자이다.
④ **데카르트** : 모든 인간은 이성을 지니고 있다는 것을 깨달았고, "나는 생각한다. 그러므로 존재한다"라는 명제를 이끌어냈다.

13 과학 기술자는 자연 환경과 미래 세대가 존속할 수 있는 범위 내에서 과학 기술의 발전을 추구해야 하며 시민들은 과학 기술이 인간의 존엄성에 공헌하고 있는지 관심을 갖고 과학 기술의 사용 방향에 대한 선택과 결정에 적극적으로 참여해야 한다. 연구 결과를 자신의 이익만을 위해 공개하는 것은 과학 기술자의 윤리적 자세로 옳지 않다.

14 생태 중심주의는 전체론적 관점에서 개체보다 상호 의존성에 바탕을 둔 생명 공동체 그 자체에 관심을 가지는 관점으로, 자연 전체 즉, 생태계 전체가 도덕적 고려의 대상이다. 인간이 자연보다 우월한 존재이며 동물은 인간을 위한 수단일 뿐이라고 생각하는 것은 인간 중심주의적 관점이다.

> **TIP 생태 중심주의의 대표적인 사상가**
> - **레오폴드** : 대지는 자연의 모든 존재가 서로 그물망처럼 얽혀 있는 생명 공동체라고 하며 대지 윤리를 주장
> - **네스** : 세계관과 생활 양식 자체를 생태 중심적으로 바꾸는 심층적 생태주의를 주장

15 **정보 격차** : 정보에 대한 불평등한 접근 기회와 정보 활용 능력의 차이로 인해 발생하는 경제적·사회적 불평등
② **사생활 침해** : 정보 기술의 발달로 개인 정보를 쉽게 얻을 수 있게 되면서 사생활이 침해되는 일이 발생함
③ **저작권 침해** : 저작권법에 의해 배타적으로 보호되는 저작물을 무단으로 이용하여 저작권자의 권리를 침해하는 행위(소프트웨어 무단 복제, 인터넷의 각종 자료를 무단으로 내려 받는 행위)

④ **사이버 스토킹** : 인터넷을 통하여 상대방이 원하지 않는데도 지속적이고 반복적인 접근을 시도하여 공포심이나 두려움 따위를 유발하는 행위

16 연기설, 보살, 불살생, 해탈과 관련 있는 것은 불교이다.

> **TIP 연기설**
>
> 연기설은 불가의 우주론(만물의 본질론)으로 "모든 존재는 이것이 생(生)하면 저것이 생(生)하고, 이것이 멸(滅)하면 저것이 멸(滅)한다."는 만물의 인과관계와 상호의존성을 강조한다.

17 ㄱ, ㄴ는 예술의 상업화를 찬성하는 입장이고 ㄷ, ㄹ은 예술의 상업화를 반대하는 입장이다.

18 뉴 미디어는 송신자와 수신자 간의 쌍방향 정보 교환을 가능하게 한다.

> **TIP 뉴미디어**
>
> • **의미** : 기존의 매체들이 제공하던 정보를 인터넷을 통해 가공, 전달, 소비하는 포괄적 융합 매체
> • **특징**
> – 상호 작용화 : 송수신자 간 쌍방향 정보 교환을 가능하게 함
> – 비동시화 : 정보 교환에서 송수신자가 공시에 참여하지 않고도 수신자가 원하는 시간에 정보를 볼 수 있게 함
> – 탈대중화 : 특정 대상과 특정 정보를 상호 교환할 수 있게 함
> – 능동화 : 이용자가 더욱 능동적으로 활동할 수 있게 함

19 칸트는 도덕성 판단 시에 행위의 동기를 중시하였고, 도덕의 보편성과 인간 존엄성 강조하였다. 또한 도덕법칙을 정언 명령의 형식으로 제시하였다.

20 ㉠ **합리적 소비** : 자신의 경제력 내에서 가장 큰 만족을 추구하는 소비로, 소비자 개인의 경제적 이익이나 만족감을 중시하는 특성을 지닌다.
㉡ **윤리적 소비** : 소비자가 윤리적인 가치판단으로 상품이나 서비스를 구매하는 소비로, 원료의 재배 및 제품의 생산과 유통에 이르는 전 과정이 윤리적인지에도 관심을 가진다.

21 하버마스는 논쟁을 할 때에도 수용하는 자세를 잃지 않고 대화와 토론을 통해야 한다며 '의사소통의 합리성'이라는 이성의 잣대를 강조하였다. 또한 이상적 담화 상황 조건으로 진리성, 정당성, 진실성, 이해가능성을 제시하였다. 그러므로 ㉠에 들어갈 용어로 가장 적절한 것은 ①의 담론이다.

22 **샐러드 볼 이론** : 한 국가 또는 사회 안에 있는 다양한 문화를 평등하게 인정하며 각 재료의 특성이 살아 있는 샐러드처럼 다양한 문화가 각각의 정체성을 유지하면서 조화를 이룰 수 있다는 장점이 있다. 다만, 사회적 연대감이나 결속력이 부족하여 사회적 통합을 이루기 어렵다는 한계가 있다.
② **동화주의 이론** : 이질적인 문화의 주변문화를 제도권 안으로 수용하자는 입장이므로 다문화 시대에 필요한 자세이다.
③ **국수 대접 이론** : 문화의 다양성을 인정하면서 주류 문화의 역할을 강조한다. 주류 문화는 국수와 국물처럼 중심 역할을 하며, 이주민의 문화는 고명이 되어 자신의 문화적 정체성을 유지한다. 즉 비주류 문화를 주류 문화와 동등하게 취급하지는 않는다.
④ **자문화 중심주의** : 자기 문화의 우월성에 빠져, 다른 문화를 부정적으로 평가하는 태도이다.

23 인간은 유한하고 불완전한 존재이기 때문에 종교를 통해 유한성을 극복하고 이상적인 경지에 이르고자 한다. 즉 주어진 설명에 해당하는 인간의 특성은 ②의 종교적 존재이다.

24 싱어는 원조에 대해 공리주의적 관점에서 모든 사람의 고통을 감소시키고 쾌락을 증진시키는 것이 인류의 의무라고 주장하였다.

> **TIP 원조에 대한 입장**
>
> • **의무적인 입장** : 칸트, 싱어, 롤스
> • **자선적인 입장** : 노직

25 북한 당국은 경계의 대상이지만, 북한 주민은 화해와 협력의 대상이므로 북한을 경계의 대상이자 동반자라는 양면적 측면에서 이해해야 한다.

> **TIP 통일 편익**
>
> • 분단에 따른 남북한 주민의 고통과 불편을 해소
> • 국토 면적의 확장 및 인구 증가에 따라 내수 시장의 확대를 가져올 수 있음
> • 해양과 대륙의 요충지에 있는 통일한국은 동북아시아의 교통·물류 중심지의 역할을 할 수 있음
> • 평화의 실현에 이바지할 수 있음

2021년 2회